本书研究成果

◎1996 年获得北京市第四届哲学社会科学优秀研究成果二等奖

◎1998 年获得国家教育部颁发的全国普通高等学校人文社会科学研究成果“管理学”二等奖（一等奖空缺）

人才品德测评的理论与方法

Theory and Methods of Moral Quality Assessment

肖鸣政　著

中国劳动社会保障出版社

图书在版编目(CIP)数据

人才品德测评的理论与方法/肖鸣政著．—北京：中国劳动社会保障出版社，2008

ISBN 978-7-5045-7250-9

Ⅰ．人…　Ⅱ．肖…　Ⅲ．品德教育-教育测验　Ⅳ．G416

中国版本图书馆 CIP 数据核字(2008)第 107995 号

中国劳动社会保障出版社出版发行

（北京市惠新东街 1 号　邮政编码：100029）

出 版 人：张梦欣

*

北京新华印刷厂印刷装订　新华书店经销

787 毫米×1092 毫米　16 开本　30.25 印张　431 千字

2008 年 7 月第 1 版　　2008 年 7 月第 1 次印刷

定价：58.00 元

读者服务部电话：010-64929211

发行部电话：010-64927085

出版社网址：http：//www.class.com.cn

内 容 提 要

品德是现代人力资源结构中最具开发价值与潜力的部分，品德是人力资本中含量最高的资本，品德是人才素质测评中最困难的核心点与关键点。人才品德不是能力，但是却对于能力形成、发展与发挥产生关键制约作用。因此，谁能够解决品德测评问题，谁就有资格获得诺贝尔奖。本书不是企求解决品德测评的所有问题，只是尽力回答品德测评过程及其研究中的一些理论与方法问题。因此，本书主要从理论与实践、历史与现实、外国与中国三个不同的时间、空间与研究维度来回答三个问题：品德要不要测评？品德能不能测评？品德怎么进行测评？全书共十七章，分为理论研究、历史方法、外国方法、现状分析、思考对策和实验探索六篇。本书中所包括的相关研究成果1996年获得北京市第四届哲学社会科学优秀研究成果二等奖；1998年获得国家教育部颁发的全国普通高等学校人文社会科学研究成果“管理学”二等奖（一等奖空缺）；1999年获得国家教育部颁发的全国第二届教育科学优秀研究成果奖一等奖。

Abstract

Morality is the most valuable component to be developed in modern human resource structure and it also has the highest potential to be developed. Morality is the most valuable capital among human capital and it is also the most difficult core point and key point in talent quality assessment. Talents morality is not ability, however, it plays a very important role in its formulation, development and full excavation. As a result, a person who could solve the problem of morality assessment is qualified for Nobel Prize. This book doesn't attempt to solve all the problems in morality assessment, and it only tries hard to answer some questions related to theories and methods in the process of morality assessment. Thus, the book aims to answer three questions combining theory with practice, history with reality, and foreign countries with China: Is it necessary for us to assess morality? Is it possible for us to assess morality? How should we assess morality? The book consists of seventeen chapters and divides its content into six parts: theoretic research, historical analysis, foreign research, status survey, difficulties discussion and empirical studies. Related findings in this book had been awarded with second prize of Beijing Excellent Achievements for the Philosophy & Social Science Research of 1996; it had also been awarded with second prize in Management (first prize is vacant) for Excellent Achievements in the Social & Humanity Science Research of Chinese Colleges and Universities, by Ministry of Education of China in 1998. And the finding also won the National First-Prize for Excellent Education Scientific Research by Ministry of Education of China in 1999.

序言

每个人都愿意在别人面前展示自己的知识才能与身体素质，但是却不太愿意让人了解自己的品德实质。品德测评是当前人才测评、人才选拔、教育评价、心理测量等多学科领域研究与实践中遇到的一个难点，也是人力资源管理学、教育学、心理学与管理学中共同关注的重要课题。肖鸣政同志自 1985 年以来，一直坚持研究 20 多年不间断，发表品德测评与应用系列研究论文 40 多篇、专著三部，确实不易，充分显示了中国学者的责任心与真挚性。《人才品德测评的理论与方法》，是他在《品德测评的理论与方法》基础上经过两年多时间修改的成果。这也是他对博士论文精华的提炼与这些年来品德测评实践经验的总结。

当年他在《品德测评的理论与方法》一书中所展示的成果，经专家鉴定确认，在国内同类研究中居领先水平。该书被列为国家“八五”重点出版图书，1995 年出版后一直深受读者好评。1996 年《品德测评的理论与方法》获得北京市第四届哲学社会科学优秀研究成果二等奖；1998 年获得国家教育部颁发的全国普通高等学校人文社会科学研究成果“管理学”二等奖（一等奖空缺)。《人才品德测评的理论与方法》是对《品德测评的理论与方法》的进一步完善与修改，更具新颖性、学术性与应用价值。

肖鸣政同志是北京大学政府管理学院人才与人力资源研究所教授，行政管理学系主任，北京大学人力资源开发与管理研究中心主任。他是我国第一个专门研究人才品德测评问题的博士，曾经在中国人民大学劳动人事学院长期担任人员素质测评课程的教学工作，是中国人力资源开发研究会常务理事。我作为中国人力资源开发研究会副会长与中国人才研究会人才测评专业委员会顾问，尤其是作为他的同事，对他在人才素质测评与选拔研究方面取得的重要学术成就感到十分高兴。

当前，我国正处于社会经济发展的关键时期，面临着人才战略研究的重要任务，迫切需要进行各类人才队伍的建设、人才素质的开发与人才选拔的科学化，这一切都离不开品德测评机制与体系的研究。

人才的交流、调配与开发，有赖于对人才素质的科学测评。关于智能与体质的测评，已有一些公认的手段与方法，而品德素质的测评，目前既缺乏理论上的研究又缺乏实践经验。现代人力资源管理研究表明，随着高科技、高文化的发展，劳动者的品德素质在生产中的作用将日趋重要。随着新经济的到来，有人预测，人力资源管理的重点与关键，将是开拓进取、协作竞争、务实求效等品德素质的测评与开发。组织设计、工作设计和人员配置，应最大限度地保证劳动者个性与潜能的全面和谐发挥。劳动生产率与产品质量的提高，不仅涉及待遇的提高，设备、技术与管理的改进，而且涉及组织文化的建设与劳动者品德素质的提高。大量事实表明，人力资源中的品德因素对组织的成败兴衰有着更独特的决定作用。可见，作为一种科学手段的品德测评对人力资源的管理与开发，有着十分重要的意义与广阔的应用前景。

《人才品德测评的理论与方法》一书，对古今中外品德测评研究与成果做了较全面的挖掘，并根据当前品德测评中的难点，从浩繁的古今中外文献中提取有关的思想方法，充分体现了古为今用、洋为中用、开发中国传统文化宝库、为现代经济社会建设服务的研究作风；全书在系统深入分析当前品德测评现状与问题的基础上，创立概念、建构理论、抓住难点与关键、提出对策，并潜心进行大量实验。这使全书的内容，不但观点新颖、脉络清晰、结构严谨，而且充分体现了作者严谨的治学态度和扎实的研究功底；书中对最为敏感的量化问题与颇为棘手的诸多难点，均做了深刻揭示与独到论述，对品德测评指标的制定，提出了颇具特色的目标库理论与方法，所建构的 OSL 与 FRC 两种品德测评方法，虽然是针对学校人才培养进行设计的，但其中的原理与方法，对企业管理与公共管理中的人才测评与开发，均有启示与借鉴之处。

总之，我认为《人才品德测评的理论与方法》是一本既有理论深度又有实用价值的优秀著作，在管理学、教育学、心理学、人力资源开发、人员素质测评等与人有关的研究领域中，都具有广泛的参考与应用价值。

赵履宽

2008 年 7 月 10 日

前言

什么是人才，人们可以做出无数的解释与回答。孔子理想中的人才是“贤才”，即具有高度道德修养而又博学多能的人。墨子理想中的人才是“贤良之士”，即厚乎德行、辨乎言谈、博乎道术的人。现代社会的人才，我们认为是具有“三识”“三能”“三力”与“三效”的人，即是那些有学识、见识与共识的人，有技能、才能与德能的人，有能力、潜力与实力的人，是那些能够创造效果、创造效率与创造效益的人。这些人是有才干、又能干与特别实干的人，是想干事、能干事、能干成事与靠得住的人。想干事的人，就是那些思想态度好、职业动机强的人；能干事的人，就是那些好学多能的人；能干成事的人，就是那些为人好、能够争取良好的人际关系和工作环境的人；靠得住的人，就是那些具备相关品德、无政治风险的人。因此，品德素质是人才素质结构中的核心与关键部分，对人才的其他素质具有决定性和导向性作用，它不仅是人才能力结构的基础，决定着人才相应能力的形成，还制约人才能力结构的发展和发挥。所以，品德在人才能力结构的形成、发展和发挥中具有核心作用，在现代人力资源开发与管理中具有关键地位。人才选拔，在很大程度上就是基于科学品德测评之上的人才选拔；人才管理，在一定程度上就是基于科学品德测评之上的人才识别、人才任用、人才保护与人才分流；人才开发，在一定程度上就是基于科学品德测评之上的人才培养、人才选拔、人才激励与潜能开发。

一、修订前后的情况介绍

品德测评问题研究，被我国著名教育学家王逢贤先生称为“世界性的难题”①，我是 1985 年开始对这个课题产生兴趣并且进行研究的。1986 年 6 月我完成了两篇论文：“思想品德测量可能性之探讨”（后发表于《教育论丛》1987 年第 1 期）与“思想品德结构特征与思想品德评价原则”［后

① 王逢贤．谈谈德育研究的课题和方法问题．教育科学研究通讯．1986，4

发表于《东北师范大学学报》(教育版) 1987 年第 1 期]。到 1995 年 6 月，我一共发表了大约 20 篇论文，出版了三本专著，这些关于品德问题的研究成果，先后四次获得国家级、省部级的一、二、三等奖励。

《品德测评的理论与方法》是 1993 年在我博士论文基础上扩充写成的一本学术专著，也是全面总结我 1985 年以来发表的大量论文、对品德测评问题研究更加深入与系统化的一本学术专著。自 1995 年出版以来，深受读者与专家好评。1996 年获得北京市第四届哲学社会科学优秀研究成果二等奖；1998 年获得国家教育部颁发的全国普通高等学校人文社会科学研究成果“管理学”二等奖（一等奖空缺)。本书还在国际图书博览会上获得广大读者好评。

由于品德测评问题的研究十分复杂，也限于研究条件与经费的制约，原书中关于品德测评问题研究的案例与实验对象，我所选择的主要是中小学生，但是其中得出的一些研究结论与规律，同样也适用于成年人。因此这本书出版后受到了广大企事业单位组织人事部门读者的好评，其中许多理论方法在公共部门、军队、企业与党政机关得到广泛应用。2006 年受到中国劳动社会保障出版社相关部门负责同志的关注与重视，他们期望我能够把 15 年来的新研究成果增加进去，并且扩大品德测评在成年人中应用的范围，介绍企业与公共部门的应用情况。

通过两年来的努力，我们广泛收集了国内外的相关研究成果，在系统分析与归纳这些新成果的基础上，结合自己这些年来在企事业单位与公共部门咨询的实践体会，对于 1995 年出版的《品德测评的理论与方法》做了较大的修改。修改的思想与内容具体说明如下：

1. 尽量保留原创著作中的基本理论与方法，把能够适用于成年人品德测评的理论与方法全部保留。在修改过程中这些部分只做少量的文字修改，不做结构与实质性的变化。

2. 把原书中一些只适用于中小学生或者比较具体与特殊的品德测评方法与内容全部删除，进一步提升原创著作中品德测评理论与方法的通用性。例如，我们对原书中第一章第一节和第二节、第三章第四节、第六章第二节、第七章第三节、第八章第三节、第十章、第十二章、第十五章、第十九章以及附录 1 全部进行了删除，对于其他许多章节也做了适当修改。

3. 把国内外近年来在企事业单位与公共部门应用的一些品德测评方法尽可能补充到本书中来。例如，我们除了把大量相关新研究成果与应用的案例增加到第一章、第三章、第七章与第十七章外，还增加了第十章——当前公务员管理中的品德测评方法。

4. 我们把原来的五个篇章结构调整为六个篇章结构，包括理论研究篇、历史方法篇、外国方法篇、现状分析篇、思考对策篇和实验探索篇，更加合理与均衡一些。

二、本书内容的说明

品德是现代人力资源结构中最具开发价值与潜力的部分，品德是人力资本中含量最高的资本，品德是人才素质测评中最困难的核心点与关键点。因此，谁能够解决品德测评问题，谁就有资格获得诺贝尔奖。本书不是企求解决品德测评的所有问题，只是尽力回答品德测评过程及其研究中的一些理论与方法问题。因此，本书主要从理论与实践、历史与现实、外国与中国三个不同的时间、空间与研究维度来回答三个问题：品德要不要测评？品德能不能测评？品德怎么进行测评？

面对品德测评课题，人们首先提出的问题是为什么去研究品德测评问题？怎么去研究品德测评问题？什么是品德测评问题？品德能进行测评吗？如果品德可以测评，那么品德测评能给我们带来哪些价值与作用呢？因此本书的理论研究篇包括第一、二、三、四章，主要阐述品德测评是否可能、是否必要以及如何研究的问题。第一章主要说明品德测评问题研究的价值与意义是什么，研究过程中可能遇到的问题与难点是什么，我们应该确立什么样的目标与思路；第二章主要说明什么是品德，什么是品德测评，品德测评是否具有可能性，在什么条件下具有可能性，品德测评能否进行量化以及如何量化等问题；第三章主要说明品德测评的现实需求是什么，品德测评的基本功能是什么，品德测评为什么是必要的；第四章主要说明品德测评的实质是什么，品德测评的心理学含义是什么，数学含义是什么，哲学含义是什么，人力资源开发学含义是什么。

当我们认为品德可以测评、有必要测评及了解品德测评是什么之后，人们接着提出的问题就是如何测评。因此，本书的历史方法、外国方法、现状分析三篇先从历史、外国及现状方面来介绍前人与现代人是怎么进行品德测评的；然后本书通过思考对策与实验探索两篇来介绍如何进行品德测评，包括怎么解决品德测评的难点与关键问题，怎么把品德测评应用到人才开发与人才选拔的实践过程中来。历史方法篇包括第五章与第六章，主要阐述中国古代人们是如何进行品德测评的，有哪些做法与想法；外国方法篇介绍了美国、俄罗斯（原苏联）、日本、韩国与新加坡等国家的品德测评方法及其研究成果；现状分析篇介绍了目前人才培养与公务员管理中的一些品德测评方法，并且对这些方法进行了特点分析与模式比较；思考对策篇对于品德测评指标设计中的量化问题，对于要素筛选、客观度与有效性的检验、行为德行的计量、定性与定量测评数据的转换、行为表现中的掩饰性控制等问题，均提出了自己的思考对策；实验探索篇就前面难点思考中提出的品德测评指标区分点与关键点设计对策进行了应用实验，对于 OSL 品德测评方法在人才开发实践中的应用和 FRC 品德测评方法在人才选拔实践中的应用，均做了深入的实验研究，取得了令人满意的效果。

最后，本书第十七章在总结前十六章内容的基础上对于品德测评问题做了深化与展望。对于目前品德测评问题解决的程度做了一个评价，对于品德测评问题的难点做了估计，对于如何深入研究品德测评问题做了探讨。

三、致谢

中国劳动社会保障出版社为本书的再版提供了机会，仲艳平女士为本书的编辑与出版付出了辛勤劳动；杨京涛、任燕和张丁予为本书修订做了资料收集工作，提供了一些案例与资料，在此我对于他们的帮助表示特别感谢！我还要继续感谢王逢贤教授、张厚粲教授、鲁洁教授、班华等其他专家教授的指导与帮助，感谢参加品德测评应用实验的全体工作人员的帮助与支持，感谢所有关心与帮助我研究工作的领导、同事及朋友。

四、本书应用建议

因为品德素质对于智力、能力、潜力和体力等其他素质，具有统领协调作用与驱动功能，在人力资源结构及其开发中具有核心与关键作用①，所以品德测评在现代人力资源管理与开发实践中得到广泛的应用。品德素质的驱动功能影响一个人的能力形成与发展，所以品德测评可以应用于人才选拔与人力资源开发；品德素质的统领协调作用与核心地位影响一个人的为人处世行为，影响一个人的能力发挥，所以品德测评在人岗匹配与绩效考评中具有重要作用；品德素质具有资本性，所以品德测评可以应用于薪酬设计与管理。

具体来说，品德测评可以应用于组织人事管理部门对于党政领导干部的选拔与培养，可以应用于企业人力资源部门对于员工的配置、开发与管理，可以应用于军队对于军官的选拔与培养，可以应用于学校对于人才的选拔与培养，可以应用于公共部门对于公务员的管理。品德测评还可以广泛应用于党政机关各级纪律检查委员会与干部监察局对于领导干部的事前与事中的监察和管理中，把品德测评的软监察与纪律法律的硬监察结合起

---

① 肖鸣政．试论品德在现代人力资源结构及其开发中的作用．中国人民大学学报．1999，3

来，从源头上全面保护党政领导干部的成长与发展。

因此，本书对于人力资源开发与管理的实践工作者、理论研究者与教学工作者，具有广泛的参考价值；对于广大的组织人事工作者、企业管理人员、人才培养与管理工作者、军事人才管理工作者，具有直接的参考价值；对于心理学与教育学专业的师生具有参考价值；对于人才测评与选拔的理论研究者、教学工作者与实践工作者，均具有直接的应用价值。

肖鸣政

2008年2月16日于北京大学

人力资源开发与管理研究中心

目录

理论研究篇

历史方法篇

外国方法篇

现状分析篇

思考对策篇

实验探索篇

CONTENTS

Theoretical Research on Morality Assessment

History and Methodology of Morality Assessment

Methodologies for Foreign Countries

Present Condition Analysis

Implications and Countermeasures

Empirical Studies

理论研究篇

第一章 绪 论

品德，在这里具有特定的含义。它不是政治思想，不局限于道德品质。它是智力、体质与能力之外的所有素质的总称，包括性格与其他心理素质。具体参考第二章的解释。由于品德在整个人才素质结构中的核心地位，决定了品德测评对于人力资源管理实践的重要性；由于品德在整个人才素质结构中的隐蔽性，决定了品德测评在人才素质测评体系中的困难性；由于品德在整个人才素质结构中的特殊性，决定了品德测评在现代人力资源开发与绩效管理研究中的关注性。

第一节 品德测评研究的价值与意义

一、品德测评对于人力资源能力建设具有核心作用

关于人力资源能力建设问题，江泽民同志在北京 APCE 人力资源能力建设高峰会议上做了深入的阐述。他说，千百年来人类为了生存和发展而不断发掘地球上的各种资源，经济社会的发展和物质财富的增长在很大程度上取决于对物质资源的直接占有。物质资源的开发利用是人类社会发展的基础，而人类智慧和能力的发展决定着对物质资源开发的深度和广度。随着社会的进步，人类自身能力不断发展，显示出越来越大的力量。经济发展和社会进步，需要物质资源作基础，更需要人的知识和能力作支撑。当今世界，人才和人的能力建设，在综合国力竞争中越来越具有决定性的意义。人类有着无限的智慧和创造力，这是文明进步不竭的动力源泉。开发人力资源，加强人力资源能力建设，已成为关系当今各国发展的重大问题。

然而，人们对于什么是人力资源能力、如何进行人力资源能力建设等问题，还不是十分清楚。

（一）人力资源是一个系统结构，能力是核心

关于什么是人力资源，目前有许多解释，众说纷纭。归纳起来大概有四种：第一种是人口观，认为人力即人，人力资源是人的资源，是人口资源；第二种是成年人口观，认为人力是具有劳动能力的人，人力资源即是具有劳动能力的全部人口，确切地说，是16岁以上的具有劳动能力的全部人口；第三种是在职人员观，认为人力是在职的工作人员，人力资源是目前正在从事社会劳动的全部人员；第四种是人员素质观，这是最近几年提出的，把人力看做是人员素质综合发挥的作用力。因此，我们认为人力资源是在一定区域范围内，是可以被管理者运用产生经济效益和实现管理目标的体力、智能与心力等人力因素的总和及其形成基础，包括知识、技能、能力与品性素质等。

素质观人力资源系统素质结构如图1—1所示。

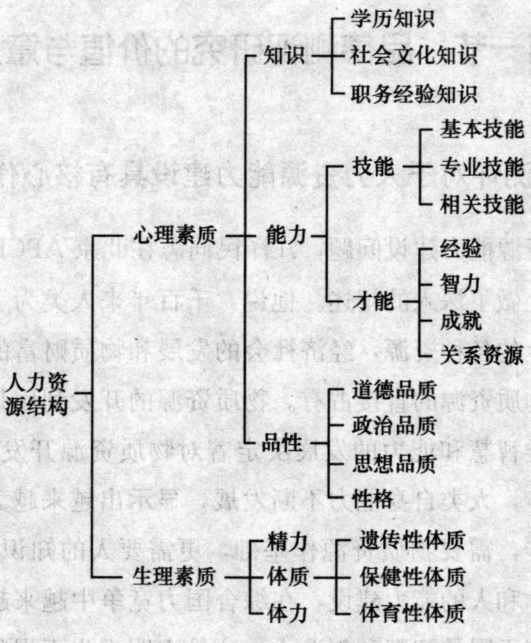

图1—1　素质观人力资源系统素质结构示意图

在素质观人力资源系统素质结构中，能力是核心，品性是关键，生理

素质是基础。

（二）品德是人力资源系统中的关键部分

品德是不是人力资源的一部分？目前还很少见到这方面的论述。然而对于这个问题的回答涉及人力资源能力的建设，涉及人力资源管理与发展对象的确立，涉及人力资源系统和部门工作职责范围的确定与划分，甚至涉及人力资源管理工作者的工作方向与效果。

为了回答品德是否为人力资源的一部分，我们将从古代学者对品德的功用观、马克思人力论及人力资源管理实践三个方面进行分析，并在分析的基础上阐述个人观点。

1. 品德具有经济功用，是一种精神力量的人力资源

西尼尔曾指出，即使在我们目前的文明程度上，大不列颠的智力与道德的资本，不仅在重要性上而且在生产能力上，已远远超过了它所拥有的全部物质资本。

道德即相对于社会生活中的一种规范、原则、准则以及人类行为本身（行动的动机、活动的结果）、情感和判断的总称，包括道德意识与道德关系，它在个体身上即表现为品德的一部分。在这里，西尼尔明确地提出了道德资本的概念。显然，西尼尔认为道德是一种非物质的资本，他认为国家的税收绝大部分来自利润。但在所有利润中，物质资本的贡献不到 1/3，其余 2/3 均来自包括道德在内的非物质资本。品德像知识、技能一样，它们是一种力量，是整个社会财富的来源，而远不止是财富本身。

马歇尔在《政治经济学原理》中特别强调指出，对青年人的责任意识的普遍增强，使国家财富增长中很大一部分从物质资本投资转向个人资本投资，从而大大增加了国家收入，并且提高了全体人民的平均收入水平。

后来，庇古在《社会主义对资本主义》一书中更为明确地指出，在所有投资中，最重要的是对人的健康、智力和品德的投资。

2. 智力与体力决定人力资源的现实形态，而品德决定人力资源的可能形态

人的体力，是指人的一种生理能力，它存在于人的肌肉和有关组织中，人体活动的能力，同时包括人的精力、耐力、承受力等其他形式。

人的智力，是指认识事物方面的各种能力，包括观察力、记忆力、思

维能力、想象能力的综合，其核心成分是抽象思维能力，表现为正确的判断与分析、透彻的理解与掌握、适当的推理与应对。

人的体力是劳动的生理基础，没有它劳动就成为无本之木，人力资源无从发挥，它决定着劳动能否进行；人的智力是劳动的能力，它决定着劳动的复杂程度，决定着劳动可能进行到哪一级别；品德是劳动的动力与精神基础，它决定着劳动的速度与方向，决定着劳动的实际效果，决定着实际能达到什么结果。因此，从一定意义上说，体力与智力决定着劳动者能做什么与会做什么，而品德决定着劳动者愿意做什么与想做什么。

人类的社会生产劳动，可以划分为体力型与智力型两种。体力型是指以体力支出为主的生产劳动。智力型是指以思维能力支出为主的生产劳动。无论是体力型还是智力型，在两种生产劳动中，品德素质的参与是必不可少的。

随着知识经济的到来，体力型劳动越来越让位于智力型劳动。对于智力型的劳动生产，我们还可以进一步把它划分为再现型（重复型）、改造型与创造型三种形式。人的劳动经验与技能的提高是有限度的，因为人们的劳动经验与技能，主要是属于一种再现型智力劳动成果。再现型智力活动本身就规定了其成果难以逾越的界限。虽然每个人在生产劳动实践中获得的经验与技能与别人的会有所不同，带有一定的改良性，但从整体上看，这些从实践中获得的经验与技能并没有扩大人类总体智力的运用范围，而是对已有的人类总体智力的运用与改造。对于创造型智力劳动来说，如果缺少品德因素的积极参与，那么即便是创造型的智力劳动，最后也不会有什么新的突破与创造。因此，智力与体力只是人力资源的必要部分而非充分部分，只有包括品德在内的德、智、体三者结合的人力资源，才是完备而充分的人力资源。

3. 人力资源管理实践表明品德是非常重要的人力资源组成部分

古今中外的人力资源管理实践，大都表明品德在人力资源结构中的重要地位，大都表明品德是人力资源的重要组成部分。

春秋战国时期，管仲提出了德、能、功与位、官、禄的人力资源管理思想。他认为，一个人的品德水平决定他可以在什么职位上工作；一个人的能力大小决定他在同一职位中可以承担什么样的官职，做什么样的事情；一个人在工作中的功劳决定他最后能得到什么样的俸禄，享受到什么样的报酬。

汉代王符提出了人力与职位不相称的德祸能殃的思想（相当于今天的人力资源配置思想）。他认为，德不称其任，其祸必酷；能不称其位，其殃必大。换句话说，当一个人的品德与职责任务不相符时，其结果是给国家、给组织带来残酷的祸害；当一个人的能力水平与职位要求不相符时，其后果是完不成相关工作，给组织带来很大的损失。显然，品德不良造成的危害比能力低下造成的危害要大得多，严重得多。因此，后来北宋时期的司马光提出了宁用愚人不用小人的思想。

虽然品德与才能是我们人力资源结构中最为重要的两种因素，但相对于不同的职位层次与不同时期，对它们的要求又有所不同。

唐代宰相魏征曾指出："今欲求人，必须审访其行。若知其善，然后用之，设令此人不能济事，只是才力不及，不为大害。误用恶人，假令强干，为害极多。但乱世惟求其才，不顾其行。太平之时，必须才行俱兼，始可任用。"

魏征认为，战争等混乱时期，用人应主要看才能，不要过多考虑品德；而在和平时期，则一定要德才兼备的人才可以任用。

在人力资源管理实践中，人们发现品德对不同级别的职位要求是不尽相同的。对于一个中央领导职位的人才选拔，要特别看重其品德如何。在品德中，主要看其政治品质如何；而对于一个乡党委书记，则对政治品质不要过多要求，在其品德中，主要看其道德品质如何，着重考察其能力。

显然，古今中外人力资源管理思想与实践都证明，品德是人力资源中的关键部分。

由于品德是人力资源系统中的核心与关键部分，所以品德测评对于人力资源能力建设具有核心作用。品德测评的方法与结果直接影响到人力资源能力建设的策略、方向与行为，影响到人力资源能力建设的效率与效果。

二、品德测评对于人力资源管理实践具有重要价值

员工对于一个组织绩效的贡献不仅仅取决于他们的知识、技能与能

力，这些只能决定员工能够为组织做些什么，而品德与工作态度则决定了员工的主动性与忠诚度。因为一个人的知识和技能能否充分发挥以及发挥的效能高低与他自身的品德有很大关系。品德把一个人身上的体力、智力、能力等诸要素有机地统一与协调起来，形成整体的和实在的综合能力。知识和技能决定一个人能做什么、能做到什么水平，提供了一种可能性；而他的品德却决定他做了什么、做到了什么水平，表现为现实的绩效。随着高等教育的发展与企业对员工职业培训的重视和加强，员工的知识与技能水平已基本满足组织的要求，而品德则越发成为制约当前人力资源效用发挥的重要因素，被越来越多的组织所看重。①

自 20 世纪 30 年代以来，心理学家就归纳出影响组织与个人绩效的主要品德行为特征，认为给企业与个人带来成功绩效的最为重要和普遍的五种品德行为特征是：乐观外向、情绪稳定、为人随和、认真负责、勇于实践。这几种品德行为特征看似平常，无怪乎很多管理者看后会有“不过如此”之叹。然而，巴瑞克和芒特两位知名学者的研究却让人颇有顿悟。他们选取北美 117 项关于这五种品德行为特征与工作绩效之间关系的研究报告，在经过深入分析后有了非常重要的发现：这五种品德行为特征都是对工作绩效的有效预测指标，而且其中责任心与认真的工作态度在所有情况下都是最佳的绩效预测指标。无独有偶，学者萨尔加多在 1997 年也做了类似的分析，结论同样支持这一说法：认真负责的态度在众多行业中是预测工作绩效的关键指标。根据这个结论，我们招聘与选择用人的时候，应把认真负责的品德放在第一位，然后才是高智商或者其他素质测评指标。②

三、品德测评对于组织绩效提升与保证具有重要影响

品德测评对于组织绩效提升与保证的作用，主要是通过对于员工个人素质的影响、对于领导者素质的影响以及我们建构以素质为基础的绩效管理模式来实现的。

组织绩效来源于部门绩效与岗位绩效，来源于领导者的管理绩效；部

---

① 肖鸣政．试论品德的资本性及其测评．中国人民大学学报．2005，5
② 谭红军，王素琴．用人，责任心是首位，然后才是其他．经营管理人才．2002，3

门绩效与岗位绩效来源于员工个人的绩效，而员工个人的绩效来源于员工个人的素质及其以素质为基础的绩效管理。其中的品德素质是影响组织取得高绩效的关键。因此在组织战略目标的指导下，以促进员工品德素质发展为目的的品德测评是一面无形的旗帜，指导着员工共同努力，促进组织发展，提升组织绩效。

品德素质对高层管理者的绩效具有重要影响。众所周知，领导影响力＝职位权力的影响力＋个人权力的影响力。品德素质能够扩大或者减小领导者在组织内外的影响力，进而扩大或者减小其实际权力，并最终对其领导绩效产生影响。品德素质优秀的领导者，在组织中能够提高被领导者的服从度，进而提高领导效率；品德素质优秀的领导者，能够营造出健康的组织氛围，提升组织士气，影响高层管理团队的绩效，进而影响整个组织的绩效。具体可参考图 1—2。

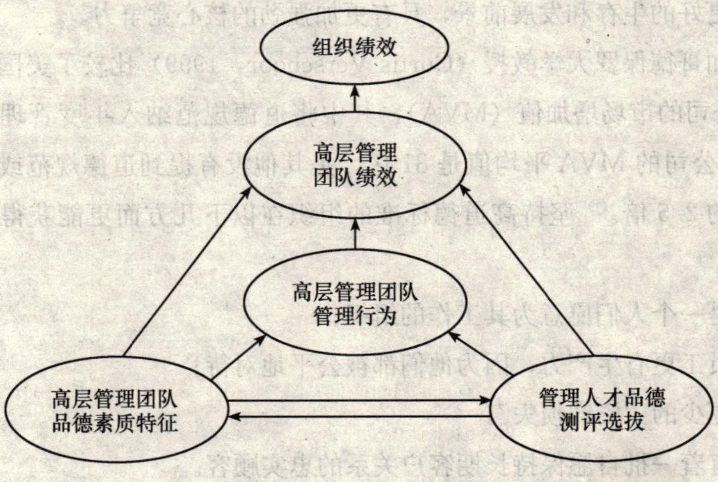

图 1—2　品德测评对高层管理团队与组织绩效的影响

因此，品德测评对于提升与保证组织领导者的影响力与绩效具有重要作用，对于提升与保证整个组织绩效具有重要影响。

四、品德测评对于组织核心竞争力的提升具有关键作用

在人员招聘与甄选中，研究者发现，品德可以对员工的工作绩效和怠工行为做出预测（参见 Ones，Viswesvdaran & Schmidt，1993）。领导素

质理论研究者发现，品德是企业领导者的核心品质（Bass，1990；Kirkpatrick & Locke，1991；Yukl & Van Fleet，1992）。人际关系和组织关系理论研究者认为，品德是组织中的信任关系的核心决定因素（Butler & Cantrell，1984；Hosmer，1995；Mayer，Davis & Schoorman，1995）。这些研究都表明，品德高尚的员工比品德素质不高的员工更加理性、诚实和独立，他们知道按照理性、诚实等原则行事将会带来更大的自我实现和更好的生活。因此，这些员工不会偷窃组织的东西，能够公平地对待其他员工（比如在人事决策中），也不会自欺欺人或欺骗他人与顾客（比如在组织任务和目标上）。这些员工是值得信任的，是领导岗位的优秀候选人（Kirkpatrick & Locke，1991）。

因此，不同学科与领域的研究者认为，品德好的员工，业绩更好，竞争力也更强（在其他条件相同的情况下）。有较多高品德素质员工的组织，将具有更好的生存和发展前景，具有更加强劲的核心竞争力。

芝加哥德保罗大学教授（Curtis Verschoor，1999）比较了美国最大的300家公司的市场增加值（MVA），其中将道德规范纳入年度管理报告中的87家公司的MVA平均值是81亿，是其他没有提到道德规范或道德行为公司的2.5倍。[①] 坚持高道德标准的组织在以下几方面更能获得各方面的支持：

- 是一个人们愿意为其工作的组织；
- 员工更有生产力，因为他们都被公平地对待；
- 更少的“资产损失”；
- 有着一批自愿保持长期客户关系的忠实顾客。

因此，从长期来看，高道德标准有利于组织的持续成功与竞争力的提升。相反，没有道德标准的组织，员工不信任管理者，只关心自己的利益，漠视他人与顾客，缺乏竞争力。有道德的组织都是由高品德素质的员工组成。因此，为了建构有高道德水平的组织，要求我们在员工入口处注意对员工的品德素质进行测评。

---

① Wah，Louisa. “Ethics Linked to Financial Performance”，Management Review；Jul/Aug 99，Vol. 88 Issue 7，1c.

第二节 品德测评研究的困难性与可能性

一、品德测评研究的困难性

人是最难研究的，测评品德这一人类灵魂之内核，则更是难上加难。人的思想复杂多变，人的行为千姿百态。从古至今，有多少人才学家、心理学家、管理学家与其他科学工作者，为了认识与分析人的品德而苦苦思索、孜孜探求；又有多少先行者，为了弄清品德结构及其发展规律而呕心沥血、奋斗毕生。从春秋时期的儒家、墨家和法家对人性的探讨，直至现代人力资源管理、人格心理学、教育心理学和管理心理学等学科对品德问题的研究，已有两千多年的历史，有关资料、论文、论著足以开设一个图书室，但至今仍对品德结构及其性质的认识模糊不清、争论不休。在这种情况下进行品德测评课题研究能期望有多大收获呢？对品德“评”已经不易，还想对品德“测”，从何谈起！人才选拔、考课制度，起始于春秋战国，形成于西汉隋唐，威震西欧，扬名世界，已延续了数百个世纪，为什么至今成形的、为人所知的只有考试制度呢？为什么起源于考德目的的荐举，最后走向“八股文”知识考试的极端呢？我国历来重德、讲德、行德，为什么在考德方面一直未能形成一套行之有效的方法呢？在人才选拔方面，从古至今都强调品德的重要性。儒家历来主张行（德行）有余则学文；司马光总结历史后认为，“取士之道，当先德行，后文学”。① 明帝朱元璋对大臣说：“有司察举贤才，必以德行为本，文艺次之。”② 现在我国德才兼备的选才标准中，也把德的测评放在第一位，但为什么实际上德的测评都是流于形式呢？为什么最后都是以知识考试的分数为准？这是暂时现象还是历史必然？难道是历史证明品德不能测评而只有才能能够测评？难道是所有品德测评的尝试都不科学、行不通，而最后只有知识方面的考试可信可行？难道是人类对自己的品德根本无法测评而只能听之任之？历

① 《明鉴易知录》卷73

② 《明鉴易知录》卷1

史上有能耐的人多得很，现实世界中有能力的人也多得很，但为什么很少见到他们对品德测评这一课题研究的成果？是他们疏忽还是因为对这一问题的解决感到太难而放弃？如果众人都是因为这一问题太难而未能取得什么成效，那么我又能奈它如何？越质问自己就越感到不解与困惑，甚至有点陷于悲观了。

二、品德测评研究的可能性

品德测评问题的研究虽然十分困难，但并不等于我们不能去研究它。假如说品德测评不可行，困难在哪里？可行，出路在哪里？正反两方面的问题都值得研究。目前许多地方都进行过品德测评实验，如果说有成功之处，经验在哪里？如果说已经失败，教训是什么？对这些事实和问题的分析与总结的本身，就能给人以借鉴与启示。再说，品德培养是古今中外人才培养活动的主要目的，培养者不能只问耕耘不问收获。人才选拔也不能不涉及品德鉴定问题，难道古今中外学者对品德测评问题毫无探索？如果探索过，哪些经验值得我们今天借鉴？这些问题也都是品德测评研究中值得关注的基本内容。正是基于这些正反研究都有价值的思考，鼓起了我去研究品德测评的勇气。品德测评研究的困难性焦点在于品德测评的可能性、必要性与量化性的问题。对于品德是否可以测评这个基本问题，目前还存在许多分歧意见。有人认为品德这种东西看不见、摸不着，既无影无踪，又变幻莫测，虚假现象太多，根本不可能进行测评，而且持这种意见的人相当多。如果这种观点成立的话，那么品德测评问题的研究既毫无意义，也不可能成功。也有人认为品德这种东西虽然看不见、摸不着，存在变化性、虚伪性，但它却是客观存在的东西，人们在品德及其表现行为上存在着客观的差异性，有些人品德高尚，有些人则道德败坏；有些人很有修养，有些人却涵养性差；有些人纪律性、集体性一贯很强，有些人却纪律性、集体性一直较差。凡是客观存在的东西，则必定是数量与质量的统一体，是可以被认识与测评的。因此，对这个问题的分析与研究需要花费相当多的时间与精力。无论你是想证明品德的可测评性还是不可测评性，都是非常困难的事情，要涉及品德的概念、结构和表现问题，涉及品德的形成与发展问题，涉及测评的概念与方法问题，还要涉及古今中外人们对这一课题的认识与探索的历史等许多问题。

对于品德要不要测评的问题，人们也有不同的看法。有人说品德是教育过程的自然结果，只要教育工作者按教育要求去工作，就会一分耕耘，一分收获。研究教育方法是重要的，而研究品德测评没有必要。是啊，古代中国素以礼仪之邦、道德之国闻名于世，那时又有谁曾专门研究过品德测评呢？有人从日本访问考察回来告诉我，日本不搞品德测评，我访问了几个日本、美国的留学生，也托人打听过英国、德国的情况，都说他们国家没有品德测评，从国外资料来看，也很少见到这方面的东西。如此看来，品德测评可能真是没有什么必要了！

但也有人说，品德测评很有必要，品德测评作为一种了解与检查人才培养质量的手段，无论是在教育过程中，在教育管理与督导评估过程中，还是在品德形成与发展过程中，都是必不可少的。这个问题的研究，涉及品德测评的意义、功能、作用、地位、机制等问题，也涉及对品德测评概念的认识问题。

对于品德测评如何进行的问题就更难了。上面千根线万个头，下面都是一根针，一个针眼。所以品德测评的困难如何解决，都集中在品德测评的思想与方法问题上，有的人认为品德能评不能测，只能定性而不能定量，因此主张用操行评语法评定人的品德，排斥任何定量形式。而有的人认为传统的操行评语法过于主观片面，流于形式，要改革、要提高其教育性和保证测评的客观性，非量化不可，主张对人的品德表现进行量化评定。品德到底是能测、能定量，还是只能评、只能定性，是一个正在争论的问题。这涉及“测”与“量”的观点，涉及品德测评的思想与方法问题，还涉及品德表现的全时空性与观察有限性的矛盾问题，涉及品德内涵与外延的模糊性与测评的精确性问题，涉及品德主体表现的虚假性与深层的思想测评的真实性的矛盾问题，涉及品德本身发展变化的超前性与测评结果的滞后性的矛盾问题，涉及品德概念建构的抽象性与行为测评的具体性的矛盾问题，涉及品德测评量化的可能性与现实性的矛盾问题，涉及品德面貌的个别性与测评比较的统一性的矛盾问题，涉及品德测评的客观性与主观性的矛盾问题，涉及品德测评指标体系的制定问题，涉及测评主体与客体关系的问题，涉及品德测评结果分析的科学性与报告的直观性的问题，涉及品德测评的积极影响与消极影响的问题，等等。整个品德测评研究从理论到实践，在我国乃至世界，都还处于一个开创阶段，所面临的问题与困难将是十分复杂与严峻的。

三、品德测评研究的可行性

品德测评面临重重困难，但对它的研究却是可能与可行的。从认识论的角度看，品德测评是一种测评者对品德的认识活动。这种认识是测评者对客观的品德特征进行能动与创造性的反映。[①] 它是以科学的而不是个体的经验方式来反映品德的面貌、特征与规律性，是以某种可以被理解，可以操作、领会与传达的形式，再现被测评者品德的特点与规律性。这种认识形式，正如恩格斯在《自然辩证法》（1873—1886 年）中所说的那样，（品德测评）是“把个别的东西从个别性提高到特殊性，然后再从特殊性提高到普遍性；是从有限中找到无限，从暂时中找到永久，并且使之确定起来”。“它是把许多有限的东西综合为无限的东西。”[②] 品德作为一种认识的客体，很早就已被人们所意识到，德性很早就已成为人们研究的对象。按照辩证唯物主义的观点来说，任何客观存在的东西都是可以被认识的。

在人类社会活动中，每个人既在认识别人，也在被别人所认识。在人与人的认识过程中，最为引人注意的就是各自的品德特征。因此，人们对品德的认识与分析活动一刻也不曾停止过。在人类几千年的文明史中，已积累了大量的经验，这些经验为我们的品德测评研究提供了大量素材。

品德是人才素质结构中的一种基本成分。我国的人才选拔，历来重视“德”的标准。考德也是古代考课制度中一项非常重要的内容，因此人才学与丰富的考课历史中应该有不少涉及品德测评这方面的材料。品德与人格、性格、伦理学都有密切的联系。人格与性格测量、伦理学中的行为评价都会或多或少地涉及品德测评的内容，因此可以肯定，从教育心理学、德育心理学、人格心理学、性格心理学及伦理学中也可以找到一些有关品德测评的资料；教育测量与评价，虽然目前大多局限于智能的测评，但智

① 参见前苏联科普宁著《马克思主义认识论导论》第 107～109 页，求实出版社 1982 年出版。

② 参见《马克思恩格斯选集》卷 3 第 554～555 页。

能作为一种心理品质，与品德作为一种心理品质一样，有着许多相似之处。因此现有的教育测量与评价研究中，会有不少思想与方法可以直接供品德测评研究者参考。

虽然近期内要研究出一种为社会普遍公认的、既科学客观又方便可行的品德测评方法还困难重重，甚至为时过早，但是在总结历史与分析现状的基础上，发现一些品德测评理论与实践中的问题，提出解决的对策与思考，并做些实验探索，拿出比现行品德测评方法更好一点的方法，也不是办不到的事情。

此外，由于品德测评问题是一个跨学科的难题，长期以来被人们所放弃与冷落，对它的系统化研究，目前国内外还很少见。若在研究方法上采取跨学科的综合研究策略，从人才学、历史学、测评学、心理学、伦理学、德育学、数学、计算机等多学科的考察分析入手，采取历史文献研究法、比较分析法与调查实验相结合，抓住品德测评问题的关键，进行深入系统的研究，投入足够的劳动到品德测评研究这一“荒漠地”中，最后是会有所收获的。

第三节 品德测评研究的目标与思路

一、品德测评研究的目标

基于上述诸方面的考虑，品德测评问题的研究既可能又可行。但是在本书中，不可能同时去解决品德测评的所有问题，也不可能一举攻破多少年来人们一直未能攻破的测评方法难题。因此，本书研究的目标确定为选择一些当前品德测评理论与实践中所遇到的重要问题，进行理论与实践上的探索。

品德测评作为人类社会中客观存在的一种实践活动，在当前经济改革与教育科学化的形势下显得尤为重要、尤为突出。在品德测评实践活动中，人们遇到了许多实际问题，其中有些是理论问题，有些是实践操作问题和技术方法问题，这些实际问题即是本书研究的起点。任何研究都必须立足于解决一些实际问题，才有动力、有发展、有意义。然而，研究实际问题并不是目的，解决问题才是目的。因此回答品德测评领域中的基本理论问题，总结与分析古今中外品德测评的经验与方法，提出解决品德测评中一些实际问题的对策，并且选择其中2～3种思考对策建构品德测评的基本模式，对所设计的品德测评方法进行应用实验，这即是本书研究的具体目标。

二、品德测评研究的思路

基于这一具体研究目标的确定，我们首先采取问卷调查与访问调查相结合的方式，调查了长春市、北京市、上海市、天津市、广州市、深圳市、赣州市、武汉市、济南市、青岛市、沈阳市等250多人，直接或间接对从事过品德测评研究的专家学者的调查结果发现，无论是赞成品德测评的人还是反对品德测评的人，无论是正在研究、过去曾经研究而现在已不再研究的人，还是站在一旁怀疑与观望品德测评的人，他们亟待我们回答的基本问题都是品德可不可以测评和品德要不要测评。要回答这两个问题，显然涉及品德测评的实质是什么，品德测评的理论与实践中存在哪些难点，品德测评能够产生什么实际作用与效应。故对这些问题的探讨成为本书继第一章绪论之后第二章至第四章的内容。这几章研究的目的在于从哲学、管理学、心理学、数学、测评学、社会学及教育实践等方面，对品德测评的必要性、重要性及其可能性进行多方面的探讨。

现实问题的研究，是历史研究的继续与发展。换句话说，任何问题的研究都必须建立在历史所积累的前人成果基础上。品德测评这一世界性与历史性的课题也不例外。前人对此是否做过一些探索？做过哪些探索？有过一些什么样的经验与教训？这些经验与教训能给我们以什么样的启示？国外是如何研究品德测评的？他们是否对人才的品德进行测评？如果不测评，那是为什么？如果测评，他们是用什么方法？他们的研究能给我们什么样的借鉴与启示？这是任何想从事品德测评课题研究与关心品德测评研究的人必须了解的，也是品德是否可以测评、要不要测评以及如何测评这三个基本问题历史学的分析与论述。对这些问题的探讨即成为第五章至第九章的内容。

历史已成为过去，外国的不能代替中国的。不但要古为今用、洋为中用，更要面对现实、分析现实与认识现实，从现实出发来研究问题。因此发现与分析国内现有的各种品德测评方法及其基本模式，并对它们的优缺点进行比较，找到现有品德测评方法与当前管理、未来要求的矛盾，这是我们进行品德测评方法设计与实验研究必不可少的准备性工作。同时，也是对品德是否可以测评、要不要测评以及如何测评这三个基本问题的现实分析与论述。对这些问题的探讨即成为第十章至第十一章的内容。

在以上诸章中，我们围绕着品德测评中的三个基本问题，回顾了历史，展望了世界，分析了现状，纵横观察了品德测评课题研究的整个轨迹，这些研究与探索几乎都是拓荒性的工作，它们的形成对于品德测评课题的研究有着非常重要的价值。但是，我们深知要全面地回顾品德测评的历史并非易事，寻找出品德测评研究的正确发展轨迹更加艰巨。继承过去只能使历史延续，总结经验只能使历史再现，却不能使原有的理论发生质变，不能使品德测评这一课题研究的困难自行得到解决。只有在此基础上继续进行反思、进行分析、进行创造，才能使品德测评这一课题的研究得到深入与发展。因此，第十二章至第十三章就品德测评研究中有待进一步解决的问题、难点及其对策等内容进行了深入的分析与思考。这实际上是对第十章至第十一章的深化，是对第二章至第四章中有关内容的进一步论述，又是为后面几章的探索留下伏笔。

总结历史与现实，分析问题与难点，关键在于寻求解决问题的对策。对策是广泛的，是理性的思考。它能为我们解决问题开阔思路，提供办法。但是，它毕竟还不是现实的东西，还不是我们的最终目的。我们的最终目的是在于改进现行的品德测评方法，建构新型的品德测评方法，提出并实验所设计的品德测评方法，为人才管理方法改革、品德测评改革和人才选拔制度改革提供行之有效的办法与经验。因此，第十四章至第十六章就品德测评指标库的建构、OSL 品德测评法和 FRC 品德测评法的实验研究做了全面介绍与论述。实际上这既是对第十二章至第十三章所提问题与难点的一种实验研究，对其中所提的各种对策进行实验检查与具体补充，也是对前面品德测评三大基本问题的实验分析与实践论证。

品德测评这一世界性与历史性的难题，不可能企求在短时间内得到彻底解决，本书中所做的工作，仅仅是对品德测评的历史做了一些初步性的探索与发掘，对现行的品德测评实践做了系统性的分析与概括，提出并探讨了一些品德测评研究与实践中所遇到的基本问题，归纳与建构了品德测评的各种基本模式，对现行品德测评方法的改革，提出了自己的设想并进行了一些实验研究。这些工作，对于品德测评课题的最后完成无疑有着重要的作用，但这并不意味着本书中所研究的问题都已得到完满解决，许多问题还有待于大家做继续深入的研究。因此对于品德测评这些问题的研究，还无法做出什么最后结论，本书最后一章只能做些回顾与展望，它既是对品德测评问题研究几年工作的一个小结，也是对全书的一个总结。

第二章　品德测评的可能性及其量化问题

研究品德测评问题，对于管理工作的科学化，人才测评体系的完善，以及人才选拔德才兼备标准的落实，都具有重大意义。然而在众多的品德测评问题中，应首先抓住哪些问题加以研究呢？为此，专门进行了探测性问卷调查与专家访问。所调查的问题主要是：你觉得品德测评应该研究哪些主要问题？重点应放在哪里？关键问题是什么？品德测评与其他人才测评相比，有哪些特殊性？品德测评是否可能？有哪些困难？品德测评的哪些对象可以定量？哪些不能定量？不能定量的对象是否可以测评？如何测评？你认为品德测评有必要吗？为什么？你们现在评定人才的思想品德，一般采用什么方法？请你简述一下评定步骤，并谈几点你对该方法利弊的看法。操行评语法在我国运用的历史很长，其主要优点与不足是什么？从有关回答情况来看，其内容大致归为三个方面：一是品德可不可以测评的问题，二是品德测评要不要进行的问题，三是品德测评如何科学化的问题。

第一节　品德概念的界定及其特征

对于品德可不可以测评的问题，调查结果表明，有的人认为品德这东西太复杂了，根本无法测评，只能写实描述；有的人认为思想只能写实，行为可以测评；有的人认为品德只能用评语评估，不能测评；有的人认为品德中表层的行为可以测评，而深层的思想信念与动机不能测评；有的人认为品德像智力一样可以测评。对于品德是否可以测评的观点之所以存在如此大的分歧，其原因主要在于人们对品德概念、量化概念、品德测评概念、测评技术等许多基本问题的认识不一致，如果大家能够在这些问题上取得一致意见，则对品德是否可以测评的问题也许会有某些共识。

一、品德概念的测评学解释

品德（moral character or virtues）是管理学、教育学、心理学、人才学等学科研究的对象，然而人们对它的解释各不相同。我查过十几本管理心理学、教育学、心理学著作及辞典，大家几乎都是一致地沿用潘菽教授在其《教育心理学》中的定义，即认为品德是指个人依据一定的道德行为准则行动时所表现出来的某些稳固的特征。

在教育学中，“品德是指调节一定社会关系的政治规范、思想规范和道德规范表现在个人思想言行中稳固的政治品质、思想品质和道德品质的总和”。① 王逢贤先生认为品德“包括人的思想观点（人生观、世界观）、政治态度、法制观念、道德品质等全部内容”。② 有的人又把品德称为思想品德，认为它“是指一个人依据社会思想观点、政治准则（包含法制）和道德规范在言行中表现出来的一些经常的、稳定的特征和倾向”。③

在心理学中，“品德是指个人依据一定的道德行为准则行动时所表现出来的某些稳固的特征，它是个性中具有道德评价意义的核心部分。个人的品德，如忠于社会主义、爱祖国、集体主义、守纪律、助人、勤俭等，主要是在社会道德舆论的熏陶下和家庭、学校道德教育的影响下形成的，它是社会现实在人脑中的反映”。④

由此看来，品德这一概念，无论是在教育学中还是在心理学中，无论是专家还是一般学者，大家都基本上认为，品德是指个体言行中表现出来的某些稳固的特征。因此，在管理学中我们参照上述各种观点，把品德定义为：是关于个体用来调节与处理对己、对人、对事、对组织的稳定行为特征与倾向；在外表现为态度与行为特征，在内表现为个人的信念与行为准则。在内容上，包括在思想、政治、道德、法制、个性心理等方面所表

① 华中师大等六所师范院校编．德育学．西安：陕西人民出版社，1986．17
② 张同善．教育学问题讲座．北京：教育科学出版社，1989．248
③ 胡守棻．德育原理．北京师范大学出版社，1991
④ 潘菽．教育心理学．北京：人民教育出版社，1986．156

现出的稳定的行为特征与倾向之总和，包括德性与德能两个方面。[①]

这就说明品德不是什么神秘的东西，它是由个体某一时期内行为表现所决定的特征系统，是一种客观存在的东西。任何人的品德都能被其周围的每个人所觉察到，同时他也能觉察自己周围每个人的品德。随着个体品德的不断成熟与观察者经验的不断丰富，最后每个人所觉察到的结果往往是一致的。

二、品德是一个耗散结构系统

品德的内部因素与外层行为构成一个耗散结构系统。当个体品德内部深层次的因素对表层行为驱动的能量没有达到一定的临界阈值之前，品德内部的各种思想动机常常相互矛盾、相互斗争，整个品德因素系统处于无序状态。当个体通过自我修养或外界教育影响，使某种思想动机能量积累到一定的临界阈值时，它就会驱动个体做出相应的行为。各种本来相互矛盾的思想动机，此时便形成了一种以某种思想动机为主导的有序系统，并与外显行为连接为一个开放系统，保持深层思想动机与行为表现的一致性，使整个品德系统处于稳定状态。在这一过程中，品德行为既把深层的思想动机释放的能量转化为一定的行为效果，又把由行为效果所产生的作用反馈给深层的思想动机，以增加其能量。[②]

品德这种耗散结构系统性的特征，对于以行为表现为品德测评的直接对象，并由此测评深层的品德因素，提供了一个有力的理论依据。

三、品德内外的统一性

从以上各学科对品德概念的解释中我们不难发现，品德具有的第一个基本特征是它的内外统一性。品德是外显行为与内在德性的有机统一，是自觉行为与习惯行为的自然统一。从我们对品德所做的界定可以知道，品德既不是个体所有外显行为的堆积体，也不是个体内部某种不可思议的臆想物，而是一种由个体行为表现决定的有序而特定的特征系统。这种特定

① 肖鸣政．试论品德在现代人力资源结构及其开发中的作用．中国人民大学学报．1999，4

② 参见中科院哲学研究所编《现代自然科学的哲学问题》第229～234页，吉林人民出版社1984年出版。

的特征系统综合地反映着个体内部的思想、情感、意志和信念。换句话说，品德是外显行为与内在德性的有机统一，同时它也是自觉行为与习惯行为的统一体。

作为品德表现的行为，不是任意的、零星的，而是指那些经常出现的与一贯出现的习惯性行为。这种习惯性行为不是先天性的反射，而是自觉性的行为，是个体按一定的信念与准则自觉选择与控制的行为。品德行为的这种自觉性反映了其内部状态，而习惯性则突出了其外部特征。

统一性并不等于一致性，并不等于任何时空条件下的绝对统一性，任何一个人身上都不同程度地存在着内在动机与外在表现的矛盾性。但是，纵观一个人行为的总体，那毕竟是次要的和少量的。品德结构作为一个开放的耗散结构系统，按耗散结构学的观点，它应该是内外一致的。也就是说，深层的思想情感和意志信念与外显的品德行为在总体和本质上是一致的。而少量的不一致现象是偶然的、特定的。因为打破自然平衡、强装着去表现品德行为是要付出代价与心血的。违背自己的良心与意愿去干自己不愿意干的事，是会感到矛盾的。一般情况下，人们不愿也不会使自己表里不一、言不由衷和行不由意。因此，品德是外显行为与内在德性的统一体。

如果我们既承认日常见到的“言行一致”和“表里如一”说明了品德的整体性与统一性，也承认“言行不一致”“表里不如一”作为一种特定形式同样说明了品德的整体性与统一性①，那么品德的外显行为与内在德性就完全统一了。品德这种统一性，具体体现在各品德结构因素关系中。②品德的内外统一性启示我们可以通过外显行为测评来了解与认识个体内部的德性。

四、品德具有稳定性

从上述品德概念的测评解释中可以知道，作为品德表征的行为特征，不是存在于某时某事之中，而是体现在某时期的全部行为之中，甚至是终

---

① 参见林崇德《品德发展心理学》第 14 页，上海教育出版社 1989 年出版。

② 参见肖鸣政“品德结构模式及其测评学分析”，载《吉林教育科学·普教研究》1991 年第 2 期。

生的行为之中。黑格尔曾指出："一个人做了这样或那样一件合乎伦理的事，还不能说他是有德的。"[①] 这就是说，品德表现为一个人某种经常的、一贯性的行为倾向。在个体行为的全部集合中，品德行为在时间上虽然是偶尔的与间断的，但在总体上却是持续的；品德行为在空间上虽然会偶尔相异，但在总体上却是一致的。品德这种行为特征表现的持续性与一致性就总括为品德的稳定性。

品德的稳定性，实际上为许多事实所证明。平时我们常在某个人面前说另一个人好，并不是说那个人某一天好，而常常指他一贯表现很好；当你认为某个人好时，也许你还会听到其他人也说这个人好。这种现象表明，个体的品德具有稳定性。

心理学家强调早期经验的重要性，研究个体行为在不同年岁之间和不同情境下的相关性，实际上也是给品德具有稳定性提供了一个证据。麦金能·巴布（Mackinnon Barbu，1951）和罗金（Brogden，1940）研究表明，人的诚实可以在任何情况下都一致。[②]

品德的这种稳定性特征告诉我们，品德是一种可以从不同时间与空间上来测评的客体。

五、品德具有差异性

从上述品德概念的测评解释中可以知道，品德是一种个体现象。由于每个人所处的生理、心理和社会条件不同，每个人生活的具体时空不尽相同，造就了人们在品德形成上的差异性。古人说"人心不同，各如其画"，这些差异均会通过外显行为表现出来。作为一定社会的政治、思想、道德和法制，对每个成员的要求是一致的、相同的。作为一个组织，它对每个员工提出的品德要求也是相同的。但这种相同与统一的社会规范或品德要求，折射到每个员工身上却会产生不同的影响效果，形成不同的品德差异。品德这种性质与程度上的差异性是客观存在的。在同一个单位，你会发现有些人更守纪律，而有些人却不太守纪律；有些人关心与爱护集体，

① 参见商务印书馆 1961 年出版的《哲学原理》第 107 页。

② 参见郑慧玲编译《人格心理学》第 606～607 页，台湾桂冠图书股份有限公司 1986 年出版。

而有些人就不那么关心与爱护集体。品德的这种差异性告诉我们，区分人才的品德既是必要的又是可能的。

第二节 品德测评及其可能性

一、品德测评含义

“测评”一词，从其字义来说，意义广泛。“测”有10种解释：量度、测量、观察、猜度、知、探访、尽、极、水的深度、刑具名。“评”有5种解释：评判、评语、评论、议论高下、品评。① 把“测”与“评”合为一词，在国内外都曾有过，最早见于人事部门的考核活动，国内有人提“人员测评”“干部测评考核”，前苏联有人提“管理人员测评”，在教育领域一般提“测量”与“评价”“评定”“评估”。台湾有人提“评鉴”“评量”“评鉴”，而很少见到“测评”一词。笔者从1989年开始，启用了“品德测评”一词。

所谓品德测评，是指一种建立在对品德特征信息“测”与“量”基础上的分析与评判活动。在这种活动过程中，测评者通过“测”与“量”的活动，获得所要收集的品德特征信息，然后对它们进行综合分析与评判解释。这里的“测”包括测评者的耳闻、目睹、体察、访问和调查等，但它们不同于一般意义上的耳闻、目睹、体察、访问与调查活动，是以认识与评判品德为目的的特定活动。“测”既可以是自测（看他对自己的行为表现说些什么），也可以是他测（看其他人对他的行为表现说些什么），还可以是观测（即看他实际上是怎么表现行为的）。这里的“量”，即指与一定品德测评标准的比较与衡量。这里的分析是指对“测”与“量”所获品德特征信息的综合分析。这里的“判断”是指对综合分析的结果予以确认与解释。判断的基本形式通常有两种：一是定性判断（例如是不是、有没有、符合与否、存在与否）；二是定量判断（例如在多大程度上是或符合，

① 参见《汉语大词典》《现代汉语词典》《古今汉语实用词典》《简明古汉语字典》《辞海》《辞源》。

在多大范围上有或存在)。最后是对判断结果予以报告与解释。报告与解释的方式可以是数字、符号、图形、字词或语言中的一种或几种并用。

品德测评是人才素质测评中的难点与关键，有自己的独到之处。它并非心理测量，不要求对所有的对象进行量化，不要求所有的评判均为客观判断。它允许对一部分对象做非客观的分析判断。它与教育评价也有所不同。教育评价通常是指对教育活动及其成就相对教育目标的价值估计。评价基本上是研究人员和编制人员所从事的活动。[1] 品德测评允许对品德中的某些独特特征做描述或评述，这种评述不一定要针对教育目标进行，例如突出特征的描写或奖惩事例的记述。

与品德评估及评价相比，品德测评更加强调比较判断要以准确的客观事实为依据，定性与定量相结合，强调品德测评过程及其结果的准确性与客观性，强调对事实的“测”与数据的“量”，而不是“估”与“评”。这里的“量”可以是实质的量也可以是形式的量，可以是精确的量也可以是模糊的量。品德评估和品德评价均着重于“估”与“评”。无论是“估”还是“评”，社会实践中都容易因其字义而纵容主观性，忽视客观性与准确性。

与品德考核、品德考评或品德评定相比，品德测评更加强调对整个德育过程的促进与调控功能，强调品德测评要贯穿整个德育过程，强调品德测评的诊断决策和反馈督导的功能，强调对包括思想动机与效果在内的整个行为活动的测评。品德考核、品德考评和品德评定，无论我们怎样对它们加以明确的学术定义，在社会与实践中都容易因其字义而引诱人们只注重其“考”与“定”的功能，注重对最后行为结果的考核与评定，注重期末或工作结束时实施的品德测评，把它作为管、卡、压的手段。并且由此忽视品德测评对开发过程的分析和对人才开发工作的促进作用，忽视把它贯穿于开发过程并发挥其对人才开发工作的优化决策作用。换句话说，在社会实践中提品德评估、品德评价或品德考核、品德考评与评定，把握不好的话，容易因理解不同而产生异化，评估与评价容易异化为主观判断，

① 参见瞿葆奎主编《教育评价（教育学文集）》第743页，人民教育出版社1989年出版；以及日本辰见敏夫编《教育评价方法》第7页，协同出版社1986年出版。

失去其应有的客观性与科学性，而考核、考评和评定则容易顺应其词义，同化为一种终结性和权威性的核准断定。这与现代人才素质测评的发展不相适应。品德测评的提法则有助于克服这种异化或同化现象。

在管理与心理的测量评价中，其定义有三个基本要素：测量评价对象、数字符号以及分配数字符号的法则。[①] 只要具备了这三个要素，就是一种管理与心理的测量评价活动。因此，从这一点上来看，操行评语、品德评价、品德考评、品德评估以及实践中所有的其他品德评定活动都属于品德测评。它们测评的对象都是品德的行为表现，测评的结果都是统一的数字、符号或语言，同时也具有统一规定的测评要求与方法。因此从一般意义上来说，它们都属于品德测评。但问题是，目前实践中人们并没有建立起科学的与可操作的测评法则，各测评主体实际操作的法则、所选择的具体测评对象并不统一。因此，实践中所见到的任何一种品德评定并非是严格意义上的品德测评。

总之，品德测评是指测评者采用科学的测评手段（工具），有目的地、系统地收集被测评者在某一时期内主要活动领域中的品德特征信息，针对某一测评目标体系做出数量或价值判断，或者直接概括引发品德行为独特性的过程。品德测评对品德中的共性特征可以采取数量或价值的判断形式，对品德中的独特性则可以采取评语描述或概括的形式。品德测评虽然包括品德测量与品德评价，但却不是它们的机械相加。

二、品德测评的理论依据

如果我们能够把对品德与品德测评这两个概念的认识统一于上面的定义与解释中，则品德是否可以测评问题就不难解答了。我们可以从理论与实践、正面与反面来证明品德测评是可能的。在这一段中我们先从理论上进行论证。

纵观各种测评现象不难发现，测评所应满足的三个充分条件是：

1. 测评对象客观存在，并可以被人认识与把握。

2. 测评对象的质与量具有大小、强弱与多少上的程度差异、数量差异

① 参见戴忠恒《教育与心理测量》，袁方《社会调查原理与方法》。

或存在与否差异。

3. 测评对象这种质与量的差异可以通过比较进行确定与报告。

根据前面品德及其特征的研究可知，品德既是稳定的又是客观存在的。按照唯物辩证法的观点，客观存在的东西，必然具有数量与质量形式，其数量与质量形式可以相互转化，质量可以通过其数量形式的表现来把握。

就品德的变量形式来说，主要有定性、定量与模糊三种变量。对于这三种变量，采用类别、顺序、等距、比例、模糊等量表足以对它们进行比较与确定，并据此反映品德特征在数量与质量上存在的各种差异。由此可见，品德这一特定对象能够被测评。

从品德测评对象本身来看，它具备了测评的三个充分条件。品德是外显行为与内在德性的统一体。虽然我们不可能直接观察个体品德的内在德性，但可以观察到个体品德外在的行为表现，通过其外在表现可以评定其内在德性，通过行为表现可以概括品德的特征。品德既是稳定的客观存在物，又具有个体的差异性。对于个体间的这些差异，我们不但可以感觉与认识，而且可以通过各种量表或测评工具进行比较与区别。

从品德测评本身的解释来看，品德测评的实质是一种对品德质量与数量特征的判断，是对品德行为特征进行客观的、有意识的观察与判断，其作用在于真实而客观地描述品德的类型、特征、面貌，并对品德内外差异进行尽可能精确的度量与比较。由此可见，品德测评与人们通常理解的严格意义上的数学化是有所不同的，与那种只限于对品德特征中绝对数量测量的狭义解释也是不同的。因此，从品德测评定义本身来看，品德测评是可能的。

某种内在的德性，虽然通过个别、孤立和零散的行为表现难以把握，但通过众多行为进行整体和综合的分析，是可以把握的。有些品德因素，例如动机情感，虽然不能用常量数字进行客观评分，但却可以采用模糊量表进行主观区别；有些独特的品德特征虽然无法在群体中进行比较，但却可以通过类别量表进行描述，通过当量量化进行比较，通过语言描述进行评价。尽管目前品德测评还存在一定的困难性，但这还不足以否定品德测评的可能性。

三、品德测评的疑问剖析

品德测评作为人类对品德的一种认识鉴定形式，已有很长的历史。古今中外存在着许多品德测评的成功之例。

唐太宗即将驾崩前，急需物色一个忠心耿耿的人做辅佐太子的宰相。当时他认为李世勋是个很合适的人选，但对其忠诚度，尤其是对太子继位后的忠诚度把握不准。于是他便决定采用"苦肉计"来测评李世勋的忠诚度。他对太子说："我要立即把李世勋贬职，等我过世后，你才能把他调回来当宰相，并好好重用他。可是你要派个亲信在他身边，仔细侦察他被贬职之后的反应。他要是对被贬之事大发牢骚，或与不满分子来往，你就马上杀死他。"李世勋对此一无所知。尽管他突然被贬为叠州都督，尽管许多人为他打抱不平，但他毫无怨言，专心工作。后来李世勋果然忠于太子，辅佐他稳坐江山。

我国封建社会许多王朝长达几百年延续不衰，可以说是与封建统治者掌握了一套观察与测评忠臣品德的经验与方法有关。正是因为他们选拔到了许多像李世勋这样的忠诚卫士，才使其封建王朝巩固稳定。

早在 20 世纪 20 年代，美国梅伊和哈茨霍恩（May & Hartshon，1928）就设计出一套诚实性的测验方案，其测评的信度系数平均在 0.50 以上，最高达 0.84。[①]

现实中也存在许多品德测评的有效方法。[②] 由此可见，实践表明品德测评是可能可行的。

疑问之一，当某个人品德极坏而故作掩饰时，是否会测评不到呢？一般来说，一个人一旦形成了某种极坏的品德，其不暴露是不可能的。此时此地不暴露，彼时彼地必暴露；此人此事面前不流露，彼人彼事面前必流露，不可能隐藏终生。要是世界上真有那么一个人（实际上很难找到），能把其某一恶德压抑一辈子不暴露，那么，从品德的定义来看，他这种恶

① 参见美国桑代克等著、叶佩华等译《心理与教育的测量和评价》第 216～218 页，人民教育出版社 1985 年出版。

② 参见国家教委委托东北师范大学主办的《中师培训》1991 年第 5 期"现行品德测评方法的利弊分析"。

德实际上是已经被改变了，已不能在实践中萌发为真正的恶德和产生不良影响。换句话说，它已不是品德测评的主要对象了。

疑问之二，像西汉王莽那样的恶人能测评吗？类似王莽那样的人实际上是阴谋家。如果他们的阴谋只是临时萌生，那么这种阴谋不是我们品德测评的主要对象，严格地说不属于品德测评范围。如果他们蓄谋已久，那么只要当时有人去测评他们，去了解他们周围的所有知情人，是可以测评到并予以识破的。

疑问之三，每个人都是一个矛盾的多面体，当这方面的因素成为主导因素时，则此人表现为这个样子；当那方面的因素占主导地位时，则此人表现为那个样子，对此该如何测评呢？茅盾先生仔细研究过人的行为表现后发现，一个人在卧房对其妻子的行为方式与其在客厅或上司下属面前的行为方式是很不相同的，又该如何测评呢？这些不一致现象显然都是品德测评必然会遇到的困境，但只要我们善于从矛盾着的各个方面去了解、去测查，采用不同的方法进行多角度的测评，并在此基础上进行综合分析，最后是不难评定的。只要我们宏观上注意从历史角度去综合，中观上注意从具体环境中去观察，微观上注意从小事件中去剖析，任何人的品德都是能够被测评出来的。

实际上，任何一种客观存在的品德，由于它对人的行为具有驱动性，因此只要选择或设计适宜的刺激，必然会引发其流露出来，之所以有些人的品德有时被隐藏难以测评，主要是因为其周围的环境刺激不适宜而已。

综合上面理论与实践、正面与反面的诸种分析可知，品德是可以测评的。

第三节　品德测评量化中的几个理论问题

从上面有关品德测评的概念解释中不难看出，品德测评不一定都是量化形式，但量化却是品德测评过程中必不可少的重要手段。量化测评是所有品德测评形式中重要而有效的一种形式。品德测评的科学化与现代化，在很大程度上依赖于品德测评的量化，然而人们目前对品德测评量化还很陌生，其可接受度远不如智能测评的量化。对于品德测评能不能量化、该不该量化的问题，人们还持有不同的观点。对于品德测评如何量化，人们也缺乏经验。因此，有必要对品德测评量化问题进行探讨。否则，认识上的模糊与实践中的盲目，将会严重影响我们对品德测评问题的深入探讨与实验研究。

一、量化的可能性与必要性

所谓量化，即数量化，是指给事物以数学形式的表示。品德测评量化，即品德测评形式的数量化过程，是用数学形式描述品德测评的过程。“数量化只是对事物性质赋予数值，所以它既不表示质的消灭，也不表示量的随意创造。”①

辩证唯物主义认为，任何事物都是质和量的统一体。在现实世界中，不存在有质无量之物或有量无质之物，也不存在无量之质或无质之量。质和量总是结合在一起的，品德这一特定事物也不例外。

品德，前面已指出，有的学科中称它为思想品德，“是指一个人依据社会思想观点、政治准则（包括法制）和道德规范在言行中表现出来的一些经常的、稳定的特征和倾向”。② 如果这一定义成立的话，那么我们可以由此再扩延一点，把品德视为是关于个体在思想、政治、道德、法制、心理健康等方面知、情、信、意、行特征与倾向的总和。

显然，品德特征有存在与否及明显与否之分，行为倾向有存在与否及强弱之别。就行为特征与倾向的经常性、稳定性来说，也存在程度上的差异。每周做一件好事，一年下来也够上“经常”，而每周做四件好事，一年下来同样也够上“经常”。然而这里后一个“经常”的程度却是前一个的 4 倍。正是因为不同人员的品德之间存在着这种数量与质量上的差异，才使我们的管理者可以对他们进行不同的测评。

品德数量与质量的表征形式可视为品德行为表现的频率及其社会价值。品德行为的数量像其他任何事物一样，它往往就是该个体品德本身所固有的一种规定性，是对某种内在德性的表征，它不一定是那么绝对精确

① 参见《第 16 届世界哲学会议论文集》第 292 页，中国社会科学出版社 1984 年出版。
② 参见胡守棻主编《德育原理》（修订本）第 20 页，北京师范大学出版社 1989 年出版。

和保持不变，但却具有一定的概率不变性。我们对品德行为的这种数量认识虽然有时难以把握，但这种数量认识却能够使我们对品德特征的认识得以继续与深化。

例如，前面所提到的两个“经常”，若前一个每周做一件好事之“经常”以数字1表示，后一个每周做四件好事之“经常”以数字4表示，则不但对这两个“经常”进行了由表及里的揭示，而且还对它们从数量上进行了区分。这就使我们对这两个“经常”的特征认识有了更深入的理解，不会停留于一般评语对“经常”所做的表面性意义描述上。

辩证唯物主义还告诉我们，任何事物的质与量都是可以相互转化的。一定的质变可以看成是由量变产生的。所谓积善成德就是一个例证。因此辩证唯物主义的这一原理启示我们，客观上必然存在某种转化机制，可以把品德中的质转化为量的形式，可以从量的形式中去揭示品德的质，去揭示整个品德的本质与面貌。品德测评的研究任务就是要寻求这种转化机制。品德测评的量化，可以说是这种客观转化机制的一种具体表现形式。建立这种品德测评量化转化机制的关键在于寻找或确立介于量与质之间的度。品德特征中的质能否通过量去测评，或者说品德特征中的量能否正确地揭示品德特征中的质，都取决于是否寻求到了或确立了品德特征量与质之间转化的节点数值。当这种节点数值确立得越真实、越客观时，则品德测评量化的效果就越佳。在当前品德测评量化的实践中，人们对于这种节点数值的确立常常带有一定的习惯性或主观性，具体表现在计量与转换两个环节上。例如规定能自觉做到指标要求为4分，能较好做到指标要求为3分，经提醒尚能做到指标要求为2分，经提醒能勉强做到指标要求为1分；品德测评分数85～100分为优秀，75～84分为良好，60～74为及格，0～59分为不及格。节点数值在这里表现为心理阈限值与分数值两种形式。由于各人的背景条件不一样，每个测评者头脑中实际建构与操作的质、量、度体系是不尽相同的，品德测评量化的任务就是要使这种不尽一致的程度减小到最低点。

由此可见，马克思主义哲学的质量统一规律为品德测评量化提供了必要性的理论依据，而质量互变规律为品德测评量化提供了可能性的理论依据，质量分析中的度理论则为品德测评量化提供了突破口。

二、量化的实质与功能

品德测评量化的实质是什么呢？从哲学角度看，品德测评量化就是通过测量手段来揭示品德的数量特征与质量特征，使人们对品德有更深入、更本质的认识；从数学角度看，品德测评量化就是通过品德测量法则，把个体稳定的行为特征和倾向空间与某一向量空间建立同态关系，使定性评定中无法综合处理的行为特征信息可以得到统一的数学处理，使测评者对不同个体品德的心理感觉差异反映于数量差异之上，进而综合反映个体品德的差异与水平。

品德测评这一特定的社会现象，可以说主要是由三个部分构成，即个体行为空间、测评向量空间与同态映射。

所谓个体行为空间，通俗地说就是某人某一时期（某月或某年）品德行为的总和。假如我们同意被测人在该时期内表现的任何一次品德行为，都可以通过时间、地点、背景、动机与效果等变量进行刻画的话，那么被测人的任何一次品德行为，就都是由时间、地点、背景、动机与效果五个坐标参数决定的五维向量（向量在这里既有数值大小之分，又有方向不同之别）。任何一个被测人在整个月或一年内的所有品德行为就构成了一个特定的行为向量群。同一方向或相近方向上的行为就构成了特定的行为向量子群。由于每个被测人在某一时间内的品德行为都是有限的，故个体特定的行为向量群都是有限的。

所谓测评向量空间，通俗地说就是品德测评结果可能选择的空间。例如，同一个科室负责人对其所有员工的操行评语就是一个向量空间。如果我们同意任何一条评语均可以由内容与程度刻画的话，那么其中任何一条评语就是一个二维向量。在当前品德测评实践中常见的测评向量空间主要有三种：一是评语向量空间，二是分数向量空间，三是图像向量空间。评语向量空间是多维有限的，分数向量空间是一维有限的，图像向量空间也是多维有限的（图像向量的方向定义为曲线变化率总和）。

所谓同态映射，通俗地说就是个体行为空间与测评向量空间之间的对应关系。通过这种关系，个体行为空间中任何两个行为的关系及其分析综合，都能通过测评向量空间的对应向量进行运算或加以表征。在当前品德测评实践中常见的同态映射有随意同态映射与控制同态映射、计算机控制同态映射与人工控制同态映射。例如，没有具体标准的操行评定或等级评定，基本上就是一种随意同态映射。计算机辅助品德测评则是属于计算机控制同态映射。制定统一的品德测评标准和测评方法，则属于人工控制同态映射。现行各种品德测评方法中所建构的同态映射，大多数是主观规定的。当这种主观规定的同态映射比较客观地反映了行为空间的特点与规律时，所得出的测评结果就比较客观真实；反之不然。

品德测评的实质就是通过建构较为科学的同态映射，把行为空间的复杂分析与综合，转化为测评向量空间中较为简单的分析与综合。品德测评量化的实质就是通过品德行为测评法则（包括测评标准与方法），把复杂纷乱的行为群投射变换为简单有序的分数列，大大提高了测评的效率与效果。

品德测评量化的功能与作用是什么呢？我们不妨先来剖析几个人类认识世界发展史中的实例，从中也许会得到某种启示。

对于自然界的风，人类对它的认识开始是模糊和迷信的。随着经验的积累，后来有风向及大小的定性测定。这种测定是粗浅的。风向是相对每个人自身前后左右的方位进行粗略判断，风力或风速也只有大或小的经验感觉测定。这种个体测定既没有很好地反映风这种自然现象，也不便与其他人交流自己的测定。现代气象学以地球南北极为参照系建立风向 16 方位图以及风力、风速测定的量化体系后，使人类对风的认识与预报上升到科学的水平。

温度，人类最早简单的测定是依靠自身皮肤的触觉，对它是热还是冷的定性认识。约在 300 年前，英国思想家约·洛克实验发现，靠触摸感觉对温度的测定很不可取。在很冷的户外有一块木头，你会感到木头是冷的。但若你看见了另一块钢铁并把它捡起来，你会感到它比木头要冷得多。实际上，木头与钢铁的温度是一样的。温度测定通过温度计量化后，不但纠正了人类对木头与钢铁温度定性测定上的错误，而且大大方便了人们彼此面对温度的测定与理解。试想如果人类不采取温度计对温度测定量化，而仅依靠每个人的皮肤去感觉，报告说“今天中午很热很热”，你感到它会比说“今天中午温度高达 38℃”更好理解吗？

再如时间，人类对它的测定开始仅有前后之分与间隔长短之别。这种感觉测定，对于说明三个以上事物发生的先后顺序及其间隔时，就显得麻烦了。而当我们通过钟表测定量化时间后，测定不但比以前更为科学，而且表述与运用也极为方便。3～4 岁的孩子因为缺乏对时间量化的测定，因此既分不清昨天、今天与明天的差异，也弄不准实际时间的长短。

以上三个实例虽然是自然科学范畴中的东西，与品德这种社会科学范畴中的东西有所不同。品德是与人自身行为直接相关的主观对象，而风等自然现象是独立于人之外的客观对象。前者的载体是能动的主体，而后者的载体是被动的客体。但是从作为行为主体之外的他人的测评对象来看，都是认识的客体。量化作为一种个体认识的物化手段，并不一定只限于自然科学而不能适用社会科学。品德测评作为一种认识手段，其量化形式对于我们来说，具有人们对风、温度和时间测定量化同等的功能与作用。

马克思认为，一种科学只有在成功地运用数学时，才算达到了真正完善的地步。[①] 换句话说，马克思认为，一种科学如果不包含基本的数学描述，这种科学肯定是不完善的。

1543 年，哥白尼发表了《天体运行论》，提出了太阳中心说，初步确定了天体运行的性质。但只有到后来，当天体力学运用数学方法，推算出尚未发现的新行星的运行轨道，测定出它们在太空中的位置，并实际发现了海王星和冥王星时，才使哥白尼的太阳中心说得到科学的证明。对于资本家与工人的区别和对立，在马克思以前的空想社会主义者已有所认识，但只有当马克思对工人的必要劳动和剩余劳动进行量化分析后，才揭开了资本主义剥削的秘密，建立了科学社会主义学说。品德测评也不例外，量化能够加速其科学化的进程。

目前人们对于个体品德的认识与评定大多还处于个体的感觉体验阶段，其中许多测评虽然不乏正确，但却都局限于只能意会不能言传的第六感觉范围，语言难以表述。所做认识与评定处于自我内部的封闭状态，无法上升扩展到自我以外，使之成为参与群体的共识测评。这种感觉体验性的测评，由于缺乏简便的物化手段，总是随着测评者个体感觉的消失而消

---

① 参见拉法格《摩尔和将军》的“忆马克思”。

失，因测评者个体的经验多寡而不同。借助于量化手段，品德测评能够从测评者个体感觉经验的局限中跳出来，由个体的感性测评上升到群体的理性测评，由模糊混沌的体验测评转化为明确清晰的测评。

品德测评的量化，除了方便简洁的物化表述功能外，还有助于促进测评者对品德行为进行细致、深入的分析与比较，有助于从大量的具体行为中抽象概括出本质的特征和做出尽可能准确的差异比较。这是因为在量化测评中，每做一次具体的测评，都要求测评者针对具体标准，对同类品德行为的内在价值做出尽可能客观而准确的评定。而不是像一般的评语，只列举一些具体的行为表现，或者叙述自己的主观随意评定就算完事。

量化形式使品德测评的结果表征为分数，因此就使得纷杂的行为特征描述或等级，可以由彼此的离散状态非常方便地得到汇集与综合，成为一个简单的分数或等级，使难以比较的操行评语转化为可以比较的分数，大大简化了对各个学生品德水平与差异的比较和评定，使选拔录用中的品德标准落到了实处，不再是分数、评语两张皮，一实一虚。

量化形式也改变了品德整体评定的传统单一模式，使其简化为单项的行为特征测评，使主观随意性最大的综合评判过程，物化为统一的分数综合，既提高了测评的准确性，又减少了综合的主观性，从而有效地控制了品德测评中的误差。

量化形式把单项的品德测评结果物化为分数形式后，可以采用计算机技术进行分析，使许多十分烦人的数据分析变得十分简单，测评者与用户可以迅速方便地查询有关个人单项或整个群体多项的品德特征信息。这大大提高了品德测评、信息反馈及其利用的效率与效果。

尽管我们提倡品德测评量化，认为量化有助于品德测评的科学化，缺乏量化的品德测评很难是科学的品德测评。但这并不等于说品德测评的量化本身就是品德测评的科学化，不等于说凡是进行了量化的品德测评就成了科学的品德测评，凡没有量化的品德测评则毫无科学之处。品德测评量化本身也有科学与不科学之分。只有建立在对品德因素质与量正确认识基础上的正确量化才是科学的。品德测评量化的主要功能在于，使我们对品德测评对象及其特征信息能够客观化、符号化、等值化，便于采用数学方法与计算机技术进行客观的综合、分析与推断，加强与提高品德测评的科学化与现代化。

三、量化的主观性与客观性

品德测评的量化既是主观的又是客观的。对于品德中客观存在的数量特征（例如行为的次数、频率等）的量化是客观的，而对于品德中的许多质量特征（例如好与坏的程度、尊重他人的程度等）的量化则是主观的。然而在这种主观量化中却存在着客观因素，其客观性体现于量化对象质量差异的客观存在性与数量关系的客观存在性，体现于量化法则的统一性与测评者感知觉的恒常性。这种品德测评主观量化的客观性，当测评对象差异较大时表现得尤为突出。纪律特好的人，大家几乎都会评他满分，而纪律特差的人，大家则几乎都会评他最低分。

品德测评量化的主观性，主要体现在量化法则的主观规定与测评者认识的主观性上。由于目前国内对人才各项品德的测评还没有较为客观的测评指标，没有科学的测试手段与有关的统计指数来确定各项品德测评的分数，测评者只能靠自己的主观经验进行权衡。其主观规定性还明显地体现在品德测评指标体系内容及其各项指标的采分值上。同一级别的干部，不同组织则规定不同的品德测评指标内容；同一品德测评指标，不同组织则给出不同的采分值。

主观量化的这种规定性不仅仅存在于社会科学领域，在自然科学中同样存在。例如前面提到过的风力量化，实际上就是一种主观量化。在风力量化的体系中规定：当海上船只静止不动、囱烟直冒时，风力测定为 0 级；当人面感觉有风、树叶微响、风向标能转动时，则风力测定为 2 级；当有叶的小树摇动、水面有小波纹时，则风力测定为 5 级；当微枝折毁、人向前行感觉阻力甚大时，则风力测定为 8 级；当出现平时绝少见、摧毁力极大的风时，则风力测定为 12 级。显然，这里风力划分为 0～12 等 13 个等级及其标准的规定，是一种人为的主观规定。但是这种主观规定的指标一旦形成，大家能够对它形成统一的认识与理解并自觉严格地去执行操作，则主观的规定就具有客观的效用，成为客观的东西。

如果有人想在品德测评的量化中去追求那种绝对的客观量化，追求那种全部的客观量化，那么这既不可能也不现实。品德的载体是诸多的具体行为，它们都是个别、离散地分布于个体活动的特定时空中，品德测评的具体对象不是品德行为本身，而是蕴藏于其中的德性特征。品德测评不是对单个行为的测评，而是要求把相关的品德行为“聚集”在一起，并由此“分离”出其中的德性。要完成这种“聚集”与“分离”工作，目前只有依靠测评者的主观能动性。

品德测评的量化，并非一种纯定量的量化。它实际上是一种在定性基础上的量化。品德测评者对每项指标分数的测评，都要经过反复多次的综合与分析，要对诸多行为的内在德性进行抽象和概括，凭着自己的经验感觉并与有关标准反复比较衡量后才能给定。在这种测评过程中要想完全排除人的主观性是不可能的。

虽然追求绝对的客观量化是不可能的，但是控制量化过程中的主观性却是可能的。要把品德测评量化中的主观性控制在最低点，关键在于对品德测评指标内容及其采分规定的客观化，在于对测评者认识主观性的控制。要达到这一控制目的的有效办法是，尽可能采用客观化的标志来规定品德测评指标的具体内容，同时采分的标准尽可能确定在一般测评者的感觉阈限之上。

四、量化的内容与形式

品德测评的量化形式，从理论上来说有一次量化、二次量化、类别量化、顺序量化、等距量化、比例量化、模糊量化与当量量化等不同形式。

1. 一次量化与二次量化

什么是一次量化与二次量化，人们对此似乎还解释不清。我们认为其中“一”与“二”可做两种解释。当“一”与“二”做顺数词解释时，一次量化是指对品德测评对象进行直接的定量刻画，例如违纪次数、捐献给灾区人民的钱物数、坚持做志愿者为五保户买粮买煤的时间等。一次量化的对象一般具有明显的数量关系。量化后的数据直接揭示了品德测评对象的实际特征，具有实质性意义，因而也可称之为实质量化。二次量化即指对品德测评的对象进行间接的定量刻画，即先定性描述后定量刻画的量化形式。例如被测评者的礼貌行为，先依据品德测评中的标准要求，用“做到”“基本做到”和“没有做到”三个词进行定性描述，然后再用“3”表示“做到”，“2”表示“基本做到”，“1”表示“没有做到”。这样，对被测评者的礼貌行为测评就实现了量化，这种量化就是我们所说的二次量化。二次量化的对象一般是那些没有明显的数量关系，但具有质量或程度差异的品德行为特征。如果量化的结果并没有直接揭示量化的内容，换句话说，当量化的表现形式与量化的具体内容并不存在任何实质性的数量关系时，我们将把这种形式的量化称之为形式量化。

当“一”与“二”做基数词解释时，一次量化是指品德测评的量化过程可以一次性完成。品德测评的最后结果可以由原始的测评数据直接综合与转换。例如，有些调查、统计与量表测试，从实施到数据显示一气呵成的量化，就属于一次量化。它们中间不需要补加任何其他计量手段。二次量化则不然，它是指整个品德测评量化过程要分两次计量才能完成。例如，模糊数学中的综合评判法与品德测评中的模糊综合测评法，都是二次量化的实例。

在模糊数学综合评判中，欲对某个被测评者的纪律性进行评判，它不是只在优、良、中、差中判定一个，而是个个都进行评判，由此完成的评判称为第一次量化。最后在综合时，再给优、良、中、差赋分，由此完成的评判称为第二次量化。在模糊综合品德测评法中，整个量化可理解为对品德测评指标体系的纵向量化与横向量化。纵向量化即对各项品德测评指标进行加权（包括分层加权与不分层加权），此为第一次量化。横向量化即对每项品德测评指标的模糊量词（很好、较好、一般、较差、很差）进行赋分（包括绝对赋分与相对赋分），此为第二次量化。

2. 类别量化与模糊量化

类别量化与模糊量化都可以看做是二次量化（第一种解释的二次量化）。所谓类别量化，就是把品德测评对象（既可以是具体的行为与特征，也可以是被测评者的整个品德）划分到事先确定的几个类别中的一个去，然后每个类别均赋予不同的数字。例如把被测评者先划分为党员、要求入党的积极分子及一般员工三个类别，然后给“党员”赋予数字“3”，给“积极分子”赋予数字“2”，给“一般员工”赋予数字“1”。

这种品德测评类别量化的特点是，每个被测评者属于且仅属于一个类别，不能同时属于两个以上的类别。量化是一种符号性的形式量化，“分数”在这里只起符号作用，无大小之分。因为就礼貌或纪律性来说，一般员工中有的比党员表现得更好。

模糊量化，则要求把品德测评对象同时划分到事先确定的每个类别中去，根据该对象的隶属程度分别赋值。例如，我们分别给“党员”“积极分子”与“一般员工”拟定出各项具体行为标准，组织中任何一个员工的所有品德行为，可能有些符合“党员”中的标准，有些符合“积极分子”中的标准，而有的是符合“一般员工”的标准，因此要把他完全归入到任何一类中都觉得困难。此时我们可以根据该员工实际符合于“党员”“积极分子”与“一般员工”三者标准的程度分别给出三个隶属度值。若认为有60％把握说该员工符合“党员”标准，则就给“党员”赋值0.6（赋值中又可分为符合行为比例赋值与相对类别标准把握赋值）。

这种品德测评模糊量化的特点是，每个被测评者同时且必须归属到每个类别中，量化值一般是不大于1的正数，是一种实质性量化。

由此可见，模糊量化的测评对象是那些分类界限无法明确，或测评者认识模糊和无法把握的品德行为与特征。类别量化的测评对象则是那些界限明确且测评者能完全把握的品德行为与特征。

3. 顺序量化、等距量化与比例量化

在同一类别中常常还需要对其中的诸品德测评对象进行深层次的量化，这就是顺序量化、等距量化与比例量化。它们也都可以看做是二次量化。

顺序量化，一般是先依据某一品德特征或标准，将所有的品德测评对象两两比较排成序列，然后给每个测评对象一一赋予相应的顺序数值。例如按早上到岗时间的先后，对全体员工顺次赋予“1”（第一名）、“2”（第二名）等。这即是一种顺序量化，使品德测评对象可以进行名次优劣比较。

等距量化，则比顺序量化更进一步。它不但要求品德测评对象的排列有强弱、大小、先后等顺序关系，而且要求任何两个相邻品德测评对象间的差异相等，然后在此基础上才给每个测评对象一一赋值。例如，对于全体员工，从第一个开始依照间隔1分钟分类，然后给第一个员工赋值“1”，与第一个员工相差1分钟左右的员工赋值“2”，与第一个员工相差2分钟左右的员工赋值"3"，以此类推。等距量化可以使品德测评对象进行差距大小的比较。

比例量化，则又比等距量化更进一步。它不但要求品德测评对象的排列有顺序等距关系，而且还要存在倍数关系。假设排第二位的是第一位的2倍，则排第三位的是第一位的3倍，排第四位的是第一位的4倍，以此类推，然后在此基础上再给每个测评对象赋值。例如品德测评中的标准分数可以说是一种比例量化。按照我们的解释（它与传统解释有所不同），比例量化的步骤可以在顺序量化的第一步基础上进行（当然也可以在等距量化的第一步基础上进行）。当品德测评对象排成序列之后，其赋值的法则规定，以排列在第一位的品德测评对象为基准，后续的每一个对象顺次与它进行倍数比较，当第二个品德测评对象是第一个品德测评对象的2倍时，则给第二个品德测评对象赋值2；当第二个品德测评对象是第一个品德测评对象的1.5倍时，则给第二个品德测评对象赋值1.5。品德测评比例量化，可以使品德测评对象进行差异比例程度的比较。

4. 当量量化

在品德测评的量化过程中，我们常会遇到对于不同类别（或者说不同质）的对象如何综合的问题，类别量化仅起了给测评对象"数值"分类的作用，并没有解决其量化后的综合问题。因此，类别量化之后常常需要再做当量量化。

所谓当量量化，就是先选择某一中介变量，把诸种不同类别或并不同质的品德测评对象进行统一性的转化，对它们进行近似同类同质的量化。例如对各项品德测评指标的加权，实际上就可以看做是一种当量量化。又如，广东某企业研究组规定每项品德测评指标按五个等级评定，最后综合时，允许各级进行换算，即每一高等级相当于两个次一等，但第五等级不能与任何一个等级换算。即1个一级＝2个二级＝4个三级＝8个四级。这显然也是对各等级的一种当量量化。当量量化实际上也是近似的等值技术。对诸品德测评指标的加权是一种纵向近似等值，每项测评指标等级间的当量量化则是一种横向近似等值。

当量量化属于一种主观量化。其作用是使不同类别、不同质的品德测评对象可以类似同类同质的品德测评对象量化，能够相互比较和进行数值综合。

以上品德测评的各种量化形式可归纳为表 2—1。

表 2—1

量化形式	量化性质	量化作用	量化特点	量化实例
类别量化	偏于主观，形式量化	分类、标记、转化、定性判别	只能区分，无法比较	政治面貌量化
顺序量化	偏于客观，实质量化	分类、标记、转化、定性判别，顺序差异判别	能够进行顺序比较	名次量化
等距量化	偏于客观，实质量化	分类、标记、转化、定性判别，顺序差异判别，差距判别	能够进行差距大小比较	优、良、中、差等级量化
比例量化	偏于客观，实质量化	分类、标记、转化、定性判别，顺序差异判别，差距判别，程度判别	能够进行程度差异比较	标准分数转换
模糊量化	偏于主观，实质量化	非分类性隶属度判别	模糊数学运算，综合比较	模糊综合量化
一次量化	客观，实质量化	直接揭示品德外显数值，定量判别	能够进行数值大小比较	行为次数统计
二次量化	主客观兼并，形式实质兼有	对无法直接量化的对象量化，质量判别	能够在定性基础上进行定量比较	纪律性等分项行为品质量化
当量量化	偏于主观，形式量化	对不同类别、不同质的对象近似量化，异质比较	能够对不同的测评对象进行数值综合	分项指标加权

对于以上各种量化形式，在品德测评实践中要依据具体的品德测评目的与实际的测评对象进行适当的选择与组合使用。

五、量化中行为的表面性与思想动机的隐蔽性

对于品德结构有不同的观点，为简单通俗起见，我们认为任何个体的品德，均由外层行为表现与内部思想动机构成。品德测评的量化，应以什么为其直接对象呢？“判断一个人当然不是看他的声明，而是看他的行为；

不是看他自称如何，而是看他做些什么和实际是怎样一个人。”① 要保证品德测评的客观性与公正性，以及提高品德测评的科学性与可靠性，我们必须选择个体的行为表现作为量化的直接依据。在品德结构中，思想动机是内在的，是看不见、摸不着的，除行为主体本身之外，其他人无法感觉与判断。因此，它们不便也不宜作为品德测评量化的直接依据。然而，当我们确认行为表现为品德测评的量化依据之后，其深层次的思想动机、情感信念以及个性倾向如何测评呢？

品德对于测评者来说是一个灰色系统，其表层是可以观察到的行为，但其内部却是一个看不见的“黑箱”。然而“黑箱”理论启示我们，可以从输入与输出形式的比较分析中来探测内部“黑箱”，也可以从输出形式中来探测内部“黑箱”。个体品德的输入形式涉及家庭、社会、学校与组织许多有形的与无形的行为影响，无法计量，因而我们可以采取其输出形式的探测方式。个体品德的输出形式是什么呢？显然就是其行为表现。

按照“黑箱”理论，品德内部的思想动机、情感信念与个性倾向都会通过行为表现的方式输出。虽然单个行为常不足以测评深层次的品德，但联系大量的系统的行为表现群进行分析，则往往可以充分地看出其行为特征与倾向，推断其内部的思想动机、情感信念与个性倾向。

恩格斯认为人类的社会行为，虽然在表面上是偶然性在起作用，但是这种偶然性始终是受其内部隐蔽着的规律支配的。问题只是在于我们是否发现了这些规律。②“行”在外，“心”内隐，“日久见人心”之所以成立，也就是这个道理。

但是值得注意的是，“黑箱”理论所揭示的输出是就一般意义上说的，指的是个体品德的全部输出形式。对于有限时间内、有限的范围与空间内，尤其是对于特定的测评者，深层次的品德因素是否会全部以行为表现的形式输出并被测评者观察到呢？这显然是难以肯定的事情。因此，日常观察评定下的量化测评结果只能是对品德测评的近似值。我们必须借助于一些较为科学的品德测评方法进行优化观察，或进行情境投射测评，引发

① 参见《马克思恩格斯选集》卷1第579页。
② 参见《马克思恩格斯选集》卷4第243页。

内部品德因素。只要是较为稳定的思想动机、情感信念与个性倾向，只要外部刺激适当，必然会以行为表现输出。

爱国主义是品德中一种深层次的情感信念，但它却会以行为表现输出。对于同一情形刺激，不同程度的爱国情感或信念就会做出不同的行为反应。如果历史倒转到60多年以前，我们就会看到面对当时的抗战情形，具有不同爱国情感的人就做出了不同的反应。既出现了像杨靖宇、赵一曼这样的抗日民族英雄，也出现了像汪精卫那样的可耻汉奸，还有表面上合作抗日背地里却有反共行径的蒋介石之人。

对于个体思想中极少数的“流念”，由于它们是稍纵即逝，大多数是由情境因素或偶发因素引起，我们一般不把它们包括在品德测评对象之内。品德测评并非包罗无遗的大脑思维全息透视。

六、量化中分数报告的抽象性与特点反映的具体性

有人认为，评语报告被别人一看就知道被测评者的品德好在哪里，差在哪里，应该朝什么方向努力。评语的具体性使它具有这种明确性，而量化的分数因过于抽象则缺乏这种明确性，还需做一番以一定知识为前提的“理解”。两个均为72.5分的被测评者，其品德状况绝非完全相同，量化的分数无法表明这一事实，而评语却能办到。

显然，这种意见暴露了品德测评量化中分数报告的抽象性与特点反映的具体性要求的矛盾。

对于这种矛盾问题我们要做具体分析。首先，当品德测评结果是为考核评比服务时，我们对品德测评信息的了解，一般是侧重于宏观与总括性的大致了解，并不需要做具体详细的情况了解。分数报告基本上能够满足这种要求。相反，从评语中却常常难以比出个高低。其次，人们之所以觉得评语明确而分数不明确，也有个习惯问题。对于能力测评，其报告历来都是采取分数形式报告，大家基本上一看分数就知道其能力如何。人们也没有因为评语比分数更明确而改用评语去报告各种能力的测评结果。最后，品德测评总分相同而品德状况绝非完全相同的两个被测评者，也并非一定只有用评语报告才能办到，而采用量化分数形式就办不到。当我们采取分项分数报告与总分报告相结合的形式时，就可以将这两个被测评者相

互区别开来。

不过，当我们的品德测评结果主要是用于问题诊断时，测评结果最好是分项测评分数报告并辅以有关说明。当我们的品德测评结果主要是用于个性特点分析时，当然就应以评语报告为宜了。

总之，品德测评中的量化是整个品德测评理论与实践中一个十分敏感而又困难的问题，人们对此还有许多争议与看法，以上所提及的六个问题仅仅是所有品德测评量化理论与实践问题的一部分。在这里所做的探讨也是初步性的，还有许多问题有待于我们大家共同深入研究。

第三章　品德测评的必要性与功能

如果我们同意品德可以测评，那么要不要进行品德测评呢？这是品德测评研究中的另一个基本问题。可以测评并不等于必须测评。因此，我们有必要对这个问题进行研究。

第一节　关于品德测评必要性的调查

一、企业人力资源工作对品德及其测评的需求调查

品德素质，从结构层次上看，包括态度与品性。态度既受态度所指的对象影响，也受主体的品性影响。

众所周知，品德的心理结构形式表现为知、情、意、行、信五个层次。“知”即政治思想道德知识与认知水平，“情”即政治思想道德情感情绪，“意”即政治思想道德意志，“行”即政治思想道德行为习惯，“信”即政治思想道德信念。显然，员工对待工作的态度会在很大程度上受其品德结构中“知”“情”“意”“行”“信”的影响。一个思想偏激、纪律性差的员工，无论其知识技能水平多高，也不可能安心工作，为企事业组织作出贡献。企事业组织人力资源的品性素质，从人员结构上看，包括高层、中层与基层人员的态度与品德。当前企事业组织对于这三个层次的人员的品性需求是什么呢？我们对此分别做了一些实证调查与分析。

（一）社会对企业职业经理人的品德素质要求

我们结合北京市哲学社会科学“九五”规划项目“企业职业经理人任职资格考评指标体系研究”，先后查阅了大量的国内外有关企业家素质研究的成果。通过传记、简历和个别访谈，对北京市及国内其他省市、美

国、日本、中国香港近100位有一定代表性的优秀企业职业经理人进行了个别分析与职务分析，寻找决定其事业成功的品德素质；然后根据职务要求对收集的诸多品德素质进行初步筛选，按其内容结构排列，并以问卷形式再次咨询了100位企业职业经理人及其管理机构与人员，让每位被调查者结合自己的管理经验与实践体会，从中选择3～5条对于企业职业经理人任职十分重要的品德素质，3～5条对企业职业经理人任职成功起关键作用的品德素质，并要求对所有品德素质进行排列。最后，通过统计分析得到表3—1所列结果。

表3—1　　企业职业经理人品德素质要求调查分析表

品德素质名称	重要性排序	认为重要的人数百分比（%）	认为关键的人数百分比（%）	关键性排序	两种排序平均数	
事业心	1	62	90	1	1	√
自信心	2	48	45	3	2.5	√
坚韧性	8	30	30	5	6.5	√
果断性	3.5	42	35	4	3.75	√
勇敢性	11	6	10	11	11	
责任心	3.5	42	55	2	2.75	√
民主性	9	18	15	10	9.5	
乐观热情	10	14	20	8	9	
诚实正直	7	32	25	6	6.5	√
客观公正	5.5	40	20	8	6.75	
清正廉洁	5.5	40	20	8	6.75	

从表3—1中可以看出，对企业职业经理人德性要求中最为重要的与最为关键的前六条是事业心、自信心、责任心、果断性、坚韧性与诚实正直。

（二）企业中层管理人员与一般员工的品性素质要求

为了探讨企业对员工的品性素质要求，我们对安徽古井集团雪地啤酒厂的900多名员工进行了抽样调查。调查样本294人，约占总员工人数的1/3，其中车间副主任以上的中层管理人员74人，其余均为基层管理人员与一般员工。调查内容共三大项，包括：（1）岗位职责与任务；（2）完成该职责任务所需基本条件、专业知识、基本技能、主要能力、品德素质与身体需求；（3）岗位评价。关于品德素质，我们又细分为三个调查项目，即做好本岗位必不可少的品德素质、较为重要的品德素质与起关键作用的品德素质。由于调查问卷的问题都是开放式的，被调查者的回答多种多样，所以分析时要求分析人员用最简单的、有共性的语言加以概括。最后，通过统计分析得到表3—2与表3—3所列结果。

表3—2　企业中层管理人员品德素质要求调查结果分析表

序号	品德素质名称	认为需要的人数	百分比（%）	排序	备注
1	大公无私	22	30	7	所有的品德素质项目均由被调查者根据自己理解填写
2	以身作则	36	49	2.5	
3	乐于奉献	28	38	4.5	
4	廉洁奉公	36	49	2.5	
5	事业心	40	54	1	
6	作风正派	8	11	10	
7	坚持原则	28	38	4.5	
8	虚心好学	26	35	6	
9	善于沟通	6	8	13	
10	接受监督	6	8	13	
11	关心下属	6	8	13	
12	顾全大局	20	27	8	
13	道德修养	4	5	16.5	
14	灵活果断	4	5	16.5	
15	服从上级	2	3	19	
16	积极进取	2	3	19	
17	政治可靠	2	3	19	
18	吃苦耐劳	6	8	13	
19	团队精神	6	8	13	
20	公平公正	9	12	9	

从表3—2与表3—3中可以看出，在企业中层管理人员任职要求中，排前五位的品德素质依次为事业心、以身作则、廉洁奉公、坚持原则、乐于奉献；企业基层管理人员及一般员工任职要求中，排前五位的品德素质依次为敬业爱岗、合作共事、任劳任怨、热情待人、公正公平。其中有些

表 3—3　　企业基层管理人员与一般员工品德素质要求调查结果分析表

序号	品德素质名称	认为需要的人数	百分比（%）	排序	备注
1	谦虚谨慎	30	14	15.5	所有的品德素质项目均由被调查者根据自己理解填写
2	诚实正直	60	27	6.5	
3	清正廉洁	20	9	18	
4	实事求是	50	23	9.5	
5	敬业爱岗	130	59	1	
6	吃苦耐劳	50	23	9.5	
7	学习进取	50	23	9.5	
8	认真负责	10	4.5	21.5	
9	以身作则	40	18	12	
10	公正公平	70	32	5	
11	合作共事	90	32	2.5	
12	奉献精神	30	14	15.5	
13	大公无私	30	14	15.5	
14	守信	40	18	12.5	
15	灵活机动	10	4.5	21.5	
16	热情待人	80	9	4	
17	守时	10	4.5	21.5	
18	遵纪守法	10	4.5	21.5	
19	创新	30	14	15.5	
20	耐心细致	15	7	19	
21	任劳任怨	90	40	2.5	
22	精心操作	50	23	9.5	
23	服从领导	60	28	6.5	

品德素质虽然被调查者提及的人数较少，排序靠后，但并不一定说明它不重要。因为每个问题都是开放式的，回答者文化水平不一，理解水平不同，表达相异，加上归纳分析人员理解与表达不同，因此，在这里被列出的因素只是在一定程度上说明其在企业员工任职条件要求中的重要性。

二、人才培养对品德测评的需求调查

品德测评是否必要，我们还对中小学的一些优秀班主任进行了问卷调查。所提出的问题是："你认为对学生进行品德测评有必要吗？请简述有关理由。"从我们所收回的问卷分析来看，基本态度有以下几种：20%的人认为十分必要，60%的人认为有必要，20%的人认为没有必要。持肯定态度的班主任认为，品德测评对学生有帮助促进作用。通过测评，学生能全面认识自己，发扬优点，改正缺点，进步更快。通过测评，能够使教师、家长、上级学校或用人单位相互联系，了解情况，测评起着纽带作用。品德测评可以使家长、上级学校及用人单位对学生的品德有一个全面正确的认识，有利于人才的培养与正确使用；品德测评对学生的不良行为有规范约束作用，对班主任权威有维护作用，对学生有教育作用、鞭策作用与鼓励作用。通过品德测评，还可以检验德育效果。

对品德测评必要性持否定态度的班主任认为，目前所做的品德评定大多流于形式，不真实，毫无意义。有的班主任素质差，工作片面，没有正确的是非观，对学生的了解不全面，故所做的评定往往不能反映学生的真实情况，常常会给正在发育成长的学生以打击。即使素质较好的班主任，若想认真地给学生写出一个正确的评语，也往往很难下笔。特别是初中学生，单纯、直爽爱动，尺度很难掌握，写得过高容易造成自我满足，自以为是；若偏低又会造成心灰意冷，失望自弃或逆反心理，产生消极作用。

虽然以上认为品德测评没有必要的班主任只占少数，但是确实代表了一部分教师的真正意见，应该引起我们的注意。

第二节　品德测评的现实需要分析

一、人才品德培养与开发本身的需要

研究表明，人才品德培养与开发过程实质上就是管理者根据人才品德形成的内部规律，有组织、有计划地采取有效方法，把一定社会要求转化为个体品德的过程。[①] 人才品德培养与开发过程，首先具有同社会联系的即时性。人才思想品德与开发者的工作，要受到现实社会中经济的、政治

① 参见王逢贤《中小学生爱国主义共产主义教育引论》第42～43页。

的、思想的、文化的和道德的关系影响，要受到家庭、社会、组织等多方面、多主体的影响。在这些广泛多样的影响因素中，有组织内的和组织外的，正式的和非正式的，可控的和非可控的，积极的和消极的，有形的和无形的。这些因素相互交叉、相互制约，因而非常复杂。人才品德培养与开发过程这种错综复杂性，就像人走进原始森林或沙漠一样，使开发工作者感到迷茫，非常需要品德测评这一“罗盘”反馈业已取得的开发效率与效果。

其次，人才品德培养与开发过程同时具有反复性和螺旋上升特点。人才思想品德的形成是量变到质变、长期塑造与改造的过程。换句话说，品德培养与开发过程具有长期性与反复性。不像技能培训开发过程，短时间内能见到明显效果。品德培养与开发效果往往具有隐蔽性与潜在性，人们平时的直觉与表面性的感觉评定往往不太可靠，只有依据科学的品德测评手段来测评。

最后，品德培养与开发规律目前尚未被人们真正认识与掌握，大多数人对过程的把握尚处于主观经验状态，处于感性认识阶段。人们对品德培养与开发过程及组织环节的认识目前尚处于客观的模糊认识阶段，一般仅把品德培养与开发过程划分为 3～4 个抽象的环节。例如，提高道德认识，培养道德思维，实现从知到行的转化，培养品德践行能力，品德的考查与评定等。对于具体一点的品德培养与开发过程环节的把握与认知，几乎都是靠个体经验的摸索与积累，对于某个人的纪律性如何培养、集体性如何培养，常常是摸索前进。开发者对具体的品德培养与开发过程把握的个体经验性，无法保证品德培养与开发过程的最后效果，不能以环节的实施来代替品德测评对品德培养与开发质量的检验。假如人们对具体的品德培养与开发过程的规律认识已达到非常精确的程度，就像人们对水稻种植过程的认识一样，已认识到只要抓好了选种、育种管理与施肥几个环节，则水稻丰收几乎是必定的。即使如此，也不能代替品德测评本身。因为水稻最后收割时机选择不好也可能会导致只有丰收景象没有丰收入库，更何况比水稻栽培过程复杂得多的品德培养与开发过程呢？

研究还表明，品德的考查与评定，是品德培养与开发工作中的一个重要组成部分，是不可缺少的。测评则是品德考查与评定中较为科学的方式。由此可见，多方面的研究分析表明，品德培养与开发本身需要品德测评。

二、现实人力资源工作的需要

如果在人们对具体绩效形成过程规律及其环节尚不明确的前提下，只进行工作结果的督导考核而不进行品德测评，那么不但保证不了最后的工作质量提高，而且还容易纵容有些人在管理工作中滋长形式主义和花架子思想。

从员工思想政治工作改革方面来看，更需要品德测评为它保驾护航。任何一种员工思想政治工作改革，其目的均在于提高员工的思想品德，员工思想政治工作改革每进行一步，都必须及时地进行品德测评，对改革的正确性及其效果做出科学的分析，为深化改革提供可靠依据。只有这样，才既不会使员工思想政治工作改革中错误的东西持续发展，又不会让正确的员工思想政治工作改革半途而废。因此，现在的员工思想政治工作特别需要品德测评对改革的效率与效果予以鉴别，保证员工思想政治工作改革始终沿着正确的方向发展，促进员工思想政治工作改革的全面深化。

在组织文化建设中也常常要对其做出评价。你也许常常会听到人们说，现在的年轻人敢闯敢干、讲求实效，但也有人说现在的年轻人认钱不认人、自私自利。这些都是个人的主观评价，不一定正确。要使自己的评价客观公正并以此进行组织文化建设，就应该把评价建立在品德测评的基础上，需要品德测评为评价者提供各种各样的数据事实。仅凭自己的印象及情感的好恶进行评价，是不科学、不公正的。此外，品德是个性结构中非常重要的一部分，人们要对自己进行全面客观的认识，或对别人进行全面了解，也需要品德测评为其提供全面可靠的信息。干部的挑选，工作分配与人员组合，职业与专业的咨询，则更加需要品德测评提供科学依据。

由此可见，人力资源工作及其改革、组织文化建设及个人发展都需要品德测评，品德测评已不是必不必要的问题，而是重要且非常有意义的，是当前亟待解决的一个问题。

第三节　品德测评的基本功能

所谓功能，按照系统论的观点，认为是系统内各个要素的组织形式在运动状态下所发挥的作用。笔者认为，严格地说，品德测评的功能与作用是有区别的，功能是品德测评活动各因素组织的结构性能，而作用则是品德测评活动产生的实际效果。功能是品德测评本身固有的，是一种相对独立的东西，而作用则是品德测评功能在具体情况下的发挥与表现。它会受到品德测评实践中各种具体因素的影响。同样的品德测评功能，有的情况下是正向发挥，表现为积极作用，而有的情况下却可能是反向发挥，表现为消极作用。我们不能因为品德测评在具体情况下所产生的作用不恰当而否定品德测评的固有功能，也不能因为品德测评所具有的功能而断定其相应作用的绝对性。

品德测评具有哪些基本功能呢？一般来说，人们认为能力评价具有导向、激励、改进、控制、管理等功能。[①] 品德测评的基本功能，概括起来说主要有以下几方面：

一、描述评定功能

品德测评最为显著的功能就是对个体的品德行为表现，运用科学的方法和正确的途径，按一定的测评目标进行事实或价值判断。评定的方式有两种：一种是描述性评定，描述是否具备某些事实与特征；另一种是价值性评定，即针对一定的价值测评目标进行差异程度的评定。

评定功能的正向发挥表现为导向作用。所谓导向作用，即对被测评者自我修养与行为发展的定向指导。品德测评中的测评目标及测评内容，无形中为人才后继的行为发展树起了奋斗目标与努力方向，也为管理者提供了管理工作的方向与直接目标。然而，评定功能的反向发挥则表现为片面追求评定结果，为评定而进行管理，为评定而修正行为，甚至弄虚作假、

① 参见《中小学教育评价》第72页，北京师范大学出版社1988年出版；以及日本辰见敏夫编《教育评价方法》第8～11页，协同出版社1986年出版。

文过饰非。

二、区分功能

品德测评的第二个显著功能就是根据各测评对象相互的差异把它们划分为一定的类型。划分的类型有两种：一种是不同质的类别划分，例如守纪律的工作勤奋型与不守纪律的工作勤奋型；另一种是同质的等级类别划分，例如优、良、中、可、差五个级别类型。

区分功能的正向发挥表现为激励作用。所谓激励作用，是指因品德测评把不同对象划分到不同的类别中，而激发起管理者与被测评者的某种奋进动机，促发他们的内部活力，促使他们积极向上。而区分功能的反向发挥则表现为紧张、焦虑、自暴自弃或骄傲自满、忌妒或无所谓。

三、反馈功能

品德测评的第三个显著功能就是通过品德测评，各管理主体能够了解与掌握品德的变化情况，管理者与被管理者、其他人均能掌握与认识被测评者的有关情况和品德面貌。反馈功能的正向发挥表现为诊断作用、协调作用、管理作用与控制作用。所谓诊断作用，是指管理主体或客体通过了解测评结果，知道好在哪里、差在哪里，优点是什么、缺点是什么，找到成功与失败的原因；所谓协调作用，是指各管理主体通过参与品德测评活动，既知道品德实际状况又知道品德培养要求，因而能够自觉协调自己的行为，减少内耗，形成一致的管理影响，促进品德的优化发展；所谓管理作用，是指各管理主体或管理者通过参与品德测评活动，了解到管理目标要求及实际工作效果偏离目标的程度，会自觉调整与组织有关的管理因素，使工作与效果尽可能逼近管理目标；所谓控制作用，是指各被测评者与管理者通过直接参与品德测评，知道什么行为应该提倡，什么行为应该反对，什么行为应该发扬，什么行为应该抑制，从而会自觉控制各自的行为，使管理成为一个可控、有序的优化工作系统。品德测评反馈功能的正向发挥还有纽带作用，使管理过程中的各主客体在直接参与品德测评活动中相互联系，使家庭、社会、组织及被测评者通过参与品德测评活动和对测评结果的认识，达到相互沟通与联系。

品德测评反馈功能的反向发挥则表现为约束限制作用。由于品德测评的标准对于被测评者来说具有“法定”性或权威性，凡是那些测评目标中尚未规定的东西，就容易被人们所轻视和忽视；凡是那些测评目标中明确规定了的东西，就会引起人们倍加重视。有些人为了获得高评价，往往会违背个性和谐与自然发展的规律，强迫自己去迎合测评的需要，甚至以舍弃某些合理的个性发展来换取高评价的近期效果。

四、开发功能

品德测评第四个较为突出的功能就是各管理主体（家庭、社会、组织、团队、个人等）通过直接参与品德测评及其对测评目标与测评结果的了解，会激发出品德开发的自觉性和责任感。例如传统观念认为家庭负责吃、穿、住，保证孩子身体发展所需要的供给，而教育则是学校的事情，父母们认为花了学费，交了钱，孩子智力与品德发展的责任就在学校了。尽管有的家长并不这么看，他们认为学校是公共教育机构，并不能解决孩子个性发展的问题，因此也意识到教育孩子不全是学校的事情，自己也应该负起一定的责任。但限于家庭生活琐事及繁忙的工作，常常是以雇用家庭教师来代替自己教育孩子。有的家长因工作繁忙无暇过问孩子，对其进行教育得过且过。品德测评活动则要求家长每周（或半个月、一个月）对孩子测评一次，这种制度化的测评无形中唤起了家庭对孩子教育的责任与行为。

品德测评开发功能的正向发挥表现为改进作用。所谓改进作用，是指各管理主体（包括被管理者）通过直接参与品德测评，及时获得管理过程及效果信息，可以及时强化、调节和修正管理工作，使管理工作不断得到改进和完善，达到整体优化和全面提高。

品德测评开发功能的反向发挥则表现为掩饰缺点、吹嘘优点、弄虚作假，甚至产生抵触情绪，相互闹矛盾。例如在品德测评的小组互评中，人们可以相互批评和教育，当某人态度不好时，就容易挫伤民主气氛，变成相互指责、相互报复，闹矛盾。

五、预测功能

品德测评的第五个显著功能就是鉴往通今、鉴今预来，借助品德现状的测评与分析，对个体将来的情况发展做出某种估计。预测功能的正向发挥表现为选拔作用。所谓选拔作用，即根据品德水平差异及其特征的后延性，能够有效地从众多个体中选择少数符合要求的个体。

预测功能的反向发挥则表现为阻碍个性发展与潜能发挥。无论品德测评的结果是否正确，当人们用孤立、静止、绝对的观点来看待时，则品德测评对个体潜能与个性发展容易产生阻碍作用。

此外，品德测评以上各种功能的综合发挥，还有研究作用、传导作用与决策咨询作用等。品德测评目标及具体标准制定的合理性为德育的序列化、层次化提供了正确的依据。品德测评结果为人们分析人才开发方法、开发内容及开发工作的有效性提供了客观依据，为开发方案与计划的编制提供了科学依据。

然而，以上品德测评的功能与作用不是绝对的，它能否发挥积极作用，避免消极作用，还取决于人们如何利用品德测评。当人们注意了这些问题时，就有可能提高品德测评的效果与作用，发挥品德测评功能的各种正向效用。

第四节　品德测评的实效案例

以上对于品德测评功能与作用的分析，有助于我们从理论上认识品德测评的必要性。然而理论上的肯定或否定仅仅是一种可能性，并不等于现实性。我们要认识品德测评的必要性，最好来看看我国实施品德测评的组织所取得的有关实效，当看到这些实实在在的事实，我们也许更会坚定品德测评必要的信心和决心。

下面主要是在教育领域收集的案例，其实这些案例所揭示的效应在其他类型的组织中也存在，有待我们去努力验证。

一、安徽马鞍山二中实验效果

安徽马鞍山二中自1987年开始，在该校进行了学生品德量化考核的实验。1988年他们在总结时认为，两年实验结果充分显示了测评的以下三点作用：

1. 发展了学生的自我评价能力。有些学生往往不知道自身的优点和缺点，自我评价能力低，在自我测评时往往过高或过低。通过量化考核活动，了解到自己的缺点和问题，使他们能够取长补短，达到了考核目标。在互评中，一些个性内向和人际关系较差的学生，往往测评偏低。这也要求这些学生尽快改善自己的个性素质，提高交往能力。

2. 对学生的不良行为有超前调控作用。实施量化考核，在一定程度上能对学生的思想和行为实行定向引导，使学生的不良品德行为在萌芽和形成习惯之前，给予及时的调控，引导到正确的方向上。由于学生对行为方式的选择与品德考核相联系，中学生能够自觉地按品德考核要求行动，以获得良好的测评结果。

3. 对品德形成具有深层效应。由于品德考核与品德素质达标活动相结合，故品德量化测评不仅对学生的品德行为有规范作用，而且还能触动学生相应的品德情感与信念，使之产生按德育要求完善自我的恒定精神力量。在实验中，学生的品德素质有明显提高。该校四个班级1987年6月（初次量化考核）与1988年1月两次量化考核及其变化结果见表3—4。

表3—4

量化测评时间	优秀	良好	及格	不及格
1987年6月	29%	60%	11%	0
1988年1月	37%	56%	7%	0
变化率	提高8%	降低4%	降低4%	0

二、鞍山市实验效果

辽宁省鞍山市教育研究中心与鞍山市37中联合进行了“德育量化自我评价”实验。实验自1987年开始，1990年10月他们在对三年实验做全面总结时认为，他们的实验表明，思想品德量化测评有以下六个方面的作用：

1. 改变了过去学校智育强化、德育疲软的局面，找到了新时期德育工作的新途径。他们的品德量化测评为学校改革打开了局面，找到了出路，使学校工作跳出了“升学教育”的峡谷，顶住了“片追”的压力，走上了整体改革之路。

2. 克服了以往操行评语对学生品德评定的主观随意性、盲目性、片面性和只定性不定量，只注重终结性评价，不注重形成性评价的种种弊端，初步建立了一种比较合理的品德测评体系。

3. 有利于培养学生的道德判断、道德选择、道德评价等思想品德能力，提高了学生自我控制、自我调节的自律性，初步形成了一种自我教育、自我约束的机制。

4. 有利于开发学生的非智力因素，促进学校教育质量的提高。某实验班41名学生，智商测试结果为：很聪明（140～120）21人，比较聪明（119～110）8人，中等（109～100）8人，中下（99～80）4人，没有痴呆的。由此可见，学生智力素质普遍较好，差异不是很大。但该班学习成绩差的学生却占27%，而且这27%的学生都是属于智商较高、聪明伶俐、反应快、接受能力强的人。他们为什么会出现高智商、低成就的反差现象呢？有关分析表明，这些学生共同的弱点是任性、自控力差，加上家庭的娇惯，表现为纪律懒散，没有吃苦精神。品德量化测评实验后，这些学生都有了明显的转变，他们不但学习成绩提高了，而且整个品德面貌也发生了变化。

5. 有利于班级管理和学校各项活动的开展。实验表明，量化测评的小组互评环节，有助于树立正确的集体舆论，培养健康的人际关系，进行集体主义教育。其中的自我测评环节为学生自我教育提供了有利时机，使学生做有标准、学有榜样、改有机会，而且还为班主任与班干部管理班级提供了依据，大大促进了学生自我管理水平的提高。例如初三（8）班，在班主任较长时间的公差期间，班级秩序井然。此外，品德测评还调动了学生参加各种活动的积极性。

6. 打破了过去德育工作封闭的模式，形成了学校、家庭和社会教育三结合的立体网络。

三、北京市新兴小学实验效果

北京市西城区新兴小学1987年开始进行小学生品德测评实验。1987年12月他们在总结时认为，品德测评实验在他们学校取得了以下三方面的明显效果：

1. 品德测评促进了学生良好品德的形成。该校在品德测评实验后不久曾搞过一次关心集体的测试，题目是给班校集体提建议。老师不做任何发动。低年级同学的建议口头表达、录音记录，中、高年级同学各自书写建议，且只给20分钟时间。统计结果表明，全校374人参加，给各班级集体提建议513件，给学校提建议182件，其中实验班提建议的数量和质量均高于普通班。

2. 品德测评实验后学校出现了三个密切的局面。品德测评的实施，使整体优化找到了一个切实可行的联结纽带，通过测评比较有效地把干部、教师、家长、学生统一在正确的教育思想方法下。在这个基础上，密切了教师与学生、教师与家长、家长与学生的关系。

过去学校不少教师不能全面客观地测评学生的品德，尖子生往往是一俊遮百丑，一好顶三好，其他各育不好也能马虎过去。相反，考试成绩差的学生则是其他各育有优点也不被重视，往往遭到老师的白眼。其结果是师生关系紧张、不融洽。现在开展品德测评后由于教师能全面测评，成绩差的学生与教师的关系也大大改变了，家长因参加测评而知道按标准教育学生，教育标准改变了，教育方法改变了，由棍棒型变成了开导型。家长、教师能在了解孩子真实情况的基础上进行有针对性的教育。

3. 品德测评实验后学校出现了三个积极性的调动。品德测评实验调动了校领导抓科研的积极性，调动了教师搞科研的积极性，调动了学生自我教育、相互教育的积极性。

四、北京市156中实验效果

北京市西城区156中自1987年开展学生品德量化考核实验以来，取得了明显效果。

1. 品德量化测评调动了全校教职工、家长教育的积极性，使大家的教育影响形成了一致合力，改变了原来只有政教处、班主任教育管理学生的单打一局面，使学生在任何时候、任何情况下出现问题都有人抓、有人管，做了好事有人鼓励、有人表扬；增强了学生执行学校各项规章制度的自觉性，使学生对德、智、体、美、劳各方面都同样给予重视；纠正了过去一部分学生只重视学习分数，不顾其他表现与发展的偏向。有一个高三女学生，功课在全班前五名，因不愿参加集体劳动、是非观念差，品德量化考核为“中”，对她震动很大，第二学期她改正了缺点。

2. 量化测评提高了学生“实现自我价值”的自觉性，使学校校容、校貌、校风发生了根本变化。量化测评使学生在个体横向比较中很容易找到差距，促使他们自我完善。一些学生改变了原来出口就是污秽语、打架、在楼道里追逐跑闹的坏习惯。量化测评实验以来，在校内外严重违纪的已降到几年来最低数字，并没有出现在社会上违法犯罪的现象。量化测评后，很多学生自觉帮助老师整理图书，整理体育器材，打扫实验室，粉刷教学楼楼道等。1988 年 5 月全校总计加分 99 分，减分 382 分；1989 年 10 月全校总计加分 221.1 分，减分 30.4 分。由此可见，量化测评大大改变了校风与班风。

五、吉林省部分学校实验效果

1991 年 12 月下旬，吉林省幼儿教师培训中心召开了吉林省部分小学学生品德量化评定实验阶段总结会。会上各学校汇报了有关的实验情况，在以下几方面他们取得了明显效果：

1. 学生的品德面貌发生了明显变化，班风发生了明显变化，学习风气明显浓厚。课上课下向老师提问的人数大量增加，课间谈论的话题由新型玩具转移到了学习问题。学生围在一起不是比手劲而是讨论应用题的多种解法，不完成作业的现象不见了。全班学生的品德、语文、数学、美术、写字、音乐、历史、体育八科成绩，实验一学期后平均提高了 4.4 分，纪律得到明显加强，课堂上“开小差”的现象减少了。课间打架骂人的现象消失了，校外扰乱公共秩序、不遵守交通规则的现象减少了。班级收到的表扬信增多了，某个年级三个月共收到表扬信 50 余封。以前同学们总是乱撕作业本、不爱惜粮食、乱花零钱，实验后都自觉改变了。有个实验班

90%的学生自己动手做了针线包，扣子掉了自己钉，衣服脏了自己洗。学生们集体意识增强了。同学们都能积极参加集体活动，维护集体荣誉，相互监督、相互帮助，促进了班集体的巩固。

2. 对差生有明显的促进作用。前郭县实验小学的实验班，有个学生原来是全校出名的后进生，曾两次被留级。她过早失去了母亲，加上继母的冷落，使她养成了沉默寡言的性格和习惯，整天低着头，不敢说、不敢动。通过测评实验，一方面及时与家长沟通，要求对她倾注更多的爱；另一方面经常在测评中鼓励她，让她及时在评定表中切合实际地填写所达到的档次。每当测评有进步时，就及时给予表扬，戴上一朵小红花。就这样拨旺了这个后进生争取进步的火苗。期中考试，她的语文成绩高达 99 分。四平联合化工厂子弟小学实验班，有个以气老师、搞恶作剧闻名全校的调皮鬼，实验测评后，激起了他的上进心。他说："同学们都变了，我也该变了，现在班级里没有我昔日的用武之地了!"

3. 改变了教师与家长的教育观念。自从品德测评实验后，克服了学校"基础知识反复练，思想教育站一边，教师学生盯着分数转"的习惯思想，树立了使学生个性得到全面发展的观念。同时，也改变了家长的教育内容及人才观念（考试分数高即是人才），纠正了家长只注重考试成绩而忽视德育的片面思想。

第五节　品德测评无必要论的分析

一、以绩代德论

有的人认为业绩好的员工，一般其他方面表现都好。如果这种观点成立的话，那么品德测评就没有必要了，我们则可以用绩效考评成绩来代替品德测评结果了。

这种业绩好各方面都好的现象是偶然成立还是普遍成立呢？我调查了有关的管理人员，不少人向我反映，业绩好品德也好、各方面都好的员工有是有，但毕竟是少数。相反，不少销售业绩好的员工，都很自私自利，不愿帮助其他员工，不太关心集体，只顾自己"一亩三分地"，而且调离后对组织情感也淡薄。

美国有位心理学家对300名人才跟踪研究了30多年，其结论是：一个人能否有成就，关键不在于其智力素质，而在于其品德素质。智力超常的许多特征归根结底都属于品德的范畴。例如，强烈的求知欲、坚强的毅力与持之以恒的干劲等。

认为"业绩好品德也好"的人，实质上就是"以绩代德论"者，这种以绩代德论是不能成立的。

二、无意义论

有人认为学生的品德容易变化，尤其是年轻人更不稳定。品德测评仅是对个体过去品德特征的描述，因而品德测评既没有意义也没有必要。如果这一命题成立的话，也就是说，一个人现在与过去品德行为的测评描述，对于认识他现在及未来的品德是没有参考价值的。那么，试问人们为什么要研究历史呢？实际上个体的行为发展与社会历史的发展一样，具有一定的重复性与稳定性。"历史过程在抽象的理论上前后一贯的形式上的反映"，变成了预测探索的原始基础。[①] 人的品德虽然会发生变化，其行为表现不尽相同，但在这变化之中实际存在着不变性。个体品德在一定时期具有一定的稳定性和延续性。品德测评的任务就是从外表上不重复的多种单个行为构成群中查明它们固有的一般性质和特征，做出规律性的判断。在思想中把个别东西从个别性提高到特殊性，然后再从特殊性提高到普遍性。[②] 由此而做出的品德测评，不但能认识人才品德面貌的过去与现在，而且也能在一定程度上估计它未来的发展。

有人认为，品德测评对处于发展阶段的年轻人来说有刺激作用。如果这一命题成立的话，也并不足以构成不去进行品德测评的理由。因为这种刺激作用可以通过测评实施前后的思想教育工作、测评结果的报告和解释等技术环节来控制。实际上，大多数人认为品德测评并无不良的刺激作用。如果我们退一步来说，即使品德测评对少数人产生某些不良的刺激作

① 参见《马克思恩格斯全集》卷13第532页。
② 参见《马克思恩格斯全集》卷20第577页。

用，我们也不能因此就否定品德测评的实施。我们不能因为病人怕流血而不给其动手术，不能因为看到有人吃饭哽死了而自已就天天饿着不吃饭。

总之，任何反对与怀疑品德测评的人所提出的理由，目前尚不能构成取消与停止品德测评及其研究的充足理由。相反，全国各地许多品德测评实验却充分展示了其各种重要功能与作用。虽然目前品德测评的科学性、客观性与准确性还不尽如人意，但品德测评在人才开发与管理过程及现实中所产生的效用，却肯定了品德测评是必要的。

第四章　品德测评的实质与学科基础

品德测评的实质与品德测评量化的实质是有区别的。品德测评量化只是品德测评的一种形式。

品德要不要测评、可不可测评，归根结底都是如何看待品德测评实质的问题。对于品德测评实质所持的学科观点不同，就会做出不同的回答。

第一节　品德测评的实质

品德测评的实质是什么呢？也许有人会认为品德测评的实质就是量化，就是用数量去揭示个体的品德特征或水平。笔者认为量化并不是品德测评的实质。数量化只是品德测评过程中既重要又必要的一种手段。它把一些品德测评信息表示为数字符号，便于记录与分析，能够大大提高评定的客观性与准确性。当然，这种客观性与准确性依赖于测评中数量化的合理性与科学性。当我们数量化的指标与计量抓住了品德的本质特征时，当我们建构的数量化模型符合品德的结构与发展规律时，最后得到的数量化结果就会客观与准确，否则就不一定。

说量化是品德测评过程中的一种必要手段，而不是唯一手段的另一层含义是，量化可能仅运用于测评过程中，而并不一定运用于报告与解释测评结果。尽管我们有时整个的品德测评都是量化形式，但当这种量化测评的结果不便被人理解，不能满足我们的测评需要，不能直接或全部解释品德特征时，仍然可以采取语言、图形或其他更为直观的形式报告与解释测评结果。

说量化是品德测评过程中的一种必要手段但不是唯一手段的第三层含义是，在品德测评过程中要尽可能采取量化形式来处理各种获得的品德测评信息，但并不是所有的品德测评都必须是量化形式，非量化就不能算是品德测评。一名具有高素质的管理人员，在全面仔细地观察了解每个员工的行为表现之后，本着认真、公正、实事求是态度所做出的操行评语同样也是一种品德测评。品德测评旨在科学、客观而准确地反映个体的品德状况与水平。

品德测评的实质，从哲学角度来看，实际上是测评者采取适当的测评方式收集有关信息，认识个体品德面貌特征的过程，是通过行为表现认识内在品德的过程。这种认识形式既可以是个体内部差异的比较认识，也可以是外部个体间差异的比较认识；既可以是与某标准的比较认识，也可以是无标准的特征概括认识；既可以是定性的认识，也可以是定量的认识；既可以是精确的认识，也可以是模糊的认识；既可以是直接的认识，也可以是间接的认识。

品德测评这一科学认识活动，是测评者对被测评者个体品德的一种能动的反映过程。在这一过程中，测评者通过测与量的活动，获得所要收集的信息，然后由此去认识评定个体的品德。这里的认识不是仅凭测评者个体的感性经验，而是积极地借助于一定的测量评价工具或其他科学手段，把最终的比较与判断建立在对大量客观信息的收集、测量与分析基础上，最后采用语言、数字、符号、图形等形式对所认识评定的结果进行转化与解释，并由此报告个体品德的客观情况。

第二节　品德测评的哲学分析

品德测评作为一种认识过程，在其发展阶段上也遵循着人类认识的一般规律，即从感性认识到理性认识，再从理性认识到具体实践。但这种一般规律在品德测评过程中却有着其特定形式：即从感性认识到经验认识，从经验认识到理性认识，再从理性认识到具体认识，具体表现为三个阶段。

第一阶段是测评者对被测评者行为表现的感觉、知觉与表象。其感觉主要是眼观、耳闻及原始直觉；知觉既可以是对既往行为表现印象的整体性再现感觉，也可以是对目前行为表现观察的整体感觉；表象既可以是对以往个体行为表现知觉的再现，也可以是对当前个体行为表现的知觉再现。

第二阶段是对行为表现感性认识结果的经验判断。第一阶段对个体行为表现的感性认识结果体现为测评者头脑中的表象后，即开始了对它们的价值或属性的经验性判断。“所谓经验，就其有别于单纯的个别事实的个别知觉而言，它有两个成分。一为个别的无限杂多的材料，一为具有普遍性与必然性的规定的形式。”① 也就是说，经验不再停留于杂乱无章的感知上。“经验乃知觉之综合的统一。”② 但经验认识低于理性认识，“理性认识能够赋予经验认识给出更高的东西来，必须证明对象的存在和它的运动发展的必然性，必须使普遍性明确起来”。③

第三阶段是对第二阶段的判断结果进行整体辩证的理性认识。当测评者把其头脑中对被测评者所形成的表象与既定的价值观标准做比较判断时，常常是一种纯经验的判断。这种判断也是一种多侧面性的抽象性判断，它最后必须汇总到具体的被测评者个体身上，对比其前后变化、背景条件、正反事实，形成一个辩证的整体理性判断。

当测评者在品德测评的第一、二阶段中，对头脑中所形成的有关被测评者的行为表现的表象及其判断进行表征后，则可以大大提高测评的效果与效率。所谓表征，是指某（些）事物和事物属性能确定地表示另一（些）事物或事物属性及其所表示的关系。例如，当大气中的氯气浓度达 0.1 PPM 时并延续两小时，就会使菠菜叶片的病状有所表征。④ 当测评者用数字或符号表征第二阶段经验认识与判断的结果时，一方面可以减少记忆负担，另一方面又可以把易于变化的心理形式物化为可操作的数字或符号，保证了测评信息综合、分析与传递过程中的客观性。当测评者用语言、图形或符号表征自己对个体品德行为特征的表象或者测评结果时，同样可以提高与保证测评信息运用过程的客观性与准确性。

---

① 参见黑格尔《小逻辑》第 125 页，商务印书馆 1980 年出版。

② 参见康德《纯粹理性批判》第 165 页，三联书店 1957 年出版。

③ 参见宫原将平等著、于书亭等译《科学认识论》第 126 页，黑龙江人民出版社 1984 年出版。

④ 参见舒炜光等主编《自然辩证法原理》第 337～375 页，吉林人民出版社 1984 年出版。

当测评者在品德测评的第三阶段，能从众多的混沌直观表象与诸方面的判断中，分析出必要可靠且完备的能够反映品德本质特征的有效要素，然后对其规定性进行定量与定性的表征或描述，再运用思维对它们进行有机的综合判断，就可以大大提高品德测评的效率与效果。

实际上，目前的许多品德测评方法都不尽完善。在第一阶段上，或停留于混沌的直观，或停留于随意的印象，或只有一鳞半爪的表象，由此导致测评信息的不足或表面化；在第二阶段上，或为印象判断，或为随意判断，缺乏明确统一的标准与操作程序，由此导致判断失真或片面；在第三阶段上，或为机械综合，或为随意综合，缺乏整体性。

有些量化测评方法，量化仅停留于个体表象的感性认识阶段，虽然在理论上提出定性与定量相结合，但在实践上却以单纯的量化取而代之，只是将感性具体阶段定量化的结果累加即得结论，根本没有上升到理性和分析判断阶段，更没有进入思维的有机综合判断阶段。因此测评的结果只是具体表象累加的产物，而不具备反映品德整体的科学性，不能精确反映品德的真实水平。因为具体表象虽然具有具体性、直接性的优点，但它本身远未揭示品德行为多方面属性及其内部联系，因而带有片面性、表面性与零散性等缺点，即使累加其全部量标特征，也得不到“大于部分之和”的系统整体特征，其累加之和只能作为认识品德面貌的起点，必须通过理性分析与思维综合，才能形成关于对学生品德整体的、系统的、科学的认识。①

品德测评作为测评者对个体品德的反映形式，具有能动性。这种能动性具体地等价于人对事物的意识是一种具有物质的反映。它所反映的是测评对象以及测评对象与测评主体之间的价值关系，及其所形成的那种客观的、不依赖于测评者主观意识的事实，如图 4—1 所示。

图中 P_1 为个体品德形成过程，P_2 为测评者对个体品德的认识过程。在测评过程中，测评者的认识因与被测评的行为特征相互作用，故产生了一个既不同于 P_1 又不同于 P_2 的反映 AP_1 与测评结果的 P'_2。换句话说，

① 参见郭柏春“对学生思想品德评定量化的思考”，载《中国教育报》，1990 年 10 月 30 日第 3 版。

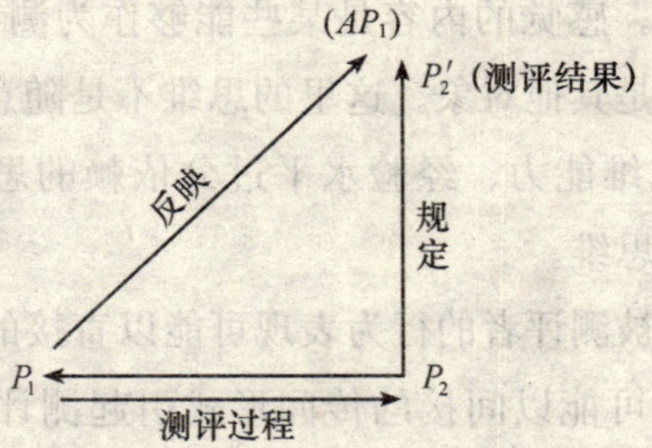

图 4—1

P_1 因受到 P_2 的作用而产生反映 AP_1，而 P_2 因受到 P_1 的作用而产生测评结果 P_2'。在这里，品德形成过程中的诸特征在测评者认识过程中再现出来。品德形成过程是第一性的，而测评者的认识过程是第二性的，测评是在第一过程与第二过程作用下派生出来的。品德形成过程完全独立于测评者的认识过程而发展，但品德形成过程的诸特征之所以能够通过测评者的认识过程反映、再生，首先是因为这些特征在测评者认识过程中能够加以再现（即反映）而保存下来。显然，这种能动性有时会是主观的，为了减少这种主观性，我们在测评过程中要采取一系列方法与措施加以控制，使反映趋于客观。例如，选择有经验的、认识反映能力很强的测评者，规定观察方法与记录内容，采取符号及时记录，简化认识过程，使认识中对测评者主观经验的信赖性减少到最低点，只要求测评时做些简单事实的判断辨认。另外，从质量转化观点来看，测评过程是一个由质到量，再由量到质，最后质量统一的过程。量化过程为由质到量的过程。根据一定的法则给每一品德行为特征赋予一定的量，而统计综合则为由量到质的过程，这种质是建立在量上的质。测评者再根据这种质与其他量综合为质量统一的测评结果。

第三节　品德测评的心理学分析

品德测评从心理学角度来看，它是以感觉为渠道，以思维为媒介，对个体品德进行比较判断、分析判断以及综合判断的心理过程。在这里，感觉形式主要是测评者生活中耳闻目睹的和有目的、有计划、有组织的观察，而不是随意性的。感觉的内容是某些能够作为测评依据的行为信号、特定行为表现，而不是其他对象。这里的思维不是随意的思维、抽象的思维或对测评者个体思维能力、经验水平过分依赖的思维，而是一种定向的、具体的、简单的思维。

在测评过程中，被测评者的行为表现可能以直接的形象或声音作用于测评者的视听觉，也可能以间接的传闻形式引起测评者的想象或再造表象。对测评者发生作用而产生的这些感觉与知觉，再转化为表象，或直接作为品德测评的依据，或通过记忆保留下来以备后用。当测评者开始对个体进行测评时，他就会通过回忆再现过去对被测评者行为表现所形成的表象，以及根据当前所观察到的事实行为分别地或综合地进行经验判断。科学的品德测评要求测评者不能就此留步，还要进行深入的思维活动，即从表象事实行为及经验判断中提取一些有效的信号，并对它们进行分析、综合、比较、抽象、概括或具体化的判断。例如测评某个人的责任心时，首先要对这个人以前的行为表现进行回忆，对他目前的行为进行观察，获取过去与当前行为表现的表象及事实，依据经验判断，对众多的行为表象及事实进行分解归类，或直接从某一行为表象及事实中找出具有责任特征的行为；然后相对一定的纪律标准从数量或质量上进行比较判断，其中对任何一种责任行为的比较判断，测评者都要把它与其他行为特征结合起来进行，都要把其中的责任特征与其他非责任特征分离出来，都要把通过比较所得出的结果推广到眼前的各种具体场合，看在这些场合下的具体行为表现是否同样具有原先认定的那种责任心特征。如果有，则最后就会做出肯定性的判断，否则将会继续进行分析、综合、比较、抽象、概括或具体化的判断活动。在任何一种品德测评活动中，都要发生注意、感觉、知觉、表象、抽象、记忆、分析与综合、比较、抽象与概括、具体化情感与情绪等心理现象。其中，观察、比较、抽象与具体判断是最为关键的四个环节。品德测评方法科学与否，关键就在于它能否有效地观察品德特征、客观地比较观察结果、准确地抓住品德行为中的本质特征，并做出适合于每个具体测评对象的判断。品德测评方法方便与否，关键就在于它能否把测评者对品德现象的观察与品德本质特征的判断直接相连，或者说能否把感觉、知觉、表象、记忆分析、综合、比较判断、抽象、概括等复杂的心理过程集约化与简约化。马克思说过，“如果事物的表现形式和事物的本质会直接合二为一，一切科学都成为多余的了”。[①] 这从另一方面告诉我们，科学就是研究如何从事物的表象直接揭示其本质。

若能从品德的现象中判断品德内在本质，则这种品德测评方法就是科学可行的方法了。

以上品德测评的心理属性的揭示告诉我们，在品德测评过程中，测评者要自觉地运用心理规律，防止不良的心理影响，提高品德测评的客观性与准确性。例如在确定测评指标时，要选择那些明显超出感觉阈限的行为，选择那些特征比较突出的行为，在研究品德测评工具时，要使测评工具不依赖于操作者个体的思维能力与操作经验，而只要求进行一些简单的、客观的比较判断。

因此品德测评方法科学与否，还要看它能在多大程度上把品德测评的心理过程以符号与公式或法则的形式恰当地物化，以便有效地控制心理过程的不良影响。

第四节　品德测评的数学分析

品德测评从数学角度来看，实际上就是对复杂的品德特征系统与数学系统建立同构映射的过程。

同构映射是抽象数学的基本概念之一。如果两个向量空间之间存在一种一一对应关系 σ，使 $\sigma(\alpha+\beta)=\sigma(\alpha)+\sigma(\beta)$，$\sigma(\lambda\alpha)=\lambda\sigma(\alpha)$。对一切向量 α、β 和任意实数都成立，则把这样的一一对应关系叫做同构映射，简称同构，并且说这两个向量同构。

这一数学概念通俗一点解释就是，如果两个集合或总体之间具有同性结构，即集合 M' 中的任何一个要素，都能在集合 M 中找到某要素与之对应，而且这种对应是一对一的。品德测评实际上就是通过某种测评工具或方法，使个体品德特征系统中的任何一种特征，在数字图形符号或语言系统中能够找出一种恰当的形式来表示它，让它们在意义上一一对应。例

① 参见马克思《资本论》卷 3 第 123 页，人民出版社 1975 年出版。

如，最高分“5”说明纪律性最好，数字“5”这一元素在测评规则下即与“纪律性最好”这一行为特征对应起来。某员工虽然家住的地方离上班地点很远，但他从不迟到，因此管理者据此说他纪律性强。在这里，“从不迟到”这一行为特征就与“纪律性强”这一评语建立了对应关系。但实际上，由于人们对品德测评法则的规定不太严密、不太科学、不太统一，甚至没什么特别规定，因而不同的操作者所建立的对应关系不尽相同。同一个人不同时间与不同空间建立的对应关系也不尽相同，缺乏一一对应性，因而品德测评很少有同构映射关系，更多的是准同构映射，即集合 M' 中的多个元素与 M 中的某一元素对应。建立同构映射是品德测评科学化的目标。

第五节　品德测评的人力资源开发学分析

从人力资源开发学角度来看，品德测评实质上是一种分散于不同时间与空间的“潜”开发过程。在品德测评过程中，测评者把开发要求与内容以测评标准形式向被测评者提出，通过反馈品德测评结果形式告诉被测评者本人，哪些方面做得好，哪些方面做得还不够，哪些人比你做得差，哪些人比你做得好，从而使被测评者明确自己的长处与不足，明确自己与他人的差距，使其产生自勉自励的学习动力，明确努力方向，进行自觉学习，达到形成良好品德的目的。在这一开发过程中，若让被测评者本人、工作小组、直接主管参加测评，则被测评者本人、工作集体、直接主管都是开发的主体，被测评者个体将受到多方面的开发影响。然而这种开发形式与传统的培训相比，它既不占用大量时间，也不占用统一空间，它没有洪亮的讲话声音，也没有生动的表演，它是无声无息地散于团队、组织管理、组织文化中的隐形开发形式。

无论是形成性品德测评还是终结性品德测评，无论是水平性品德测评还是区分性品德测评，其本身都不同程度地存在某些开发影响。因此我们在实施品德测评过程中要充分注意品德测评的开发功能，发挥它的积极作用，避免它的消极影响。

品德测评，从逻辑学角度分析，它可以被看做是一个用操作定义形式规定个体品德的过程。品德这一概念可以用语言加以抽象定义，对其内涵与外延加以定性规定。这种定义只是为了便于人们理解与交流。而采取操作方式对品德下定义，对品德的各种特征以定量的形式进行规定，按测评者所观察到的事实行为来进行品德测评。这就是说，操作定义之外不意味着有任何品德特征。任何个体品德如何，都被具体操作行为特征逐一规定了。这种操作行为特征式的品德定义就非常便于人们去把握每个人具体的品德状况。

目前操行评语法的缺点就在于缺乏统一具体的操作性。行为取样不统一，比较标准不统一，比较方法不统一，综合判断过多地依赖于测评者的经验与能力。

此外，从社会学角度来看，品德测评是测评者对被测评者社会化程度的一种检查，检查个体在组织规范、组织角色和世界观三个方面的社会化程度。这实际上也是一种对个体社会属性的特殊社会认知。

历史方法篇

第五章　中国古代著名学者的品德测评思想与方法

我国素以文明古国、礼仪之邦著称于世，历来重视人才的品德素质。人才品德培养作为一种塑造与改造人才思想行为的实践活动，必然要求在培养过程中进行品德测评活动。然而长期以来，人们只重视对古代培养目标、培养内容与培养方法等的整理与发掘，而忽视了对品德测评有关思想和内容的整理与发掘，以致目前从古籍整理、教育史研究到人才测评，古代品德测评思想研究一直是一个空白。本文不敢企求能够完全填补这一空白，只想在这方面开个头，就中国古代品德测评的有关思想方法、中国古代考课制度中的品德考评及中国人才选拔实践中品德测评的方法，做些初步探索。

第一节　孔子的品德测评思想与方法

孔子（公元前551—前479年）是中国古代教育思想的奠基人，非常重视人才的品德培养。他认为人才的品德培养是治国安邦的根本措施。他说："道之以政，齐之以刑，民免而无耻；道之以德，齐之以礼，有耻且格。"① 在长期的人才品德培养与开发实践中，他形成了许多有价值的思想与方法，其中有些直到今天仍对我们的人才品德培养与开发工作有着重要的指导作用。然而，在品德测评方面孔子是否有过什么重要思想呢？这些在人才测评领域中还是鲜为人知的事情，也是非常值得我们去研究的一个问题。实际上，这涉及中国古代有无品德测评活动这一重大问题。目前学

① 《论语·为政》

术界有不少人认为，形成性的能力评价对中国来说完全是一种“舶来品”，中国古代汉唐出现的考试制度，充其量也只能沾上终结性能力评价的边。对于这种历史性的误解，我们只能以理服人，凭事实说话。

一、品德测评的缘起

弟子间“差异”的认识与“有教无类”的教育思想，是孔子进行品德测评的理论基础，因材施教是孔子进行品德测评的直接原因。

孔子在人才品德培养与开发实践中逐渐认识到弟子之间的品德、智能水平并不是完全相同的，相互之间存在差异。他认识到颜渊的品德最好，其次是闵子骞，继之是冉伯牛，接着是仲弓……[①] 同时，他认识到这种差异的产生不是先天遗传而是后天环境与教育所造成的。他认为人与人之间“性相近，习相远”[②]。由此他提出了“有教无类”的思想。[③] 然而，弟子间的鲜明“差异”性与“有教无类”思想的统一性构成了人才品德培养与开发过程中的主要矛盾。这一矛盾的解决必须依靠开发者的主动性、灵活性与创造性。另一方面，开发者只有一个，而弟子却有多个，如何解决这“一”与“多”的矛盾呢？因此，孔子主张“因材施教”“长善救失”。他说：“中人以上，可以语上也，中人以下，不可以语上也。”[④] 然而，要保证因材施教顺利进行，就必须对人才进行测评。“因材”是施教的出发点和依据，而测评是施教的手段与前提，教师的教能否因材而教，施教后能否长善救失，非常关键的一点，就是取决于开发者对被开发者当前的品德状况能否做出科学、全面的测评。因此，孔子指出“不患人之己智，患不知人也”。[⑤] 他认为一个人最大的祸患就是不了解别人。

他在《中庸》中进一步明确提出了“不可以不知人”的主张。为了因材施教、长善救失，《学记》也提出了开发者对被开发者要“知其心，然后能救其失也。教也者，长善救失者也”。孔子不但在思想上认为品德测

① 《论语·先进》
② 《论语·阳货》
③ 《论语·卫灵公》
④ 《论语·雍也》
⑤ 《论语·学而》

评是做好人才品德培养与开发工作的前提，而且身体力行，把品德测评贯穿于整个人才品德培养与开发工作之中，施行于课堂内外，使测评、开发、生活指导融为一体。例如，他对子贡的品行测评为："有君子之道四焉，其行己也恭，其事上也敬，其养民也惠，其使民也义。"① 在孔子北游上农山时，一到山顶，孔子利用大家登高眺远的观景之际，就对身旁随从的子路、子贡、颜渊三个弟子的志向进行了测评："登高望下，使人心悲，二三子者，各言其志，丘将听之。"②

二、品德测评的目的

改善人才品德培养与开发过程，提高人才开发效果是孔子进行测评的目的。

孔子进行的品德测评都是形成性的人才测评，不同形式的品德测评服务于不同的人才开发目的。形成性的品德测评服务于人才开发过程的改善性目的，孔子进行的品德测评都是为了改善和提高人才品德开发效果而施行的。有充分的事实证明这一点。首先，当时并不存在上级领导或机构意欲评定孔子的人才品德开发质量高低的客观需要，并不存在建立在汉唐时期的考试测评制度，人才培养是比较自由的。因此，孔子进行的品德测评是出于人才品德开发内部的需要，而不是外部的压力。其次，孔子本人是开发者。他既不是上级机构人才开发质量的督导评估官员，也不是用人单位的人事官员或雇主，他所进行的品德测评完全是为了改善和提高他自己的人才开发效果。最后，有大量的事实证明孔子当时进行的品德测评确实是为了改善人才开发过程，是为了促进学生形成良好的品德。

例如，孔子为了促进其弟子形成正确的道德认识，他不但广泛对其弟子进行品德测评，而且非常重视引导弟子们"自省""自讼"，在自我反省的基础上进行自我测评。他说："见贤思齐焉，见不贤而内省也。"③ 当其弟子的自我测评合乎事实时，就及时给予肯定；当其弟子的自我测评不合乎事实时，就给予纠正。例如，"己所不欲，勿施于人"这一条不太容易

① 《论语·公冶长》
② 《说苑·指武》
③ 《论语·里仁》

做到，但子贡有一次在自我测评时说他能做到这一点。孔子便立即纠正说："赐也，非尔所及也。"① 正因为孔子如此重视品德测评与自我测评相结合对提高德育效果的作用，因此，其弟子曾参深受影响，每天都要"三省吾身"，测评自己对人、对事、对己等方面的行为思想是否符合道德标准。

另外，孔子重视借助测评别人和相互测评来引导弟子明确道德概念，树立道德信念。例如，他经常评价历史上与弟子中的典型人物，如尧、舜、禹、汤、文、武、周公、伯夷、叔齐、纣王、微子、箕子、比干、齐桓公、晋文公、管仲、子产、晏平仲、藏文仲、柳下惠、齐景公、卫灵公等。由于这些人的行为特征优多劣少，有助于弟子明确道德概念，树立道德信念。由于弟子对彼此的品德行为与精神面貌了解得较具体细致，因此相互测评符合从生动直观到抽象思维的辩证法，能够迅速有效地促进弟子们品德的形成。

由此可见，孔子所进行的品德测评完全是一种形成性的人才测评。因为形成性的人才测评实际上是指那种测评者基于改进与发展自己的人才工作而进行的测评活动。它一般是在人才开发过程中由开发者本人根据自己内部需要而进行的。②

形成性的人才测评思想在国外被公认为是由美国著名学者斯克里芬于1980年前后正式提出的，被认为是人才测评史上的一个重大突破。它把人才测评由过去的终结性转变为过程性，由注重对人才开发最终效果的测评转变为注重对人才开发效率和人才开发过程的改革与促进。开发者与被开发者也因此由过去排斥人才测评转变为乐于接受人才测评与运用人才测评。然而事实表明，早在2 500年前，孔子就曾有过形成性的测评思想与活动。

三、品德测评的方法

观察与谈话是孔子进行形成性测评常用的基本方法。

观察与谈话是现代人才测评中常用的两种基本方法，测评者要具备相

① 《论语·公冶长》

② 参见"International Encyclopedia of Education Evaluation", by Herbert J. Walbery Pergamon Press, 1990。

当的测评技巧，才能很好地运用它们，发挥它们的测评作用。为此，日本学者十多年前还专门写了两本专著论述。

但是，早在 2 500 年前，孔子就曾经采用这两种方法成功地测评了他的弟子。孔子认为，了解与评价一个人的最大困难是被测评者往往言行脱节、表里不一。他说："有德者必有言，有言者不必有德。仁者必有勇，勇者不必有仁。"因此，他改变了听其言则可信其行的观点。他说："始吾于人也，听其言而信其行。今吾于人也，听其言而观其行，于予与改是。"① 例如，对"孝"这种品德的测评，他就用观察法长期考察，他说："父在观其志，父没，观其行；三年无改于父之道，可谓孝矣。"② 谈话法是孔子惯用的另一种品德测评方法。《论语·先进》中记录了孔子运用谈话法测评子路、冉有、曾皙、公西华等人理想的情形。孔子的谈话法有集体谈话法和个人谈话法两种。

访问调查也是孔子在测评人才品德过程中经常使用的一种方法。他认为，除了采用观察法、谈话法直接去了解人才的品行之外，还可以采用访问调查的形式，通过被测评者周围的许多人间接地去把握，或者印证自己在观察谈话中得出的结论。例如，孔子为了考查颜渊的学习情况，便问子贡："在学习上，你与颜回两人相比哪一个好些?"

四、品德测评的标志

言行与服装是孔子进行品德测评时所选择的测评标志。

对行为的观察，孔子形成了一套辩证而系统的方法。他认为观察时不仅需要注意行为现象，而且还要分析产生行为现象背后的原因及其所指向的目的。不要被表面现象所迷惑，要透过现象看本质。他说："视其所以，观其所由，察其所安，人焉瘦哉!"③ 他提出了从错误行为中去测评品德的高见。他认为人不可能不犯错，"君子之过也，如日月之食焉；过也，人皆见之"。④ 问题是品德水平高低不同的人，对待错误的态度也不一样。有

① 《论语·公冶长》
② 《论语·学而》
③ 《论语·为政》
④ 《论语·子张》

人“闻过则喜”，而有人“过而不改”。因此，他认为可以从人所犯的错误及其所持的态度中去测评其思想品德。他说：“人之过也各于其党，观过，斯知仁矣。”[①]“不善不能改。”[②] 孔子认为“德”从言、行表现出来，所以对品德总是言、行并举，综合考察，但侧重于“行”，“言”从属于“行”。例如，孔子说：“信近于义，言可复也。”[③]“君子敏于事而慎于言。”[④]“君子先行；其言而后从之。”[⑤]“君子欲讷于言，而敏于行。”[⑥]“君子耻其言而过其行。”[⑦] 而且孔子还总结出从言谈中去区分有德之人与无德之人的测评方法。他说：“巧言令色，鲜矣仁!”[⑧]“其言之不怍，则为之也难。”[⑨]也就是说，凡花言巧语、大言不惭者，一定品德不好，即巧言必寡德。他又说：“不知言，无以知人也。”[⑩] 他把“言”区分为“雅言[⑪]”“便便言[⑫]”“法语之言”“巽与之言[⑬]”以及“巧言[⑭]”，巧言为无德之言，而其余皆为有德之言，他以“畏圣人之言”还是“侮圣人之言”作为鉴别有德之人（君子）与无德之人（小人）的标准。他说：“君子……畏圣人之言。小人……侮圣人之言。”[⑮]

品德作为内隐的心理存在形式是不能直接测评的，为了对它进行测评，历史上人们曾做出种种努力，卜测星相术选择星相作为测评标志，算命术以生辰八字作为测评标志，面相术以五官特征作为测评标志，骨相学以颅骨生长特征作为测评标志，手相学则以手的大小、软硬、肌理粗细及手形纹路等作为测评标志。还有以血型、字迹、语音等作为标志测评品德的。直到20世纪初，人们才认识到品德测评应以言行作为测评标志。然而早在2 500年前，孔子就主张以言行作为品德测评的直接标志，这对我们现代有些人还习惯主观臆断，甚至唯成分论，根据血缘、家庭出身审查、

①⑥《论语·里仁》
②⑪《论语·述而》
③④⑧《论语·学而》
⑤《论语·为政》
⑦⑨《论语·宪问》
⑩《论语·尧曰》
⑫《论语·乡党》
⑬《论语·子罕》
⑭《论语·卫灵公》
⑮《论语·季氏》

判定思想品德的人来说不能不是个重大启示。

正因为孔子把言与行作为品德测评的标志并侧重于“行”，故他的弟子非常注意言行一致、表里如一。例如“子路有闻，未之能行，唯恐有闻”[①] 就是一个例证。

此外，孔子还开创了如何通过服装来测评品德的先例。在奴隶制的等级社会中，服装是别尊卑、定贵贱的重要标志，故《左传》说：“君子、小人物有服章，贵有常尊，贱有等威，礼不逆矣。”然而在孔子时代，礼坏乐崩，服制动摇，衣冠服装就成为识别是否忠于奴隶制度的尺度。《论语·乡党》表明孔子最为重视“容貌”“威仪”，而子张“歪邪”其冠，则为对礼持“懈慢”态度的标志。《论语》中“恶紫之夺朱”“服周之冕”“正其衣冠”等表明“君子”的服装尚朱、宗周，以端正为美。而“小人”的服装尚紫、宗夏，以颓唐为趣。孔子这种通过服饰鉴别来测评品德的思想对于我们现代人才测评中的表征研究很有参考价值。而“言”“行”并举，言行测评侧重于“行”的思想也对我们品德测评的研究很有启发。

五、品德测评的原则

综合测评、实事求是是孔子品德测评中坚持的基本原则。

孔子在长期的品德测评实践中非常注重品德测评的综合性或整体性原则。他认为，“恭而无礼则劳，慎而无礼则葸，勇而无礼则乱，直而无礼则绞”。[②]“仁者必有勇，勇者不必有仁。”[③] 此类辩证而全面的测评原则对于我们今天仍有借鉴作用。另外，孔子在品德测评过程中非常坚持实事求是的测评原则。《论语·公冶长》有以下一则事实。孟武伯问曰：“子路仁乎?”子曰：“不知也。”“由也，千乘之国，可使治其赋也，不知其仁也。”子张问曰：“令尹子文三仕为令尹，无喜色，三已之，无愠色，旧令尹之政，必以告行令尹，何如?”子曰：“忠矣。”曰：“仁矣乎?”曰：“未知，焉得仁?”

“崔子杀齐君，陈文子有马十乘，弃而违之，至于他邦，则曰：‘犹吾

① 《论语·公冶长》
② 《论语·泰伯》
③ 《论语·宪问》

大夫，崔子也。’违之。之一邦，则又曰：‘犹吾大夫崔子也。’违之。何如?”子曰：“请矣。”曰：“仁矣乎?”曰：“未知，焉得仁?”

孔子这种实事求是、不轻易对弟子言行以外的事实妄加评定与推断的思想作风，与现代人才测评中纪实法的新潮思想是一致的，很值得我们珍视。

六、品德测评的真实性

孔子认为在品德测评中多数人的意见未必一定对，不能盲目从众，以多数人的意见代替自己的意见。

子贡问曰：“乡人皆好之，何如?”子曰：“未可也。”“乡人皆恶之，何如?”子曰：“未可也；不如乡人之善者好之，其不善者恶之。”[①] 在此孔子认为，“众恶之，必察焉；众好之，必察焉”。[②] 为什么呢？因为人与人之间有怨气的存在。怨气的存在就给品德测评带来困难，“好仁者恶不仁者，不仁者恶好仁者”。孔子这种明辨是非、坚持原则的大无畏精神启示我们不要人云亦云，要从客观实际出发并检查他人的测评结果，要善于从正反两方面测评者的测评中去评判人的品德。

显然，孔子这种思想已蕴含了对品德测评结果必须进行再测评的现代人才测评观。对于那些不愿做深入调查，简单地以多数人主观评定的结果代替自己的测评意见，认为多数人的测评绝对正确无误的人是很有教育意义的。

七、品德测评的目标

爱国主义、智、仁、勇、温、良、恭、俭、让、宽、信、敏、惠、孝、悌等既是孔子的人才品德培养与开发目标，又是孔子用来测评人的品德的标准。此外，孔子非常重视对其弟子学习品德的测评，孔子侧重测评的学习品德主要有以下几种：

1. 尚志。志相当于学习动机、学习目的或学习理想，它是一种内在的

---

① 《论语·子路》
② 《论语·卫灵公》

学习动力。孔子很重视志在学习中的作用。他一而再，再而三地强调学习必须立志，他认为一个人若“志于道”，他在学习和具体行动上则会“据于德，依于仁，游于艺”。[①] 一个人若“志于道”，他则会“谋道不谋食”，会“耻恶衣恶食”，即不会去贪图个人的物质享受。另外，他也常用谈话法来测评其弟子的“志”，并对符合他培养与开发要求的志予以肯定和赞扬，对于不符合他培养与开发要求的志予以否定和批评。

2. 好学。好学即爱好学习。孔子非常重视好学精神对能力开发的重要作用，认为“知之者不如好之者”。[②] 孔子认为一个人有了好学精神，他就会“学而不厌”，就会“食无求饱，居无求安”，“敏于事而慎于言，就有道而正焉。”[③] 例如，颜渊非常好学，他虽然过着“一箪食，一瓢饮，在陋巷”的“人不堪其忧”的贫困生活，但他却“不改其乐”，孜孜求学。[④]

3. 乐学。“乐学”即是乐于学习，是情感的一种表现。孔子十分重视情感对学习的积极促进作用。他认为在学习之中“好之者，不如乐之者”。一个人如果“乐学”，则他对学习就会感到乐在其中、其乐无穷，对学习就会有浓厚的兴趣。

4. 笃信。孔子把信和学结合起来，主张笃信好学，认为“笃信”是好学的重要前提。一个人如果对他所学的东西“笃信”，则不但会感到“不惑”，而且会“好学”。但他反对盲目崇拜，反对道听途说。他说：“好信不如好学，甚蔽也贼。”实际上一个人若对所学东西笃信不惑，则学习就会诚实、专心而入其境。

5. 有恒。“恒”就是恒心，是工作过程中意志的一种表现。他赞赏当时民间的一句格言：“人而无恒，不可以作巫医。”他说：“譬如为山，未成一篑，进，吾往也。”[⑤] 一个人若有恒心，则他就会在工作上坚持不懈、勇往直前。

6. 虚心。虚心即学习上从不骄傲自满、自以为是，而是虚怀若谷。他认为“虚心”是一个学者必须具备的基本品质。他告诫弟子要“有若无，

① 《论语·述而》
② 《论语·雍也》
③④ 《论语·学而》
⑤ 《论语·子罕》

实若虚。”[①] “知之为知之，不知为不知，是知也。”[②] 一个人若虚心学习，则他就会在学习上踏踏实实、埋头苦学、不耻下问。

学习品德是人才品德结构中的重要部分，是能力发展的基础。因此认真总结分析孔子对学习品德测评的思想，有着重要意义。

第二节　墨家与道家的品德测评思想与方法

一、墨家的品德测评思想分析

品德作为一种事情，墨子认为不但过去的可以测评，而且未来的也同样可以测评，可以通过过去品德的测评来预测未来的品德。彭轻生子曰：“往者可知，未来不可知。”子墨曰：“焉在不知来?”[③] 品德测评信息的收集方法，从墨家思想中发现有以下六种：一是传闻。二是身观，但要“循所闻而得其意”才能测评到品德的本质[④]，“执所言而意得见”[⑤]。第三是三表法。子墨言曰：“有本之者，有原之者，有用之者。”[⑥]引而具之，即对某个体品德测评的依据，应有关于他过去的行为资料，有关于现在的行为表现资料以及实际取得的绩效。第四是调查考证以见知隐法。“天下之所以察知有与无之道者，必以众人耳目之实知有与亡为仪者也，请惑闻之见之，则必以为有，莫闻莫见则必以为无。”[⑦] 第五是辨论察实法。“夫辨者将以明是非之分，审治乱之纪，明同异之处察明实之理，处利害，决嫌疑焉，慕略万物之然，论求群言之比，以名举实，以辞抒意，以说出故，以类取，以类予。”[⑧] 第六是环境条件分析法。“染于苍则苍，染于黄则黄。所入者变，其色亦变，五入必而已则为五色矣。故染不可不慎也!”[⑨] 对于

---

① 《论语·泰伯》
② 《论语·为政》
③ 《墨子集解·鲁问》第 457 页
④ 《墨子集解·经上》第 305、311 页
⑤⑥ 《墨子·非命》
⑦ 《墨子·明鬼下》第 199 页
⑧ 《墨子·小取》第 403 页
⑨ 《墨子·所染》第 15 页

品德测评，墨家还有不少经典可供今人借鉴。例如，“志不强者智不达；言不行者行不果；据财不足能分与人者不足于友；守道不笃，遍物不博，辨是非不察者，不足与游”。[1]“义、利；不义、害。志功为辨。”[2]即是说衡量言行义与不义、利与不利的标准，要看他的动机与效果。墨家还认为测评人才的品德既不能简单地就事论事，也不能妄加推断，而要思想动机与行为效果结合判断。鲁君问墨子：“我有二子，一人者好学，一人喜欢分人财，孰以为太子而可？”子墨子曰：“未可知也，或所为尝与（誉）为是也，钓者之恭，非为鱼赐也；饵鼠以虫非爱之也。吾愿主君之合其志功而观焉。”

二、道家的品德测评思想分析

从道家的思想中分析可知，对于品德测评，有以下几点可供借鉴：

1. 直接类比。品德具有模糊性，当我们很难制定出绝对的测评标准时，则可以利用道家直接类比的方法去测评，从具体的人的品德中去测另一个人的品德。《道德经》54 章中说：“以身观身，以家观家，以乡观乡，以国观国，以天下观天下，吾何以知天下然哉？以此。”

2. 见小知常。品德是个人行为特征的总和，我们实际观察到的只有很少一部分特征，如何通过这很少一部分去测评品德的整体呢？道家见小知常的方法很值得借鉴。常即事物的变化规律或本质，小即细小。老子说：“知常曰明，不知常妄作凶。”[3]“见小曰明”[4]，即怎样通过细小的行为看出品德特征，达到能见小知常呢？一要“用其光，复归其明”[5]；二要于“虚极”“静笃”中“观复”。[6]

3. 涤除玄览。品德测评是对人与人之间关系的一种价值判断，测评者难免会有这样或那样的主观或偏见，人们常会戴着有色眼镜去看待个人与他人、他人与他人之间的道德关系。怎样排除偏见保证品德测评结果的客

---

① 《墨子·修身》第 12 页
② 《墨子·大取》
③⑥ 《道德经》16 章
④⑤ 《道德经》52 章

观性呢？老子说："涤除玄览，能无疵乎？"[①] 意为洗刷排除人们的成见，心地清明，就能深观远照，认识事物的全貌，整体把握事物的本质。

4. 可以"无为""朴""柔""厚""实""静"作为测评标准。老子说："逆恒无为，而无不为。"[②] 即道德最本质的特征是"无为"。"为"即私欲及其行动。"无为"表现为"无事""无欲"。所谓无事，就是对万事万物静以处之，吸呼自然，不勉强地干涉他人他事。所谓无欲，就是没有私心妄念，生长万物而不据为已有，成长万物而不自居有功，为万物之长而不主宰万物。老子认为，如能做到这些，自然说明一个人有高尚的品德。一个人"无为"则必"无争"，即不争个人名利。"无为不争"的人，就会像水一样高尚。"水善利万物而不争，处众人之所恶，故几于道。"[③] 一个人如果像水一样帮助他人，而又从不与人相争地位、功名，宁愿处在人所不愿处的位置，这就接近于道德了。对于"不争"，老子进一步具体为"不自见""不自是""不自伐""不自矜"。[④]

老子判断品德的另一个标准是"朴"。他说："常德乃足，复归于朴。"[⑤]"含德之厚，比于赤子。"[⑥] 即真正有道德的人其本色必是素朴、质朴，具有厚德的人就像无知无欲的婴儿一样非常纯朴。

"柔""厚""实"也是老子判断品德的标准。他说："上德不德，是以有德；下德不失德，是以无德。上德无为而无以为，下德为之而有以为。"[⑦]"大丈夫，处其厚，不居其薄，处其实，不居其华。"[⑧]"上德若谷，广德若不足，建德若偷。"[⑨]

5. 道家把人的品德区分为"玄德""上德""广德""建德""下德""德畜"。所谓玄德，即为极大的"德"。老子说："生之畜之生而不有；为而不恃，长而不宰，是为玄德。"所谓常德，即"不忒"复归于无极，"复

---

① 《道德经》10 章
② 《道德经》37 章
③ 《道德经》8 章
④ 《道德经》22 章
⑤ 《道德经》28 章
⑥ 《道德经》55 章
⑦⑧ 《道德经》38 章
⑨ 《道德经》41 章

归于婴儿，复归于朴”。[①] “上德”即真正有德行，“广德”即最完善的“德”，“建德”即刚建的“德”，“下德”即低下的德。

6. 道家以鲜明对比、特征分析及“闻道”后的不同反应来区别品德的高下。道家认为，对于品德水平不高的人来说，“五色，令人目盲；五音，令人耳聋；五味，令人口爽；驰骋畋猎，令人心发狂；难得之货，令人待妨（窃）”。[②] 如果某人的行为能“为腹不为目”“去彼取此”，也就是说其行为表现是以内心道德为依据，而不受外在诱惑的影响，能抛去外物的引诱使本性纯朴，那么这就是品德高尚的圣人了。这是其一。其二，道家把真正懂得“道”的“士”的行为特征逐一描述，然后进行测评。《道德经》15 章曰：“古之善为士者，微妙玄通，深不可知。夫唯不可识，故强为之容；豫焉，若冬涉川，犹兮，若畏四邻，俨兮，其若客，涣兮，见若浊。”其三，把人“闻道”后的行为特征作为区分“上士”“中士”“下士”的标准。《道德经》41 章说：“上士闻道，勤而行之。中士闻道，若存若亡。下士闻道，大笑之。”

7. 道家最为重视的是“慈”“俭”“不争”三种品德。老子说：“我有三宝，持而保之。一曰慈，二曰俭，三曰不敢为天下先。”其意为：我有三种宝贝，是应当永远保持它们的，第一是“宽容”，第二是“节省”，第三是“不敢在天下争先”。

8. 老子其他品德测评经验。老子认为，“强行者有志”。[③] 即行为始终如一、保持不断的人，一定是有理想、有抱负的；有“德”之人不乘人之危、强人所难，总是宽以待人，就像圣人手握借据却不向人讨账逼债。而无德之人才强行逼迫、以逞淫威。

① 《道德经》28 章
② 《道德经》12 章
③ 《道德经》33 章

第三节　孟子等古人的品德测评思想与方法

一、孟子品德测评思想的分析与启示

1. 孟子把有道德的人区分为六种不同的类型。孟子虽然认为人的本性是善的，但由于后天环境及教育的影响，人可以成为有道德的人和无道德的人、道德高尚的人和道德不那么高尚的人，也就是说“人本善”但“习相远”。人的品德存在着发展上的不平衡。他在与齐人浩生不害的一段谈话中认为，人的品德可以有“善”“俭”“美”“大”“圣”“神”六种基本类型。浩生不害问曰：“乐正子，何人也?”孟子曰：“善人也，信人也。”“何为善？何为信?”曰：“可欲之谓善；有诸己之谓信；充实之谓美；充实而有光辉之谓大；大而化之谓圣；圣而不可知之谓神。乐正之，二之中，四之下也。”[①]

2. 孟子认为对人才的品德测评既必要又重要。由于孟子认识到个体的品德有六种基本类型，存在着很大的差异，因此他主张对人的品德进行测评，而且认为十分必要与重要。他说：“权，然后知轻重；度，然后知长短。物皆然，心为甚。”[②]

3. 对人的品德测评，孟子有三种较为明显的方法可供我们借鉴。一是环境与背景条件分析法。他认为人的道德水平与品德修养，与其周围环境和背景有密切关系，这就提示我们，测评一个人的思想品德应该注意从其周围环境与背景条件入手，以背景条件的反差程度来判断一个人的高低与强弱。他说：“有恒产者，有恒心，无恒产者，无恒心。”因此，“无恒产者而有恒心，惟士为能”。[③]“富岁，子弟多赖（懒）；凶岁，子弟多暴，非天之降才尔殊也，其所以陷溺其心者然也。”[④] 但若“贫贱不能移，威武不

① 《孟子·尽心下》
② 《孟子·梁惠王上》
③ 《孟子·滕文公上》与《孟子·梁惠王上》
④ 《孟子·告子》

能屈，此之谓大丈夫”。[①] 二是群众评议观察验证法。孟子认为一个人的品德如何，不能以左右及少数上层官员的意见为准，要广泛听取群众的意见，以群众的意见为依据，然后进行观察考证。他说：“……左右皆曰贤，未可也；诸大夫皆曰贤，未可也；国人皆曰贤，然后察之见贤焉，然后用之。左右皆曰不可，勿听；国人皆曰不可，然后察之见不可焉，然后去之。”[②] 三是特征判断法。孟子认为一个人是否具备某种品德，通过一些特征能加以判断。他说：“仁者爱人，有礼者敬人。”[③] “恭者不侮人，俭者不夺人。侮夺人之君，惟恐不顺焉，恶得为恭俭？恭俭岂可以声音笑貌为哉？”[④]

另外，按孟子的有关思想，在获取有关品德测评信息资料时，主张对于感觉信息资料要再加分析，不能仅凭感觉信息资料进行判断。他说：“耳目之官不思，而蔽于物，物交物，则引之而已矣。心之官则思，思则得之，不思则不得也。”[⑤]

二、庄子品德测评思想的分析与启示

1. 庄子认为品德的整体结构有四个层次，即道、德、形、神。他说：“执道者德全，德全者形全，形全者神全。”[⑥]

2. 庄子认为品德测评存在相对性与偏向性，因此测评要正反面对比并加以综合把握。他说：“以道观之，物无贵贱；以物观之，自贵而相贱；以俗观之，贵贱不在已。以差观之，因其所大而大之，则万物莫不大；因其所小而小之，则万物莫不小；知天地之为梯米也，知毫末之为丘山也，则差数睹矣。以功观之，因其所有而有之，则万物莫不大；因其所无而无之，则万物莫不无；知东西之相反而不可以相无，则功分定矣。以趣观之，因其所然而然之，则万物莫不然；因其所非而非之，则万物莫不非；

① 《孟子·滕文公下》
② 《孟子·梁惠王下》第 41 页
③ 《孟子·离娄下》第 197 页
④ 《孟子·离娄下》第 177 页
⑤ 《孟子·告子上》
⑥ 《庄子·天地》第 436～437 页

由此观之，争让之礼，尧、桀之行，贵贱有时，未可以为常也。”[①] “知尧桀之自然而相非，则趣操睹矣。”[②]

3. 庄子认为测评品德中“情”的标志是“精诚”。“精诚”乃真情与假情的区分点。他说：“真者，精诚之至也；不精不诚，不能动人。故强者虽悲不哀，强怒者虽严不威，强亲者虽笑不和。真悲无声而哀，真怒未发而威，真亲未笑而和。真在内者，神动于外，是所以贵真也。”[③]

4. 庄子认为人的品德方面有“八疵”“四患”，需要经常测评，及时发现与纠正。他说：“人有八疵，事有四患，不可不察也。非其事而事之，谓之揔（包揽）；莫之顾而进之，谓之佞；希意进言，谓之谄；不择是非而言，谓之谀；好言人之恶，谓之谗；折交离亲，谓之贼；称誉诈伪以败恶人，谓之慝；不择善否，两容颊适，偷拔其所欲，谓之险。此八疵者，外以乱人，内以伤身，君子之友，明君不臣。所谓四患者：好经大事，变更易常，以挂功名，谓之叨；专知擅事，侵人自用，谓之贪；见过不更，闻谏愈其，谓之很（执拗）；人同于己则可，不同于己，虽善不善，谓之矜（自尊自大）。”[④]

5. 庄子认为人才的品德测评既是困难的又是可能的。他列举了孔子的“九征”情境测验法，在《庄子·列御寇》中写道：“孔子曰：‘凡人心险于山川，难于知天；天犹有春秋冬夏旦暮之期，人者厚貌深情。故有貌愿而益，有长若不肖，有顺怀而达，有坚而缦，有缓而钎。故具就义若渴者，其去义若热。故君子远使之而观其忠，近使之而观其敬，烦使之而观其能，卒然问焉而观其知，急与之期而观其信，委之以财而观其仁，告之以危而观其节，醉之以酒而观其侧，杂之以处而观其色。九征至，不肖人得矣。’”

三、荀子品德测评思想的分析与启示

1. 荀子认为品德结构中最为重要的成分是“德操”与“德行”。所谓

---

① 参见毛礼锐等主编《中国教育通史》卷 1 第 416 页。
② 《庄子·秋水》第 577～578 页
③ 《庄子·渔父》第 1032 页
④ 《庄子·渔父》第 1029 页

德操，类似品德结构中的“信念”，它是那种“权利不能倾也，群众不能移也，天下不能荡也，生乎由是，死乎由是”的东西。① 荀子认为个体间品德存在的差异是可以测评的。他主张论德而定次。② 荀子人才选拔的品德测评标准是“忠信而不谀，谏争而不谄挢，然刚折端志而无倾侧之心，是案曰是，非案曰非，是事中君之义也。”③

2. 荀子品德测评的方法，从其有关思想言论中分析有三：一是两极情境表现考验法，即考察人在逆境与顺境中的行为表现。若“隘穷而不失，劳倦而不苟，临患难而不忘细席之言”④，“贫穷而志广，富贵而体恭，安燕而血气不惰，劳倦力而容貌不枯，怒不过夺，喜不过予”⑤，“能则宽容易直以开道人，不能则恭敬僔绌以畏事人”⑥，则就是道德高尚的“君子”。若“能则倨傲违以骄溢人，不能则妒嫉怨诽以倾覆人”⑦，则就是道德低下的“小人”。二是情境测验法。“校之以礼，而观其能敬也；与之举错迁移，而观其能应变也；与之安燕，而观其能无流慆也；接之以声色、权利、忿怒、患险，而观其能无离守也。彼诚有之者与诚无之者若白黑然，可诎邪哉!”⑧ 三是三年考评法。他认为测评一个人的品德与才能，应有一个过程，有始、中、终之分，不同阶段应有不同的测评方式，要以三年为期进行全面考评。他说：“临事接民而以义，变应宽裕而多容，恭敬以先之，政之始也；然后中和察断以辅之，政之隆也；然后进退诛赏之，政之终也。故一年与之始，三年与之终。”⑨

3. 荀子把“勇”这一品德的测评区分为“上勇”“中勇”“下勇”三种类型或“猎彘之勇”“贾盗之勇”“小人之勇”“士君之勇”四种类型。他说：“天下有中，敢直其身；先王有道，敢行其意；上不循于乱世之君，下不俗于乱世之民；仁之所在无贫穷，仁之所亡无富贵，天下知之，则欲与天下共乐之；天下不知之，则傀然独立天地之间而畏；是上勇也。礼恭而意俭，大齐信焉，而轻货财；贤者敢推而尚之，不肖者敢援而废之；是

① 《荀子·劝学》
②③⑧ 《荀子·君道》
④ 《荀子·大略》
⑤ 《荀子·修身》
⑥⑦ 《荀子·不苟》
⑨ 《荀子·致仕》

中勇也。轻身而重货，恬祸而广解苟免；不恤是非、然不然之情，以期胜人为意；是下勇也。”[①]

“争饮食，无廉耻，不知是非，不辟死伤，不畏众强，恈恈然唯利饮食之见；是猎彘之勇也。为事利，争货财，无辞让，果敢而振，猛贪而戾，恈恈然唯利之见；是贾（商人）盗之勇也。轻死而暴；是小人之勇也。义之所在，不倾于权，不顾其利，举国而与之不为视，重死，持义而不挠；是士君子之勇也。”[②]

4. 荀子把儿童少年的品德测评区分为“君子者”“善少者”“恶少者”与“不详少者”四种，而把成人的品德测评区分为“通士”“公士”“直士”“悫士”与“小人”五种。四种“少者”的测评标准是：“端悫顺弟，则可谓善少者矣；加好学逊敏焉，则有钧无上，可认为君子者矣；偷儒惮事，无廉耻而嗜乎饮食，则可谓恶少者矣；加惕悍而不顺，险贼而不弟焉，则可谓不详少者矣。”[③] 五种“士人”的测评标准是：“上则能尊君下则能爱民，物至而应，事起而辨；若是则可谓通士矣。不下比以暗上，不上同以疾下，分争于中，不以私害之；若是则可谓公士矣。身之所长，上虽不知，不以悖君；身之所短，上虽不知，不以取赏；长短不饰，以情自竭；若是则可谓直士矣。庸言必信之，庸行必慎之，畏法流俗，而不敢以其所独甚；若是则可谓悫士矣。言无常信，行无常贞，唯利所在，无所不倾；若是则可谓小人矣。”[④]

5. 荀子不但主张测评稳定的品德，也要求通过察言观色及时检测人的思想，把握人才培养与开发的时机，以提高人才培养与开发的效果。他说：“问者，勿告也。告者，勿问也。说者，勿听也。有争气者，勿与辨也……故恭而后可言道之方，辞顺而后可与言道之理，色从而后可与言道之致。故未可与言而言，谓之傲；可与言而不言，谓之隐；不观气色而言，谓之瞽。”[⑤]

---

① 《荀子·性恶》
② 参见毛礼锐等主编《中国教育通史》卷1第197页。
③ 《荀子·修身》
④ 《荀子·不苟》
⑤ 《荀子·劝学》

第四节 隋唐及其以前其他学者的品德测评思想与方法

一、品德测评可能性观点综述及其启示

品德测评是否可能，这是品德测评理论中的一个重要问题。古代人们对这一问题的思考与分析，有许多地方是值得我们借鉴的。

颜之推（531—595 年），今江苏南京市人，他是（梁朝）6 世纪后期最博学而有思想的学者，著名的历史学家和教育思想家。他认为品德是可以测评的。他说："诚于此者形于彼，人之虚实真伪在乎心，无不见乎迹，但察之未熟耳，为察之所鉴七伪不如拙诚，录之以羞大矣。"这就是说，含于内心之品德都会在其行为表现中留下痕迹，只要我们"察之熟"，就能以"一"鉴"大"。实际上，关于含于内心之品德为什么可以被人所测评，刘劭与魏晋玄学家都有过论述。刘劭认为，品德"虽体变无穷，犹依乎五质。帮其刚柔、明畅、贞固之征著乎形容，见乎声色，发乎情味，各如其象。故心质亮直，其仪劲固；心质休决，其仪进猛；心质平理，其仪安闲。夫仪动成容，各有态度。直容之动，矫矫行行；休容之动，业业跄跄；德容之动，颙颙卬卬。夫容之动作，发乎心气，心气之征，则声变是也。夫气合成声，声应律吕。有和平之声，有清畅之声，有回衍之声。夫声畅于气，则实在貌色。故诚仁必有温柔之色；诚勇必有矜奋之色；诚智必有明达之色，夫色见于貌，所谓征神。征神见貌，则情发于目。故仁，目之精，悫然以端；勇，胆之精，晔然以强"。这就是说，刘劭认为不同的品德之性必然会露迹于"仪""客""声""色""目"，并以不同的迹象表现。[1]

三国时期的玄学家王弼（226—249 年）认为，"象"和"言"都是"意"的表现。他说："夫象者，出意者也。言者，明象者也。尽意莫若象，尽象莫若言，言生于象，故可以寻以言现象；象生于意，故可寻象以

① 《人物志·九征第一》

观意。意以象尽，象以言著。”[①] 显然这里的“象”即形象，包含行为举止和仪表风貌。“意”即言语与行为表现的“本意”。推而广之，人的品德之“本意”可寻“言”而观，可寻“象”而观。时下中外学者大兴体态语言研究之风，由此观察测评德性与“本意”，其实莫过于此。

二、品德测评方法概述及其启示

根据过去品德测评单方面的听言、观行或信貌难辨真伪的实际情况，有些人提出了综合测评的思想。王通（584—617 年），今山西龙门人，是隋代杰出教育家。他认为要“度其言，察其志，考其行，辨其德”[②]。显然，这简单的 12 个字深刻地体现了定性与定量相结合、耳闻与目睹相结合、事实分析与综合归纳相结合的系统测评思想。韩愈（768—824 年），今河南邓县人，唐代思想家。他认为对德性的测评不应该仅仅“观貌之是非”，而应该“论其心与其行事”是否合乎标准要求。他说：“昔之圣者，其首有若牛者，其形有若蛇者，其喙有若鸟者，其貌有若蒙谌者，彼皆貌似而心不同焉，可谓之非人邪？即有平胁曼肤，颜如渥凡，美而很者，貌则人，其心则禽兽，又恶可谓之人邪？然则观貌之是非，不若论其心与其行事之可否为不失也。”[③] 唐代柳宗元认为对人德性的测评，要“辞”“行”“智”并测综评。他说：“即其辞，观其行，考其智，以为可化人及物者，隆之。文胜质，行无观，智无考者，下之。”[④] 此外，《刘子新论》提出了“睹一可以知百，观此可以明彼”的窥测剖评思想。“是以智者知小道之妨大务，小察之伤大明，捐弃细识，舒散惰性。以斯观之，人有小察细计者，知其必无遐志广度，亦可知矣。奚以明之？夫睹僬侥之节，知非防风之胫；视象之牙，知其大于豕也；见狸之尾，知其小于豹也。故睹一可以知百，观此可以明彼。”[⑤]

然而这种“窥测剖评”法，没有经验的人运用它时容易产生片面性。

---

① 《王弼集校释·周易略例·明象》
② 《文中子·立命篇》
③ 《昌黎先生集·杂说·四首之三》
④ 《柳宗元集·送崔子符罢举诗序》
⑤ 《刘子新论·观量》

“夫曲恩于细者，必忘其大；锐情于近者，必略于远。由心不并持则事不兼通；小有所系，大必有所忘也。故仰而贯针，望不见天；俯而拾虱，视不见地。天地至大而不见者，眸掩于针虱故也。”[①] 这就是说，“窥测剖评”可以达到一定的精确度，但却会失之偏颇。这启示我们测评时“窥测剖评”应与“广测综评”相结合。

刘禹锡（772—842年），今河北定县人，是唐代唯物主义思想家。他认为对德性的测评应采取历史分析与思考推断相结合的方法，即所谓“循迹而求”“推心以明”。他说：“推心以明其迹，追往以鉴于今。”[②]

三、品德测评标准等级概述及其启示

对于品德测评的标准，大致有素质论、知行信论及活动论三种思想。

所谓素质论者，即认为人具有仁、礼、信、义、智等先天道德素质，人的品德即由这些素质及其再生因素构成，因而品德测评就是依据这些素质的多少来确定等级。例如韩愈认为“仁”“礼”“信”“义”“智”为品德的五大要素，依据这五个基本要素在某个人品德结构中的比重及其相互关系，则可以确定其品德水平的具体等第。他说：“其所以为性者五：曰仁、曰礼、曰信、曰义、曰智。上焉者之于五也，主于一而行于四；中焉者之于五也，一不少有焉则少反焉，于其四也混；下焉者之于五也，反于一而悖于四。”在这里韩愈提出了以素质测评为基础的“性三品”理论，这比以往的“性三品”显得更为科学一些。

所谓知行信论者，即认为人的品德水平以“知”“行”“信”为标志，故品德测评应以它们为标准。例如王通（隋代杰出教育家）认为，在“知”“行”“信”三个测评标准中，“信”最为重要。他说：“知之者，不如行之者，行之者，不如安之者。”[③] 所谓安之者，即指行为者所做出的行为，具有自觉主动与坚定不移的特征，能持之以恒，不是那种勉强被动之举。[④] 显然，这种行为特征即是我们通常所说的“信”。孔颖达（574—648

① 《刘子新论·观量》
② 《刘禹锡集·上杜司徒书》
③ 《文中子·礼乐篇》
④ 参见毛礼锐等主编《中国教育通史》卷2第577页。

年，河北冀县人，唐代著名教育家）认为，在“言”与“行”两个测评标准中，应以可考验之“言”或“行”为主，不能只听其言而要观其行。他说：“无可考验之言，勿听受之。”①

所谓活动论者，即认为品德测评应以具体活动中的表现特征为标准。例如李翱（唐代教育思想家）认为，“盖行已莫如；自责莫如厚；接众莫如弘；用心莫如直；讲道莫如勇，受益莫如择友；好学如过”。②

在这里李翱提出了七条品德测评标准。一是在自己行事时，最重要的是看他是否谦虚谨慎；二是在处理个人问题时，最重要的是看他能否严于责己；三是和他人接触时，最重要的是看他能否宽以待人；四是他心里所想的，最重要的是看他是否“无私”“无邪”，符合仁义道德；五是学道行道时是否坚定勇敢，能否“舍生取义”“杀身成仁”；六是交友时，最重要的是看他能否选择益友，还是“燕明逆其师”“燕辟废其学”；七是好学与否，最重要的是看他能否认真省察和改正自己的过错。③ 正因为李翱以活动中的具体行为表现为测评标准，故他主张“设之以情，试之以事”的品德测评法。他说：“相人之术有三：迫之以利而审其邪正；设之以事察其厚薄，问之以谋而观其智与不才，贤不肖分矣。”④这里他提出的实际上是三种情境测验法。一是诱之利欲以测评其心地是邪恶还是正直；二是让做一些实际工作以测评其是厚道还是刻薄，有能力还是无能力；三是让参与筹划政事以测评其智慧是高还是低。

第五节　宋、辽、金、元著名学者的品德测评思想与方法

一、品德测评目标概述及其启示

现有的史料虽未明确地揭示宋、辽、金、元时期学者们有关品德测评目标的思想，但从有关的德育要求、德育内容及其他有关的思想观点中，

① 《尚书正义·大禹谟第三·虞书》
②④ 《李文公集》卷6《答朱载言书》
③ 参见毛礼锐等主编《中国教育通史》卷2第620页。

不难发现这一时期诸多学者所主张的品德测评目标内容是什么。

“志”是品德测评中的主要目标。为什么诸多学者均把“志”列为品德测评的主要目标呢？这主要是由学校德育目的本身决定的。任何国家、任何民族、任何时候的德育，其主要目的都应该有两个：一个是培养学生的做人之“德”，以符合本社会、本阶级或本集团的需要；另一个是培养学生学习之“德”，为教学及其日后成长服务。而“志”对这两个目的的实现至关重要。有言曰“志不强者智不达也”。张载（1020—1077年，陕西郿县人，北宋重要哲学家与教育家）认为，“志大则才大、事业大……志久则气久、德性久”。[①]“人若志趣不远，心不在焉，虽学无成……德薄者终学不成也。”[②] 朱熹（1130—1200年）认为，“士之所以能立天下之事者，以其有志而已。然非才则无以济其志，非术则无以辅其才。是以古之君子，未有不兼是三者，而能有为于世者也”。[③] 陆九渊（1139—1193年，江西临川县人，宋代教育家）认为，“志大坚强有力，沉重善思”。[④]

什么叫做“志”呢？陈淳（1159—1223年，福建龙海县人，宋代哲学家）认为，“志者，心之所之，之犹向也，谓心之正面全向那里去，如志于道，是心全向于道；志于学，是心全向于学。一直去求讨要，必得这个物事，便是志。若中间有作辍或退转底意，便不得谓之志”。“志有趋向，期必之意。必趋向那里去，期料要恁地，决然必欲得之，便是志。”[⑤] 这就是说，“志”具有“趋向”和“期必”的特点，还含有决心、信心和恒心的意思，朱熹还把“志”与“意志”区分开来。他说：“所谓志者，不道将这些意气去盖他人，只是直截要学尧舜。”[⑥]

“敬”是品德测评的另一个重要目标，朱熹强调“居敬”。他说：“敬字工夫，乃圣门第一义，彻头彻尾，不可顷刻间断。”[⑦] 又说：“敬之一字，圣学之所以成始而成终者也。为小学者不由乎此，固无以涵养本原，而谨

① 《张载集·正蒙·至当篇》
② 《张载集·经学理窟·义理》
③ 《朱文公集·通鉴室记》
④ 《陆九渊集·杂说》
⑤ 《北溪字义·志》
⑥ 《朱子语类》卷8
⑦ 《朱子语类》卷11

夫洒扫、应对、进退之节与夫六艺之教；为大学者不由乎此，亦无以开发聪明，进德修业，而致夫明德新民之功也。”[①] 由此看来，“敬”既是道德修养的前提，又是道德修养所达到的一种境界。“居敬”或“主敬”，就是要求始终抱着严肃认真、谨慎谦恭的态度，使身心处于“内无妄思，外无妄动”的庄重敬畏状态。朱熹说：“整齐收敛这身心，不敢放纵，便是敬。”[②] 又说：“小心畏谨便是敬。”[③] “居敬”还要表现在外貌上，穿戴整齐，动作端庄，言语稳重，态度恭顺。[④]

对于“敬”，程颢（1032—1085年）与程颐（1033—1107年）（简称二程，是宋代理学思想奠基人）也有重要论述。他们提出“敬以直内，义以方外”的修养原则。“识道以智为先，入道以敬为本”，“敬，为学之大要”，“入德必自敬始”。“敬”就是要内心提高警觉，容貌端庄恭谨。同时认为，主敬要求静，但静不等于敬。[⑤]

此外，吴澄（1249—1333年，江西临川县人，元朝著名的理学家和教育家）也强调“敬”，认为“欲下功夫，惟敬之一字为要法”。“主于敬则心常虚，虚则物不入也；主于敬则心常实，实则我不出也。”[⑥] 他把“敬”看成是蔽物欲、守本然的主要思想武器。“主敬”是道德修养的关键。他说：“夫敬者，人心之声宰，参圣学之基。”[⑦] “然仁，人心也。敬则存，不敬则亡。”[⑧]

学习态度与行为习惯也是蒙养阶段人才品德测评的重要目标，像学习勤苦、认真专一、及时复习、爱护书籍、珍惜时光、几案洁净、字画端正等学习品质与学习习惯，朱熹的《童蒙须知》与《训蒙规约》都有明确要求。

关于品德测评的目标内容，张载还提出了“德性之知”。所谓德性之

---

① 《小学辑说》
② 《宋元学案·晦翁学案》
③ 《朱子语类辑略》
④ 参见毛礼锐等主编《中国教育通史》卷3第216页。
⑤ 参见毛礼锐等主编《中国教育通史》卷3第153页。
⑥ 《宋元学案·草庐学案》
⑦ 《草庐吴文正公全集·主敬堂说》
⑧ 《草庐吴文正公全集·仁本堂说》

知，张载认为不属于一般的知识范围，它是与耳目无关的知识。他说："见闻之知，乃物交而知，非德性所知，德性所知，不萌于见闻。"在这里张载把知识区分为"见闻之知"与"德性之知"有其合理之处，但完全把这两种"知识"对立起来解释又不一定合理。[①]

二、品德测评方法综述及其启示

他们认为品德是可以被测评到的。例如张载认为，"'成德为行'，德成自信则不疑，所行日见乎外可也"。[②] 这就是说，品德形成必会见乎外，被观察到。朱熹认为品德在内有得于心，在外则持之以行。他说："德，是行其道而有得于心。虽是有德于心而不失，然也须长长执守，方不失。如孝，行之已得，则固不至于不孝；若不执守，也有时解走作。如忠，行之已得，则固不至于不忠；若不执守，也有时解有脱落处。"[③] 这就是说，有德必有"执守"之行。

对于如何进行品德测评，王安石、朱熹等人的思想是值得我们重视的。王安石（1021—1086 年，江西临川县人，北宋著名思想家与政治家）认为测评一个人的德才，要综合耳闻、目睹、口问、事验于一体。他说："所谓察之者，非专用耳目之聪明，而私听于一人之口也，欲审知其德，问以行；欲审知其才，问以言，得其言行，则试之以事。"[④]

朱熹认为测评一个人的品德，要宏观测评与微观测评相结合、正面与反面相结合、主要与次要相结合、定性测评与定量测评相结合。他说："品藻人物，须先看他大规模，然后看他好处与不好处，好处多与少，不好处多与少，又看某长某短，某有某无，所长所有底是紧要与不紧要，所短所无底是紧要与不紧要。如此互将来品藻，方定得他分数优劣。"[⑤] 显然朱熹在这里不但提出了颇具现代品德测评的思想，而且也提出了具体的量化思想。这是难能可贵的。

---

① 《张子全书·正蒙·大心篇》
② 《张子全书·正蒙·大易篇》
③ 《朱子语类》卷 34
④ 《王文公文集·上皇帝万言书》
⑤ 《朱子语类》卷 13

此外，王安石在太学的改革中把人才的品德测评与晋升及任用联系起来，与开发者的考绩晋升结合起来，开发者成绩的评定根据被开发者的“行（道德行为）、艺（经术学向）、进退”人数的多寡加以评定。[①] 陆九渊则提出“直接雕心肝”的品德测评思想。他说：“某观人不在言行上，不在功过上，直接是雕出心肝。”“必以形迹观人，则不足以知人。”[②] 如果陆九渊所说这番话的意思在于告诉人们要透过现象抓本质，显然是有积极意义的，否则就是不科学的，是主观唯心的。

在品德测评方法研究方面，很关键的一个问题是如何控制自我测评中的虚假性，让测评者本人实事求是地测评自己，促使其不断改过自新。元朝吴澄（1249—1333 年，江西临川县人）所提出的思想有值得我们借鉴之处。他说：“如欲自新乎？每日省之。事可以告天、可以语人者为是，其不可告天、不可语人者为非，非则速改，昨日之非今日不复为也。日日而省之，日日而改之，是之谓日日新又日新。”[③] 显然，吴澄这种思想要针对行为者动机与目的来说才有成立的余地。在这里他认为可以告诉天与人的目的与动机，其行为就是善的、合理的，否则就是恶的。不难看出，吴澄在这里是用迷信于天及公开性两种手段来控制自测者的虚伪性。实际上，可以公告天与人的行为并不一定就是对的与正确的。因此可供我们借鉴的是，要求个人将自评结果公之于众，受众人之监督，或当众进行自评，可能会在一定程度上控制品德测评过程中自测的虚假性。

三、品德测评类别与等级分析

朱熹否定了传统的“性三品”，他认为人的品德等级差别仅仅用上、中、下三个等级来区分是远远不够的。他说：“如论三品亦是，但以某观，人之性岂独三品，须有百千万品。”[④] 朱熹之所以在此认为人的品德水平有百千万品，而否定“性三品”不足以反映人的品德修养差异，与他前面测评方法中所提出的量化思想不能说没有关系。实际上朱熹的量化思想与对

---

① 参见毛礼锐等主编《中国教育通史》卷 3 第 172～173 页。
② 《陆九渊集·语录》
③ 《宋元学案·草庐学案》
④ 《朱子语类》卷 4

“性三品”的否定，到元朝的许衡得到了进一步的发展。

许衡（1209—1281年，今河南泌阳县人，元代著名思想家与教育家）认为一个人品德的好坏、水平的高低，是由这个人受生与出生时所禀之气决定的。所禀之气中有清有浊，有美有恶，清、浊、美、恶的程度差异便决定人品德的发展及其等级。因此他通过清、浊、美、恶的量化来测评一个人的品德，并由此认为人的品德水平有千万般等第，而不仅仅是三个等第。

他说：“春属木，夏属火，秋属金，冬属水，四季属土。木是仁，火是礼，土是信，金是义，水是智，夫妇是阴阳，人受五行之气成人，天与人的仁、义、礼、智、信。仁是温和慈爱，得天地生万物的道理；义是决断事物，不教过去，不教赶不上，都是合宜的道理；礼是把体面敬重为长的道理；智是分辨是非的道理；信是老实不说谎的道理，这五件虽是天与人的德性，一个个都有，人人各有禀受不同。”“只为受生之初，所禀之气有清者，有浊者，有美者，有恶者，得其清者则为智，得其浊者则为愚；得其美者则为贤，得其恶者则为不肖。若得全清全美，则为大智大贤，其明德全不昧也，身虽与常人一般，其心中明德，与天地同体，其所为，便与天地相合，此大圣人也。若全浊全恶，则为大愚大不肖，其明德全昧，虽有人之形貌，其心中暗塞，与禽兽一般，其所为，颠倒错乱无一是处，此大恶人也。”因此，“清美之气所得的分数，便是明德存得的分数，浊恶所得的分数，便是明德暗塞了的分数。明德止存得二三分，则为下等人，存得七八分则为上等人，存得一半则为中等人。明德在五分以下，则为恶常顺，为善常难。明德在五分以上，则为善常顺，为恶常难。明德正在五分，则为善为恶常交战于胸中。战而未定，外有正人正言助之，则明德长而为善。外有恶人恶言助之，则明德消而为恶。清的分数、浊的分数、美的分数、恶的分数参错不齐，所以有千万般等第”。[①] 不难看出，许衡在这里是想采用10分制来量化人的品德，然后依据各人所得的实际分数划定其所属等级，同时给予人才开发与投入行为的预测和建议，5分以上为上等品德之人，“为善常顺，为恶常难”；5分以下为下等品德之人，“为恶常

① 《许文正公遗书》卷3

顺，为善常难”；5分左右为中等品德之人，“外有正人正言助之，则明德长而为善。外有恶人恶言助之，则明德消而为恶”。早在700多年前就能建构出这种以定量测评为手段，集品德评定与培养开发建议于一体的品德测评体系，实在难能可贵。在这里，许衡一方面看到了每个人的品德在清、浊、美、恶四方面所得分数参差不齐，组合即有千万般品德等第；另一方面又依据其总分差异把人的品德划分为上、中、下三个大等第，这与我们目前采取百分制测评，再转换为优、良、中、可、差五个等级的思想是一致的。然而，许衡对人受生之时所禀之气进行量化是难以成立的。其一，所禀之气的清、浊、美、恶是一种神乎其神的东西，谁能对其分辨与量化呢？其二，虽然许衡在其言论中已承认人的品德发展可以随其环境与教育而变化，但对于5分以上及5分以下的人的发展却有一个预测规定。仅根据受生之初的清浊美恶所得分数就对人的品德的终身发展做出那样的规定能成立吗？

如果深入分析，我们也不难发现，许衡品德量化测评的思想好像是朱熹品德量化测评思想的具体化。朱熹提“好”与“不好”、“长”与“短”，许衡提“清”与“浊”、“美”与“恶”；朱熹说要依据“好”与“不好”、“长”与“短”的“多与少”、“紧要与不紧要”，综合定其“分数优劣”，许衡则依据“清”“浊”“美”“恶”所得分数综合定为“五分以上”“五分以下”及“正在五分”三个等第；朱熹说“人之性岂独三品，须有百千万品”，许衡则提“清的分数、浊的分数、美的分数、恶的分数参错不齐，所以有千万般等第”。

有人评价，许衡对程朱理学推崇备至，“敬信如明”，尝“精诵不辍，笃志力行，以身先之”，并决心为传播和发展理学贡献自己的力量。故后世认为许衡是使理学思想“承流宣化”而道统得以不坠的代表人物，是“朱子之后第一人”。[①] 由此可见，我们的推论是有一定道理的。

① 参见毛礼锐等主编《中国教育通史》卷3第357～358页。

第六节　明清著名学者的品德测评思想与方法

一、品德测评的必要性

这一时期大多数学者都认识到，无论是品德的先天素质还是后天的发展，个体之间都存在着差异。吴廷翰（1490—1559年，今安徽无为县人，明代唯物主义思想家）认为，“性之有偏全、有厚薄、有多寡，虽万有不齐，莫不各有仁义礼智焉……及乎人生之后，知诱物化，则性之得其全而厚且多者，习于善而益者，于是为圣人者矣。性之得其偏而薄且少者，习于不善而益不善，于是为愚人者矣。其间等第，遂至悬绝”。[①] 这就是说，人受生之时，在仁义礼智等品德上有偏全、厚薄与多寡的差异，但此时差异较小。人出生之后受到教育与环境的影响，这种差异才向两极发展，此时的差异就很大了。戴震（1724—1777年，安徽屯溪市人，清代著名学者与思想家）说：“人之血气心知，其天定者往往不齐，得养不得养，遂至于大异。”“然人与人较，其材质等差凡几？古贤圣知人之材质有等差，是以重向学，贵扩充。”[②] 这就是说，包括品德在内的素质，人与人之间存在差异，其原因一是先天的“不齐”，二是后天的“大异”，显然这种差异观都是孔子“性相近，习相远”的具体化。

由于人与人之间的品德素质及其发展存在差异，故众多学者认为人才开发要因材而施、因材善诱。王守仁认为，“学校之中，惟以成德为事”，但要“随人分限所及”而施教。[③] 王夫子则认为开发者必须“知其人德性之长，而利导之”。[④] 戴震则认为，人才开发者要像医生给病人治病一样，“精辨其气类之殊”而用药，若人才开发者“不别其性，则杀人也”。[⑤] 显然，人才开发要因材而施，就必须进行品德测评。

---

① 《吴廷翰集·吉斋漫录》
② 《疏征上理》
③ 《王齐成公全书·答顾东桥书》
④ 《四书训义》卷15
⑤ 参见毛礼锐等主编《中国教育通史》卷3。

二、品德测评的对象

这一时期的学者大多对“性”做出了解释，认为“性”即包括今天的“品德”，品德结构中的“知”不同于一般知识中的“知”。

罗钦顺（1465—1547 年，江西泰和县人，明代进步思想家）认为，“盖性不外乎仁义礼智”“名其德”“以其浑然无间也，名之曰仁；以其灿然有条也，名之曰礼；以其截然有止也，名之曰义；以其判然有别也，名之曰智”。[①] 王夫子也认为，“仁义礼智，性之四德也”。[②] 戴震认为道德即人们在处事待人关系中的行为，即“人伦日用”的道德行为。[③]“心之恭见于貌，心之从见于言，心之明见于视，心之聪见于听，心之睿见于思。”[④] 罗钦顺也认为，“四端（仁义礼智）之发，未有不关于视听言动者，是非必自其口出，恭敬必形于容貌”。[⑤] 这就是说，他们均认为仁、义、礼、智是性的四种品德，这四种品德都可以通过视、听、言、行四种形式进行观察测评。

对于品德中的“知”，宋理学家认为是“德性之知”，这种知是天禀的，不学自会，明清学者除王夫子外大多数对此予以否定。王守仁提出了一个至高无上的“良知”。他说：“良知者，孟子所谓是非之心，人皆有之者也。是非之心，不待虑而知，不待学而能。”[⑥] 王廷相（1474—1544 年，河南兰考县人，明代著名学者）认为德性之知是“人道之知”。他说：“自余因习而知，因悟而知，因过而知，因疑而知，皆人道之知也。”[⑦] 吴廷翰认为“德性之知必由耳目始真”，反对宋儒所说的“德性之知，不假闻见”，也反对王守仁的“良知”说，明清学者对德性之知或认为是先天之知，或认为是后天之知。如果说这种知与一般学科知识中的“知”有所不同，那么这就向我们提出了这样一个问题，如何测评德性之知？其形式是

① 《罗整庵存稿》卷 3
② 《读四书大全说》
③ 《戴震・中庸补注》
④ 《戴震・原善上》
⑤ 《罗整庵存稿》卷 1
⑥ 《续编一・大学问》
⑦ 参见王廷相《雅述・上篇》。

否与学科知识的测评相同？

此外，明清也非常注重品德中的“志”。王守仁认为，“夫志，气之帅也……无时无处而不以立志为事”。[①] 王夫子认为，“志者，人心之主”；“心之所期”。[②]

三、品德测评的方法

明清时期王守仁提出了以学生自测为主的养成性品德测评思想，戚继光、何良臣提出了士兵品德素质测评思想，陈献章提出了“观往可以知来”的品德预测思想。

王守仁认为每天一开始都要进行品德测评，考察其在家的品行表现，要求被测评者“各以实对，有则改之，无则加勉”；然后测评者针对被测评者的回答，“曲加诲谕开发”，选择被测评者背书诵书疲乏后进行“习礼”，“习礼”时要进行动作测评。他说：“每日工夫，先考德，次背书诵书，次习礼或作课仿。”“每日清晨，诸生参揖毕，教授以次遍询诸生：在家所以爱亲敬长之心，得无懈忽，未能真切否；温清定省之仪，得无亏缺，未能实践否；往来街衢步趋礼节，得无放荡，未能谨坊否；一应言行心术，得无欺妄非僻，未能出信笃敬否。诸童子务要各以实对，有则改之，无则加勉。”又说：“凡习礼，须要澄心肃虑，审其仪节，度其容止；毋忽而惰，毋沮而作，毋径而野；从容而不失之迂缓，修谨而不失之于拘局，久则礼貌习熟，德性坚定矣。”[③] 由此可见，王守仁所提出的自我养成品德测评有五个特点：一是经常性，每天坚持；二是普遍性，即“遍询诸生”，而不是抽查几个人；三是诚实性，要求被测评者“各以实对”；四是教育性，要求被测评者“有则改之，无则加勉”；五是指导养成性，要求被测评者的行为“从容而不失之迂缓，修谨而不失之于拘局”，最后达到“礼貌习熟，德性坚定”的目的。

戚继光（1528—1587年，山东蓬莱人，明代军事家）认为挑选士兵时的品德素质测评要以勇敢精神为主。他说：“然有一等司选人之柄者，或

① 《文录四说·示弟立志说》
② 《诗广传·邶风九》《太和篇》
③ 《传习录中·教约》

专取于丰伟，或专取于武艺，或专取于力大，或专取于伶俐，此不可以为准……然则废四者而别图之亦不可也。盖四者不可废而但不可必耳。谚曰：艺高人胆大，是艺高止可添壮有胆之人。非懦弱胆小之人苟熟一技而即胆大也。惟素负有胆之气，使其再加力大、丰伟、伶俐而复习以武艺，此为锦上添花，又求之不可得者也。然此辈不可易得，思其次则武艺尚可以教习，必精神力貌三者兼收……而必胆为主，胆之包在人心腹中不可见，何以选为？殊不知人之精神露于外，第一选人以精神为主。”①

何良臣，浙江余姚人，明代军事家。他认为募选士兵时，品德素质测评要以“诚实”“胆气”等品德为主，然后再“分其类教之”，故形成了募召、测评、挑选、分类、训练一条龙的品德素质测评模式。他说，挑选测评士兵“最喜诚实，独忌游闲，不在武技勇伟，而在胆气精神。宜于乡落田农。深畏市井狡猾、衙门玩法、倔强偏拗、宿留女相、阔论迂谈、胆小力弱之辈，于是首取精神胆气，次取膂力便捷，须二十岁以上，四十岁以下者”。② 由此可见，对士兵的品德测评，他以战争需要为依据，除诚实忠厚要求外，最重视的就是“精神胆气”，认为这是士兵克敌制胜的首要条件。他说：“伶俐而无胆者，临敌必自利；有艺而无胆者，临敌忘其技；伟大而无胆者，临敌必累坠；有力而无胆者，临敌心先怯，俱败之道也。”与此同时，他还批评当时挑选士兵“徒试其力，而不视其精神”的测评方式，为“粗砺钝汉”之举，并指出依据测评挑选出士兵后，则要分类进行开发。③

陈献章（1428—1500 年，广东新会白沙人，明代著名学者）认为，“观往可以知来”。④ 也就是说，通过对被测评者以往品行的测评，可以在一定程度上预测他以后的品德表现。

---

① 《纪效新书》卷 1

②③ 参见何良臣《阵纪》。

④ 《白沙子全集》卷 2《与汪提举》

第六章 中国古代社会管理中的品德测评方法

前面一章主要是从中国诸子百家的言论分析中收集与阐述了有关品德测评的思想，这一章则主要想从人才选拔制度及社会文化的历史分析中搜寻有关品德测评的思想与方法。

第一节 人才选拔制度中的品德测评方法

中国人才品德测评的历史能追溯到多远？前人是怎样测评人才品德的？目前尚未见到有关的研究，也无人回答过这些问题。然而这些问题却是从事品德测评工作与研究的人所关心的问题。

据有关史料记载，人才品德测评最早可以追溯到西周时期。人才选拔实践中有视察考学制度。隔年一次，每次都有德行与道艺两方面。[①] 孔子对其学生的品德测评则有确实的史料记载。例如孔子招收学生时要面测一番，内容包括德行与智能。他要求"弟子，入则孝，出刚悌，谨而信，泛爱众，而亲仁"。[②] 测评的方法开始主要是以言与貌决定取舍，由于后来发现对宰予与子羽的测评有误，故确定在"言""貌"之上再加"行"，并强调以"行"为主。他说："吾以言取人，失之宰予；以貌取人，失之子羽。"[③]"今吾于人也，听其言而观其行。"[④] 又如，对于"孝"的测评，孔

① 《礼记·学记》
② 《论语·学而》
③ 《史记·仲尼弟子列传》
④ 《论语·公冶长》

子有言曰："父在，观其志；父没，观其行；三年无改于父之道，可谓孝矣。"[①] 在这里，孔子是以"志"与"行"为指标，以"三年"时间为尺度测评学生的"孝"。汉至唐各代是否对人才的品德进行测评、如何测评，尚缺乏充足的史料记载，但从其入学要求及毕业入仕中举的要求来看，人才品德测评的活动仍然存在。例如，汉代对博士弟子的入学要求中，首重品德，《汉书·儒林传》有言曰："太常择民年十八以上仪状端正者，补博士弟子。郡国县管有好文学、敬长上、肃政教、顺乡里，出入不悖，所闻，令、相、长、丞上属所二千石（指郡守及诸侯王之相），二千石仪察可者，常与计偕（随上计吏同至亲师），诸太常，得受业如弟子。"当博士弟子毕业受任博士时，首察其是否"生事受敬、丧没如礼"。当其"行应四科（指淳厚、质朴、谦逊、节俭）"，才能"经任博士"。[②]

然而到宋代，则有确实史料表明，人才的品德测评已制度化、法律化，直接与招生入学、晋升任用相挂钩。王安石在 1071 年议订太学新制时，根据自己执政多年的经验对人才品德测评提出了两点强化建议：一是把人才平时的品德测评结果直接与某一阶段业绩的总评结合起来，与任用官职相联系；二是把人才品德测评的结果与人才开发者成绩的评定及其赏罚直接挂钩。[③]

王安石的这一改革建议是有其理论依据的，理学思想主要奠基者之一张载一再强调人才开发与培养应当以"明善为本"，并指出："人惰于进道。无自得达。""德薄者终学不成也。"[④] 因此，得到皇帝的采纳。仁宗四年，诏曰："士有纯明朴茂之美。而无教学养成之法。使与不肖并进，则夫懿德敏行。"[⑤]

王安石的"太学三舍法"将太学生按品德差异及成绩分为三等，初入者为外舍生，外舍生的招生主要看隶州所具的有关品行材料，然后参加考试。但对于品德优异者，则可以免试入学。"始入学，验所隶州公据，试

---

① 《论语·学而》
② 《通典》卷 13《选举》
③ 参见毛礼锐等主编《中国教育通史》第 172～173 页。
④ 参见王安石《性理拾遗》。
⑤ 《宋史》卷 157 第 3658 页

补外舍”，“如有孝悌、睦姻、任恤、忠和，若行能优异为乡里所推，县上之州，免试入学”。[①] 外舍生入学后，每月、每季考评一次。年终又总考一次，“行、艺”优良者即可升为内舍生。同样，内舍生也是每月、每季对其品德、经艺考评一次，年终会考一次，优良者升为上舍生，上舍生中“孝悌行能”者，可直接授官。品行才学特别优异者可以破格提升为大官。对此《宋史》有明确记载：初入外舍生后，“斋长、谕月书其行艺于籍。行谓率教不戾规矩，艺谓治经程文。季终考于学谕，次学录，次正，次博士，后考于长贰，岁终会其高下，书于籍，以俟覆试，参验而序进五”。“凡上等上舍生暨特举孝悌行能之士，不待廷试推恩者，许即引见释褐。”“文行优者，奏闻而殊擢之。”[②]

宋代太学的人才品德测评的内容与标准为“八行”与“八刑”。“八行”为正面的引导性测评标准。测评等级为上中下三等。而“八刑”则为反面的惩劝性测评标准，论刑定罪。有诏曰：“学以善风俗，明人伦，而人材所自出也，今法制未立，殆无以励天下，成周以六行宾行万民，否则威之以不孝，不悌之刑，近因稽周法。立八行，八刑，颁之学校，兼行惩劝，庶几于古。士有善父母者为孝，善兄弟为悌，善内亲为睦，善外亲为姻，信于朋友为任，仁于州里为恤，知君臣之义为忠，达义利之分为和，凡有八行实状，乡上之县，县延入学，审考无伪，上其名于州，州第其等。孝、悌、忠、和为上，睦、姻为中，任、恤为下，苟备八行，不俟中岁，即奏贡入太学，免试补为上舍，司成以下审考不诬，申省释褐，优命之官；不能全备者，为州学上等上舍，余有差。八刑则反八行而丽于罪，各以其罪名之。”[③]

元代人才选拔基本仿照宋代，学生升留级首考德行。“一曰升斋等第。每季考其所习经书课业，及不违规矩者，以次递升。二曰私试规矩。汉人验日新、时习两斋，蒙古色目取志道、据德两斋。本学举实历坐斋二周岁以上，未尝犯过者，许令充试。”[④]

---

① 《宋史》卷 157 第 3657、3664 页

② 《宋史》卷 157 第 3657、3665、3667 页

③ 《宋史》卷 157 第 3667 页

④ 《元史·七》卷 81 第 2030 页

明代人才选拔更重品德测评，洪武二年，也即1369年，太祖颁文谕太学学官曰："治天下以人材为本，人材以教导为先。今太学之教，本之德行，文以六者，遵古制也。"到洪武五年，明太祖召博士赵俶等于奉天殿曰："尔等一以孔子所定经书诲诸者……令有司察举贤才，必以德行为本，文艺次之。"[①] 由此可见，明代的致仕选才标准均以"德行为本"，人才的考察测评就不能不以此为转移了。故明代学校禁例十二条中规定："生员勤惰，有司严加考校，奖其勤敏，斥其顽惰。""为学当尊敬先生，若讲学习须诚心听受。"在这里学校不但严考德行，而且品德测评结果直接与奖惩挂钩。

清代的人才选拔中的品德测评，尤以纪律性的测评甚严。当时已有类似今日的纪实考勤之举，并配相应的惩罚。《清史》载曰："六堂肄业，分内外班……不能竟月在学者，改外班。旷课一次，无故离学至三次以上，例罚改外。置集愆册，治诸不帅教者，出入必记于簿，监丞掌之。省亲、完烟、添丁、告病及同居伯、叔、兄长表而无子者，予假归里，限期回监。迟误惩罚，私归黜草，冒替除名。"[②] "清雍正五年，定除监期计算。各监生肄业，率以连闰扣满三年为期。告假、添丁、考劣、记过，则扣除月日。"[③]

第二节　古代社会文化中的品德测评方法

在浩如烟海的古文献中，偶尔发现了明清时期社会文化中的一些品德量化测评方法。

这些方法，以"功"与"过"或"善"与"恶"作为计量单位，把日常生活中所遇到的种种品德行为予以量化，然后日积月累，达到一定程度后即给予某种贬褒或奖惩。但在具体操作上又有不同形式。

一、功过自我测评法

它把人们日常生活常见的品德行为首先划分为敦伦、修身、劝化与救

---

① 《南雍志》卷1《事纪》
②③ 《清史》第3102页

济四大方面，每个方面又再划分为几个类别，然后对每个类别中的各种具体品德行为，全部以“功”或“过”为单位进行计量，明确规定每种品德行为“功”或“过”的具体数量。要求被测评者每天进行自我测评，把当天“功”与“过”的总数记录到测评本上。

这是一种品德量化自我测评法。要让这种自我测评对个人的自我修养起到一种检查督促的作用，自我测评就必须实事求是，要做到这一点，一是靠自我测评者高度的自觉性，二是有某种外在的力量进行监督，功过自我测评法则借助于佛教中，修今世盼来世、有求必应、因果报应以及宗教发誓、许愿等思想，给自我测评者以一种神秘的约束力，促使其实事求是地测评，诚心实意地积德改过。

例如，功过自我测评指导说明部分有解释曰：“其如明功隐过何。予曰，子勿虑也。人有明功隐过于人者，未有明功隐过于鬼神也。我曰而为之，夜书而志之，焚香染翰，幽独无侣，四顾森然，鬼神满目。以心莅手，以手莅笔，一点一画岂敢不诚，而明功隐过乎哉。或曰：今日书而功微，明日书而过巨，不将怖而止乎。予曰，勿怖也。子勿书，何以知功微而过巨，书之而后功与过出焉，微积而巨，巨释而微，而道不远也，久久不辍自有得也。又曰，我功巨而法微矣，天道果有知耶。予曰：子且饭，毋忧不饱也，孔子曰，故大德必得其位，必得其禄，必得其名，必得其寿，子所求若在此数者外，我不敢知，如止此耳，则坐而候之可也。再又曰，为善去恶在心而已，奚必自评功过，予曰，子读书耳奚必课程，赏罚耳奚必律令，出纳耳奚必会计哉，不知会计当，则盈缩可稽，律令明则趋避不惑，课程立，则作止有度。否则勤惰任心，高下任手，有余不足，无从参考也。徒曰我为善，我去恶。曾为几善去几恶耶。”① 显然，这里对功过自我测评法的作用与机制已做了清楚的说明。

对品德行为的功过测评，自我测评法不但有严格的数值规定，例如，“事亲致敬尽养承颜顺志，使亲悦，一日一功，反此一日一过，自甘勤俭独隆亲养，一日一功，反此一日一过。定省必勤，唯诺必谨，奔走必恪，出入必面，使令不违，各一事一功，反此每一事一过……教善必从，服劳

① 《功过格·功过格论》

不怨一事一功。反此一事十过”。而且，功过自我测评法对许多功过标准的掌握，又有相当的辩证性与灵活性。例如，有言曰：“可以功折过，亦有不可折者。如致一人死，岂作万钱功德便可赎乎，当以理衡之；受贿及屈于势力者不得记功过。例得财伸人冤出人罪之类，如遇美色，势不能就而不染，及贫士原不得好衣好食之类；功过视情况可增减。例救人一命百功，赈贫百钱一功。若救一命而复用己财，则于百功外更照百钱记一功。济人百钱一功，若贫士则五十钱亦作一功，赦贫士二十钱亦可作一功；功过应据是非而记。例求借不吝固为功，若借与嫖赌则为过，扬人之恶固为过，若欲逐奸除害则为功；功过判别须辨真假。例有年久利多度不能还而免者，或已告官不能追而免者，皆不得记功。若取不义之财而用以施舍，明知有罪之人而务救护等，皆宜记过。”①

功过自我测评法中对于测评结果记录及累计综合，也有特定的规定。例如规定，凡测评者，择一吉日斋戒告天，焚香发誓，订一测评本，先记年、月，次书日，临卧查点一日所为，有功则于功下注之，有过则于过下注之。一功以“〇”记，十功以“⊕”记，百功以“百⃝”记；一过以“×”记，十过以“米”记，百过以“米⃞”记。不得重功恕过。不可轻忽间断，月终会计，功过折算，净余若干，年终大比，算所余者为定。焚告神灵。凡记功有疑必从其少。记过有疑，必从其多，此是减罪消愆之法。凡功十五日不倦者，外加十功。以示鼓舞。凡过十五日不改者外加十过，以示创惩。

其中有不少测评技巧是值得我们注意的。在测评结果的记录上，功过自我测评法采取形象符号与数字相结合的方式解决了古代中文数字记录书写麻烦及容易发生误解的困难；在测评监督策略上，要求测评者择一吉日斋戒告天，焚香发誓，订一测评本，且每次测评记录毕再次祷告神灵，虽然以迷信方式愚弄测评者的做法不可取，但它在测评过程中设置测评信度监测系统的思想，是值得我们学习的。在测评的要求上，规定要焚香告神，不得重功恕过，不可轻忽间断。凡记功有疑必从其少，凡记过有疑必从其多，非常严格，在测评目的上侧重于教育性。它要求每天临睡前查点

① 《功过格》

一日所为，有悔过自新和继往开来之功效。月终会计，功过折算，净余若干，年终大比，以余为定。另外又规定凡功十五日不倦者，外加十功，凡过十五日不改者外加十过。奖惩结合励人积德去恶，不断上进，这种思想十分可取。

此外，功过自我测评法，不仅仅从消极限制方面以鬼神吓人，也注意了从积极正面的引导。例如，它举有各种说明修功改过必得好报应的实例。例曰：先贤范文正公、韩魏公、赵阅道公、赵康靖公，俱行功过自我测评法，皆为名臣贤相，表表在人耳目，眉山苏杲，行功过自我测评法，岁凶卖田，以赈其邻里，子洵，复行之不怠，生轼及辙，俱成进士，文章名世，其后科不绝；张魏公浚，力行此法，高宗召为名将，至晚年，益悔前日之非，后诸将皆受祸，而公独再相，子栻为大儒，功过自我测评法中的这种实例现身示范，既使人相信此法之功效、诱其积极地去进行自我测评，又迫人相竞仿从，诚实照行，以求得到同样的灵验。值得我辈参考。

二、品德乡约测评法

乡约即邻里所推选专管社会教化等职事的人，包括约正、约副、约讲和约史四人。品德乡约测评法，首先以“善”或“恶”为单位对各种常见的品德行为予以量化，善中又分大善、中善与小善，恶中也分大恶、中恶与小恶，相互之间均可以进行当量换算。现摘录几条：孝顺父母者，一事为一大善；尊敬长上者，一事为一善；劝化 10 人改过者为大善，5～6 人为中善，1～2 人为小善，能化大恶者一人，准作 10 人；救人贫苦，助人婚丧，可值银 2～3 两为大善，一两以上为中善，一两以下为小善；能成就好事者，一事为一善，大者为一大善；能救人患难者，一事为一善，救人一命者为一大善；修桥补路者一事为一善，修寺庙塑鬼神吃素念经，朝山设醮者，此是谄神求福之人，不许记善；一家富而衣服车马酒席不肯奢华，只尚节俭者，一事为一善；拾物不隐昧即还原主者百钱即记一善，多者记一大善；积粮积钱过数者为一善，干公道事不行奸巧者为一善；一年能守格者为一大善；一年不犯条款者为一善；同行替人劳苦，同饭替人还钱，同事而已无罪替人分过，同劳而已独善不肯专功，小事记一小善，大事记一大善。

其次记事。设置善恶测评簿，由乡约执掌，凡人善恶，不论大小，四邻报于甲长，到会日那天，举报乡约，当会问明，记于簿上，善事记于善簿，恶事记于恶簿。

再次审核评等。到一定时期，呈于州县官或各道出巡查看。细细分辨，谁是大善，谁是小善，谁是真善，谁是假善，谁人善多，谁人善少，逐一等第明白，以凭轻重礼待。

最后奖惩。百姓有大善，人所共知，众所推服者，许约中连名不时揭报，掌印正官申详官府，以凭优奖。尤其关系风化伦理者，仍送牌匾鼓乐花红，以示旌异。凡小善五次，中善三次，俱准大善一次，记名于旌善亭。上面大书姓名，下面分记事实。凡犯公罪到官，杖一百以下者，应纳赎的，免其纳赎，应的决的，免其的决，但是牌上仍存姓名。若犯私罪者，免记恶一次。罪姑减半。若再犯私罪者，不准饶免，善牌除名，恶牌记过。

一犯大过及三犯中过者，上司访察，便该报名拿问，如有保改状到官，登名改簿者，免其访察拿问；一犯大过，三犯中过，记恶申明亭者，约中跪会听讲，会不与相揖，酒席不许人坐。若登名改过簿者，照常以礼相待；有过之人，登名改簿，以后能行大善，众所心服者，将申明亭过端，尽与洗去，待三年以后，真成善人，有指实者，取公正约正副甲长邻佑保结，州县大书徒义二字，匾其门端，以示旌奖；善簿记善，后虽犯恶，善簿不泯其长，恶簿记恶，后虽有善，恶簿不掩其短，俱各存之。惟是门左竖牌，申明亭恶迹，准除洗耳；一大恶登申明亭牌上者，须有大善一次，平对得过，大善也不记录，只将恶人牌上姓名事实准予洗去。两记大恶及一恶可恨者，门左钉竖牌示辱，待阖约保改者，姑准除去门牌，但其申明亭恶名不准除去。

显然，这种方法与功过自我测评法有相似之处，但有许多地方是不同的。

首先，品德乡约测评法，测评主体是以乡约为主，州县官、钦差大臣及群众为辅的团体。乡约、甲长、邻里群人侧重于记事施测，而州县以上官府核实评定。

其次，品德乡约测评法侧重纪实，善恶分开记录，不能相折扣除，善簿不泯其长，恶簿不掩其短。

再次，侧重以促善改过为目的。其测评目的有三：记善以重良民，记恶以示惩戒，许改过以宥愚民，并专门设有介于善簿与恶簿两者之间的改簿。登名改簿者，当拿问的可免其拿问，当跪会的可以礼相待。若行大善者，不但可洗去申明亭中恶迹，州县还将书匾旌奖。

最后，品德乡约测评法重视舆论制约与教化影响，并且与朝廷官府行政管理相连。功过自我测评中功过多少只限个人知晓，而品德乡约测评中的善恶，是邻人报于甲长，甲长会日报于乡约，会上当众记录，再经州县官及各道出巡查看，属实者姓名与事实俱记于朝廷所设的旌善亭或申明亭，突出者则竖牌于门户，奖牌竖于右，惩牌竖于左。大恶者除牌还须乡约、甲长众结书写保状。在这里，通过邻里举报，当会簿记，官员查看，竖牌铭亭等公开化手段，一方面有助于保证善恶测评的公正性与真实性，另一方面有助于宣传教化民众。

三、红黑品德测评簿法

《福惠全书》有言载曰，古时，凡城乡村族，讲约所须置劝善纠恶簿二册。劝善簿红面页，纠恶簿黑面页，讲约所设置好红黑善恶测评簿后呈报州县审批，并由州县统一印发。讲约所不得私自印发或翻印。

这种测评法实施程序如下：

首先，讲解标准要求。召集众人，开场仪式庄严肃立。由约讲（讲约之人）两人轮流讲解“天子”所颁发的16条乡约。

其次，当众公开测评，每讲读毕，约讲与在事人及首领绅衿、长老，各举某人行某孝、某悌、某善、某恶等，俱要实迹公同开载。

最后，教化奖惩。凡测评簿内记有小善者，则约讲等亲诣其家而奖励之，大善者则于四季月终开具事迹，上报州县；凡测评簿内记有小过者，则约讲等传其父兄至讲约所而戒伤之。大恶者也于四季月终开具事实，上报州县。州县接到呈报后，在城确定某吉日召开讲读会，传集四乡约讲、村长、族尊及代约讲者到会。于讲读会日黎明，大家在城中讲所伺候各约讲所举报大善大恶者，恶者于开报之时，立行差拘究惩，务于本处示众，如须对众惩处者，或下狱者，讲读毕当众发落，使观众以此为戒。同时把大恶者所作所为书榜其门，待有改过自新后实迹去之。若继续行善，则当众表扬；大善者，于讲读毕当众奖励，或花红酒果，鼓乐道送，或给匾旌表其门。

此外，红黑品德测评簿法的实施受到法律保护。如有恃强隐庇恶者，或有不许约讲填报州县，或约讲填报不公者，一旦查出或告发，立即以违法申惩拿究。

这种方法与前几种方法相比，更注重人才开发、测评的一体化，注重测评的权威性与严肃性。其实施直接受到法律保护，这些措施都有力地加强了品德测评的激励功能与开发功能，值得我们参考。

第三节　古代自我修养中的品德测评方法

前面所述内容，基本上都是关于品德测评中他人测评的思想方法。其测评的具体对象主要是言与行，故测评的方法也就主要是如何知言与知行。

关于知言和知行的方法古代先哲提出的主要有两种模式：一是如何在自然状况下去知言知行；二是如何设置情境去知言知行。

对于如何知言，孟子有过解释。有一次，公孙丑问孟子：什么叫做知言？孟子回答说："诐辞知其所蔽，淫辞知其所陷，邪辞知其所离，遁辞知其所穷。"[①] 其意思是说，从偏颇、片面的话中，可以知道他偏在哪里；从夸张、过头的话中，可以知道他错在哪里；从歪曲、邪枉的话中，可以知道他在哪里背离了正道；从躲躲闪闪、吞吞吐吐的话中，可以知道它在哪里理屈词穷。

关于如何知行，荀况做过具体的论述。他在《君道》中说："故校之以礼，而观其能安敬也；与之举措迁移，而观其能应变也；与之安燕，而观其能无流慆也；接之以声色、权利、忿怒、患险，而观其能无离守也。"其大意是，用一定的道德标准来查测，看他能否坚守本分，有自我慎独的精神；给他变换一下生活环境，看他能否应付事态的变化；给他创造安

① 《孟子·公孙丑》

逸、舒适的生活条件，看他能否做到不流于淫荡；连续让他听各种糜烂的歌曲，接触妖冶妩媚的女人，操掌一定的特权，激起满腔的愤怒，经历患难和险恶的环境，看他能否拒腐蚀，保持住优良的道德和作风。

唐代魏征关于如何知行则提出了“六观”，即“贵则观其所举，富则观其所养，居则观其所好，习则观其所言，穷则观其所不受，贱则观其所不为”。[①]

但是，以己知人总是难免存在片面和不深入的情况，例如孔子从教几十年，对于如何了解学生的言行是非常有经验的，然而像他这样的“圣人”对于宰予、子羽两位学生却也在知言知行上翻了跟斗。因此在品德测评过程中自我测评有着极其重要的作用。品德测评作为一种德育手段，必须注重发挥自我测评的作用；品德测评作为一种反馈德育效果或评定品德水平的手段，也少不了自我测评。分析中国古代有关自我测评的思想方法，对我们的品德测评研究显然有着重要的借鉴价值。

在古代德育中非常注重自我修养。然而自我修养过程中修养者离不开对品德的自我测评。古代自我修养中的自我测评特点是，大多以学规、规范、公约、名言、警句及信条等为测评标准，以对照检查、自我反省、写日记等形式进行测评，测评结果的判断，分“合格”与“不合格”或“做到”与“没做到”，由良心与信念进行自我处罚或奖励。例如《学规类编》中有关文明礼貌的标准是，居处必恭，步立必正，视听必端，言语必谨，容貌必庄，衣冠必整，饮食必节，出入必省，读书必专一，写字必楷敬，凡案必整齐，堂室必洁净，相呼必以齿，接见必有定，修业有余功，游艺有适性，使人庄以恕，而必专所听。

由于古人认为，修身之功总不外乎言行，故自我测评的对象即为自己的所言所行。

综观有关分析材料可知，古代品德测评广泛应用于人才选拔、组织管理、人才培养与开发、社会教化等许多方面，测评的方法主要是自我检查、言行观察与情境测验，除人才选拔与组织管理中的品德测评外，大多数注重于品德测评教育功能的发挥。在观言察行及保证测评真实方面有许

① 《贞观政要》卷3《择管第七》

多经验与措施值得我们借鉴。例如把品德测评实施及其结果，与国家行政管理、人事聘任相结合，并受到法律保护等。尤其值得借鉴的是古人已认识到通过品德测评促成行为养成的政治功能与社会功能。例如《圣谕十六条附易解》中有言曰："敦孝悌以重人伦，尚节俭以惜财用，讲法律以儆愚顽，明礼让以厚风俗，训子弟以禁非为。"

此外，西周把德行测评寓于射试等技艺的考核中的思想也是很可取的。《礼记·射义》曰："内志正，外体直，然后持弓矢审固。持弓矢审固，然后可以言中，此可以观德行矣。"这种方式可以减退被测评者掩饰的防卫机制，测评到有关真实的品行表现；西周、西汉、宋代多次倡导实行的察举、考试与试用三测一体的品德测评方式，对于今天人事聘用中的品德测评也有直接借鉴意义。

古代品德测评，主要是以言与行为依据，问言闻言测评品德之知，而观行考行测评品德之行。若道理明白知识正确、行与言符且持之以恒，则可以判断品德之信念的确立。墨子认为言行一致，合其于志。从今天的科学角度分析来看，这种测评方法实际上是黑箱方法的萌芽形式。

外国方法篇

第七章　美国等西方国家的品德测评方法

由于品德测评课题研究在我国刚起步不久，可借鉴的资料很少，加上这一课题研究甚为困难，因此我们应虚心向外国人学习，借鉴他们的有关研究成果，把自己的研究建立在当前世界发展水平之上。正是基于这种考虑，因此本章很有必要独列。

第一节　“人才品德测评及其研究并不存在”的质疑与分析

一、对品德测评需求的共同点分析

虽然世界各国社会制度不同，个人信仰有别，但在社会生活中，有些需要却是共同的。人才培养与开发作为一种培养适应和促进社会发展接班人的目的也是共同的。联合国教科文组织在《学会生存》中指出，在人们追求的许多目标中具有一些共同倾向，这种共同倾向指明现代世界的一些主要的最终目的是一致的。这些最终的目的就是走向科学的人道主义，培养创造性，培养和承担社会义务的态度，培养体力、智力、情绪、品德各方面综合发展的完人。[①] 在社会生活中，每个人都希望交往和被交往，都会遇到个人需要与集体需要、工作需要与享用需要、自己需要与他人需要、生理需要与精神需要等矛盾。人才培养与开发作为一种个体社会化的重要手段，不能不面对这些社会现实中的矛盾，对人才进行必要的培养与开发，使他们更快地适应社会生活，更好地促进社会发展。因此任何国家

① 参见《学会生存·教育世界的今天和明天》。

的人才培养与开发不可能仅局限于能力与体质，而不去关心品德。品德、智能、体质是人才基本素质中的三大支柱。如果说，体质是个体生存的基础，智能是个体认知处事的本领，那么品德则是立身处世的基础和智能发挥发展的催化剂。如果说人才培养与开发的目的旨在促进人才个性的和谐、优化的发展，那么培养人才良好的品德更是不可缺少。因此，西方有人认为，名副其实的人才培养，本质就是品德素质的培养。因为真正的人才培养是关切着整个人，即当前你所看到的他学习生活的现实行为情况，以及他日后能成为什么样的人的种种可能性。[①] 著名的儿童心理学家皮亚杰也认为在儿童发展过程中，道德教育问题和逻辑或数学教育的问题同样重要。[②] 1980 年巴黎召开的今后 20 年教育内容演变的首次国际会议上，与会者以及自然科学、社会科学、文化艺术等方面的代表坚持在《总结报告》中，除了强调数学和坚实的环境知识的重要性外，特别指出："诚实正派、献身精神、坚忍不拔、幽默诙谐、光明正大、廉洁正直同样都是普通教育应对个人提倡的鲜明品德。"[③]

德育目标包括社会、个人、国家与世界、认识过程四个方面 28 个项目：合作、正直、和蔼、尊敬长辈、社会正义、尊重他人、公民精神、社会责任感、尊重人格尊严、人权、劳动尊严；爱国主义、民族意识、和平的公民责任、国际理解、人类友爱、民族间相互依存的意识等；忠厚、诚实、守纪律、宽容、有条理、襟怀坦荡、上进心强、实事求是、辨别真伪、追求真理、慎于判断等。实际上，重视道德价值与道德教育的确已成为一种世界发展的重要趋势。[④] 显然，对于这种教育活动的效果和质量，作为教师或人才选拔的管理人员就不能不去关心。这就必然促使正式或非正式、科学或非科学等多种品德测评方法的产生与形成。

二、品德测评差异性的分析

然而，为什么美、英、加、日等国的专家学者都告诉我们他们根本不

---

① 参见《现代西方资产阶级教育思想流派论著选》第 299 页，人民教育出版社 1981 年出版。

② 参见皮亚杰著、卢选译《皮亚杰教育论著选》，人民教育出版社 1990 年出版。

③ 参见 S·拉塞克等著、马胜利等译《教育内容发展的全球展望》第 160 页，教育科学出版社 1992 年出版。

④ 参见《教育内容发展的全球展望》第 161 页。

搞人才品德测评呢？这到底是真还是假呢？笔者认为这种回答既真又假。我国有些高级知识分子甚至教育心理学者认为，品德测评就是测量个人的政治思想。作为文化背景不同、社会制度相异的外国学者，显然可能也是这样看待。他们认为社会主义国家的德育就是灌输马列主义，树立共产主义信仰的教育。品德测评即就是指对类似马列主义思想与共产主义信仰等政治价值观程度的测量。从这个角度看，西方发达国家确实不会统一正规地测量人才的政治价值观。因此就这一点上看他们的回答是真的。然而从品德是个体政治思想、道德、法制、心理等稳定行为特征总和这一角度来看，他们的回答对我们来说则是假的。这种假象产生是因为彼此对品德概念的理解与表述上存在差异。对于我们来说，常把智、体、美、劳之外的各方面教育都归结为德育。品德的概念非常广泛，它不但包括了政治品质与思想品质，而且还包括了道德品德及其他品质。显然道德性及其他许多个性特征的测评都已包括在人才品德测评范围之中。然而，在国外人们却把道德性等其他个性特征包括在人格和性格之中。他们以人格或性格测评代替了我们所指的品德测评，并且认为它与品德测评相异。为了证实这一点，特地拜访了加拿大多伦多大学的一位教授。开始，我们问他加拿大学校搞不搞品德测评，他说不搞，只测评学生的知识（knowleges）、技能（skill）和其他能力。但是当具体问他是否对学生测评诸如友爱（friendliness）、宽容（tolerance）、诚实（integrity）、忠厚（loyalty）、有理想（ambition）、乐观（optimism）等行为特征（traits）时，他肯定了。并说一般不用这些词，而是用其他的相似的语言评定。中学评定，小学不评定。后来查找到的资料也证实了这一点。“在国外，有人把德育的测评也搞得很具体。例如他们编制一些测验项目，其内容包括道德品质，学习态度，学习纪律，兴趣爱好等方面。”[①] 美国教育督导与课程研究协会专家们1988年在《基础教育中的道德教育》报告中也明确指出：“我们建议教育工作者对校风和学生的表现经常地进行评定，并把评定结果与学生所在的社区互通信息。现在已有不少学校开始着手这项工作了。包括将学生成绩单上操作评定和写给家长的批评或表扬的评语，以及对个人和班组的表彰

① 参见宋兆鸿等编著《现代教育测量》，教育科学出版社1986年出版。

等记录在案。”实际上他们不但要求进行学生品德测评，而且要求对教职员工的德育工作进行测评，对学校中的德育效果进行测评。[①] 不过，国外不像我们国家要求各学校在期末统一进行品德测评。像日本，有的学校期末并不进行品德评定，而有的学校期末，却也有类似我国的成绩报告单，上面除了报告各科成绩外，还对学生的纪律性、勤奋性及其他品德特征做出书面评定，形式类似操行评语，只不过以写实为主。在美国，虽然学校并不要求教师对每个学生的品德做出书面测评，但在教育过程中，教师还是经常会进行一些非正规的、口头或体态语言的品德评定；虽然学校没有统一的学生品德评定，但在教育研究、人格与心理研究中，品德测评及其研究的活动还是时常可见的。原苏联与我国差不多，期末都要求对学生的品德做出书面或等级的评定。显然，了解这些都对我国的人才品德测评研究有重要借鉴作用。

三、国外品德测评研究的兴起与发展

科学的人员测评是人力资源管理的首要环节。在人职匹配的思想指导下，大量的人才选拔测验被引进到人力资源管理实践中，早期的人才素质测评集中于测评应聘者的能力方面，它们为雇主选拔到合适的员工发挥了巨大的作用。从 20 世纪 60 年代起，品德测评开始逐渐被用于人员甄选，用来测评应聘者的品德素质。品德测评在国外的兴起有其特定的背景。

（一）管理的现实需要为品德测评提供了客观基础

从 20 世纪 60 年代起，随着西方国家产业结构的调整，服务行业的发展，商业企业雇员偷窃问题开始引起了广泛的关注。大量的经验性调查估计，美国每年 70%的商业损失和 30%的商业失败都归咎于雇员的不良行为。1994 年，Camara 和 Schneider 估计，每年约 40 亿美元的企业损失是由于员工偷窃所致；1997 年，Green 等估计，美国每年 60 亿～2 000 亿美元的损失是员工造成的。[②] 这导致了雇主对雇员的诚实、诚信、可依赖性和可信任性这些品质的关注不断加强，并且开始聘请专家在人员选拔中利

---

① 参见《思想政治课教学》1989 年第 3 期“美国基础教育中的德育教育”。

② 参见陈丽君“‘诚信度测验’在人力资源管理中的应用及前景”，载《外国经济与管理》2000 年第 11 期。

用心理学的方法来检测应聘者的道德品质。品德测评成为继能力和个性测验后在人员招聘实务中必不可少的测验。

（二）工业组织心理学、心理测量学、组织行为学的发展，为品德测评提供了理论基础

20 世纪 50 年代以后，工业组织心理学、心理测量学和组织行为学等相关学科都得到了长足发展，他们对品德测评的可能性，以及品德测评的方法提供了理论与技术上的支撑。传统的思想认为，诚信、品德等个人素质是抽象和不可捉摸的，因此不可能对其进行客观的测量。但是随着心理学和测量技术的发展进步，以及早期的不断探索和实践经验的积累，品德素质朦胧的面纱逐渐被掀开，成为可以被人们测评的素质。

（三）人员招聘与甄选中品德的关键性使品德测评成为关注热点

在人员招聘的时候，除了考察应聘者必要的专业知识和能力外，其性格特征也是考察的重要内容，也就是我们通常所说的“性格好”。“性格好”在某种程度上意味着应聘者品德好，因为这直接与工作绩效相关。在工作能力相同的情况下，品德更好的员工比品德不好的员工更有生产力。这是因为品德好的人知道高生产力符合自己的理性最大利益（Peikoff，1991；Rand，1943）。

因此，品德测评在员工招聘和甄选中确实能提供大量雇主所感兴趣的信息，它显示那些通过品德测验的人给企业造成损失的可能性比那些没有通过的人更小，因而具有极大的应用价值。应用品德测评后我们能够大大降低企业的损耗，为企业带来效益。

由于人员招聘中的品德测评分数直接关系到雇主的人事选拔决策，考虑到测验分数的可靠性、应聘者可能受到的工作机会限制、对个人隐私的侵犯和给人贴标签等问题，因此品德测评相比较于其他人才选拔的能力测评而言，得到了更为广泛的关注和研究。

（四）安然事件使品德测评的研究与应用急剧升温

美国能源巨头安然公司破产案和近几年美国公司系列会计丑闻的曝光在美国及全世界引发了有关商业道德问题的激烈讨论。美国一些商学院已经专门开设了专门研究安然公司破产的课程，探讨如何加强商业道德和企业诚信问题。商业道德，特别是公司高级管理层的品德素质，对一家公司

是否能够长期生存起着决定性的作用。忽视公司高层管理人员的品德素质问题，很可能给一个企业带来的是灭顶之灾。因此，对企业的员工和中高层管理人员进行品德测评至关重要。

另外，在员工招聘中对应聘者进行诚信性测验等品德测评已经成为继能力测验和性格测验之后，引入到企业人才选拔中的又一种选拔测验方法。现在已经不能仅凭经验和积极的态度就能获得工作机会了，应聘者们经常发现他们面临的不仅是面试，还有各种与品德相关的测评。与此相关的员工品德测评软件和测验题的开发已经成为一项新兴的产业，所占市场份额年年看涨。据统计，美国几乎每年有 6 000 多家组织使用 500 多万次的诚信性测验（U. S. Congress，1990）。截至 1990 年，已开发出的各类诚信测验达 46 种。[①] 大公司每次招聘的时候应聘的人都非常多，这样的品德测评工具能够帮助他们进行筛选（比如，Vail 每次在滑雪季节来临前都要招聘 5 000 人，他们没有那么多时间来面试每个人），因此这样的测评能帮很大的忙。[②]

因此，只要法律不做限制，诚信测验等品德测评将继续拥有广阔的应用市场和前景，尤其是那些第三产业占主导地位的国家。在金融业和零售企业中，品德测评将和能力测验一样，在招聘选拔中占有举足轻重的地位。

第二节　美国等西方国家的品德测评研究

一、测谎仪

测谎实际上是通过皮肤电阻、呼吸波和脉搏波（血压）等参量来测量人们的心理变化的技术。测谎技术原理来自于 19 世纪 20 年代首次发现的一种人类生理现象，即人的心理反应将会被人体内的生理变化所显示，测

① 参见陈丽君"'诚信度测验'在人力资源管理中的应用及前景"，载《外国经济与管理》2000 年第 11 期。

② By Rosana Hemakom，Daily Camera，Boulder，Colo. "Market for Prospective Employee Integrity Tests' Grows"，Daily Camera（Boulder，Co）；11/06/1998.

谎仪即是通过行为线索识别谎言，从生理线索觉察欺骗。测谎仪的工作原理是检验被测评者的皮肤对电脉冲刺激的反应（即电导率）或呼吸次数（脉搏）的变化，以判断他们是否存在恐惧或焦虑的情绪。

测谎仪的设计主要是为了检验被测评者是否在某一具体事件（如犯罪行为）中说谎。因此测谎仪最初主要在司法系统和公共安全领域使用。20世纪六七十年代人们开始尝试将其运用到企业的录用选拔当中。在人员招聘中使用测谎仪，则不是针对某一具体的事件，而是针对所有关键问题的回答。在使用这种方式的时候，测验人员把应聘者对某些关键问题（如“在以前工作的公司中，你是否有过偷窃行为?”）的回答，与他们对一些中性问题（如“在早餐中你经常吃鸡蛋吗?”）的回答加以比较。

测谎仪的效度问题是科学争论和公众关心的焦点。最根本的问题是，与欺骗对应的生理反应并不是唯一的。因此，对相关问题的反应可能是欺骗的结果，但也可能是被测评者对诚实或作为调查对象产生的关心。诚实的人如果在测验中过于紧张的话，那么根据测验结果，就应该认为他们缺乏正直性；而那些不诚实的人如果能在测验中保持冷静，而且能够从容回答问题的话，就很难根据测验结果对他们进行正确的检验。在测谎仪的准确性方面，研究得出的结论差别很大，从25％到75％都有。各种研究经常把测谎仪本身的准确性与检查者侦测出欺骗行为的能力相混淆。此外，测谎仪对操作者的要求很高，测谎师如果能力不过关，测验结果会受到影响。

正是对测谎仪效度的怀疑，美国国会1988年通过了《雇员测谎保护法案》，对私人雇主采用测谎仪测验做出了严格限制。该法案规定私人雇主不得要求雇员、应聘者参加谎言测验；只有当雇员受到怀疑时，雇主才可以进行有条件的谎言测验。

二、哈特逊和梅（Hartshosn & May）的品德测评方法

早在60年前，哈特逊与梅设计了一系列内容广泛的诚实情境测验。这些测验的共同特点是，给被测评者提供各种各样可以乘隙作弊或撒谎的机会，甚至可以从中行窃；然后根据被测评者面对这些机会的行为反应情况，对其诚实予以评定。例如，纸上画有大小不等、杂乱的小圆圈，要求

被测评者闭上眼睛依次在每个圆圈里打点。由于难度大，不经练习谁也做不成功。如果某个被测评者做成了，则可以断定他已经作弊，是偷偷睁开眼睛做的，因此这个被测评者不诚实。又如把放有硬币的盒子分发给每个被测评者做游戏，游戏结束后，叫每个被测评者将硬币放回盒子并盖紧交回。这些盒子事前已暗中编码顺序发放，知道哪个盒子是谁的。只要核对盒子中硬币的数目，就可以知道哪些被测评者擅自拿了几个硬币。由此测评其是否诚实。类似的测验还有很多。例如考试完收回试卷，教师登记后不评分，再把试卷发给学生自己评分。如果某个学生的评分结果与原来教师暗中登记的分数不一致，则这个学生不够诚实。① 这种品德方法的特点是操作简便，可比性强，测评意义明确，设计得较为巧妙，被测评者很难觉察到真正的测评目的，寓测评于游戏或正常的行为活动之中。但这种测评方法无法把出于好奇心或情境因素影响下产生的不诚实行为，与真正的不诚实行为相互区别开来。众所周知，对于品德，自从 20 世纪 30 年代开始，就存在两种对立的观点，见表 7—1。②

表 7—1

麦考莱、瓦特金斯等人认为人的品德	哈特逊、梅等人认为人的品德
其行为表现与发展有一条明显的主线	其行为表现与发展并不存在一条明显的主线
具有一定的模式	只存在个别差异
具有稳定性	只有特定性
是系统化的产物	不是系统化的产物
其行为表现与发展有阶段性	其行为表现与发展完全由情境所支配

因此，有人研究各种诚实性情境测验间的相关性，结果发现相关性非常低。某课堂作弊测验，和竞技作弊测验之间的平均相关系数只有 0.16，而与盗窃测验的平均相关系数只有 0.17。③

由此可见，许多行为表现是因情境不同而不同的。情境测验单独作为人才品德测评的方法是不太可靠的。改进品德情境测验的途径至少有两

① 参见美国桑代克等著、叶佩华等译《心理与教育的测量和评价》第 216～218 页，人民教育出版社 1985 年出版。

② 参见全国首次教育心理讲习班《教育心理学专题报告集》第 173 页。

③ 参见《心理与教育的测量和评价》(下)。

条。一是精心设计与选择情境，提高单个情境测验的效度与信度。例如，狄斯科迪莱的“分配性测验”就比哈特逊与梅所设计的情境测验更科学些。另一改进途径是，把多个情境测验组合在一起，从整体上提高测验的效度与信度。桑代克认为，“一个被测评者参加任何一个哈特逊和梅所设计的整套测验中的任何一个，其分数只能粗略地反映被测评者的某一典型行为。因此如果想获得一种令人满意的、稳定而又可靠的测量结果，就有必要将单个测验加以扩展，增加几个同一类型的附加测验”。[①]

三、卡特尔16因素个性问卷测验法

卡特尔是美国伊利诺斯州州立大学个性及能力测验研究所教授。他认为人的个性是由16种各自独立的基本因素构成。16种基本因素在一个人身上的不同组合，就构成了一个人不同于其他人的独特的个性。16种基本因素见表7—2。

表7—2

因素代号	A	B	C	E	F	G	H	I	L	M	N	O	Q_1	Q_2	Q_3	Q_4
因素名称	乐群性	聪慧性	稳定性	恃强性	兴奋性	有恒性	敢为性	敏感性	怀疑性	幻想性	世故性	忧虑性	实验性	独立性	自律性	紧张性

整个卡特尔16种因素问卷量表由187个问题构成，每个问题仅有三种可供选择的回答。测验同一基本因素的各个问题随机交叉地分布于不同位置，而且问题尽量采取“中性”无明确答案的问题，避免用那些社会所公认的、具有明确是非答案的问题。其中有许多问题，表面看似乎与某一基本因素有关，实际上却与另一基本因素相关。显然这些措施大大提高了问卷量表的科学性。卡氏的16种因素问卷量表虽然是测量个性的，但它对品德测评有直接借鉴作用，因为16种因素中包括不少品德因素。例如乐群性、有恒性、自律性、独立性、敢为性等，其他因素也都与品德有密切关系。

可以与卡特尔16因素个性问卷测验法相媲美的，还有明尼苏打多相个

① 参见《心理与教育的测量和评价》（下）。

性调查表（简称 MMPI）与艾森克个性问卷（简称 E. P. Q）。

这种问卷测验法，在某种程度上改进了情境测验法的不足。首先，它们测验的行为样本比情境测验法大。在情境测验法中，每次测验由于操作过程受到时间、空间、情况、设备、人员等限制，每次测验只能对极少几种行为进行测试，而问卷测验法则不然。问卷上的一个问题就相当于一个行为情境描述测验。例如，问题“如果让你自己评卷的话，你会修改自己的错误答案吗?”，实际上是在某种程度上相当于让被测评者置于自己评分可以修改答案的情境中进行反应。反之，“给被测评者提供机会自己评分可以修改答案的情境测验，实际上等于向被测评者提供一个关于行为方面的具体问题，即‘如果让你自己评卷的话，你会修改自己的错误答案吗?’”。[①] 所不同的是，情境测验是一种具体行为的测验，而问卷测验是一种潜在行为的测验。然而，具体行为不一定比倾向行为更可靠。因为一个人在具体情境下做出的行为反应，只能在有限的程度内反映他的一般品德，而在很大程度上却是被具体情况中的因素所左右。因此，从这一点上来看，问卷测验法的可靠性并不亚于情境测验法，甚至会更高一些。

其次，问卷测验法在操作时间与财物花费上比情境测验法更经济。情境测验法设计不自然时，很容易被人发现而失真。然而要避免这种情况发生，又挺费心机，且操作过程中要花费更多的人力、物力及时间。问卷测验法则只要求被测评者用笔在问卷上简单作答，整体花费比情境测验法要少得多。

最后，问卷测验法可适于用大规模的团体品德测验，而情境测验却很难做到这一点。

然而，问卷测验也有它的不足之处。一是受认知能力的影响，文化水平较低、理解能力较差的人，则回答的结果往往不尽其意；二是测验时，测验者须设法取得被测评者的信任与合作，使被测评者觉得测验对他有益而无害，否则结果就不一定真实。因此，问卷测验法的效果取决于被测评者是否持测验者所期望的合作态度。

① 参见《心理与教育的测量和评价》（下）。

四、詹金斯活动性量表测验法

这种测验简称 JAS，是为了测评 A 型行为而编制的。所谓 A 型行为，是一种冠状动脉性倾向的行为模式。它显示出容易引起冠状动脉心脏病的行为特征。例如对成就的努力、强烈的竞争性和攻击性、性急、时间的紧迫感、很强的责任感等。[①] 在 JAS 中包含了对 A 型行为三个基本因素测评的子量表。三个因素分别是 S——速度和性急因素，J——对工作献身的因素，H——精力充沛和竞争的因素。S 量表由 21 个项目构成。S 量表得分高的人，有爱催逼他人、性急、爱着急的倾向。J 量表由 24 个项目组成。J 量表得分高的人，对工作是挑战性的，埋头工作，精神负担重。另外，这些人在工作时间之外也干工作，不分上下班，一个接一个地赶紧完成工作。H 量表由 20 个项目构成。H 量表得分高者，认为自己精力充沛、诚实、责任心强、竞争意识强，比别人更努力。另外还有一个 A 量表中 21 个项目组成，用以评定冠状动脉性倾向的行为模式。上述四个子量表中的项目相互间有重复，一共 52 个项目。每个项目下有若干个选择，被测评者从中选择一个与自己相符的。任何一个子量表中，若有 6 个或 6 个以上空白或无效反应的话，则该量表就不能计算分数算做无效。测验时间无限制，一般在 15～20 分钟内能完成。

詹金斯活动性量表有两个显著特点。首先，同一个项目可以同时隶属于不同的子量表，用以测评不同的因素。但其在不同量表中的分数权重各不相同。例如，项目 3 在 A 量表、J 量表与 H 量表中的分数见表 7—3。

表 7—3

量表名	空白	项目 1	项目 2	项目 3	项目 4
A 量表	7	11	10	1	12
J 量表	17	24	26	2	9
H 量表	6	8	9	1	6

其次，各个项目的选项数目不尽一致。例如 51 号项目的选项有 9 个，而 1 号项目的选项却仅有 4 个，且各选项之间的分数差并不等距，既可以

① 参见凌文辁、滨治世《心理测验法》，科学出版社 1988 年出版。

是正分数也可以是负分数，见表 7—4。

表 7—4

项目号	空白	选择 1	选择 2	选择 3	选择 4	选择 5
11	5	9	9	1		
17	−9	−14	−13	−7	−1	
50	17	2	11	20	26	28

注：一个项目若无反应或有一个以上的选择，其取分为“空白”栏中的分数，如果在这个量表中，有 6 个以上项目是“空白”的，则此量表就不计分，作废。

最后，这种表测验目的是直接为测评者诊断病情病因服务，故可以调动其诚实合作的积极性，减少虚伪性，可以比较真实地测评到个体有关的品德特征。

五、大五人格测验

至今，国内外已经开发出了多种心理品质测验，其中在实证研究中运用得最多的是大五人格测验。大五人格将人的心理品质概括为五个维度：

外倾性（extraversion）：好交际对不好交际，爱娱乐对严肃，感情丰富对含蓄，表现出热情、爱社交、果断、活跃、冒险、乐观等特点。

情绪稳定性（neuroticism）：烦恼对平静，不安全感对安全感，自怜对自我满意，包括焦虑、敌对、压抑、自我意识、冲动、脆弱等特质。

开放性（openness）：富于想象对务实，寻求变化对遵守惯例，自主对顺从，具有想象、审美、情感丰富、求异、创造、智慧等特征。

随和性（agreebleness）：热心对无情，信赖对怀疑，乐于助人对不合作，包括信任、利他、直率、谦虚、移情等品质。

尽责性（conscientiousness）：有序对无序，谨慎细心对粗心大意，自律对意志薄弱，包括胜任、公正、条理、尽职、成就、自律、谨慎、克制等特点。

六、诚信性测验

（一）理德测验

理德测验有两个基本的版本，一个用于应聘者的筛选（比如零售、安全或保安工作)，另一个用于在职员工的测验。理德测验包括了一个关于对偷盗态度的量表，通过对偷盗态度的量表判断被测验者是否诚实。其测评依据是他们支持对各种与偷窃相关的行为进行严厉的惩罚的程度。如果被测验者有进行偷窃的幻想，在假想的情况下认为偷窃合理，那么量表倾向于认为他们是不诚实的。

对理德测验的效度研究有很多，Kochkin（1987）调查了理德偷盗态度量表与16PF（卡特尔16种人格因素测验）的关系。参与研究的是一家航空公司的179个应聘者，其中73%的人是应聘管理职位的。Kochkin的研究发现，没有通过理德测验的人，在16PF中表现得更加与罪犯、瘾君子和神经病患者相似。此外，研究还发现理德测验对受过较多教育的人有偏见。对于一组普通测验者，得到的平均分数是48.2（N＝1 230，SD＝11.8)，而一组白人大学生的平均分数明显较低，只有31.5（N＝93，SD＝8.8)。对此的一种解释是，诚实的受过教育的人对犯罪和惩罚的态度往往比较宽容，这与测验中暗含的假设是相矛盾的，因此受过教育的人往往分数较低。[①]

（二）人员招聘问卷中的品德测验

人员招聘问卷包含偷盗态度、暴力和说谎量表等六个量表，由此预测被测验者不会进行偷窃行为的可能性。其中有一个诚实量表是专门设计来测验应聘者对盗窃的态度并预测工作中的盗窃行为的。这个诚实量表的试题包括：(1）反复思考如何盗窃（如“近年来，你只是想偷钱但没有实际做过的频率是多少?”)；(2）对他人盗窃的投射（如“你认为有多少经理主管人员从他们的公司偷窃?”)；(3）将偷窃合理化（如“在合适的情况下每个人都是会偷窃的吗?”)；(4）对小偷持更宽容的惩罚态度（如“一个年轻人从雇主那里偷了50美元，如果你是他的老板，你会怎么做?”)；(5）小偷之间的忠诚度较高（如“如果你正在偷窃的时候被抓住了，你会将那些帮助你的人说出来吗?”)（Terris & Jones，1982)。

虽然人员招聘问卷的偷盗态度量表是被作为一个单一维度的测验进行

① Guastello，Stephen J. Rieke，Mark L. “A Review and Critique of Honesty Test Research”，Behavioral Sciences & the Law；Autumn91，Vol. 9 Issue 4，pp501-523.

设计的，但是对于它的问题的因素分析发现它包含了几个因素：自我投射、认同偷窃和“预期的不诚实行为”、对他人的投射以及“冲动和可靠性等特征”（Harris & Sackett，1987）。人员招聘问卷用于在职员工的版本被称为员工测评问卷。

有人（Terris and Jones，1982）调查了 527 个百货商店的应聘者。在这些人当中，370 人（70%）是人员招聘问卷不推荐的（分数不达标）。一段时间以后，32 个人因盗窃或其他违反规定的行为而被解雇，其中 28 个是人员招聘问卷不推荐的。研究认为就人员招聘问卷的内部一致性而言，相关系数高达 0.85 以上（Terris，1979）。

（三）诚实度测验

诚信性测验（integrity test），又称诚实度测验（honesty test），最早出现于 20 世纪 40 年代末期（Ones and Viswesvaran，1998b），是一种测评应聘者或雇员诚实及诚信性的测验，用于评估员工的怠工行为（counterproductive behavior）倾向。诚信性测验通常包含了与应聘者对偷盗的态度和过去所从事过的偷盗行为等相关的问题。

早期的诚信性测验主要测验诚实度，即评估员工的偷盗倾向。如 PDI（国际人事决策咨询公司）开发的“雇员评价问卷”，在 20 世纪 70 年代后期得到了广泛试用。80 年代后期到 90 年代，诚信性测验的理论和方法发生了很大的变化，主要是诚信的概念得到了不断地拓宽，不再单纯是对不诚实行为的测量，而是延伸到个性中相关成分的测量，如“可信度”（credibility）、“责任意识”（consciousness）等，成了测验员工诚实性、自律性和职业道德的工具。目前，诚信性测验的变量很多，包括对习惯的接受程度、可靠性、抑郁、拒绝毒品、活力水平（energy level）、诚实、敌意、工作承诺、道德推理、暴力倾向、自我约束、社交性、寻求刺激（thrill seeking）、职业认同、任性的冲动（wayward impulses）、工作伦理等（Ones et al.，1993；Sackett，Burris & Callahan，1989）。

诚信性测验分为两类：公开诚信测验和以个性为基础的测验。公开诚信性测验（overt integrity test），又称目的明确的测验，可直接测量对不诚实行为的态度。公开诚信性测验一般包括两部分：第一部分测验被测评者对偷窃的态度，包括对盗窃发生的频率和范围的看法、对盗窃的惩罚、对盗窃的反思、测验者对自己诚实度的评价等问题。对这些问题的测验是建立在这样一个假设之上的，即有盗窃倾向的人更可能将不诚实行为合理化。第二部分询问测验者自己以往的盗窃和其他违法或怠工行为。这种测验很容易让测评对象看出出题人的意图，进而抛开个人的真实情况，做出符合用人单位期望的回答。

以个性为基础的测验（personality based test），又称隐藏目的测验，其目的是要预测大量怠工行为（如不守纪律问题、工作中的暴力、过于分心和磨蹭、滥用药物及偷窃等）的可能性，通常这些测验使用了个性维度的混合测量，如可靠性、责任意识、调适、值得信任度和社会性等。

检查诚信性测验效度的研究发现，测验分数与工作缺勤和错误处理的相关系数分别是 0.62 和 0.23（Jones & Terris，1983），测验分数与工作中的盗窃和怠工行为的相关系数分别是 0.46 和 0.39（Frost & Rafilson，1989）。Bernardin 和 Cooke（1993）发现诚信性测验分数与因盗窃而被解雇的相关系数是 0.28。Brown 和 Pardue（1985）观察了一家药店采用诚信性测验后 3 年中，因员工盗窃而引起的损失变化，发现损失率从销售量的 3.4%降到了 2.4%。类似地，Brown，Jones，Terris 和 Steffy（1987）研究发现，在引进诚信性测验前的 36 个月中，每个月因盗窃、吸毒或暴力行为而被解雇的员工比例是 20%，而在引进诚信性测验后的 27 个月中，此比例降到了 11%。

诚信性测验是品德测评中应用得最为广泛的内容之一，但是对诚信性测验的研究发现其存在一定的缺陷：

第一，诚信性测验的内容过于宽泛，因此在结构效度方面往往受到人们的质疑。比如，从测验名称上看，大多数的测验出版商宣称属于诚信性测验的测量工具，其实际测验的内容却非常广泛，比如缺勤和磨洋工、不诚实、药物滥用、可信性、可依靠性或责任意识、情绪稳定性等。Rieke 和 Guastello（1995：458）曾指出："经过了 50 多年的研究，诚信的结构仍然是含糊和不清楚的。"虽然测验的内容各不相同，但未通过测验的人却都被贴上了"不诚实"的标签。

第二，诚信性测验的错误拒绝率问题，即参加测验者被诚信性测验错误地标明为不诚实的比率。由于测验的结果被反馈给雇主是采用"推荐"

“不推荐”或“勉强推荐”这样的方式，因此这种分类是一种标签，潜在地损害了被认为不诚实或被拒绝给予工作的人的权益。此外，使用测验结果的雇主通常没有心理学方面的专业训练，因此面对这样一个标签的时候很难指望他们能做出专业的判断。

美国科技评估办公室（OTA）和美国心理协会（APA）对诚信性测验都进行了独立的调查。OTA的调查是严厉的，建议说虽然诚信性测验可能可以筛选出潜在的不诚实员工，但它们也错误地划分了许多诚实的人。OTA得出结论说，“测验结果中的错误，潜在的歧视影响，以及对隐私的侵犯引发了重要的公共政策问题”。[①] APA1991年的报告在指出诚信性测验的一系列问题的同时，也认为使用诚信性测验比个人的主观判断要好。

第三，诚信性测验中的“作假”问题。Ryan和Sackett（1987）的实验证明，在诚信性测验中，被要求作假的群体得到的分数高于平均分数，也就是说，装作很诚实的人在诚信性测验中更容易被判定是诚实的。在企业的人员招聘中，那些作假的人更有可能获得工作，而不是那些诚实地回答问题的人（然而这些人才是企业真正想雇用的）。在对诚信性测验的分析中，Alliger和Dwight（2000）指出，公开诚信测验（建立在11个研究的基础上）比以个性为基础的测验（建立在12个研究的基础上）更容易作假。

第四，测验使用者的筛选和培训问题。正是由于诚信性测验存在“贴标签”的问题，以及潜在的可作假性，因此对诚信性测验的操作者的资格要求非常重要。但是大量的测验出版商（64%）未使用“测验使用者资质表”来筛查可能的购买者，56%使用了非正式的筛选方法，只有5%的出版商要求测验使用者必须是研究生毕业或有专门执照和证书，只有少数出版商在卖出量表前对使用者进行培训，以保证测验质量。培训方法有自我学习、录像学习或面授。这表明测验使用的质量堪忧。[②]

尽管诚信性测验存在以上缺陷，也有研究指出，诚信性测验作为雇用前的筛选工具，从总体上看是可靠、有效、公平和实用的（虽然对培训的

---

① U. S. Congress（1990），note 1.

② 参见陈丽君“‘诚信度测验’在人力资源管理中的应用及前景”，载《外国经济与管理》2000年第11期。

需求增加了成本），见表7—5。[①]

表7—5　　　　从六个纬度检验诚信性测验的有效性

测验内容范围	取决于所使用的诚信性测验的类型。公开诚信性测验的内容范围比以个性为基础的诚信性测验窄
准确性（信度）	普遍来说，信度水平较高 作假是一个问题，但与以个性为基础的诚信性测验相比，公开诚信性测验的问题更大
相关性（效度）	比较有利的效度系数。分析报告称与怠工行为和工作绩效的相关系数分别是0.47和0.34
公平性	研究称没有发现对少数群体存在偏见或者不适应问题
可接受性	诚信性测验被认为与其他测验方法一样是中性的 潜在的问题是给不诚实的人“贴标签”
实用性	由于可以纸笔形式进行测验，因此相对便宜 一般来说是不费时的，因为可以一群人一起参加测验，且可以使用计算机打分并得出结果 但是需要考虑测验操作者的培训问题

七、其他书面测验

（一）暴力倾向测验

暴力倾向测验的目的是预测工作中可能的暴力行为。工作中的暴力行为是指，消极地影响组织以及与此相关的个人身体或心理健康的敌对态度。身体上的暴力指身体袭击、损坏物品和工作场所的枪击这样的行为；心理或精神上的暴力包括性骚扰和言语威胁。这样的行为在组织中并非少见（Slora，1989；Slora and Boye，1989）。工作中的暴力不只局限于极端的犯罪行为，比如谋杀、攻击、强奸、纵火、蓄意破坏和非法使用武器等。在工作中危害较小的暴力形式包括：经常与主管、同事和顾客发生争吵，故意损坏和浪费公司财物，破坏组织设备，惯于违反公司规则，咒骂他人和玩低劣的恶作剧。

能够进行暴力倾向测验的量表一般包含在性格测验或诚信性测验中。

① Coyne，Iain Bartram，Dave：“Assessing the Effectiveness of Integrity Tests：A Review”，International Journal of Testing；2002，Vol. 2 Issue 1，p15.

（二）压力承受性测验

压力承受性测验目的在于寻找“不紧张和不焦虑”的员工，即预测员工能否很好地处理工作压力。

（三）顾客服务意识测验（customer service scale）

顾客服务意识测验目的在于预测员工能否很好地为顾客服务。由于顾客服务意识对每个个体来说是不同的变量，因此通过人员招聘的途径来加以测量是合适的。[①]

以上测验的效度研究主要可以归入三类：第一类是特定行为的预测效标，比如暴力倾向测验量表预测的是工作中的暴力行为，压力承受性测验量表预测的是工作中对压力的反应行为，顾客服务意识量表预测的是工作中的顾客服务表现；第二类是预测较大范围的怠工行为；第三类是预测整体的工作绩效。对这三方面的效标关联效度研究见表 7—6。

从表 7—6 中我们可以发现，暴力倾向测验量表预测工作中的暴力行为的应用效度是 0.48，顾客服务意识量表预测顾客服务行为表现的应用效度是 0.34。可惜没有找到关于压力承受性量表预测工作中的压力反应行为的应用效度。令人奇怪的是，这三种量表在预测其他效标上的结果非常相似，即三种量表在预测更广泛的怠工行为和整体工作绩效方面都得到了非常相似的结果。

这些发现告诉我们，这些量表不一定只能用于预测它们本来被设计用来预测的特定行为效标，它们在怠工行为和工作绩效预测方面的高效度，从理论上和经验上都告诉我们，可以扩展这些量表的用途。

（四）书面测验的效果评价

1988 年美国通过法律，禁止大多数雇主使用测谎仪来筛选应聘者，使用纸笔测验来对应聘者的道德品质进行测评就变得非常流行了。在实践中，用纸笔测验的方法对雇员的品德进行测评是最常用的方法，因此，对这些测验方法的关注也最多。纸笔测验中常常使用的各种量表，是人们疑问最多的地方。比如，虽然真正的小偷确实不想自己因违反规定而受到惩

① Ones，Deniz S. Viswesvaran，Chockalingam “Integrity Tests and Other Criterion-Focused Occupational Personality Scales（COPS）Used in Personnel Selection”，International Journal of Selection & Assessment；Mar2001，Vol. 9 Issue 1/2，p31.

表 7—6　　暴力倾向、压力承受素质和顾客服务意识测验量表的关联效度小结①

测验量表名称	N	K	应用效度（operational validity）	SD	90%CV
效标：三种量表被设计用来预测的特定行为效标					
暴力倾向测验	1 265	11	0.48	0.17	0.28
压力承受性测验	—	—	—	—	—
顾客服务意识测验	4 401	15	0.34	0.00	0.34
效标：工作中的怠工行为					
暴力倾向测验	533	4	0.46	0.30	0.11
压力承受性测验	594	5	0.42	0.00	0.42
顾客服务意识测验	740	5	0.42	0.14	0.24
效标：总体工作绩效					
暴力倾向测验	4 003	14	0.41	0.24	0.14
压力承受性测验	1 010	13	0.41	0.15	0.22
顾客服务意识测验	6 944	33	0.39	0.02	0.36

注：数据来自 Ones and Viswesvaran（1994；1999；2000a；2000b）。N＝总体样本规模；K＝相关数量；应用效度＝由于范围限制和效标自身的问题而对原始值加以修正后的效度；SD＝真实分数效度的标准差；90%CV＝低于 90%的置信值。

罚，但那些诚实的、受过教育的人，也可能会认为严厉的惩罚并不能有效地阻止犯罪的发生。实际上，众多的心理学文献也确实显示惩罚并不是减少违规行为的有效手段。诚实的人们可能会出于道德信仰或宽容而反对严厉的惩罚。比如，天主教总是主张宽恕。因此，普通的天主教徒在参加这样的测验的时候就面临一定的风险。此外，一些投射性问题表现出对社会经济地位的偏见。来自贫穷、犯罪行为较多的地方的人更可能同意“大多数的人会偷窃如果他们有机会的话”。总之，虽然品德测评的纸笔测验在实践中表现出了一定的信度和效度，更多的彻底的检查认为，这些测验的内容效度仍然值得怀疑。

① Ones，Deniz S. Viswesvaran，Chockalingam “Integrity Tests and Other Criterion-Focused Occupational Personality Scales（COPS）Used in Personnel Selection”，International Journal of Selection & Assessment；Mar2001，Vol. 9 Issue 1/2，p31.

八、情境判断测验

贝克尔（Thomas E. Becker）曾经用情境判断测验的方式来测评员工的品德素质。他对所测评的品德做了界定，他指出，经过实验证明，特定的一些心理特征——特别是理性决策、善行、诚实、独立思考、公正和高工作效率等，是具有高品德素质员工的特征（Becker，2000）。在同一篇文章中他写道，高品德素质所产生的绩效结果中可能还包括尊重和信任、亲密的关系、职业发展、对他人的积极影响、像顾问一样工作以及积极的工作结果。

因此，为了开发一个实际且不容易被看穿的测验员工品德的方法，贝克尔创制了一个由20个商业情境组成的情境判断测验，每个情境都涉及一个潜在的商业困境。他选择情境判断测验是因为这种测评方法通常更能有效地预测员工的工作绩效（McDaniel，Morgeson，Finnegan，Campion & Braverman，2001），以及更能抵制测验者作假（McDaniel & Nguyen，2001）。Becker 在他的文章中写道，虽然在设计每一个情境困境的时候他都有自己的品德价值观，但他并没有试图使每个情境只反映一种价值观。因为我们在真实生活中遇到的道德困境必然要求员工使用他们自己的价值观。也就是说，在面临复杂的道德困境的时候，我们都有一套自己的价值体系，我们对道德困境的选择和回答就是这套道德价值体系的一部分。

Becker 对他的情境判断测验方法的研究发现，测验分数对于与品德素质相关的结果有较高的预测效度。除了预测工作绩效，测评分数还预测了晋升、职业发展和担任领导者的可能性。由于这种情境判断测验方法还处于研究和实验阶段，很难获得它的具体使用的信息，其最终的结果如何还不得而知。下面，我们选择了 Becker 开发的情境判断测验的几个题目供大家参考。①

1. 你所在的工作团队正在开会讨论如何销售一种新产品。每个人似乎都同意应该在这个月内向顾客推出这一新产品，你的老板也完全赞成，而

① Becker，Thomas E. “Development and Validation of a Situational Judgment Test of Employee Integrity”，International Journal of Selection & Assessment；Sep2005，Vol. 13 Issue 3，pp225-232.

且你知道他不喜欢别人对他进行公开的反对。但是你很担心，因为最近一份来自研发部门的报告指出该产品存在几个潜在的安全问题。下面几个选项中你认为你最可能做的是哪一个？

A. 试图去了解为什么每个人都想在这个月向顾客推出这款新产品，也许你的担心是多余的

B. 说出你对产品的担心，并解释为什么你认为安全问题需要被提出来

C. 附和其他人，这样每个人对团队的感觉都很好

D. 事后与团队中的其他几个成员谈论一下，看他们是否也有同样的担心

2. 你是一个建筑师，你被要求与另外三个建筑师一起设计一座新大楼。每个建筑师都对新大楼进行了设计，现在你们在开会讨论该怎么办。你看过了其他的设计，而且相信你自己的设计是最好的。其他建筑师似乎也同意你的想法，但有两个建筑师想对大楼的外观做出修改，但你认为修改将会降低设计质量。对于下面的选项，你认为你最可能做的是哪一个？

A. 与其他人一起努力做出一个每个人都很满意的设计

B. 让其他人随便修改，只要不改变基本的计划

C. 让你的老板帮忙解决分歧

D. 解释为什么你认为原来的设计更好，并且坚持立场除非有更好的想法产生

3. 你是一个小型印刷公司的负责人，并且正在考虑提升一名员工担任经理。这个经理职位的候选人有三个。Howard 非常适合这个职位，但是你不太喜欢他，因为他太严肃。Chris 有一点点不够格，但相对 Howard 来说，他对你和其他人要亲切一些。Mary 是三人中最不够格的，但你和公司的其他人都最喜欢他。如果你必须选择，你最可能提升的是哪一个？

A. Howard

B. Chris

C. Mary

D. 一个都不选

4. 你是一个繁忙的餐厅的服务生。这个星期你已经工作了 45 个小时，星期五的晚上，餐厅老板要你第二天晚上继续工作，并许诺你将承担的是

一个大型晚会，因此你将获得不错的小费。下面的选项中你最可能说的是哪一项？

A. “我宁愿不要小费，谢谢。”

B. “没问题！”

C. “我有点累了，但如果你找不到别人的话我可以来。”

D. “如果你能保证小费的话我非常愿意来帮忙。”

5. 你是一个大学教授，两年前你获得了终身教授的安全保证。最近你意识到，这已经降低了你工作的质量。你可能会怎么办？

A. 意识到这是自然的——高工作安全导致较低质量的工作

B. 接受这样一个事实，你已经进入了一个新的职业阶段，努力工作已经不那么重要了

C. 承认你有点变懒了，给自己设置一些高目标，重新变得富有创造力

D. 寻找一些工作以外的事情（比如兴趣、社区工作），以代替你以前花在工作上的精力

6. 你是一个新上任的总经理，你注意到你的员工并不开心。你请了两位专家来给你做咨询。在与员工谈过话后，专家给了你他们各自的报告。一个建议将员工的工作设计得更具挑战性，这样他们就不会觉得无聊。另一个建议给员工提供保险计划，这样员工就会知道公司是关心他们的。假设两份报告的论证都同样有理，接下来你最可能做的是什么？

A. 给两位专家过去的客户打电话，按照声誉更好的那位专家的建议行动

B. 召开部门经理会议，听听其他人认为应该怎么做

C. 联系第三位专家以获得其他建议

D. 与两位专家单独见面，要求他们提供能够证明他们的方法更好的证据

除以上测评方法外，还可以见到应用面试、笔迹分析与传记资料分析进行品德测评的案例。例如，我们有些企业招聘人员总是欢迎笔迹端正工整的人，而日本的一些中小企业，则喜欢聘用字迹潦草脏乱的求职者。关西机械会社的野田社长说：“如今技术革新越来越迅速，如果考虑好了再干就晚了。然而边想边干的人其字迹必然脏乱，入社考试的答卷让人一点

也看不懂的是不行的，但稍微有些脏乱没有关系。”他们认为，字迹端正工整的人做事严谨刻板，缺乏进取心；而进取心强，创造性高的人对字迹往往不讲究，比较适合企业管理和产品开发工作。所以，才思敏捷、精力充沛的应试者其字迹潦草也会被优先录用。

九、认知学派的道德情景判断测验

认知学派是一种智德学派，他们认为人的品德发展，与其认识活动和发展水平密切关联。认为人的品德水平，是由诸如道德认识、道德判断等认知水平决定的。其代表人物有皮亚杰、科尔伯格、雷斯特等。他们的共同特点是以道德两难故事为假设性情境，然后提出一些道德问题，要求被测评者做出分析判断，由此测评人才的品德发展水平。

例如，科尔伯格编制了九个在道德方面难以判断是非的故事，采用面谈方式，让被测评者听完后对故事中人物的行为做出评价，说出自己的想法；然后据此对每个被测评者的品德水平做出评定，决定属于三阶段六水平中的哪一种。

这种知识测评形式在雷斯特手里得到了进一步发展。雷斯特认为科尔伯格的故事法并非道德判断测评的唯一方法。在当今信息错综复杂、社会日趋民主的时代，常常需要对他人的道德判断进行再判断，因此雷斯特对科尔伯格的道德两难故事法进行了改进。其形式如下：

故事：罪犯被判劳教十年。服刑一年后，逃出了监狱，以一个假名字唐信在另一个小镇上居住。他辛勤工作了八年，渐渐有了积蓄，自己开起了一个小店。他对顾客公道，给他店里的职员很高的工资，并把大部分赚来的钱捐给了社会福利机构。不料有一天，一个昔日老邻居张老太认出他就是八年前越狱的罪犯。公安局现正在通缉他。

1. 张老太应该向公安局报告而将他捉拿归案吗？（请选一个答案）

A. 应该报告

B. 不能决定

C. 不应该报告

2. 下表左边依“重要性”的程度有五个等级，假若你就是张老太，请对右表 12 个问题逐个考虑，判定它们对你决定该不该向公安局报告这一问题作用的重要性如何，并把判定结果以“√”符号标记在左边的方格内。

非常重要	比较重要	一般性	不太重要	毫不重要	问题
					1. 唐信这么多年来的良好行为不是证明了他不是个坏人吗？
					2. 每次都容许罪犯逍遥法外，不是会鼓励更多的人犯罪吗？
					3. 如果没有监狱和压迫人的法律制度，我们会过得更好吗？
					4. 唐信是否已经真正偿还了以前对社会所欠下的一切？
					5. 社会将使唐信的合理愿望落空吗？
					6. 尤其对一个行善的人来说，监狱脱离了社会，会有什么好处呢？
					7. 谁能这样残忍无情，把唐信送进监狱呢？
					8. 假如让唐信逃出法网，对于其他必须服刑期的囚犯来说是否公平？
					9. 张老太是不是唐信的好朋友？
					10. 无论在什么情况下，报告一个逃犯不是每个公民应有的责任吗？
					11. 大众的意愿和公共的利益，如何能得到最适当的照顾？
					12. 将唐信送进监狱，对他本人是否有好处，或者是否保护了其他人？

3. 现在再请你对上述 12 个问题做一纵向比较，依其重要性程度，从中选出 4 个，并依次把对象的题号写在下列适当的位置上。

重要性	第一重要	第二重要	第三重要	第四重要
题　号				

雷斯特认为，凡是在第一、第二两个重要性排列部分的问题，有两则故事以上，或六则故事合计有八个问题（含）以上，与前面判断结果比较

有倒错现象时，则此问卷作废，不予计分。另外，若学生对两则故事 24 个问题重要性的判断有 10 个（含）以上，同在某一等级中，则该问卷作废。

显然，雷斯特量表与科尔伯格量表相比，更标准、更客观、更易行与更科学。无论是雷斯特量表还是科尔伯格量表，它们都是从品德结构中认知因素出发，去测评个体的品德发展水平，其假设的前提是道德认知判断与道德行为完全相关。事实上在当今日趋复杂的社会中，道德认知的“巨人”与道德践行的“小人”并存于同一个人身上的现象大量存在。因此人们对此仍有争论。不可否认，道德行为是建立在道德认知的基础上，但在道德认知转化为道德行为过程中，还存在中介变量。涉及个体对自己愿望的调节、行为的控制以及行为习惯的形成等很多因素。道德判断的高水平并不等于人的整个品德的高水平。这一点科尔伯格自己也有所认识。

1992 年中共中央宣传部教育局在《当前中学生人生价值取向情况调查报告》中指出，我们中学生在认识与实践之间、观念与行为之间存在严重的脱节现象。问卷中有 93.6%的学生十分钦佩焦裕禄，而其中 49.6%的学生都表示自己做不到；93%的学生认为，中学生首先要爱自己的祖国，但只有 54.2%的学生认为“国家兴亡，匹夫有责”体现了中华民族的传统，应该提倡；92.2%的学生赞成“少壮不努力，老大徒伤悲”这句格言，而愿意努力学习的只有 49.3%。国外研究最近也指出，由于传统价值观念与现代生活方式的冲突性，赞同的道德标准与实际的道德实践严重分离。[①]然而，认知学派道德两难问题测验法，却给我们提示了可以从认知这一角度去测评人才品德水平的可能性。我们要研究的问题是，在什么条件下或什么范围中，采取什么方法从认知方面去测评人才的品德；认知学派道德两难品德水平测评法，还给我们一个启示，品德测评可以是对个体认知“最佳”行为反应的测评，因而可以由此消除被测评者的许多防卫心理与行为，提高测评的真实性。

例如，1925 年英国的两个心理学家麦考莱与瓦特金斯，用问卷法要求 3 000 名中学生回答两个问题：一是列举一件自己个人认为最不道德的事情；二是要求挑选一个自己最向往、敬仰和爱慕的人，并说明理由。由此

① 参见《教育内容发展的全球展望》第 161 页。

测评学生的道德观。显然，这里要被测评者反映的是一种“最佳”行为。①

认知学派的道德两难测评法，实际上也可以看做是情境测验法与问卷测验法的一种综合改进。它吸取了情境测验的典型性与问卷测验标准化、客观化等特点。不同之处是，在道德两难故事测评中，情境是既源于现实又高于现实的虚设描述。能够直接触动被测评者品德深层与关键部分所在。同时，它在同一故事下提出多个问题。这比起一般问卷法更科学可取。其一，刺激情境具有统一性与真实性。一般问卷法中的各个问题彼此独立，前提不一，被测评者思维可能混乱。而两难故事中，12 个问题都基于同一“真实性”故事提出，被测评者思维定向，涉及的品德层次就要深些。其二，效度更好些。一般问卷是直接面对被测评者提出。被测评者是作为直接对象回答，容易产生防卫心理。道德两难故事测评中，被测评者是作为间接对象处于第三者位置，即评判者出现，故防卫心理少些。

十、威特金行为操作间接测验法

威特金等人于 1962 年开创了一种称之为现场依赖性的测验。所谓现场依赖性，是指一个人极大地受到周围环境的影响和依赖整个环境现场（典型特征为可视的）而做出的知觉方式。例如下面是三个关系相当密切、共同用于现场依赖性测评的测验。

1. 倾斜房面和倾椅的测验：在倾斜的“房面”所给予的可见提示与受试者自身所感觉到的姿势提示发生矛盾时，要求受试者将他所坐的椅子调整到垂直位置。

2. 棒框测验：要求被测评者将棍棒调整为垂直方向，此时唯一的参照物是一个框架，而这一框架却比正常的垂直一水平方位倾斜一个角度。

3. 嵌入图形测验：被测评者必须在较为复杂的图示中，找出“隐藏”在里面的简单图形。

以上三个测验，从性质与感觉上看，都是属于认知能力的测验，但它们实际上都是用来测验个性品德的。

例如，若一个人在以上三种知觉测验中，都不受周围环境的影响，那

① 参见《教育心理学专题报告集》第 172 页。

么就可以说，这个人比较自信，自控能力较强，敏感性较高。

这类测验的特点是，使被测评者“以任务为重点”而不是以自己为重点。要求他们注意的中心和所做出的努力，就是迅速有效地完成个人或小组的工作任务。测评者通过记录、观察与分析某人与所分配的工作任务有关的典型行为信息，间接地测评个体的品德特征。这种因此可以称为行为操作间接测验法。其优点首先是能够让被测评者置于同一操作情境中做出行为表现，保证了测验的公平性和客观性；其次是采取声东击西的策略，使我们能够绕过被测评者为反对直接测评其品德而建立的防线。但是这种行为操作的间接性测验步骤既复杂又费时，且其设计也比较难，煞费苦心。而且这种测验的得分会受到个体普通认知能力大小的直接影响。

十一、投射测验法

所谓投射测验，就是给被测评者提供一个模棱两可、结构不定的刺激情境，要求被测评者依据这些情境，通过自己的理解与经验确定、辨认或完成其结构。被测评者所做的这些行为反应结果可以被认为与人的个性品德有着密切的联系。因此，测评者就可以由此进行一系列的分析，推断出被测评者的品德特征。投射测验的三个基本前提是：（1）个体对外界的反应都有其原因，并且是可以预测的；（2）在测验情境下表现的行为，不仅是个人平时有规律性行为的样本，而且可以直接反映他的个性品德在其他情况下的行为；（3）投射测验的刺激都是模棱两可的，没有明确固定的意义，因此被测评者可以自由反应，其所表现出的反应结果是发自内心的创见，是有代表性的。

关于投射法的类型，美国心理学家林德泽（G. Lindzey）根据测验所引起的反应把它分为五类：（1）联想法；（2）构造法；（3）选择或排列法；（4）完成法；（5）表露法。[①]

比较典型的投射测验，除罗夏墨迹测验外，特别适用于品德测评的是主题统觉测验（TAT）。主题统觉测验的创始人美国心理学家默里认为，当一个人解释一种含糊不清的社会情境时，他就易于表露自己的个性品

① 参见韩进文《德育心理学概论》第290～291页。

德。因此品德主题统觉测验的基本模式是，给被测评者提供几十张画有人物和情节的图片，有的非常抽象。要求被测评者根据每张图片内容编写故事，说明发生了什么事，画中人物的思想情绪如何，为什么会这样，其结局将会如何？

主题统觉测验的目的主要是唤起被测评者的幻想，引起他们对生活中重要事件的联想，当要求他们猜想眼前的画面代表什么可能发生的事情时，被测评者的品德特征就会在他想象的故事中流露出来。当被测评者认真地去理解这种模棱两可的情节时，心理防御就会更少，他们的内在倾向和欲望也就更易表露出来，这就为我们测验他们品德特征提供了信息。

类似的投射测验还有语句完成法、绘画测验法、完形测验法、团体人格投射测验法、逆境对话测验法和人物关系测验法等。

投射测验法突出的特点是，大多数以图形作为刺激物，因此其应用受语言差异、文化程度差异的影响较小。同时，许多投射测验注意了被测评者的情感反应、时间反应及其他许多细节问题。例如，罗夏墨迹测验与主题统觉测验，除了把被测评者所说的话记录下来外，还要把被测评者其他的行为反应特征记录下来。例如，回答用的时间长度、面部表情及叙述的方式等，评分也要考虑多方面的因素，因此其信息量比普通的问卷测验多得多。然而投射测验的评分带有极大的主观性，不如问卷测验客观。许多决定都是由评分者视被测评者的反应临境做出，没有什么具体统一的硬性规定。另外，投射测验法的信度、效度与客观性难以分析与论证。

十二、系统观察评定法

在这之前的各种测评方法都是主张从自我报告、思想动机探测、假设情境道德判断或实验情境中的表现去测评个体在具体情境中的品德将是如何或将会如何。系统观察法则主张从现实的具体情境中的品德行为去测评人才的品德是什么。

系统观察评定法，与一般的日常生活中的观察有所不同。日常生活中的观察是随意的、偶发的、不系统的。通常只注意那些和我们发生联系的事与人，对这些事与人所形成的印象，几乎是毫不在意，随其自然，并不断地改变着。然而系统的品德观察评定却不同，它是一种有目的、有组织、有计划、有步骤的观察。它有三个显著特点：一是对观察资料有系统的、科学的收集方式；二是所收集的资料与所要测评的品德特征有直接的关系；三是直接的、面对面的观察评定。测验者事先都对观察什么，什么时间在什么地点观察，以及观察多久非常明确。对于通过观察所获得的行为样本，测评者将依据一定的标准对他们一一赋分。每个被测评者得到一个总分数表明这个被测评者的品德水平，显然这种测评是以被观察评定行为的缩减样本为依据的，这种样本必须保证足够的数目，否则结论就不一定可靠。

采取系统观察评定法测评品德，西方盛行于20世纪三十年代，四五十年代有所停滞，七十年代后随着新行为学派的出现，又有了新的发展，现在仍是运用最为广泛的一种品德测评法。

这种方法特别适合于少年儿童或性格直率的人，因为他们还没有完全发展到像成人那样善于在公开场合中伪装和掩饰自己，或不太愿意掩饰自己的真实行为。另外，这种系统观察评定法对于那些言语表达能力差或有障碍的人的品德测评特别有效。有些人思想行为表现都很好，但是因为语言表达或自我认识判断能力差，而采取问卷测验法常常效果不佳。另外，前述各种方法虽然有既相对统一又标准化的测验情境，在这些测验情境中因人而异的测评结果具有一定的可比性，但是它们需要人们花费许多人力、物力去准备、设计测验情境，而且所获资料并非真实情况中的行为资料。自然出现在日常生活中的各种情况，虽然因人而异，没有前述测验情境中那种一致性，尽管在这种日常的生活情境中不一定会出现我们观察中所特别关注的行为，然而个体在这些情境中的行为却具有现实性与真正的自然性，代表了个体的真实品德面貌。同时也不需要我们另外花费精力与时间去设计测验情境，而且这种系统观察评定法既适用自然生活情境也适用实验情境，适用范围广。然而，系统行为观察评定法也有它的局限性。首先是观察过程中要花费观察评定者许多时间，对每个被测评者，都需要往复地从某瞬间到几小时之久的多个观察期的观察，才能获取相对完整的资料，记录行为表现与最后分析评定所记录的结果也是相当费时的。其次，系统行为观察评定存在主观性与偏见性。任何观察都是有所选择的。我们不可能观察和记录个人行为的所有方面，测量学家桑代克说过："利用词语对一个活泼的孩子，即使是5分钟时间的生活情形，做出十分充分而详尽的描述也是不可能的。”[①] 当我们决定观察记录这些而不是其他一些行为的时候，就已受到主观偏见性的某些影响。当我们对所观察记录的行为进行评价与处理时，也必然会受到主观性、偏见性的影响。例如当我们对所观察的行为进行定量分析时，必须对它们分类、综合与计算。任何分类系统，都是一个或多或少带有任意性，其实是将现实生活中无穷无尽的行为表现塞进某一范畴的框框，当我们决定某一行为应该归为哪一类时，实际上就已对其价值做出了评定。例如，8岁的A拥抱了8岁的B这一行为，可能有人会把它归为钟爱行为，而有人会把它归为攻击行为，当对所有行为记录做出综合评价时，主观偏见性更是不可避免。这种观察评定的主观性与偏见性虽然可以采取一定的措施加以控制，但不能彻底根除其影响。当品德行为现象十分复杂或解释范围宽广时，其影响就更大。最后，行为观察评定法容易被表面现象所迷惑而流于形式。这种表面性在偏离行为主体及其他行为孤立片面地去分析一小点一小点的行为时，就会更加明显增大。

十三、其他经验分析评定法

第二次世界大战后，哈维豪斯特（Havighouvst）和泰伯（Taba）等美国学者研究发现，人们的道德经验、道德面貌在人为控制的情况下，不易真实地再现出来。主张改变方法，以调查、访问、谈话经验总结等方法来测评个体的品德。他们认为要测评一个人的品德，由与这个人长期接触的非专业心理学工作者来做，比由不了解这个专业的心理学人员来做更切合实际。他们曾经把品德按声誉分解为诚实、负责、义勇、忠诚和友谊等，并以此作为五项主要指标，由熟悉被测评者的同事、领导、邻居、朋友广泛地进行评定，获得了大量的个案材料后，测评者据此再对被测评者做出最后的测评。

经验分析评定法的本质特点是，它不脱离被测评者活生生的实际生活，能够获得比较真实的实验情况与问卷测验等方法不易得到的事实材

① 参见《心理与教育的测量和评价》（下）第234页。

料。这种材料是大量的、多方面的，并可以通过多种途径获得。既可以进行较短时间的调查，又可以进行长期的追踪；既可以从调查、访问、交谈、团队活动等中获得活性材料，又可以从经验总结、个人传记、查看履历表、日记、人事档案等中获得死的资料。然而经验分析评定法的最大缺点是，最后处理资料、分析资料困难，材料往往繁多而冗杂，不易理出头绪。更主要的是，对材料的处理往往带有评定者的主观倾向性。有时相同的材料，不同的测评者出于不同角度，评价结果往往不同，甚至互相矛盾。这在操行评语法中也常常能够见到。此外，西方还常把人物推选、社会关系测评等方法也用于品德测评中。

十四、总结与启示

西方诸种品德测评方法的基本思路主要是从三个方面去收集有关测评信息。一是看被测评者本人对自己情况说些什么；二是看了解被测评者的人对他说些什么；三是看被测评者实际做些什么，看他在真人真事的环境中如何行动。[①] 然后依据一定的法则或标准对所获得的资料信息进行分析处理，做出测评。例如，问卷测验法、个别谈话等就是根据被测评者自我报告的信息，按有关测评标准或法则对其品德水平做出评定的；访问调查、人物推选等其他经验分析评定法，是根据其他熟悉了解被测评者情况的人所提供的信息，依据有关的测评标准或法则做出评定的；而情境测验、威金斯行为操作测验、系统观察评定等则是根据被测评者实际做些什么的信息，按有关测评标准与法则做出评定的。

所有前述各种品德测评方法，参照肯培尔（Campbell）的观点可以从三个维度分成四种基本类型。这三个维度分别是测评对象结构明确—结构不明确，测评目的隐蔽—非隐蔽，被测评者反应行为可以随意—非随意。按照这三个标准维度，所有的品德测评方法可划分为以下几种基本类型：

1. 结构不明确且测评目的隐蔽的测评方法，例如投射测验等。

2. 结构不明确但测评目的公开的测评方法，例如访问调查等。

3. 结构明确且反应行为随意的测评方法，例如卡特尔 16 因素问卷测

① 参见《心理与教育的测量和评价》（下）第 111 页。

验法、认知学派道德判断测验法等。

4. 结构明确且反应行为非随意的测评方法，例如威金斯行为操作测验法。

5. 结构明确且测评目的公开的测评方法，例如系统行为观察法、威金斯活动性量表测验法等。

6. 结构明确且测评目的隐蔽的测评方法，例如情境测验法等。

在上述各种品德测评方法中，比较明显的问题是，投射测验的信度，访问、调查资料的真实性，问卷测验中被测评者反应倾向的影响，以及行为操作测验的建构效度等，都还是令人怀疑的。测评者及测验情境对测评结果产生了什么影响，以及影响多大也无法统计。亚伯奈希（Abornethy，1954）在研究团体压力对问卷测评的影响时，发现被测评者在匿名的情况下与公开的情况下作答的结果有很大不同，且当被测评者觉得有必要造成好印象的情况下，容易歪曲事实。

另外，品德是一个复杂的多特征的系统，每种品德测评方法或具体的测验，可能各自只抓住了其中的某一侧面。例如雷利与柯费（Leary & Coffen）认为人格应从三个层次来了解——私人的、公开的、象征的。私人层次是指个人对自己显示的方式，公开层次是指被测评者对他人展示的方式，而象征层次是指他在无意识的投射中展示的自我。因此某人在投射测验与情境测验中的结果是不同的。品德测评应从多方面、从一组测评去获得多种信息。纵观品德的各个侧面，这样才有可能整合为一个动态的品德面貌，反映品德的实际特征。

第三节　美国等西方国家品德测评的应用

一、在监测组织道德氛围中的应用[①]

我们在企业责任和管理透明方面正处于一个新时代的开端，企业领导

① 原文参见 Speers，JoAnne Perkins，Jan Croce，Arne "Assessing the Ethical Culture of Your Agency"，Public Management（00333611）；Jan/Feb2007，Vol. 89 Issue 1，pp10-12。

将会逐渐发现，日益增强的国际竞争要求符合道德原则的领导。那么怎样确保组织自上而下都有道德地运作呢？——内部审计（internal audit）。内部审计员有能力要求企业的领导、经理和其他员工遵循组织的规章、道德和社会责任。至少内部审计应该定期评估组织道德氛围的状况，以及它的战略、策略、沟通和其他程序在实现理想层面的法律和道德遵从上的有效性。下面是内部审计员在测评企业道德文化的有效性时应该采取的指标与标准：

1. 一个非常有效的道德文化

• 清晰易懂的正式规定，包括相关的宣言、政策（如处理欺骗和腐败的程序）和其他组织期望的说明。

• 在期望获得的道德态度和行为方面，组织有影响力的领导与组织成员之间有经常的交流和沟通。

• 支持和增强道德文化的清晰的策略，定期更新组织对道德文化的承诺。

• 几种容易获得的途径供人们秘密地报告可能违反规则、政策和其他法规的行为。

• 员工、供应商和顾客的定期宣言，关于他们在处理事务过程中组织对道德行为的要求。

• 清晰的责任授权，以确保道德结果被评估，提供保密的咨询，可能的不正当行为将会被调查，个案调查将会被报告。

• 对于员工来说，很容易获得成为道德倡导者的学习机会。

• 积极的人事政策以鼓励每位员工为组织的道德氛围作出贡献。

• 定期调查员工、供应商和顾客以确定组织道德氛围的状况。

• 对组织内部那些可能制造出破坏道德文化的压力和偏见的正式和非正式的制度进行定期检查。

• 将证明人和背景审查作为雇用程序的一部分，包括诚信性测验、毒品筛查和其他类似的测验。

下面是一个道德有效性（ethics effectiveness）的快速测验，组织可以用来评估它们的道德有效性，使你明确在你的组织内部哪些发挥着很好的作用，哪里还需要改进。

2. 道德有效性快速测验

用1（完全不同意）～7（完全同意）之间的数为下面的每条陈述打分。

道德决策测评指标：

• 在与道德相关的问题上，有帮助各个层级的领导做出恰当决策的指南。

• 因为道德指南与政策和行为是一致的，因此它们没有制造出混乱或冲突。

• 有受过专门培训的道德支持人员，他能提供额外的指导，补充成文的指南。

• 在面对道德问题而没有相关政策存在的时候，员工知道怎样获得指导。

• 人们能够对道德政策（强迫执行）和道德指南（提供方向）进行区分。

• 道德指南在帮助人们处理没有成文的解决方法的情况时很有效。

• 人们在有效地使用现有的道德指南方面负有责任。

• 道德决策的指南根据需要被定期检查和更新。

道德氛围测评指标：

• 对于雇员对组织所定义的道德行为的履行，有正式的程序进行评估。

• 组织的道德氛围被定期评估，作为整体的组织检查的一部分。

• 主管人员知道他们在所管理的工作团队的道德氛围中所产生的影响。

• 员工了解道德氛围对生产力、质量和顾客服务的影响。

• 组织认识到对一套价值的承诺不仅仅意味着遵循道德规则。

• 员工理解并认同组织在道德方面的期望和对成功的要求。

• 员工理解他们的个人价值与组织价值的关系。

• 领导者认识到大多数改进道德氛围的决策或行动最终都是对组织有益的。

二、在美国律师选拔中的应用

美国的律师选拔考试通常被称为 Bar，是美国各种职业技能准入测验中最为重要的选拔考试之一。一直以来，美国律师选拔都包含了对品德测评的内容。因为法庭和律师之间的沟通交流取决于律师之间的相互信任，律师们必须依赖于其他律师的表述和承诺。法律体系要正常运转，律师需要知道这个行业里的大多数人都受到一些准则的限制，并且将会遵守这些限制，即便被抓住违规的可能性是可以忽略不计的。如果一个律师不根据这些规则行事，他可能不会伤害到顾客——可能会更好地为顾客服务——他将会给其他律师和法官带来很大的麻烦。此外，美国律师在美国人的生活中占据着非常重要的地位，这意味一个坏律师的影响将会被放大。因此，美国律师选拔总是非常关注他们的品德素质，其采取的测评手段主要包括：

1. 律师职业道德测验（MPRE）

MPRE 最早于 1975 年在加利福尼亚开始实施，加利福尼亚的实验取得了很大的成功，然后逐渐演化成了现在这种制度。MPRE 由 50 个多项选择题组成，要求在两个小时内完成。测验题目都是建立在全美律师协会（ABA）的职业道德规范准则和司法行为的 ABA 准则（ABA Code of Judicial Conduct）之上的，Joseph Covington 教授，MPRE 的设计者之一曾说过："不是准则里的内容就不会出现在问卷上。"

自从 MPRE 实行以来，许多州都陆续加以采纳，像加利福尼亚、伊利诺斯、纽约、马塞诸塞、康涅狄格和佛罗里达等律师选拔大州都要求被测评者顺利通过 MPRE 才能成为律师。但是每个州可以决定通过 MPRE 的具体分数，最低的是伊利诺斯的 65 分（非原始分）；最高的是明尼苏达的 80 分。通过率最高的也是伊利诺斯，达到 90%；最低的是明尼苏达，为 75%。美国议会希望 MPRE 的通过率保持在 85%左右。

大多数 MPRE 的问题设计的目的是为了确认考生是否把握了一个特殊的规定或惯例，测验题目以事实情景为基础，考生必须判断情景中的律师行为（a）是受律师规范约束的；（b）是恰当的行为；或（c）违反了道德标准。下面是 MPRE 的样题①：

假设你是为一个被美国国内税务局（I. R. S）指控在 1971—1973 年没有缴所得税的客户做代理的律师，这位客户告诉你，他在咨询你之前，交给了 I. R. S 一份虚假的陈述。你应该：

A. 继续为客户代理，不进行揭发

B. 通知 I. R. S 关于虚假陈述的事情

C. 立即退出这个案子

D. 告诉客户，如果客户自己不主动向 I. R. S 澄清，律师将退出这个案子

答案：D

2. 品行考察

在美国，出于对公众以及司法体系保护的考虑，在选拔前后，须由有关机构（这个机构在有些州是与律师考试的机构相分离的）对申请者的个人品德行为及是否适合从事律师职业进行审查。申请者的个人品德及适合性，被认为是与律师业务密切相关的基本要素，只有那些值得信赖的、委托人有充分的理由将他们置于律师位置的人才能步入律师界，因而审查工作备受重视。关于个人品德及适合性的考察标准，不同州的律师选拔机构会将其公布。虽然各州的规则及解释有所不同，但其对于个人品德考察是非常一致的，是为美国律师协会所首肯的。

在个人品行考察中，被测评者需要提供一系列的个人资料：以前居住和工作的所有地址，学习过和工作过的每个机构都要有证明人，关于父母、兄弟姐妹、配偶和小孩的信息，以及其他学术、军事、犯罪和信用方面的记录。1971 年以前，被测评者还被要求提供所加入过的每个组织、俱乐部或团体的名字和性质（1971 年被最高法院禁止）。

通常下列因素会导致被测评者受到进一步质询：不合法的行为，在学校行为不端，有虚假陈述，工作中有不端的行为，有欺骗、不诚实的行为，有疏忽职业义务的行为，有违反法庭决定的行为，有精神上、情绪上

① Vanessa Merton, “Ethics Tests in the Legal Profession”, The Hastings Center Report, Vol. 13, No. 3 (Jun., 1983), pp27-31.

不稳定的证明，证明吸毒或酗酒，等等。当然有关机构在做出决定时会充分考虑申请人行为时的年龄、近期的表现、行为的严重程度、行为人名誉恢复的证据、行为人行为后对社会的贡献等因素。[①]

在纽约州，品行考察采取的方式是面试，由律师协会官员负责，面试的内容主要是通过提问观察考生是否诚实，这一程序并不是很严格。而在佛罗里达州，品行考察从报名时就开始了，考察程序极其严格且烦琐。全美律师协会是对考生品行进行检查的重要机构。

三、在企业高层管理人员选拔中的应用[②]

在国外，企业高层管理人员的品德测评备受重视。因为企业高层管理人员做出的决策中，一部分是正确的，一部分是明显错误的，大部分决策则落入了道德灰色领域。在这些测验中的问题反映了企业高层管理人员日常生活中面临的道德选择。下面就是关于某企业高层选拔中应用的一个品德测评：

假设这是一个资产 10 亿美元的公共企业的一个子公司（年收入达到 1 亿美元），使用下面的数字规定对下面的行为做出判断。

1 代表道德行为。

2 代表值得质疑的行为。我不会对经理说什么，但这种行为让我觉得不舒服。

3 代表带来轻微损害的行为。经理应该被警告不能再这样做了。

4 代表带来严重损害的行为。经理应该被严厉谴责。

5 代表完全不道德的行为。经理应该被辞退。

1. 子公司总部大楼计划在 2009 年重新粉刷，由于 2008 年公司的利润远远超过了预算，因此子公司的总经理决定在 2008 年完成公司大楼粉刷的工作，花费 15 万美元。（1　2　3　4　5）

2. 总经理要他的员工推迟部分支出（比如出差、广告、招聘和维护支

---

① 参见王丽萍“美国的律师考试制度及其对我国司法考试的启示”，载《西北政法学院学报》2001 年第 5 期。

② 参见“Ethics Test for Everyday Managers”，Harvard Business Review；Mar/Apr89，Vol. 67 Issue 2，pp220-221，根据以上资料修改。

出）的报销到下一个预算阶段，这样他的公司就可以达到预算的赢利目标，而需要推迟报销的支出达到15万美元。

A. 为实现第一季度的目标，这些支出从2月和3月被推迟到了4月。（1　2　3　4　5）

B. 为实现年度目标，这些支出从11月和12月被推迟到了1月。（1　2　3　4　5）

3. 12月15日，一位员工订购了价值3 000美元的办公设备，12月29日，这些设备被送到了公司。但是经理曾经要求，在这个财政年度剩下的时间里，不允许有这些支出，而且这些设备并不是非常急缺的。公司的会计手册规定，办公设备被送到公司以后就要把支出记录下来。当总经理了解了所发生的事情后，要求会计部门在次年2月以前不要记录这笔支出。（1　2　3　4　5）

4. 9月份，总经理意识到为了达到预算目标，公司需要在第四季度有非常好的表现。

A. 他决定实施一项提供自由付款时间的销售计划，将下一年的销售提前到这一年度来，接受这项销售计划的顾客可在120天后付款。（1　2　3　4　5）

B. 他要求生产部门在12月超时工作，这样可以在年底运出尽可能多的货物。（1　2　3　4　5）

5. 在2007年12月初，总经理意识到公司将会超过今年预算制定的利润目标。他要求员工将2008年3月贸易展的支出（比如住酒店的支出、展出费等）预先付了，并将这些支出加入2007年的费用中，数额是6万美元。（1　2　3　4　5）

6. 2008年11月，公司正在努力达到预算。总经理给正在为该公司提供服务的咨询公司打电话，要这家公司第二年再递交费用清单，这家公司同意了。工作完成了却没有付费：

A. 3万美元（1　2　3　4　5）

B. 50万美元（1　2　3　4　5）

四、在人才培养中的应用[①]

品德培养是学校教育，特别是高等教育的重要组成部分。品德培养的目的是开发学生更好地分辨、分析和解决日常生活中遇到的各种道德问题的能力。这样的教育对学生、学校和社会来说都是非常有益的。因此，国外也非常重视学生的品德测评问题。

（一）品德测评非常困难

国外有关学者也与我们具有同样观点，他们认为，品德是无形的，是以个人的观点和情绪为基础，而不像自然科学那样可以进行客观测量。品德培养的目标或内容本身就是多样化和不确定的，学生们不仅应该获得品德方面的知识，并且应该学习行为上的技能。这些技能和态度用普通的测评方法是难以测评的。

虽然存在这么多困难，但是对学生品德知识、态度和行为的测评非常重要。每所学校都需要了解他们的每个学生是否达到了最低标准的品德水平，正如每个学生在其他科目的学习上都要达到一个最低标准一样。因为测评是学习的重要动力，因此品德测评的缺失对学生来说可能意味着老师不重视，因此学生可能会自己降低对品德培养的要求。品德测评还可以对学校的德育工作进行反馈，改善学校的教育。

（二）品德是由知识（know）—技能（can）—实践（do）组成的金字塔

国外有关学者认为，进行品德测评最大的挑战之一就是要在知识、技能和实际行动之间搭建一座桥梁。知道什么是好的，并不总是带来好的行为结果。知识、技能和行为三者之间组成了一个金字塔。金字塔的底端是“知识”层级，指品德中的理论知识、概念和原则。这是品德中的认知组成部分。金字塔中间的“技能”层级选择和应用人们“知识”层级中学到的知识的能力，这一层次属于应用技能的掌握。金字塔的顶端是“实践”层级，指在实际生活中个人的品德态度和品德表现，这应该是品德中最重

① Wong，Josephine G. W. S. Cheung，Erik P. T. “Ethics Assessment in Medical Students”，Medical Teacher；Jan2003，Vol. 25 Issue 1，p5.

要的部分。金字塔模型反映了品德测评内容的三个层次，也反映了品德测评对于不同层次的难度。比如，“技能”层级不仅反映理论、概念和原则的知识（“知识”层级），还反映对知识的恰当使用。“实践”层级同时反映“知识”和“技能”层级，此外，它还受到许多微妙因素的影响，比如个人道德观、同伴的行为和制度影响等。

（三）“知识”层面品德的测评

“知识”层面品德的测评主要是道德理论和原则方面的知识，检查被测评者的道德敏感性，发现道德问题，然后以一个良好的分析框架为基础分析道德困境的能力。对纯理论事实的考察可能几乎没有，因为在没有前后背景的情况下考察品德水平是不合适的。最常用的方法是使用标准化的假设案例（Doyal et al.，1987；Bresnahan & Hunter，1989；Hebert et al.，1990；Seedhouse，1991；Rezler et al.，1992）。通常，假设的案例提供了相关的信息，然后被测评者通过案例分析发现道德问题、考虑行动过程、选择他们认为合适的行动并说明理由。在这一过程中，被测评者能够表现他们的道德敏感度，关于道德分析框架的知识，分析、推理和思考的技能。测评的目标决定问题的设计和形式。这种测评通常以文字的形式，比如以短文或简答的形式存在。

（四）“技能”层面品德的测评

一个人可能在理论上对道德问题非常了解，但可能在实际生活中却不能恰当地处理。毕竟，学习知识和应用知识反映不同的素质。这就是说，在实际生活中选择和应用品德知识的能力需要以行为为基础的测评方法。在医学院学生品德测评中常用的方法是客观的结构化临床测验（OSCE），OSCE 让一个学生与一个标准化的（或真实的）病人交流，病人会在一段时间内描述一段情节（Collins & Harden），然后根据学生是否表现出一种事先拟好的清单上的行为来判断学生技能层面的品德水平。

在对医学院学生的品德测评中使用以标准化的病人为基础的 OSCE 的最大好处是，在一个典型的既要求道德知识又要求道德技能的情况下，集中测评学生的实际行为（Singer & Robb，1994）。此外，标准化的病人代表了有着与学生们不一样的偏好和价值观的活生生的个体，因此，这种方式提供了测评品德实际技能的机会，在这些情况下，他们面对的个人偏好没有文字案例中的个人偏好那么明显（Sanders，1995）。但无可否认的是，OSCE 可能反映了被测评者的“最好行为”，而不能反映他们在实际生活中会如何表现。另外，OSCE 在使用中的一个非常重要的局限性在于，它对时间和人力资源的要求很高，因为每个场景和每个学生的单独考试都要求有一个至两个考官。

（五）“实践”层面品德的测评

“实践”层面的品德是指被测评者在实际生活中与人打交道的时候是怎么表现的。被测评者是否会表现出那些他们知道和能够做的行为，这取决于许多因素，包括他们的道德品质、个人价值观、制度要求、同龄人的行为和榜样角色的可获得性。正如有人曾经指出来的，重要的不是人们怎么想，而是他们怎么做。

事实上，“实践”层面才是品德中的最重要部分，但也是最难测评的。在学校中经常没有涉及。虽然有描述标准道德行为的道德准则，但缺少客观和系统的测评。通常学生与道德相关的行为都没有留下客观的记录，除非在极端的情况下，比如不道德的行为已经发生，甚至产生了很恶劣的影响。个人隐私问题进一步增加了对“实践”层面的道德行为进行测评的困难。Goben（2001）认为，行为测评的最好方式是直接观察。但是，通过直接观察行为者的方式进行测评却不是一个可行的解决办法，因为被观察者可能会觉得不舒服。即便被观察者和相关人员同意接受观察，这种观察将是对“技能”层面品德而不是“实践”层面品德的测评，因为被观察者将会表现出“最好的行为”，这可能不能真实地反映他们的日常行为。直接观察真实行为的唯一方法就是在当事人不知情的情况下进行观察，但这本身在道德上又很难让人接受。尽管如此，经过标准化训练的“病人”曾经被用来测评医生的实际道德行为（Gorter et al.，2001）。

尽管对“实践”层面的测评往往难以进行，但是测评人们在“真实世界”中的品德水平还是可能的。一种比较有用的工具是文件包（Friedman Ben David et al.，2001），文件包可以包含必要的测评证据，包括被测评者的道德态度和专业主义精神。在 Dundee 医学院就是采用这种文件包测评方法来测评学生的品德。这种方法的优势在于，学生的态度来源非常广泛，并且在文件包中都有记录，这可能包括指导老师和小组成员的打分和意见。

对品德态度的测评可能还以满意度调查的形式进行，这是在其他领域经常使用的方式。来自其他同学的意见对一个学生的品德态度的测评非常重要，这种做法已经在许多学校展开（Gunnington，2002）。

Newble（1983）在 Flanagan（1954）关键事件技术的基础上，提出了一种新的测评方法，它让测评者描述或写下与被测评者行为相关的最重要的事件。这种技术为研究者提供了传统方法所不能获得的信息，且观察者不再被先入之见所制约。在 Newble 的试点研究中，资深护士被要求观察医学院学生，并记录他们认为非常好或有效，或非常不令人满意的任何行为。这些护士被特别要求不要对行为做任何整体的评价。事实表明，这种方法在品德行为测评方面有一定的适用性。比如，如果一个学生被不同的观察者多次报告有令人不满意行为的发生，这名学生将会接受反馈和辅导。此外，反思关键事件，可以挑选出那些有用和建设性的要素。这反过来又能为品德问题提供实际的解决方案，为改进实际品德行为提供建议和指导方针。但是，采用这种方法也有困难，因为非常耗时，且要求许多人员的参与。此外，到底需要多少人的观察才能获得有效的判断，这也不清楚，而且对观察结果的分析和解释也很困难。

事实表明，国外的许多品德测评方法都还有方法论上的局限性，许多工具的信度和效度还有待确立。比如前文提到的 OSCE，可能在内部一致性信度上就比较低（Singer & Robb，1994）。

五、在政府公务员中的应用①

品德测评也应用于政府公务员的管理实践中。下面就是关于政府公务员管理中的一个品德测评案例。

请根据你的工作经验与习惯，对于下面各题做出你自己认为合适的回答。

1. 一位巡视员被要求同意一项不符合城市建筑标准的建筑项目，作为

① Menzel，Don “Ethics Test for Local Government Employees”，PA Times；Jan2000，Vol. 23 Issue 1，p10.

交换，承包商愿意给巡视员提供一张即将开始的音乐会的入场券。你认为该怎么办?

2. 你的亲戚想做除雪的生意，除了其他合同以外，他们还想与政府签订合约。你在发布这类合约的部门工作，但不在合约部，你应该说明可能存在的利益冲突吗?

3. 除了在政府的工作以外，你还有自己的生意。你花了大量的时间用于电话处理商业事务、联系供应商和潜在的客户。由于你花了太多时间在你的私人事务上，所以你在政府的工作受到了影响。你认为合理吗?

4. 在政府工作期间，你学会了几项特殊的技能。另一个地方政府知道了你的才能，并且希望你能为他们工作，除非有紧急情况需要你到场处理，你可以利用周末时间做兼职。你应该接受这份兼职吗?

5. 在一周的时间中，你花了好几个小时使用政府提供的计算机下载一个亲戚的健康状况信息。这是道德的吗?

6. 一位卫生巡视员在午餐时间前到达了一个餐厅，在巡视期间记录下了几个违规的地方。餐厅经理为这位巡视员提供了午餐，希望巡视员等会重新巡视，并希望留给餐厅一定的时间做出必要的改进。巡视员应该接受这顿免费的午餐吗?

7. 你在巡视一座建筑的时候，发现了一些不符合城市建筑标准的地方，并将这些写进了巡视报告，然后离开了。后来建筑承包商与你联系，说他不喜欢你写的东西，并要求与你的上级对话。你的上级与他们讨论了一下，找出了一个能够达到建筑标准又不会让承包商花很多钱的方法。你的上级的行为是道德的吗?

8. 你被要求为某人提供一项特殊服务，比如用你的公车让他或她搭便车去办私事。这是道德的吗?

9. 另一个部门的主管来找你，叫你以非常规的程序处理一件事，这种服务不是每个人都能得到的。主管说，需要这项服务的是一个非常重要的人，通常的规则和程序不符合他们的要求。你应该按照要求处理这件事吗?

第八章　原苏联的品德测评方法

第一节　马卡连柯调查评定法

一、测评内容

如果我们要想全面而客观地测评一个人的品德，马卡连柯在总结自己多年实践经验的基础上，认为应就这个人在以下各方面的情况进行深入细致的调查。

这个人对待自己组织的态度怎样，是否爱护它，是否有决心积极参加改善集体生活，还是对它像对与自己生活中无关的事项一样漠不关心，是否抱敌视的态度，如果是敌视的态度，那就必须追究这种不健康的原因。原因在于组织与管理制度，还是在于这个人一心一意想离开这个组织，究竟想去什么地方，想怎样生活，想做什么工作？

这个人对自己的情况和能力是否十分了解，是否明白尽力工作是必需的？眼前的收入，眼前的满足和娱乐这些需求在他身上是否强烈？这种独特或强烈需求的产生是由于根深蒂固的习惯，还是思想品德太差？

这个人对待朋友与同事的态度怎样，比较倾向于什么人？不喜欢什么人，和谁要好，和谁敌对？

他对什么方面的工作富有幻想的和冒险的计划？爱好厉害到什么程度？他对团队与领导态度如何？他爱好什么？热衷什么？追求什么？他企图凭什么取得这个优越地位：凭智力思想水平、生活经验还是凭个人能力、关系或美姿？这种对优越地位的企望是否跟对组织的关心并行不悖，还是反对组织、反对团队或是反对某些个人？这个人怎样对待自己能力的提高？怎样对待组织工作和生活，对待为人处世、待人接物等修养的提高？他是否理解不断提高自己的品行的必要性及其作用，或者他更向往于学习工作和生活过程本身，向往娱乐生活所给予他的那些快乐？

这个人阅读什么，读不读书报，他是否自己从图书馆里借阅书籍、去书店买书？或是阅读一些偶然得来的书籍？他是否对一定的主题感兴趣？或是毫无选择地读书？

在工作及活动中，这个人是做什么工作的，他是否胜任他的工作，他是否喜欢它？这个人对于工作是否表现了意志上的软弱无力，是否任性，是否力图做别的工作，这种愿望是否合理，实现这种愿望有什么障碍，这个人怎样克服这种障碍，他是否决心长久地和它作斗争，他是否有足够的坚持性？

这个人怎样对待自己的日常工作，对待工作过程，对待工具、技术、程序？他如何对待自己工作技能方面的学习，对待工作的改进，对待工作效率的提高？对于体育运动是否爱好？有什么不便或缺乏阻碍着他的工作时，他采取什么方法消除它，是否在组织活动中发表过意见，这个人用什么方式来做这一切事情？

这个人对整个组织的事情是否熟悉？组织发生的各种事情他是否知道？他对自己组织取得的成功、对组织的前进是否关心？他对于组织工作上的成功和失败关心到什么程度？

这个人的家庭经济条件如何，每月家里收入多少，他怎样开支，对钱重视不重视，是否竭力把钱积蓄起来？是否帮助家庭和家庭的成员，是否帮助同事？

这个人是否养成了文明习惯，他是否理解这些习惯的必要性，是否竭力改善言语，用什么态度对待弱者、妇女、孩子和老人？

以上各项内容包括着这个人对人、对事、对工作、对学习、对己、对组织、对同事等的态度行为，能够比较全面地反映个人的思想品德面貌，这对于我们从哪些主要方面来测评人才的品德很有启发。

除了上述调查内容，马卡连柯还特别强调对工作、对学习的态度的评定。他认为态度决定一个人能否在工作中系统地获得基本知识并且做出成绩，这可以确定一个人一生的道路，但这对于健康的和正确的性格的形成也是必需的，也就是说，在很大程度上这是决定一个人命运的。

同时，马卡连柯也强调测评人的理想与志愿。他说，一个人的未来发展应特别受到注意，测评者应该知道被测评者想成为什么人，为此他又是怎样努力的，他的志愿实现的可能性有多大。

对于组织中的优等者与中等者的品德评定，马卡连柯也有很好的建议。这些建议非常深刻且对我们如何去发现优秀者的缺点及平庸者的特点，很有参考价值。他说，优秀者可能有另一种脱离集体的倾向：在善良的面孔和姿态下面掩饰着骄傲自满、妄自尊大、自私自利。平庸者有一种单调和灰色的生活情调，因此他们可能在其他方面找寻满足。

二、测评方法

如何调查上述内容呢？马卡连柯主张通过深入实际与参加会议听取有关报告与个人谈话。例如，马卡连柯指出，管理人员如果想知道被测评者的情况，他所能采用的唯一方法就是经常到组织中的有关部门去，到工作现场去，出席一切有关的会议。[①]

正因为马卡连柯如此重视在全面深入调查的基础上测评人才的品德，因此高尔基极其称赞马卡连柯的评语是给被测评者品德的“快照”，在简短的评语中，鲜明地表现了每个被测评者的品德特征。

第二节　排列分析等品德测评方法

一、排列相关系数评定法

排列相关系数评定法是原苏联心理学者研究中用来测评被测评者对自身品德自我满意的一种方法[②]，具体做法是：（1）给被测评者许多品德特征词汇表（例如谦虚、骄傲、粗鲁、关心、认真、原则性、重要性等），要求被测评者把最重要的品德特征词排在第一位，然后按逐次递减的顺序排列所有其余的品德特征词汇，最后即得到一个“标准”或“理智”的品

① 参见《马卡连柯全集》卷5“教育过程的组织方法，教导员的工作”，人民教育出版社1958年出版。

② 参见前苏联彼得罗夫斯基主编、朱智贤等译《普通心理学》第135页。

德特征词汇列。(2) 过一段时间后，要求被测评者对照品德特征词汇表再检查自己的品德行为特征，把自己身上最明显突出的那个品德特征词排在第一位，然后按明显突出性逐次递减的顺序排列所有其余的品德特征词汇，这样就得到了一个主体或个性品德特征词汇列。(3) 显然，这两个品德特征词汇列是可以配双成对的。因此第三步是对两个词汇列顺次标号，第一位的标记为"1"，第二位的标记为"2"，以此类推。(4) 对于每个词汇求出它对应两个词汇列中标号的差数，即 $D_i=L_i-M_i$（这里 L_i、M_i 分别是同一词汇在"标准"列与"主体"列中的标号）。(5) 按公式：$P=1-\frac{6\sum D_i^2}{N(N^2-1)}$，其中 N 为给定品德特征词汇表中词汇的个数。(6) 解释：+1 表示被测评者对自己的品德完全满意，−1 表示被测评者对自己的品德最为不满。介于+1 与−1 之间的数值则表示被测评者对自己品德满意的其他中间程度。

这种指数不但揭示了个体品德的自我满意程度，而且也表明了其自豪自信、自我要求和自我评价能力等品德。相关系数越高则表明该被测评者对自己品德越感自满、自豪、自信。然而自我要求严格或自我评价能力强的人，相关系数并不一定很高。这要结合"标准"列的质量分析来判定。

这种排列相关系数评定法在原苏联还被用来评定被测评者个体对组织与团队的满意程度。显然，这种个体对组织满意程度的指数也揭示了他热爱组织、维护组织、服从组织等组织品德特征。

此外，笔者认为还可以把这种方法改造应用于目前对于品德的自评、组评及上级评的综合测评之中。例如事先确定一个公认的"标准"品德特征词汇列，然后让每个被测评者对自己做出主体品德特征词汇列。同时，对组内其他同事做出现实品德特征词汇列。主管也对每个下属做出一个现实品德特征词汇列。在此基础上再求出小组内各成员对某个成员品德特征词汇列标号的平均数列。最后综合主体品德特征词汇列、小组内现实品德特征词汇列及主管所评现实品德特征词汇列（对这三方面的评定结果，可以加权，也可以不加权求和），即可得到该成员品德水平的指数。

这种方法的特点是比较客观，人们容易接受。若采用计算机技术，则非常方便，否则计算稍有些麻烦。

二、集体性操作测试法

集体性操作测试法，又称集体主义自决水平测评。其操作方法是给被测评者提出一系列道德判断表，要求被测评者根据自己通常所掌握的社会标准做同意或不同意的回答，经过一段时间后，把同样这些道德判断问题掺杂到范围更大的判断表中，同时在每个判断问题边上注明了集体对这个判断的态度。其中包括一些错误的信息。结果有些人就会在集体影响下放弃原先采取的道德判断标准，表现出顺从性或受暗示性。显然在集体影响下对原道德判断改变的程度就表明该被测评者服从性或受暗示性的大小。改变越大则表明他顺从性或受暗示性越大。然而另一方面也说明这种被测评者的集体主义自决性越差。所谓集体主义自决，是指个体对来自集体的任何影响，都坚决地根据这种影响是否符合组成集体的有社会价值的活动内容的任务、目的和价值，进行评定，然后再采取接受或者拒绝的选择态度。

集体性的明显特征之一，是以集体利益为重，服从集体要求。而这种操作测评的结果反映了被测评者对集体意见与观点顺从的定式。这种定式是个体从表面到内心，同集体要求一致性的表现。

如果间隔一段时间后再测评，这种方法还可以测评个人的独立性。

例如，经过一段时间，去掉集体对每个问题的意见，那么就有一些人会去掉“集体的压力”重新回到自己原来的（正确的）评定上去。但是，其余的人仍然会保持以前顺从集体意见的评定。显而易见，前面的人独立倾向较强烈些。这种人一旦取消集体约束或压力，很容易拒绝集体的观点与要求；而后一种人却是独立倾向弱些。

值得注意的是，这种测评结果对集体性测评来说，仅是一种参考值而非决定值。在一定程度上，测评结果会受到个体感觉阈限、感觉经验的影响。另外，这种测评中所揭示的受暗示性或顺从性，与高度自觉的集体性是否存在必然的联系或高度的相关性，也还有待进一步研究。

三、协调仪操作测试法

这种方法在心理学中，是用来测评被测评者是否有积极作用的情感移入，以及他同整个集体及其每个成员在情感上是否一致。具体操作过程如下：让6个被测评者在与其他组竞赛的条件下，共同操作某个称之为“团体协调仪”的装置。每个被测评者都应当尽快地把描写针，从头至尾穿过透孔而不碰到透孔帮。否则，一旦触碰到透孔帮，所有成员都会受到耳机啸叫声或电刺激的惩罚。如果团体内成员因此小心谨慎地工作，力求避免错误，同时使描写针的运动达到最大速度，那么说明该成员具有仁爱、共同关心的品德。①

这种测评方法比较客观，同时还可用以测评成员的集体合作性。但有些被测评者也可能因紧张或动作技能不熟悉而发生错误。因此，关于这种方法的测评效度应进一步研究。

四、自我评价水平窥测法

原苏联学者萨波日尼科娃研究认为，自我评价是人才道德水平发展的一项指标。因此，通过人才自我评价水平的高低，可以测评他品德发展的水平。显然，这种方法不是全面去测评人才的品德特征，而仅仅是从自我评价水平方面去探测；不是直接去测评人才品德本身，而是间接地选择自我评价的水平进行测评，并由此达到对人才品德水平的测评目的。

自我评价水平窥测法的主要特点是，依据个体自我评价的内容、水平、适当性、稳定性等指标的测评，实现对人才整个品德水平的测评。因为个体自我评价的内容，能够反映哪些品质为他最重视；自我评价的水平能够反映他的自我认识能力；自我评价的适当性能够反映他行为发展的倾向性，以及谦虚、谨慎、实事求是等品德特征；自我评价的稳定性，能够反映他道德的认知水平、诚实态度，以及对待自己是否认真、严肃等品德特征。研究发现，一个人自我评价的水平，直接影响着他的学习积极性、社会积极性以及与人交往的方式。自我评价适当的人，他的行为往往经过深思熟虑，有计划性，很少为偶然因素所左右，而且工作成绩优良。

自我评价内容的测评，一般是通过问卷法、谈话等方式进行，向被测评者提出如下一些问题：“哪些品德特点使你感触最深？你平时注意最多

---

① 参见前苏联彼得罗夫斯基主编、朱智贤等译《普通心理学》。

的是哪些品德特征？请把他们说出来，先说最主要的，再说比较主要的；然后请你评定一下，给他们打‘5分’‘4分’‘3分’‘2分’和‘1分’。”从这些自我评价的内容分析中，不但发现了一些性别差异，例如男性被测评者注意的多半是顽强、勇敢、公正等品德，而女性被测评者则偏重于一些比较细腻、复杂的道德情感，如自豪、良心、健谈、爱劳动等。而且，可以看出各类被测评者品德特征的个性倾向。

自我评价的适当性，是通过把被测评者对自己的评价，同三位其他人对他的评价相比较而确定的。具体的方法是，用18种品德特征（有好的也有不好的，如善良、真诚、无情、敏感、同情等）印在卡片上，通过个别谈话，让被测评者评价自己具有其中的哪些品德特征，表现的显著程度如何。最后把这些评价结果与三位其他人的评价结果相比较，确定其自我评价的适当性。

自我评价的稳定性则由被测评者对自己这些品德特征重复评价的次数来确定。重复越多，稳定性越高。

显然，这种自我评价窥测法比较简便可行，但是也有不足之处。它不太适合自我认知能力差的被测评者。对于那些认知能力高，而品德行为水平低的人也不适合。①

五、实际情境测验法

原苏联学者雅科布松认为，被测评者在影片的虚构、假想等情境中所产生的体验，与在生活情境中实际形成的情感体验有着本质区别。因此主张以实际生活情境来测评学生品德。

在雅科布松的实验中，他们选择了20种足以深刻强烈触动被测评者的生活情境。这些情境分为三类：第一类情境是被测评者在与生活和组织成员相处中经常遇到的。例如，父母吩咐他们要在外面表现好，家人对他的健康（衣服穿暖些）和安全（不要出车祸）的关心等。第二类情境是被测评者与同伴（或同事）交往时经常遇到的。例如，同伴轻视他的愿望；由于损坏别人的东西而向别人道歉；责难他不帮忙的同事；别人对他进行威

① 参见前苏联彼得罗夫斯基主编、朱智贤等译《普通心理学》。

胁，要是告发同事所犯的坏行为就打他。第三类情境是与领导交往中经常遇到的。例如，领导因他在工作中表现不好而批评他。

以上三种情况都会引起被测评者的不满、愤怒、恐惧、羞愧或温情和各种程度的友谊感。然而这种情境怎样在各种测评中展示，才能真正地激起他们的体验呢？把这些情境讲给他们是不可能的，情境太多了；只能用特定的、简要地表演这种情境的方式而使他们身临其境。这些表演要以被测评者的过去经验为基础，以生活中经常见到的情境为素材，这样就容易引起被测评者产生恐惧、委屈、愉快、温情等体验。

因此雅科布松把上述情况分别画在图画上，例如画面上有一个小男孩（或小女孩）正在听另一个人讲话，另一个人（成人或同伴）则以相应的姿态，表现出斥责、道歉、嘲笑等态度。为了迅速、准确地让被测评者深刻领会这些情境，要求测评者在出示画面之前，先简要地介绍画面内容，然后让被测评者充当画面中的一个人物，同时，另一个成人或同伴同他说话，被测评者听完后即对触动他的话做出反应。为了保证情境对被测评者的实际影响，那些带有适应感情语调的话和态度，一般由测评者本人说出来，并用轻视、恐吓、挖苦、蔑视、道歉、请求、要求等触动他们。有时，甚至把矛头直接指向被测评者，或者责备他说："瞧你还是先进人物呢!"或者说："领导就该这样对你说话!"通过以上方法使情境尖锐化，以便使被测评者对情境产生深刻的体验。考虑到被测评者在激烈的情感性情境中，往往会发生用微笑掩饰惶恐，出现情感激动状态、动作不安及各种姿势，所以在测评过程中，要根据一定的类别（手部的不安、躯干的不安、双手抱肩、难受的表情等），对被测评者的表情动作进行记录，并且暗中对典型动作表情进行拍照。测评中的所有谈话都应进行录音，以便事后根据说话内容情感色彩、拖延情况、考虑时间等几方面，对被测评者的反应加以分析。

上述工作完成之后，为了进一步说明所产生的状态并查明其稳定性，还要让被测评者亲口回答一些问题。例如，哪些情境使他感到困难？哪些情境使他委屈？为什么？这种实际情境测验法，显然会比那些脱离实际纯虚构的情境测验更有效。其测评指标是被测评者说话的内容、表情、动作、说话的情感色彩以及回答所停顿的时间，这比起那些纯字面回答的反应来说，其所提供的信息更加广泛、更加深刻。这种方法在以情动人方面也很有特点。但这种方法花费人力、物力，不太适合大规模的团队测评。[1]

第三节　原苏联品德测评标准的特点与启示

一、品德测评标准要具有综合性

品德特征体系是作为一个整体而存在的。它们不能分解为个别的、相互割裂的各种品质。不能助人为乐就谈不到善良；不守纪律就谈不上勤奋；不严于律己就谈不上认真；缺乏正义感和坦率就谈不上诚实。因此，品德测评指标应该从个人现实表现中，抓住那些主要的并为其品德特征体系完整性的东西，抓住那些局部的、派生的和同整体相关的行为特征。只有采取这种主要品德特征的与次要的具体行为特征相结合的方法来建构品德测评指标体系，才能全面客观地反映被测评者的品德面貌，测评结果才能具有综合性。

二、品德测评标准制定要有简洁性

决定品德特征整体性和一般性的品德测评指标是“一切社会关系总和”的特殊反映。例如，诚实、勤奋、善良就集中地表现了人的道德取向，这些测评标准及其指标间接地反映了被测评者实际品德的水平状况。个人的任何一种活动形式，如学习、劳动、社会工作、户外活动、创作、家务劳动、交际等，均可以从勤奋与成败的角度加以测评。反过来说，任何一种品德测评标准与指标，都必须综合被测评者在各种活动中的现实表现加以测评与把握，这即简洁性的具体表现。

三、品德测评目标的制定必须具有层次性

测评标准制定要从被测评者的年龄特征出发，根据不同年龄阶段提出不同品德测评标准。这种不同标准的案例具体体现在原苏联制定的学生守

① 参见陈会昌译《苏联品德心理学》第159～177页。

则中。

四、品德测评的内容主要应抓住几个基本品质

例如，热爱祖国、热爱人民、关心人、同情人以及热爱劳动等。如果一个人对亲人、对同学、对老师、对战友、对周围的弱者，采取漠不关心的态度，他是很难成为一个具有良好品德的人。

五、测评的标准必须具体化

原苏联学者 H·莫纳哈夫，曾经把他对学生品德测评的 21 条标准逐个具体化与特征化。

六、测评方法必须多样与有针对性

原苏联和东欧国家人才品德测评法，主要是操行评语鉴定法、等级评定法、五分制评定法、调查问卷法以及情境测验等几种。

第九章　日本等亚洲国家的品德测评方法

这一章主要介绍日本等亚洲一些国家学校的人才测评方法，虽然这些方法是针对学生设计的，但测评方法中的项目、困难与设计思想，对于我们企事业组织中的员工测评仍然有一定的参考作用。

第一节　操行查定法

一、操行查定的起源与发展

操行，在日本意为品性与行为，是道德判断、情操、行为和习惯的总称。①

日本学者齐藤利彦研究认为，操行查定是日本明治20年代后期在学校普遍使用的一种学生品德测评方法。它最早始于明治20年与21年之间，当时称之为“人品查定”。当时“人品查定”的目的与方法，日本文部省在明治20年8月6日发布的第11号政令中有明确说明：“学校不仅要进行学科教育，而且还要进行人品培养。学校对每个学生的人品都要做出评定，分‘普通’与‘优秀’两个等级，毕业时给予相应的人品证书。”

在贯彻这一政令的过程中，遇到了两个问题。第一个问题是，“人品”究竟是什么东西，它应该包括哪些内容？当时的文部大臣森有礼认为“人品”就是指能为帝国服务的善良的臣民所具备的品格。实际上这位大臣只是给人品的功用做了点说明，对“人品”及其测评的具体内容、方法及标准都含混不清，使学校进行品德测评时遇到许多困难。例如不同的学校及

① 参见日本齐藤利彦著《明治后期初中操行查定与学生管理》。

不同个人对“人品”有不同的理解，学生对老师评定的结果不满意等。第二个问题是，学校对“人品查定”的实施相当惧怕与为难。他们认为人品查定，是对学生品格的重大评定，尤其是毕业时要发相应的“人品证书”，这是除毕业证书以外的另一种证书。这种证书一发放就会被校外社会所知，给人以不好的印象。实际上学生正处于成长的过程中，今后还有充分发展的可能，学校一发“人品证书”，等于是仅仅通过学生在校时间的表现，就给了他固定不变的评定。这是不公平的，会导致学生对校方的敌视与仇恨，并引起多种纠纷。因此，明治 23 年 5 月 24 日，在“全日本教育工作者大会”上，不少学校要求废除“人品证书”。据史料记载，当时已经停止“人品证书”发放的学校已有 19 所，有百分测评法，有等第递减排列法。在实施这些方法的过程中，所测评的内容与依据的标准又不尽一致。

例如，东京普通初中，以“行为端正、节操坚实”的学生，作为品德一等的标准，然后把其他学生与之相比较，顺次测评出更差等级的学生；山形县普通中学给品德最优者打 100 分，然后把其他学生与之相比较，视情况依次降低分数。从福岛普通初中在明治 21 年的“操行查定”结果来看，最优者是 89.5 分，平均分数是 75 分。这种操行查定法实施时，常常是结合会议评定法进行综合查定的。福岛县普通中学规定：要先“充分地注意学生的言行，然后在员工会议上依据每个人对学生做出评分综合确定”。山形县普通中学规定：根据“职员平时的观察，在每学年终总结会议上，对每个学生的操行进行查定”。静冈县中学则仅把“风气、习惯、言语、举动”作为学生操行查定的项目。由此可见，这些操行查定方法，当时既没有一个明确的测评标准，也没有具体的测评程序。基于上述情况，日本文部省于明治 23 年 8 月通过第七号训令，废除了要求学校发放“人品证书”的规定。但是，同一天文部省总务局长发出通知说，废除“人品证书”制度并不是要废除操行查定法，要求各学校在校内进行包括“品性修养”在内的操行查定。就这样，“操行查定”于明治 20 年代后期在全国各地的初中普及起来了，并在明治 30 年代得到蓬勃发展。当时人们已不再把初中看成是与就业教育有关的部门，而是把它看做普通教育的机构。既然初中是普通教育，那么就应该谋求“德”“智”的全面发展，因此教育界便进一步强调了“操行查定”的重要性。明治35年7月，在“全日本中学校长会议”上，与会者向文部省提出，是否可以将操行查定的成绩作为学生升级的条件，结果得到了文部省的认可。于是，操行查定法在中学得到了进一步的普及与发展。

二、操行查定的类型与内容

对于操行查定的方法与内容，当时各学校做法不一。有项目分解测评法、讨论评议法，评定结果难以令人满意。人们不难发现，仅规定“品行”“节操”“举止”等抽象的测评项目，是不能保证测评的正确性的，笼统赋予最优者100分，不制定具体的赋分细则，是无济于事的。仅规定查定的大体方式，缺乏具体的测评程序，也无法保证操行查定的公正性。因此，当时有的学校就采取目标分解法来制定品德测评的标准。例如大分县某初中，首先把品德划分为“性格”“行状”“纪律”“勤怠”四项，然后再把“性格”一项细分为“智力”“感情”“意志”“全体”四个亚项目，把“行状”细分为“言语”与“动作”两个亚项目，把“纪律”细分为“纪律”“整顿”“协同”三个亚项目，把“勤怠”细分为“修学”“体育”“家务”三个亚项目。接着又进一步把所细分的亚项目再次细分为子亚项目，例如“性格”项中的亚项目“感情”一项，被再次细分为两极对立的五个子亚项目：稳健—急躁，同情—薄情，热心—冷淡，冷静—狂热，感恩—忘恩；而“全体”一项，则再次被细分为高洁—野卑，刚毅—温情，真挚—轻佻，宽宏—狭隘，果断—优柔，顺从—反抗六个子亚项目。最后整个标准体系为137个两极对等的测评项目。

这些项目所做分解的依据，似乎不那么明确。从有关史料来看，其最后的子亚项目，可能是从日常生活中收集人们彼此之间的评定词语而汇制的。因此，这种方法确切地说，可以称其为“特征目录法”。

关于品德测评项目的分解，新泻县有个初中，还采取了另一种表格形式，其内容见表9—1。

从上述品德测评的项目体系中，我们不难看出它有以下几个特点：

1. 品德测评标准体系中的项目，大多数带有明显的价值倾向。例如“忠诚”“报恩”“牺牲”等，而类似“举止”“言语”“风气”等中性价值

表 9—1

至诚	正直（狡猾）、忠诚（不诚实）、讲信义（虚伪）、高尚（卑劣）、公愤（私愤）、刚直（阿谀）
恭敬	礼貌（无礼）、谦虚（傲慢）、文雅（粗野）、自重（自弃）
义务心	讲义气（不讲义气）、报恩（忘恩）、牺牲（利己）、公共的精神（私欲）、服务的精神（享受）
克己	勇气（柔弱）、勤劳（不勤）、忍耐（无忍耐）、节欲（纵欲）
纪律	整顿（不整顿）、严正（粗放）、清洁（不清洁）、卫生（不卫生）
朴素	朴素（奢侈）
温雅	宽宏（小气）、亲切（不亲切）、同情（残酷）
沉着	沉着（轻浮、不稳）
周到	慎重（轻率）、思虑（鲁莽）、经济（不经济）、致密（粗杂）

的项目大为减少。

2. 整个测评目标体系建构了一个以“忠孝”为核心，以服从、奉献为方向，以至诚、恭敬、义务、报恩等为特征的标准人物。

3. 最后的子亚项目所构成的测评目标体系，不但对整个品德测评的外延范围有明确的控制，而且也规定了对比式的测评程序。例如，“至诚”一项，就是规定通过正直—狡猾、忠诚—不诚实等子亚项目的对比进行测定。

可以说，对品德测评目标逐级分解的方法，打破了以往操行查定项目的抽象性，并且在一定程度上使测评的方法、程序得到了制度性的确立。随着项目分解测评的出现，当时日本还出现了“操行评定簿”和“操行协议会”的测评方法。所谓操行协会法，是指先物色一些专门人员对学生平时的品行表现进行及时的观察记录，然后在碰头会上根据各测评员汇集情况，并在此基础上对每个学生的操行做进一步的评定。操行评定簿法则要求每个教师注意观察每个学生的言行表现，并把有关情况详细记入评定簿中，然后每月集中评定一次。

操行查定法的另一种改革变式是操行评等。这种方法目前日本各学校中仍在普遍使用。

前面我们提到过，明治 30 年代，很多学校都采用百分数操行查定法。

由于缺少具体的赋分标准，人们感到用分数评定操行极其困难，评定结果的正确性很难保证，于是许多学校放弃了操行评分法而改用操行评等法。例如，静冈县立初中在明治35年，则把先前的操行评分法改变为甲、乙、丙、丁、戊的五级评等法。而大分县立初中则把操行评等法改进为二判十级评等法。先按甲、乙、丙、丁四级评定，再把甲、乙、丙分别按上、中、下三等判别，所以有甲上、甲中、甲下、乙上、乙中、乙下、丙上、丙中、丙下、丁共十个等级。但有的中学只分甲、乙、丙三级评定。显然这种操行评等法相对于操行评分法来说，其操作容易多了。

虽然大家比较倾向于采取操行评等法，但在实施的过程中，人们也遇到了不少困难。例如经常导致评委之间的争执与纠纷，评定过程花费时间太多，大家争论不休。结果有些评定难以保证其公平性。尤其是学生，对操行评定的等级产生了强烈的不信任感。例如，当时京都府立第一初中的毕业生后来回忆说："当时的教师总是这样认为，只要学科考试成绩好，那么其操行也应该是好的。"这种操行评定容易使学生形成表里不一的双重人格。曾经任东京知府和警视总监的藤沼庄平回想起当时的情景说，他于明治30年入栃木县普通初中学习，结果第一学期的操行评定得了丙级，第二学期得了乙级，第三学期得了甲级，但是他认为自己的操行在三个学期中根本没有发生变化，因此学生对老师操行评定的权威性产生了怀疑。

据有关史料记载，由于学生对操行等级不满，部分学生曾经因此发生了罢课、动乱与其他抗议活动。操行查定后来又发生了多次变革，形成了现代日本各学校操行评语的模式：只写评语，不给评等，只实事求是地纪实描述有关情况，不做任何主观评定，或者多写优点，侧重鼓励，少写缺点。缺点错误的批评指正在平时面谈中指出与说明。

三、操行查定法的启示

1. 重视品德测评在组织管理中的作用，重视品德测评在组织文化建设中的地位。

日本操行查定法发展的历史启示我们，日本政府非常重视品德测评的管理作用，早在19世纪后期就在学校中普遍进行了主观印象评定、观察记录会议评定、分数测评、等级评定等多种品德测评活动。当时他们主要把操行查定作为教育质量评价的一种手段，作为学生管理的主要工具。明治39年，当时日本政府发表了“牧野训令”，各校据此把操行查定作为强化学生管理的重要手段。学校把品德测评结果与处罚措施结合起来。例如，有些学校规定操行查定结果为丙等的，校长将勒令其退学。有的虽然不那么严厉，但校规中明确规定，操行查定结果为不合格时就要降级。

2. 对于组织中每个成员的品德测评应注意收集八小时外的信息，坚持以八小时内为主，八小时外为辅；坚持以行为事实为依据、科学推断为参照的操行查定法。

要求加强平时对学生的言行观察，经常到教室、寝室及有关活动场所进行巡视。在校外，对家庭或社区的行为也要求经常进行调查访问。这一方面加强了对学生行为表现的监督，另一方面也有利于提高品德测评的客观性。

3. 品德测评应该以促进发展、引导向上为主，衡量评定为辅。

由于当时日本政府忽视了品德测评的教育作用，没有把测评建立在学生自我测评的基础上，把重点放在帮助与指导学生品德的完善与发展上，故不断遭到来自学校与学生的反对，最后迫使其进行改革、修正，成为今天侧重于写优点，少写缺点，甚至不写缺点，不做评定的描述性操行评语方式。

4. 品德测评应抓住为人处世的基本功能。我们可以把操行查定法中至诚、恭敬、义务心、克己、沉着、周到、纪律等为人处世中最为基本、人生成长中最为关键的项目，作为我们人员与人才品德测评的重要内容。

第二节　行动记录法

一、行动记录法概述

“行为”在这里不是心理学中的所谓行动，而是指人才的品德行为。[①] 日本现行的《行动记录法》是根据1984年2月27日日本文部省通告而制

① 参见日本辰见敏夫编《教育评价方法》第408页，协同出版社1986年出版。

定的。其记录的内容主要是被测评者的品德表现与性格特点，包括评定、所见及兴趣特长三个方面。

所谓评定，即我们所说的测评，它是依据一定的测评项目，要求按A、B、C三个等级进行记录。A为优秀，B为普通，C为需要考虑给予特别指导。每个测评项目的测定与记录，都是以被测评者明确的行为特征为依据，对于那些特征不太明显或者说难以判定的项目，可以不加测定而仅画一斜线，对于那些特征明显但属于测评项目范围之外，则可以进行补充并加以测定与记录。

有关品德行为与性格特征的测评项目，中学有以下11项：(1) 基本的生活习惯；(2) 自主性；(3) 责任感；(4) 意志坚强性；(5) 独创性；(6) 情绪安定性；(7) 宽容性；(8) 领导能力；(9) 合作性；(10) 公正性；(11) 公共性。小学有以下10项：(1) 健康安全的习惯；(2) 礼仪性；(3) 自主性；(4) 责任心；(5) 意志与毅力；(6) 独创性；(7) 情绪安定性；(8) 合作性；(9) 公正性；(10) 公共性。

二、行动记录法的内容分析

以上测评项目是从先前更多的测评项目修订得到的。1962年日本中学设有17项测评项目：社会性、幸福感或明朗性、情绪安定的程度、安定感、正直性、负责任的态度、尊敬的态度、亲切的礼仪、宽容的态度、协调的习惯、闲暇的有效利用、自信、独立性、判断力、创造性、成功性、领导能力。1965年小学则设有22项测评项目：能自我判断、有自制心、有计划性、有正义感、有责任心、爱劳动、热心于工作、有耐力，注意卫生、有礼貌、关心他人、能采纳他人的意见、与人合作、尊重他人、有领导能力、爱护物品、理解并遵守规则、能正确批评、有钻研精神、有安全感、态度温和、有审美意识。

从以上的测评项目中可以看出，中学与小学缺乏明显的连贯性，而且排列比较凌乱。因此1978年得到进一步修改，统一制定了小学、初中及高中的品德测评项目，形成了以下一致共同的11项测评项目：自主性、正义感、责任感、意志与毅力、健全安全习惯、礼仪、协调性、领导能力、公共性、判断倾向、情绪倾向。在此基础上最后于1984年文部省把中小学的测评项目分别修订为前面所提到的11项与10项（见表9—2和表9—3）。对于每个测评项目还进一步列举了具体的测评内容。

表9—2　　品德测评项目和评定内容（小学）

项目	内容
健康、安全的习惯	注意健康，不断提高安全意识，尊重他人的生命（财产）等
礼仪性	根据时间和场所，有适当的言谈、举止与着装，以诚待人等
自主性	有自信心，并且能够清楚地表达自己的正确意见，行动明确，有计划性，能不断实现等
责任感	对自己的言谈有责任心，对自己应完成的事情有诚意，并执著地去完成等
意志性	为了完成任务，能克服困难，最后耐心地去工作，顽强地工作等
独创性	持有不断探索的态度，有不断创造新的观点和方法的意识，追求更好的生活方式等
情绪安定性	能控制一时的冲动，行动稳定、沉着，心境温和而愉快地生活等
合作性	能理解他人的性情和处境，与朋友友好相处，为了彼此追求更高的生活目标，能不断合作等
公正性	爱憎分明，行为诚实可靠，不局限于个人的好恶、利害关系，公平办事等
公共性	爱护公物，理解并遵守规章和规划，不危害他人，做有利于推进公共事业的事情等
基本习惯	在日常生活中养成健康、安全的习惯，生活有节制，生活有条理、有规律，注重时间、物质和金钱，并能合理地使用之，养成良好的待人接物的习惯

对于自主性、责任感、意志性、情绪安定性、公正性与公共性等基本测评项目，又进一步根据测评内容提出了观察所应注意的特征及评定的具体标准。

从日本《道德教育》杂志1992年2号刊的报道来看，日本中小学品德行为测评目标又有新的发展。中学品德行为测评目标共有12个，它们分别是：（1）基本的生活习惯；（2）乐观与活泼；（3）自主与自律；（4）上进性；（5）责任感；（6）创造能力；（7）同情心；（8）宽容与合作性；（9）爱护自然；（10）勤劳与奉献；（11）公正与公平性；（12）公共性。小学品德行为测评目标共有11个，它们分别是：（1）基本的生活习惯；（2）乐观与活泼；（3）自主性与意志坚强性；（4）责任感；（5）创造能力；（6）同情

表 9—3　　品德测评项目和评定内容（中学）

项目	内容
自主性	有自信心，并且能够清楚地表述自己的正确意见，行动明确，独立思考，判断准确，能够实现目标等
责任感	对自己的言谈有责任心，自觉完成任务，做事认真、诚实，并能诚实地完成等
意志性	为了实现正确的目标，能克服困难，最后有耐心地去实现目标，顽强地工作等
独创性	持有不断探索的态度，有不断创造新的观点和方法的意识，追求更好的生活目标等
情绪安定性	能控制一时的冲动，有计划地行动，生活上有满足感，热爱生命，愉快地生活
宽容性	能理解对方的处境，尊重不同于自己观点人的意见，能爽快地原谅他人的过错，虚心地接受他人的忠告和建议等
领导性	有领导能力，取得他人的信任。为了集体的利益进行计划思考，做出表率的行动，在决策方面注意征求群众意见等
合作性	以诚待人，作为集体的一员，相互信赖、相互帮助，为集体的进步作出贡献等
公共性	爱护公物，理解并遵守规章和规划，不危害他人，做有利于推进公共事业的事情等
公正性	能客观地、多角度地思考问题，判断正确与否后再行动，不局限于个人的好恶、利害关系，公平办事等

心；(7) 合作性；(8) 爱护自然；(9) 勤劳与奉献；(10) 公正与公平性；(11) 公共性。

以上品德行为测评项目与 1984 年的相比，中学增加了乐观、活泼、自律、上进性、同情心、爱护自然、勤劳与奉献、公平性等内容，而减少了情绪安定一项。小学增加了乐观、活泼、同情心、爱护自然、勤劳与奉献、公平性等项目，而减少了礼仪性、情绪安定性两项。此外，还有一个变化是，新拟定的每个测评项目，小学是按低、中、高三个年段分别制定具体的测评标准，而中学则是分一、二、三个学年分别制定具体的测评标准。

所谓所见，即包括描述学生品德特征的概貌、说明评定 C 等的有关理由、指导方法及指导原则等内容。

品德特征概括的描述，要求挑选学生品德中那些有代表性的特征进行具体描述，尽可能详细些。

所谓兴趣特长栏目，主要是为中学生设立的。用于描写其兴趣、读书倾向、特殊技能等。

为了做好上述三个栏目的测评记录，这种方法要求测评者平时要仔细观察每个被测评者，做好行为表现的事实记录，或者多查看掌握有关的调查资料，或者借用一些全国性的调查表对照检查被测评者的品行表现，积累材料与依据。

《行动记录法》于平成三年，亦即1991年3月根据日本文部省的有关通知精神，进行了新的修订，原来记录的内容包括品行特征与性格特征，修订后强调测评记录的内容只限于品行特征。测评项目，中学为12项，小学为11项。记录栏目，原来有评定、所见、兴趣特长三个，修订后改为行动状况、所见及指导参考诸事三个栏目。行动状况栏的记录与测评，原先是进行A、B、C三级评定，修订后则改为符号评定，当被测评者整个时期的品行表现，足以说明他具备了某一项目的特征，则在该项目上记上“O”的符号，否则就不做记号。整个行动状况栏的测评记录，要求测评者抓住被测评者品德表现的特征，使其整个时期的品德特征明了化，而不是去探寻被测评者不足的东西。除所规定的11～12个测评项目外，要结合组织管理的特点，设置一些独自的测评项目，并加以测评记录。

所见栏目修订后，要求所测评记录的内容侧重于发掘被测评者的长处与潜能，帮助其克服缺点与不足，具体地说，包括以下六个方面的内容：

1. 从整体上捕捉被测评者的品德特征，并做概括性记述。

2. 记述在各方面，道德特别活动及其他集体活动中观察所获得的品德特征。

3. 对那些够不上评定符号“O”的项目，对那些缺乏充分判定依据的优点，要把其中有把握的那一小部分优点或长处加以记述。

4. 记录被测评者整个行为特征中最为突出的优点。

5. 记录被测评者整个时期中进步最明显的优点。

6. 记录那些应特别注意的指示意见以及被测评者的心理健康素质状况。

指导参考诸事栏记录的内容，除兴趣与特长外，还包括校外生活中的显著行为以及奖励表扬。

三、行动记录法的启示与特点分析

行动记录法发展的历史启示我们，行动记录法的作用主要有四个：(1) 使被测评者整个时期的品德行为特征明了化；(2) 让被测评者注意到自己的长处与发展潜力，促使其为争取更好的测评成绩而努力；(3) 为被测评者的品德培养与开发提供重要依据与意见；(4) 通过测评记录行为特征，使测评者发现被测评者的长处与潜力。

行动记录法是以外显行为（简称行动）为主要测评对象的。行动即逐渐被定义为测评者能够把握、明了其状的行为或品行。因此1991年3月的修订，把“性格与行动记录”改为“行动记录”，把原应测评的项目“情绪安定”与“意志坚强”都给取消了。目的是把测评者的注意力集中到明确存在的“可见行动”上来，以此提高品德测评的客观性，因为“性格”连被测评者自己都无法说清，作为外人的测评者去测评，会有卷入相当主观因素的危险；“情绪”有时是兴奋的，有时又是冷静的，对其背后的实质，测评者也是难以把握的。

行动记录法是以可以捕捉到的行动为主要测评对象。有些行动虽然是可见的，但是很难捕捉到。例如那些舍己救人、与坏人搏斗等惊险助人行为，虽然给人印象深刻，但却极少遇到，因此品德测评应以日常工作生活中经常可以捕捉到的那些行动作为测评对象。这样才能提高品德测评的信度或可靠性。

然而并非所有的品德行为都可视，都可以捕捉到，也存在一些不可视与难以捕捉到的行动。例如，采取行动的动机和诱发行动的因素等，对品德测评十分重要，但却既不可视又难以捕捉；还有一些行动，虽然看见容易，但要看准、看透却极其困难。因此，行动记录法的分析启示我们，应努力提高测评者的观察能力与观察水平，从多角度、多方位对所观察的行动进行综合分析，平时要多加留心观察，收集与积累各方面的品行资料与情报。例如，各个时期的工作记录、特殊活动的记录、日常生活笔记、小组讨论记录、调查报告，其他领导、同事、朋友、保健人员、社区负责人等提供的观察结果及其情报，对于品德的测评、诊断与分析，都是极其重要的。

第三节　日本其他品德测评方法

品德，日本学者把它定义为个体“依据一定社会的善恶原则及规范标准所做出的一致性行为”。[①] 测评时，品德被划分为三个层次：规范意识、实践意识以及行动面。不同的层次采取不同的测评方法。规范意识与实践意识的测评一般采用客观测验、情境测验以及问卷测验等方式，行动测评一般采取测评者评定法、是非判断测验以及前面提到的评定方法。其详细内容见表 9—4。

表 9—4　　品德结构因素及其测评

品德结构因素		主要测评方法	备注
意识面	规范意识	情境测验 客观测验	以与智能测验相同的形式测验判断力、知识、思维能力等；这种测验结果，并不代表被测评者的品德行为水平
	实践意识	自我诊断测验	与上述测验不同，其测验对象主要是被测评者的态度与品行，测验方式并非客观判断，而是自我诊断，这种方法同样适用于行动测验
行动面		是非判断测验	以学生平时相互之间对具体行动的观察结果为基础
		测评者评定法	以测评者平时对被测评者具体行动观察的结果为依据，有尺度评定法与观察评定法

采取类似管理领域及心理学领域中的测验形式，对被测评者品德进行测评的做法，第二次世界大战前就在日本出现了。如当时已有田中宽一的“道德判断力检查法”、大伴茂的“道德判断测试”、凡山良二的“道德判断检查法”等。显然，这些测验主要是以道德判断力及道德知识为测评对象，基本上属于品德中规范意识层的测评范围。

这些测验，同时单纯依靠测验的形式，单方面测评被测评者有没有道德知识等，类似于日本过去修身教育流派的道德性测验。例如，田中宽一的道德判断力检查法，是针对所提出的 100 个问题，要求被测评者思考判

① 参见日本辰见敏夫编《教育评价方法》第 408 页，协同出版社 1986 年出版。

断，认为最好的品德行为记“＋10”分，最差的行为记“－10”分，不好又不坏的行为记“0”分，其他情况适宜地以“－9～＋9”中的某一分数予以标记。

“战后”的品德性测评，大部分仍是对品德中规范意识的测评，特别是以道德判断力的测评为主。不过，与“战前”相比，已有一定的进步。这表现在测评方法上采用了问题情境测评方法。

下面介绍一下日本“战后”新发展的品德性测评方法。

一、山田、唐泽、桥本、金井的“道德性检查测评”

这个测评，明确地从品德意识面的两个层次进行分析测评，并且分析调查这两个层次的不同点，使之成为标准化的测评。这种颇有特色的测评在当时恐怕是唯一的。它采用问题情境测评的形式，以“问题 1”（参考后面问题情境内容）中的规范意识（客观性道德判断力和知识）以及“问题 2”中的实践意识（主观性道德态度和行动方案）作为内容组成一个测评。“问题 1”因与普通的智能测评相同，故学生对它的回答较准确。但在“问题 2”中，由于采用自我诊断的测评方式，所以可能存在回答不准确的情况，会有掩饰性的答案。为了检查“问题 2”被测评者的回答是否准确，为什么这样回答等问题，在这个测评的最后设有问题回答信赖度的尺度，据这个尺度，可以检查测评中被测评者的实践意识得分及其与规范意识得分的一致性的可信程度。

问题情境及其测评题内容：

天正下着雨，良子用包袱皮把学习用具包好，从学校回家。当她走到自家前面的拐角处，突然看到了一位一手拿伞，一手提很重包裹的老奶奶，这时良子稍微停了下来，考虑着自己该怎么办才好。

问题 1：在下列选择方案中，确定出你认为最好的一个，并在前面的空格中用○标记。（注：这在不是你自己做的前提下）

①□把自己的用具放入家中，打着伞站在门口。

②□进入家中，不再理睬雨中的老奶奶。

③□急忙进入家中，向家人说明自己放心不下，外面雨中有个老奶奶。

④□急忙把自己的用具放进家里，走到老奶奶身边，给予帮助。

问题 2：□在上面问题 1 的各种行为选择中，如果你是良子，你将会选择哪一种？请在空格内标记相应的数字（方式）。

二、铃木、间宫、品川、辰见的“道德性诊断测验”

这是“战后”比较早的标准化品德测验。最近又得到了进一步发展。它是日本最早采用问题情境测验形式的品德测评。

这个测验有 40 个问题，以第三人称叙述，用“四项选择法”，在最好与最坏的答案之间进行选择。适用范围是小学四年级以上到高中三年级的学生。对测评结果中的偏差，要根据被测评者回答全部问题的情况以及家庭、友人、社会四方面进行分析诊断。

三、增田、高桥、津留、黑桥、山本的“诊断性道德判断测评”

整个测评有 42 个问题，都是采用问题情境测试的形式。但这里的解答方式，不是采用选择的方法，而是采用五阶段评定尺度的形式（参考下面图示），另外，仍然是以前面叙述过的品德意识的两个层次为测评对象，是关于是非善恶判断的能力测评。即仅限于规范意识的测评，其结果是按基本行动、心情与判断、个性与创造、社会与国家四个方面得分的总和进行评定。

朋友对田中君说：“如果一个人不能对社会作出贡献（有用），那么还不如死了的好。”田中君回答说：“无论怎样的人绝对不希望自己去死。”

□	□	□	□	□	
非常错误	有一定的错误	无论是谁都不愿听	基本上正确	非常正确	田中君的观点

四、广岛高中等教育研究会的“道德意识测评”

应用于测评实际的有 A、B 两种。A 种要求被测评者对短文中所列举的许多行为，分别地进行善恶判断，与其说是道德判断力的测评，不如说是道德知识的测评。它没有采用问题情境测评的形式。B种测评则明确地采用了问题情境的形式，共8个问题。没有分别按客观性的道德判断能力和主观性的自我道德态度两部分进行命题，而是把两者作为一个整体内容进行测评。但是，这个测评具有的特点，就在于它要求说明所依据的判断理由。

还有一种品德测评法叫结构观察评定法。所谓结构观察评定法，指的是先把各个测评项目分为行动特征、观察场所以及评定等级（3～5个）三方面，逐个地印刷在卡片上，然后以此去评定每个被测评者，每个被测评者每测评一个项目，则须用一张，其结构如下例所示。

责 任 感

一、行动特征
1. 说到做到，对自己的言行负责
2. 自觉地完成自己的任务
3. 非常守约
二、观察场所
1. 工作无什么人可依赖的时候
2. 完成组织所分配的工作任务的时候
3. 领导同事不在的时候
三、等级
A　　　B　　　C

日本的品德测评方法，除测评者评定法外，还有被测评者自我测评法与被测评者互相间的测评，或者观察法、面谈法、问卷法、人物推定法与投射法、事例研究法等。[①]

日本学者把品德划分为意识层与行动层，并分别采取不同的测评方法，这对我们是有启发的。它的规范意识层相当于我们所说的“知”或浅层次的“信”，而实践意识层相当于我们所说的“情”与“意”，行动面即相当于我们所说的“行”。“知”可以通过一般测验形式进行短时测评，“情”与“意”既可以通过自我诊断或情境测试形式进行短期测评，也可

① 参见日本辰野千寿等编《测定与评价的心理》；以及日本辰见敏夫编《教育评价方法》。

以通过长期的观察进行评定。而“行”的测评则必须以测评者长期的观察评定为主，再辅之以短期的情境测试。

第四节　韩国的品德测评方法

一、品德测验方法

韩国把品德培养与开发定义为：道德规范的内化、道德习惯的形成以及道德判断力的提高。[①] 由此不难看出，品德测评包括规范意识、道德判断与行为习惯三个方面。

他们品德测评中所遵循的原则有以下四条：

1. 对品德结构中的诸要素施以综合测评。因为品德发展较为成熟的人才，绝大多数情况下，其道德判断、情感体验以及行为反应总是综合在一起的。

2. 测评过程与测评结果应力求客观。品德测评，应尽量采用多项选择等客观测验的形式，实现测评的公正性、客观性与专门性的战略转移。

3. 品德测评过程中所采用的材料、例子与问题，尽可能不要依赖于网络书本。否则所测评到的可能就是被测评者对所看书本知识的记忆情况。

4. 品德测评的内容与方式，要最大限度地有利于管理目标的实现和被测评者品德的发展。

品德测评的方法，除传统的观察测评方式外，最近他们非常重视情境测验的形式。下面即是最近他们在小学生品德测评实践中所采用的几个试题：

例 1　龙云、享曰和善勇三人，约定星期六下午 3 点在汉城运动场前见面。到了星期六的下午，龙云的妈妈突然有急信让龙云捎给另一个人，故迟到了 15 分钟。享曰怕迟到，在家里不时地看看表，不耐烦地打开了电视，突然发现正好演动画片《小恐龙社里》，他知道，要是看动画片肯定会迟到。但最后他还是看了，故晚 15 分钟到约定的地点。善勇为了按时到

① 参见韩国李美英“中学德育情意领域的评价方案”，载韩国《教育研究》1991 年。

所约定的地点，按计划提前一些时间出了门，但他没有意料到星期六下午人太多，会发生交通堵塞的情况，结果也迟到了15分钟。

①谁最不诚实，失约了？

②遇到龙云那种处境应怎么办？

③善勇真的无法按时到达所约定的地点吗？假如有，那么办法是什么呢？

例2 自牛顿定律发现以来，物理学界一直认为光线是直射的，爱因斯坦却认为星星的光线通过太阳时会发生弯曲。然而当时（1911年）这种思想没有广泛地被人们接受，很多人认为爱因斯坦的思想是错误的。正在那时，以英国科学家爱丁顿为首的观测队，声援了爱因斯坦，认为星光通过太阳周围时会发生弯曲。至此，爱因斯坦等少数几位科学家的意见才被人广泛接受。

①为什么爱丁顿要去观测，证实爱因斯坦等少数人的主张呢？

②我们在班级讨论问题时，最后都是以多数人的意见为准。这种以多数人意见为准的表决方式好吗？不好的话，那还有什么更好的方式呢？（结合爱因斯坦的主张和当时是少数人赞同的情况来回答）

例3 下面是汉九和爷爷的对话情景，爷爷听了汉九的话后，会指出汉九没有来得及想到的问题。你认为爷爷将会对汉九说些什么，请把这些话写在括号里。

汉九："爷爷，我知道礼节的重要性，可是我认为，对人有没有礼节，不在于表面的形式，而在于内心是否真诚实意地尊敬人。"爷爷："（　　）"。

对于类似上述品德测验题的编制，韩国学者认为应注意以下几点：

（1）应尽力展现品德培养与开发过程以强化和巩固品德培养与开发效果。

（2）采用被测评者容易体验的事例，使被测评者有亲切感，从而激发被测评者答题的积极性。

（3）表述与要求应力求具体。实践表明，提示的问题与要求越具体，被测评者的应答率就越高。

（4）保证被测评者有适当的答题时间。

（5）新题型应让被测评者有心理准备。

（6）事先要考虑到被测评者回答的各种可能性，准备好分类的标准。否则，评分时既混乱又浪费时间。若有几位评分者，最好集体讨论，共同拟定评分标准。

二、自我测评法与他人测评法

上述方法主要告诉我们韩国怎样采用测验方法测评人才品德的规范意识与道德判断，实际上他们还通常以自我判断与他人评价的方式来测评品德中知识、信念与判断力的方法。①

对于品德中的知识，主要是测评被测评者对一些道德规范含义、依据及其应用方面知识的了解的程度；对于品德中的信念，主要通过言行观察测评被测评者业已确立起的某些主要信念的变化过程及其合理性；对于品德中的判断力，主要测评被测评者对某些道德问题或事情的敏感性及思考的积极性程度。

测评的方法是，自我判断与他人评价相结合，每半年两次，每次知识部分的分数占 40%，而信念与判断力部分占 60%，两次总平均。

测评的具体标准与等级见表 9—5。

表 9—5　品德测评标准与等级

<table>
<tr><th colspan="2">测评目标</th><th>测评具体依据</th><th>测评标准与等级</th></tr>
<tr><td colspan="2">品德知识</td><td>①对品德规范含义理解的正确性
②对品德规范依据知识的正确性
③对品德规范作用知识的正确性</td><td>不正确—正确
低　中　高</td></tr>
<tr><td rowspan="2">品德信念与判断力</td><td>合理性</td><td>①品德事实判断的正确性
②对品德规则运用与理解的程度
③对品德问题分析的范围</td><td>低　中　高
低　中　高
片面　一般　全面</td></tr>
<tr><td>敏感性
积极性</td><td>①对品德问题的敏感性
②对解决品德问题的积极性</td><td>迟钝　一般　灵敏
不积极　一般　积极</td></tr>
</table>

方法设计者对于上述方法的实施提出了以下几点建议：

（1）分析被测评者或被测评者分析自己的言行事实时，注意不要过多

① 参见“道德思考力的测评”，载韩国《教育研究》1990 年第 4 期。

地掺入主观因素，测评的关键是要抓住众多言行事实所证明的观点。

（2）测评的目的主要在于促进被测评者品德的发展与改善管理工作。

（3）对于文字能力差的被测评者，其自我判断可采取交谈、讨论的方式进行。

（4）观察被测评者言行及处理自我判断的资料时，要注意抓住所反映的品德本质，并注意解释的恰当性。

（5）努力提高测评的客观性、妥当性及可靠性的方法是进行现场观察评定，数量化评定虽然会遇到一定的困难性，但坚持数量化的评定方向很重要。

（6）对被测评者自我判断或回答结果的评定，最好在集体讨论确定有关标准的基础上进行测评。

从上述的介绍中我们不难发现，所论及的主要是关于品德中知识、信念、判断力或品德规范意识与判断力的测评，这些内容的测评，一般是放在培训课程或纸笔测验中进行的。关于品德中行为习惯的测评，则常常是放在培训课程之外单独进行测评的。从李闺贤《关于全面教育人性发展评价技术》① 的论点中，我们发现其测评行为的内容与方法与我国差不多。一般都是班主任在观察记录平时表现的基础上，期末逐个做出评语通知家长。由于这种方法缺乏明确的标准及适当的观察场面，写出的评语往往模棱两可，并在其中掺杂上测评者先入为主的某些偏见。因此，他们最近对这种传统的方法做了一些改革。

他们根据现代人才测评的思想，首先制定出统一的测评目标，例如勤勉性、责任感、协作性、自主性、守法性、创造性、敬爱性、情绪自控性等包含忠、孝、仁、义等其他测评目标；然后针对以上测评目标，根据被测评者特点，在所提供的观察场面中选择2～3种进行观察测评。例如，学生品德测评可供选择的观察场面有四个方面：

（1）学科教学方面。这方面所包括的具体场面有提问、回答、预习、复习、练习、实习和讨论活动中所出现的种种情景。

（2）特别活动方面。这方面所包括的具体场面有体育、艺术、服务、

① 参见韩国《教育研究》1991年第6期。

少年会等活动中所出现的种种情景。

(3) 学校课外活动方面。这方面所包括的具体场面是组会、清扫、环境美化、休息时间、午间、课间等活动中所出现的种种情景。

(4) 学校大型集会活动方面。这方面所包括的具体场面是入学典礼、外出参观、游览、野营、运动会、纪念仪式、发表会等活动中所出现的种种情景。

接着，他们针对所选定的每个测评目标与观察场面，分上、中、下三个等级制定具体的测评标准，并把它们综合为表格形式。这些表格主要有两种类型，一是标准型，二是操作型。表 9—6 即是责任感测评操作表格。

表 9—6　　责任感测评操作表格

学号	姓名	执行任务				学习活动				集体活动				综合评定		评定说明
		上	中	下	评分	上	中	下	评分	上	中	下	评分	总分	等第	
1	李××	1			4		1		−1		1		2	5	上（甲）	
2	崔××						1		0		1		−2	−2	中（乙）	
3	金××	1			−4		1		1		1		−1	−4	下（丙）	

最后采用上述评定表格进行测评。先对于所选定的测评项目与场面，要采用多种方法进行检查与调查，把所观察收集到的资料与测评标准对照分析，评定分数，给分范围大致在＋5～－5之间，评等即为上、中、下三级；然后综合各个场面所得分数的总和，并确定综合等第。一般总分在＋3分以上为上（甲）等，总分在＋2～－2之间为中（乙）等，而总分在－3分以下则为下（丙）等。

测评时，要深入实际场面观察，以平时获得第一手资料为主，不要先入为主，要综合各方面的资料，抓住行为特征评定。对于被测评者品德行为较为突出的优秀特征及一定要改正的行为，要予以文字记述说明。测评之后还必须采取个别指导、相互交谈、邮件通信等相应的开发措施。

以上韩国品德测评方法的分析启示我们，他们比较重视品德测评方法研究，但所研究的方法比较适用于规范意识与道德判断的测评，不太适用于品德行为的测评。他们所提出的关于品德测评的内容与方式，要最大限度地有利并促进管理工作的改进与人才品德水平的提高，以及坚持量化方向提高测评客观性等思想，很值得我们注意。此外，有关品德行为习惯测评中的统一测评目标、提供观察场面、分等制定测评具体标准、评分与评等相结合、测评与教育措施相结合、突出特征描述与改正缺点指导相结合等类似的思想方法均对我们的人才品德测评研究有一定的借鉴作用。

第五节　新加坡的品德测评方法

一、品德测评的内容

新加坡的人才品德培养与开发，主要是通过对各项必要的道德价值和社会态度的培养，造就良好的、起作用的和忠诚老实的公民。①

新加坡人才品德测评的标准及其内容是什么呢？我们不妨看新加坡总理李光耀在《教育研究报告》中的观点："检验一个良好教育的标准，主要看它是否有利于培养公民能以文明的方式从事生活、劳动、竞争和协作。他是忠诚的、爱国的吗？如果需要的话，他是一个好士兵吗？他能够随时准备保卫他的国家，从而保卫他的妻子、孩子吗？他是否孝敬父母、尊敬长者、守法、仁慈和负责任呢？他能照顾他的妻子、孩子和父母吗？他是一个好邻居和可以信赖的朋友吗？他是否能容纳不同种族和不同宗教的新加坡人呢？他是否爱干净、整洁、做事准时和态度谦恭呢？"

由此并结合新加坡的人才培养目标，我们可以了解他们对学生品德测评的标准及其内容。我们不难发现新加坡人才品德测评的内容一般包括行为习惯、品格特征、社会责任和忠于国家四个方面。行为习惯方面的测评内容主要包括礼貌、卫生和清洁、安全、勤奋、尊重劳动、谦恭、准时、节俭、身体健康等；品格特征方面的测评内容，主要包括正直、诚实、自尊、信用、勇敢、纯洁、坚韧、虔诚、忍耐、谦让、探究精神、服从、自我约束、节制、孝顺、尊敬长者、忠诚、容忍、热爱人民、仁慈、宽恕、信任和公平等；社会责任方面的测评内容，主要包括公民觉悟、尊重和关心他人、关心公共财产、尊重法律和秩序、安全、协调、集体精神、热爱组织、合作、友好、和睦、宽容大度，了解和珍惜自己国家的文化遗产，

① 参见孔棣华编译"新加坡的道德教育"，载《课程·教材·教法》1985年第4期。

了解和尊重别人的文化和信仰；忠诚国家方面的测评内容，主要包括认识国家的特性、承担义务、捍卫和维护民主政治体制，保卫祖国、崇尚爱国主义、忠诚、正义与平等，珍惜祖先对建设国家和发展国家所作出的努力和贡献，了解新加坡的进步和先驱者的精神，了解国内外对新加坡保持生存和发展的各种威胁。

二、品德测评的方法

新加坡主要有对品德知识与判断力方面的书面测验。新加坡的学者正在努力寻求一种以具体行为为项目的品德测评体系。他们感觉到，以品德知识与判断力为主的书面测评一个人的道德行为品质，其效果与可靠性是非常值得怀疑的。因为在书面测评中获得优异成绩的人不一定能如实地反映出他的确具有良好的道德行为品质，所以有必要设计出一种新的测评方式，不是用概念，而是用具体的行为作为项目，来检验被测评者是否具有区分正确的和错误的、好的和坏的行为的能力。

从新加坡品德测评的标准和方法的分析中可知，他们目前尚未寻求到一种令人满意的测评方法。他们与韩国一样，虽然重视人才品德培养与开发，但基本是以品德知识与道德判断力为测评对象，对品德行为方面测评的研究还十分薄弱。然而他们在品德测评目标内容的设置上，已有许多特点是值得我们吸取的。一是整个测评目标体系按个人→家庭→学校→社会→国家→世界的方向展开；二是注重实用，把社会、国家利益与个人、家庭利益相联系；三是爱国性方面的测评内容设置得很具体，不空泛。这些对我们进行人才品德测评研究具有重要的参考价值。

现状分析篇

第十章 当前公务员管理中的品德测评方法

国家公务员是品德测评应用的重要领域之一。品德是个体行为的重要支配因素之一，国家公务员是一支规模庞大、性质特殊的职业群体，他们的品德状况对国家和社会有着举足轻重的影响力。而品德测评又是促进公务员品德完善，进行公务员品德管理的重要基础，这就决定了对公务员进行品德测评既是重要的，也是必要的。根据有关数据，按照 2006 年 1 月 1 日实施的《公务员法》的界定，包括了“党、政、群”三大领域，即国家行政机关干部、党派机关专职干部和主要人民团体的专职干部在内的国家公务员人数达 1 100 万人，其中国家行政机关干部近 650 万人。研究公务员品德的测评既有重要的理论研究价值，也有着现实意义。在这一章我们主要介绍目前公务员品德测评的指标与方法。

第一节 公务员品德的特点分析

前面的章节已经解决了品德测评的基本理论问题，那么对公务员的品德测评应当如何进行呢？相关研究需要建立在对公务员品德特殊性的准确认识基础之上。公务员职业的特殊性决定了公务员品德的特殊性，公务员品德的特殊性将决定公务员品德测评的特殊性。

按照《公务员法》的规定，公务员是指依法履行公职、纳入国家行政编制、由国家财政负担工资福利的工作人员。[①] 该法还规定，我国公务员管理实行职位分类制度，按照公务员职位的性质、特点和管理需要，划分

① 《中华人民共和国公务员法》第 1 章第 2 条

为综合管理类、专业技术类和行政执法类等类别；同时，将公务员职务分为领导职务和非领导职务；此外，该法还将原来公务员的范围从具有行政管理职能的政府机关工作人员扩大到非权力机关、政协机关、政党机关等不具有行政管理职能的公务员，这就决定了公务员队伍结构的复杂性，给公务员品德的研究带来了困难。

考虑到这种困难，在本书的具体论述当中，本书的公务员主要是指在那些履行行政管理职能的公务员，类似于人们一般所讲的党政机关的公务员的范畴。

公务员作为社会存在的一部分，在符合一般社会成员品德要求的基础上还具有一定的特殊性。公务员品德的特殊性主要表现为政治性、公共性、示范性、服务性、强制性五个方面。

其一，公务员品德具有政治性。在阶级社会，统治阶级操纵国家机器，国家公务员代表统治阶级履行国家的政治职能。为了维护统治，统治阶级根据自己的政治需要和道德准则对公务员的品德规范做出规定，并要求他们遵从。我国实行社会主义制度，人民是国家的主人，公务员作为国家公职人员，受人民群众的委托，代表人民行使国家权力。由于公务员代表国家和人民的利益，他们必须遵从一定的政治标准，具备较高的政治素质，尤其是要保持崇高的政治品德，讲党性、讲政治和为人民服务是公务员政治品德的主要内容。

其二，公务员品德具有公共性。每一种职业都意味着享有一定的社会权力，公务员的职业权力是由一个国家宪法所授予的，他们代表国家行使权力，是国家经济、社会等各项公共事务的直接管理者。因此，公务员品德也必然具有公共性的特征。公务员的品德是在代表人民行使公共权力的过程中形成的，在行使权力的同时还要接受人民的监督，因此他必须保持其行为具有一定的公开性。公务员的品德行为受到严格的法律程序的约束，与一般社会成员的品德相比，具有较少的个人自由和隐私权。

其三，公务员品德具有示范性。由于公务员代表国家和人民履行行政职能，从事政治性管理活动，因此他们所具备的品德对一般社会成员的职业道德有着示范作用，这就要求他们自身必须具备更高的道德素质和思想觉悟。同时，人民群众将公共权力赋予了公务员，在给予他们充分信任的同时也对其道德品质有着极高的期望值，这种期望值高于其他职业道德。虽然个人品德注重内心的修养，属于私人领域的问题，其他人无权进行干涉，但是对于公务员个人品德而言，他们的品德更注重对人民及整个社会的引导作用，以期达成一种上行下效的良好氛围。因此公务员必须按照国家利益维护与社会公共利益的要求进行品德修养。必须严于律己，对工作恪尽职守、认真负责，对利益先公后私，对群众热情周到，以自己良好的品德形象引领整个社会形成良好的道德风尚。

其四，公务员品德具有服务性。在我国，人民是国家权力的源泉，公务员作为国家公职人员，是受人民群众的委托来代表行使国家权力的。这种职业性质决定了他们必须在行为上遵循国家和人民的共同意志，不得利用地位和权力营私舞弊，不得有损于政府乃至国家的尊严，不得有玷污公务员名誉的行为，这些原则要求每一名国家公务员都要做到全心全意为人民服务，强烈地体现出公务员作为社会公仆的服务性特征。因此，服务性是公务员品德规范的核心要素之一，也是衡量公务员品德高低的重要标准。

其五，公务员品德具有强制性。一般社会成员的个人品德主要受社会舆论和风俗习惯的约束，属于软约束。当个人品德出现问题时，社会主要依靠来自群众自发的舆论压力进行批评、引导和纠正，最终要靠个人的觉悟来实现转变。公务员职业的特殊性则要求公务员的品德除了受到软约束外，还要受到一系列硬约束的制约。公务员品德出现问题时，除了受到社会舆论的压力外，还可能受到党纪、政纪的处分。

第二节　公务员品德的结构分析

自从 1993 年 10 月 1 日国家公务员制度实施以来，公务员品德的问题得到各方的广泛关注，对公务员品德的内容结构有许多研究成果。

1994 年出台的《国家公务员考核暂行规定》将“德”的内容界定为政治、思想和道德品质的表现。《北京市国家公务员考核暂行办法》规定德的内容包括政治思想表现，侧重考察贯彻执行党和国家的路线、方针、政策的情况；工作作风，侧重于考察实事求是，坚持真理，理论联系实际；

职业道德，主要考察公务员是否忠于职守，服从命令，廉洁奉公；品德修养重点考察公务员是否襟怀坦荡，正直无私，办事公道，谦虚谨慎，严于律已以及遵守社会公德方面的内容。

肖鸣政（1995）提出了公务员思想道德素质测评的指标体系，该指标体系分为五项指标：一是信念理想，二级指标包括为人民服务的行为表现，人生中的乐观向上，热爱事业追求成功的行为。二是纪律性，包括忠于职守的行为表现，服从命令与工作要求的程度，严守工作秘密与抗诱惑的程度。三是务实作风，包括公务员方案的恰当性、严谨性，策略的多样性，工作效率与效果的实在性。四是高尚情操，包括正直公平，廉洁奉公，谦逊谨慎，严于律己。五是开拓精神，包括工作效率，工作方式的变通性与新颖性，工作改进的可行性与实效。

廖泉文（2000）将干部思想道德素质的测评指标分为事业心、奉献精神、整体精神、协作精神、原则性、组织纪律性、职业道德、团结精神八项。

浙江省委组织部在党政公务员测评工作中将思想道德素质细化为事业心、责任心、纪律性、原则性、求实精神、廉洁性、民主性、服务性、坚韧性等测评指标。

2003 年人事部出台《国家公务员通用能力标准框架（试行）》，提出了公务员必须具备的九种通用能力，并对其中心理调适能力做了定义，包括事业心强，有积极、乐观、向上的精神状态和爱岗敬业的热情；根据形势和环境变化适时调整自己的思维和行为，保持良好的心态、情绪；自信心强，意志坚定，能正确对待和处理顺境与逆境、成功与失败；良好的心理适应性，心胸开阔，容人让人，不嫉贤妒能。

2006 年 1 月 1 日正式实施的《公务员法》规定公务员必须具有良好的品行，具体包括模范遵守宪法和法律，全心全意为人民服务，接受人民监督，忠于职守，勤勉尽责，服从和执行上级依法做出的决定和命令，遵守纪律，恪守职业道德，模范遵守社会公德，清正廉洁，公道正派等内容。

总体来看，经过立法、理论研究和实践领域的长期积累，我国公务员品德的内容结构已经比较完备。本书所涉及的公务员品德指标体系也正是在已有理论和实践基础上做出的完善补充，以及在结构上重新的整合。根据本书的分析框架，公务员品德从内容上分为四个方面，即政治品质、思想品质、道德品质和心理品质。

1. 政治品质

政治品质概念约同于政治素质，是公务员在思想政治方面的品德和行为特征，它是公务员品德的重要组成部分，与公务员的职业特殊性密切相关。任何国家公务员必须善于从政治的角度、政治的高度去认识、分析和解决问题。因为我们的党政工作，核心在政权、方向在路线、根本在人民，具有突出的政治性。①

江泽民在《关于讲政治》中指出："讲政治包括政治方向、政治立场、政治纪律、政治鉴别力、政治敏锐性。"② 实际上也是对党员政治品质的一种具体要求。有学者在定义政治素质时将其内容概括为政治方向、政治立场、政治观点、政治纪律、政治鉴别力和政治敏锐力。③ 也有观点认为政治品质包括远大的政治理想、坚定的党性原则、较高的政策水平、较强的法治观念、高度的工作责任感、时刻密切联系群众、表里如一、言行一致、光明磊落，等等。

综合各方面的研究成果，本书将人们所认同的政治品质的核心要素概括为政治信念、政治方向、政治立场、政治观点、政治原则性、政治敏锐性、政治鉴别力、政治纪律性、政策水平和政治作风。

（1）政治信念。公务员对国家和政府、对社会主义政治制度的未来是否信心坚定，是否具有自愿为实现国家发展目标付出努力的坚定决心。

（2）政治方向。公务员在处理个人与国家的关系时，是否能够保持个人发展目标服从国家目标，是否能够自觉保证个人行为符合国家发展的要求。

（3）政治立场。与政治忠诚接近，公务员是否能够自觉维护国家利益，关键时刻是否能够坚持国家利益优先原则的坚定性，在两者发生矛盾

① 参见肖鸣政"党政领导人才标准内容研究"，载《北京大学学报》（哲学社会科学版）2005 年第 3 期。

② 参见《江泽民文选》卷 1 第 516 页，人民出版社 2006 年出版。

③ 参见柳菊兴"提高作为'三个代表'重要思想实践主体的党的整体素质"，载《理论前沿》2004 年第 20 期。

时是否能够做出必要牺牲。

（4）政治观点。公务员个人观点与国家意志的一致程度，公务员对国家文化的认同度以及个人言论与国家根本利益保持一致的程度。①

（5）政治原则性。公务员是否能够坚持遵守国家宪法法律、公务员组织纪律和政党纪律所规定的原则，不违法乱纪。

（6）政治敏锐性。公务员在日常工作中对与国家利益相关的信息的直觉性、敏感性和预见性，鉴别有益或有害的思想、行为和现象并快速收集、分析信息和迅速采取相应措施的积极主动性。

（7）政治鉴别力。公务员能否判断某些现象、行为、言论对国家和社会有害或有益，在大是大非的问题面前保持清醒的头脑。

（8）政治纪律性。是公务员自觉维护有关规章制度和公务员纪律，并对他人的违规行为进行提示、批评甚至举报的自觉性。

（9）政策水平。公务员对国家发展战略、政策措施、有关法律法规等了解和掌握的程度，以及在自己的职责范围内落实相关政策的能力水平。

（10）政治作风。公务员是否能够坚持正确的工作作风，在实际工作过程中坚持一切从实际出发，坚持实事求是，坚持理论联系实际，勇于修正错误，坚持群众路线，全心全意为人民服务，自觉接受群众监督。

政治品质是保证公务员队伍水平的根本保障，也是公务员相对其他社会成员在品德要求上最大的区别之处，它不仅直接影响着公务员个人行为取向和人生发展方向，也关系到国家的长治久安。

首先，政治品质决定着公务员对工作对象或服务对象的认知问题，也就是公务员为谁工作的问题。在不同水平的政治品质的支配下，有的公务员选择为人民而工作，有的则选择为自己或为某个小集团而工作；有的在工作中考虑国家和人民多一些，有的则考虑个人多一点。

其次，政治品质决定着公务员素质和能力提高的方向。政治品质过硬的公务员会选择为国家为人民利益而工作，他们必然会把提高为国家工作、为人民服务的素质和能力水平作为自己追求的目标；反之，那些政治

---

① 这并非要求员工一味服从，毫无个人观点，而是原则性观点上的一致，这并不妨碍组织接受有建设性的不同意见和言论。

品质不高的个人将提升个人能力的精力主要放在为自己或小集团谋取私利的方向上。

最后，政治品质决定着公务员工作的价值取向和工作绩效。政治品质高的公务员以国家和人民利益为根本的价值取向，其工作绩效是符合国家和人民利益的实实在在的工作成果；而政治品质低的公务员的工作会偏离方向，其工作结果则可能偏离国家和人民的实际需要，出现大量与国家和人民根本利益背道而驰的结果，如各式各样的“豆腐渣”工程、“面子”工程等。只有政治品质得到保证，公务员的能力才能得到最大的发挥，带来最大的效益。

2. 思想品质

公务员的思想品质是指公务员在行为、作风中表现出来的思想、观点、意识和品性等方面的特征，思想品质的根本点在于世界观、价值观和人生观。综合各方面的研究成果，作者认为，公务员应具备的思想品质主要包括实事求是的工作作风、积极进取的创新精神、大公无私的公共精神、集思广益的民主意识、认真负责的工作态度、甘于奉献的服务精神、以民为本的群众意识、未雨绸缪的忧患意识和孜孜不倦的学习精神。

（1）实事求是的工作作风。实事求是是中国共产党的三大作风之一，这种作风同样值得国家公务员发扬光大。公务员在实际工作中，更要敢于坚持真理，实事求是，反对弄虚作假，随波逐流；要敢于和乐于说实话、求实效、办实事，踏踏实实为人民做好事；绝不能好高骛远，空口白话，更不能只说不干，沽名钓誉；要注重调查研究，科学决策，克服工作的随意性和官僚主义的作风；要杜绝文山会海等机关“顽症”，把讲在会上、贴在墙上的口号和要求，化为主动为基层和群众服务的具体行动。

（2）积极进取的创新精神。我国进行的有中国特色的社会主义事业是一项前无古人的开创性事业，作为国家权力直接使用者，国家公务员应当做到不受传统思想观念的束缚，不断解放思想，具备改革创新的开拓精神和意识，善于发现新问题、解决新问题。只有这样，我国的社会主义改革才能冲破种种已经不符合现代化要求的框框和阻力，打破各种陈规陋习的束缚，探索出一条适应社会主义市场经济发展需要的新路子。

（3）大公无私的公共精神。在党和国家不同层级、不同部门进行管理和提供服务的实际，决定了公务员只有具备大公无私的公共精神，树立统观全局的大局意识和团结协作的积极态度，才能正确处理好国家、集体和个人之间的关系。公务员要在做好本部门和本岗位工作的前提下，自觉加强对重大问题的协调协同，相互理解、积极配合，坚决克服各自为政、互相掣肘的内耗现象；在个人利益与集体、国家利益发生冲突时，要识大体、顾大局，一切以公共利益、集体利益为重；在完成工作时，要加强团结、大力协同，努力维护和捍卫公共利益，树立一心为公，大局为重的良好形象；要做到令行禁止，自觉维护中央权威和中央大政方针的统一性和严肃性，坚持少数服从多数、下级服从上级、局部服从全局、小道理服从大道理，确保国家各项政策和工作部署的贯彻落实，对于国家政策法规命令禁止的行为要坚决杜绝。

（4）集思广益的民主意识。公务员民主意识是社会主义制度的根本要求，是集思广益，博采众长，形成共识，实现决策科学性和提高政策质量的保证，也是在公务员之间形成互相学习、互相尊重、互相谅解、互相信任、互相支持的良好氛围，充分调动各方面工作积极性和创造性，团结一致做好工作的客观要求。公务员，尤其是担任领导职务的公务员要具备集思广益的民主意识，要在组织内部鼓励讨论，积极营造生动活泼的局面；要虚怀若谷，欢迎不同意见，正确对待批评；要自觉遵守决策程序，积极促进决策民主化、科学化；要积极营造不同意见平等讨论的环境，使不同意愿得到充分表达和尊重，积极性和创造性得到充分发挥；要杜绝独往独来包办代替，无视组织原则和程序，唯我独尊，作风霸道，搞“一言堂”，甚至打击报复提不同意见者的不良作风。只有具备了民主意识，公务员才便于集思广益，博采众长，形成共识，才有领导成员之间互相学习、互相尊重、互相谅解、互相信任、互相支持，才能在工作上九牛爬坡，个个用力，达到团结共事的目的。

（5）认真负责的工作态度。责任意识是国家公务员必须具备的基本素质，认真负责的工作态度是支持公务员认真履行职责，做好本职工作的内在动力。对于担任领导职务的公务员来讲，他们的责任心还直接影响到决策水平和工作成效。公务员要勇于接受责任，自觉承担起国家和人民赋予的责任，在危急时刻要敢于主动承担责任；要脚踏实地，致力于研究工作，履行好责任；当发生问题时，公务员还要敢于承担，不推卸责任，坚持批评与自我批评，努力找到问题的根源并予以妥善解决。

（6）甘于奉献的服务精神。国家公务员要自觉为人民服务，树立管理就是服务的理念，甘于奉献，始终把服务放在首位，用人民赋予的权力服务人民。公务员要自觉把工作精力集中到办好事实事、解决群众困难、提供优质服务上来；要强化服务意识，要把解决群众最关心、最直接、最现实的利益问题作为出发点，从为基层和群众办好每一件具体的事做起，真正做到权为民所用，情为民所系，利为民所谋；要牢固树立人民利益至上的思想，坚决克服“官本位”思想，摆正与人民群众的关系，提高为人民服务的质量和水平。

（7）以民为本的群众意识。群众路线是中国共产党的基本路线，国家公务员的职业属性也客观上要求他们必须同样遵循。公务员要善于倾听群众呼声，维护群众利益，依靠群众力量，接受群众监督，保持与群众的密切联系；要时刻摆正自己和人民群众的位置，做到在任何时候任何情况下与人民群众同呼吸共命运的立场不能变，坚信人民群众是真正英雄的历史唯物主义观点不能丢；要在思想感情上贴近人民群众，真正把人民群众当主人、当亲人、当老师，注意同人民群众保持密切联系，要深入到基层和群众中去，做到同人民群众心连心；要把人民群众的愿望和要求作为决策的根本依据，使各项决策既体现人民群众的现实利益又代表人民群众的长远利益，既反映大多数群众的普遍愿望又照顾部分群众的特殊要求；要把解决民生问题放在各项工作的首位，多办顺应民意、化解民忧、为民谋利的实事，努力让人民群众得到实实在在的利益，共享改革发展的成果。

（8）未雨绸缪的忧患意识。忧患意识是历史主体对社会发展前途命运的自觉关注和情感表现，既包括对现实清醒、理性的判断和分析，也是对未来科学、合理的洞察和预见。增强忧患意识有利于正确认识世情、国情、党情，正视发展中的矛盾和问题。在当前国际、国内机遇与挑战并存，契机与危机同在的形势下，公务员具备必要的忧患意识对于把握、预测各种隐含的问题、风险和危机，维护社会政治经济稳定具有重要意义。为此，公务员，尤其是高级公务员要具有一定的历史眼光和战略眼光，立足于现实，汲取历史经验，掌握未来发展趋势；要树立自觉的矛盾意识、问题意识，在对历史的反思、对现实的审视和对未来的探究中揭示矛盾、发现问题，不掩盖矛盾，不粉饰问题，敢于正视各种风险和危机；要开拓创新，锐意进取，通过理论、制度和科技的改革和创新来革除潜在的危险因素；要用宽广的眼界观察世界，要善于从国际视角分析中国现实情况和把握中国未来的发展方向，尽可能减少国际局势变化给中国带来的危机。

(9) 孜孜不倦的学习精神。学习是公务员增长才干、提高素质、与时代同步、做好各项工作的重要基础，也是建构学习型政府的最终落脚点。在国际形势不断变化，改革开放和经济技术进步加速的当今时代，强化公务员的学习精神意义重大。公务员要认真学习政治理论，深入学习科学发展观、建构社会主义和谐社会等重大战略思想，提高理论素养；要自觉学习现代科学文化知识，从工作实际需要出发，加快知识更新，优化知识结构；要学以致用、用有所成，将学习的体会和成果用于改进工作思路，完善工作措施，以取得更好的工作成绩。

3. 道德品质

根据《辞海》的解释，道德是指以善恶评价为标准，依靠社会舆论、传统习俗和人的内心信念的力量来调整人们之间相互关系的行为规范的总和。因此，公务员道德品质即公务员按照其行为规范和道德标准的评价所得出的品质情况。

从本质上来讲，公务员也是一种职业，需要遵守一些基本的行为操守和职业精神。但同时，公务员的职业又具有明显的特殊性，公务员是国家权力具体的和直接的行使者，是治国理政的主体，担负着远比普通社会成员更重大的使命和责任，还对社会其他成员有着特殊的影响力。因此，公务员的道德品质绝不能仅限于具有遵纪守法、尊老爱幼、夫妻和睦等一般的职业道德、社会公德和家庭美德，也不能仅限于具备诚实守信、洁身自好的个人修养，而应提升到为人民服务、捍卫国家利益和社会利益的高度。同时，公务员的言行举止代表了国家形象，公务员队伍的道德水平和精神风貌直接关系着国家事务的管理水平及社会各项事业的成败。

在此基础上，综合各方面的研究成果，结合公务员的职业特征来看，除了前面提到的政治品质外，公务员道德品质可具体从职业道德、社会公德、家庭伦理道德和个人道德四个方面来分析。

（1）职业道德品质

职业道德是一种高度社会化的角色道德，是针对职业行为的道德原则和规范。公务员职业道德，就是公务员职业范围内的特殊要求，是从事公务员职业的人所应遵循的与其职业活动紧密联系的，具有公务员职业特征并反映公务员自身特殊要求的道德准则和规范。[①] 公务员职业道德的基本原则是全心全意为人民服务。

目前人们认同的公务员职业道德的主要内容包括：

1）坚贞的爱国主义情操。

2）关心群众，热心服务，全心全意为人民谋福利。

3）热爱本职工作，勤于本职工作，有较强敬业精神，能做到干一行、爱一行、钻一行，对业务精益求精。

4）遵守公务员职业纪律和规章制度，具有良好的职业观念、职业态度和职业作风，具有自觉奉献精神。

5）服从上级命令，严守国家和工作机密。

6）秉公用权，廉洁从政，自觉遵守党的纪律和国家的法律法规，严格执行公务员廉洁从政的各项规定，不把权力变成以权谋私的工具。

7）以身作则，严于律己，严格要求自己，搞好自我约束，经常剖析和检查自己，开展自我批评，发现问题和不足勇于承认，及时纠正。

8）公平公正，不偏不倚，坚持原则，不徇私情，公道正派，秉公办事，坚持公正待人、公正处事的作风。

9）艰苦朴素，杜绝奢侈浪费，不滥用公款消费，要时刻牢记艰苦奋斗的生活和工作准则，坚决反对铺张浪费和个人享乐，坚决抵制各种腐朽生活方式的影响和侵蚀。

10）遵守公务员法律中的回避制度，县处级以上公务员的配偶、子女不准在其管辖的业务范围内从事可能与公共利益发生冲突的经商办企业活动，不准在其管辖的地区和业务范围内的外商独资企业或中外合资企业担任由外方委派、聘任的高级职务。

（2）社会公德

① 参见亚强《中国公务员》第203页，中国经济出版社1998年出版。

社会公德是全体公民在社会交往和公共生活中应该遵循的行为准则，是社会公共关系中最基本的道德规范，涵盖了人与人、人与社会、人与自然之间广泛的关系。在现代社会，公共生活领域不断扩大，人们相互交往日益频繁，社会公德在维护公众利益、公共秩序，保持社会稳定方面的作用更加突出，成为公民个人道德修养和社会文明程度的重要表现。

公务员的职业特殊性决定他们不仅要自觉遵守社会公德，而且要严格要求自己，起到模范带头作用。公务员代表国家，他们的社会公德修养如何，从一个侧面反映了党和政府的形象，这使他们在公众场合的行为表现往往带有政治性和社会轰动效应。

具体来看，公务员需要遵守的社会公德的内容主要包括：

1）文明礼貌、举止庄重，谈吐文雅，分寸适度。

2）诚实守信，表里如一，言行一致。

3）平等待人，互敬互爱，互相帮助。

4）尊老爱幼，扶贫助弱，乐于助人。

5）勤劳勇敢，谦虚好学，艰苦奋斗。

6）爱护公物，讲究卫生，保护生态。

7）遵守法纪，遵守公共秩序，遵守规章制度。

8）和睦邻里关系，促进邻里之间的和谐互动。

9）积极参加社区建设活动，服务群众。

10）积极参加社会公益活动，如义务献血、义务植树、义务宣传等。

（3）家庭伦理道德

家庭伦理道德是整个社会道德的一个重要组成部分，是道德在家庭范围内的具体体现。新中国建立以来，我国逐步形成了一整套规范全体公民家庭行为的社会主义的家庭道德规范，内容包括：

1）实行真正意义上的一夫一妻制，巩固社会主义家庭关系。反对任何公开的或者变相的重婚行为；反对剥削阶级腐朽放荡的生活作风，以保证家庭生活的美满和幸福。

2）实行男女平等。不仅表现为法律意义上的人身关系和财产关系上的权利、义务的平等，而且体现在日常生活的一切方面。夫妻之间互爱互敬，相互信任，共同承担家务劳动和抚养子女、赡养老人等。

3）抚养儿童。这既是每个公民的法律义务，又是家长的道德责任。家长不只是在生活上照料子女，还要以身作则，以社会主义道德教育子女成为有益于人民的人。

4）赡养父母，尊敬老人。这既是后辈的道德责任和义务，更是对社会所应承担的法律上的和道德上的责任与义务。反对不赡养父母、虐待老人的行为。

5）计划生育。这也是现阶段家庭道德要求人们遵守的行为规范，是关系到整个国家和社会的大事。破除“传宗接代”“多子多福”的封建传统道德；反对多生多育，只要子女、不顾大局的行为，树立新的生育观。

公务员除了需要遵守一般的社会主义道德规范外，还需要遵守一些特殊的家庭伦理，这与他们掌握国家权力的特殊身份有关。公务员不得利用职权之便为其亲属谋取不正当利益，更不能为他们的违纪违法行为充当保护伞；要认真处理好亲情与党纪国法的关系，不仅要管住自己，还要管好亲属子女；公务员要切实加强对家属以及身边工作人员的教育、提醒、约束，使他们自觉严格要求自己，要防止别有用心的人从他们身上打开缺口。

（4）个人道德

公务员个人道德重在个人的内在修养，是指公务员个人私生活方面的修养，主要体现在一个人对待善与恶、是与非、利己与利他等问题上的道德判断和行为选择。一个公务员应该是一个堂堂正正的好人，在个人私生活方面显示自己健康的人格力量和良好的私德修养。由于公务员职业具有公共属性，他们必须高标准地严格要求自己，为社会树立良好的榜样。具体来讲，公务员在个人道德方面应至少做到以下几点：

1）严于律己，慎独自省。公务员要严格要求自己，为自己树立高于一般群众的道德标准并努力实践；要自觉慎独、自我反省，严于解剖自己、自己教育自己；要敢于面对现实，解剖自己，对自己的言行予以检查、予以清理、予以回顾、予以反思，不能掩饰自己的缺点，得过且过。

2）宽以待人，襟怀坦荡。公务员要具有对人关心、体谅、爱护，平易近人的高尚道德情操；要勇于接受批评意见，采取“有则改之，无则加勉”的正确态度；在受到不公正的对待，受到委屈，能够顾全大局，不记个人得失，主动向前看；要团结和自己意见不同的人，甚至是反对过自己的人，不记前仇，主动谅解他们；要能容人之短，正确对待和起用短处突出的人，充分发挥他们的作用；担任领导职务的公务员还要善于团结班子成员和广大干部群众，充分调动他们的积极性，齐心协力做好各项工作。

3）谦虚谨慎，谨言慎行。公务员在战略上要有敢于藐视一切困难的气概，但在具体问题上要谦虚谨慎、谨言慎行，时刻注意自己国家公务员的特殊身份，绝不能不切实际、好高骛远、夸夸其谈，更不能不顾身份和场合发表不恰当的言论和做出不恰当的行为。

4）虚心学习，不耻下问。虚心好学、不耻下问是所有人才共有的美德，也是他们成功的秘诀。公务员的职业需要他们管理社会的方方面面，同各种各样的人打交道，必须通过虚心学习，向群众求教，刻苦钻研和长期积累才能获得必要的知识和经验。

5）诚实守信，以诚相待。公务员诚信是锻造诚信政府的基础，公务员诚实守信、以诚相待既是个人道德修养的内在要求，也符合职业的客观需要。公务员要忠实地履行自己的职责，信守公正无私、诚信无欺为人做事的原则，不能言而无信、出尔反尔，不诚实、不守信用，尤其是在名利面前，不搞噱头、摆花架子，不欺上瞒下，不数字出官、官出数字，自觉维护政府的威信。

6）要注意培养健康的生活情趣，明辨是非，克己慎行，正确选择个人爱好，保持高尚的精神追求，摆脱低级趣味。公务员要反对贪图享受、骄奢淫逸，不参与色情活动，不搞封建迷信，不求神拜佛，不借红白喜事聚敛财富，不假公济私、拉帮结派、营造关系网和自己的势力范围。

7）要慎重对待朋友交往，坚持择善而交，多同普通群众交朋友，多同基层干部交朋友，多同先进模范交朋友，多同专家学者交朋友，注意净化自己的社交圈，对那些怀着个人目的来拉拉扯扯的人要保持高度警觉。

4．心理品质

对于公务员而言，心理品质是公务员通过各种行为表现出来的本质的、稳定的心理特征，它由智力品质和个性心理品质共同构成。前者是指领导者有效地进行认知活动所具备的心理特征，主要包括观察力、注意力、记忆力、想象力、思维力、表达力等；后者则指领导者的心理面貌和意识倾向，主要包括气质、性格、兴趣、情绪、意志等。[①]

在当前的国内外形势下，国家公共事务领域的变化对公务员的心理品质提出了新的要求，要求公务员成为战略型、创新型、未来型人才，这对评价公务员的心理品质的结构具有直接影响作用。一名优秀的公务员应具有的心理品质是多样性的，这里列举了领导者的 14 种心理品质。

（1）良好的智力和完善的知识。公务员需要具备一定的智力水平来满足工作需要，还需要具备完善的知识结构作为决策的基础。

（2）理性的思维方式。公务员在思维判断时要保持清醒的头脑，善于排除外界客观因素的干扰和非理性心理因素的不良影响。

（3）自我控制和自我调节的能力。公务员应当有能力对情感、欲望、注意力、兴趣以及行为进行控制，在变动的外部环境中保持自身内在的平衡，在心理不平衡时能够迅速做出调整，摆脱不良状态。

（4）坚强的意志。公务员需要有顽强的意志品质，坚毅而不固执、呆板，追求执著，锲而不舍，能够信心百倍地克服困难，排除障碍，完成任务。

（5）较强的耐压性。公务员应能够承受来自社会、工作、家庭、个人等各方面的心理压力，不致因心理压力影响工作。

（6）高度的目标导向力。公务员既要有为实现既定目标勇往直前的精神，又要能够鼓舞人心，引领下属和群众同心协力，共同前进。

（7）高度的创新精神和一定的冒险精神。公务员需要不断创新来适应不断变化的复杂的形势，同时，创新必然与奉献并存，敢于主动创新的公务员必然具有一定的冒险精神，有敢为天下先的勇气。

（8）高度的自觉性。公务员要使自己行动的目的和意义有充分自觉的认识，并能使自己的行动符合于正确的目的，既要避免前者使自己的行动缺乏信心，轻率地改变行动目标，又要避免刚愎自用，一意孤行。

（9）敏锐的观察力。公务员要有敏锐的观察力，能及时捕捉领导活动信息，见微而知著，未雨而绸缪，保证获得的信息具有完整性，进而为信息的科学加工和有效储存奠定基础。

---

① 参见张立荣“现代领导者心理品质探讨”，载《理论探讨》2001 年第 2 期。

(10) 准确的记忆力。公务员要能够准确地储存所获得的信息，并能使信息及时地提取出来，为科学决策服务，为保证决策的质量和速度提供保障。

(11) 具有严谨周密的思维。公务员思维是否周密性和严谨性，关系到信息的加工质量和提炼水平，进而影响决策的信度和效度，是衡量领导心理健康水平的重要尺度。

(12) 较强的注意力。公务员需要在决策和执行过程中保持高度的注意力，以保证感觉、知觉的敏锐与思维、想象的实效，保证决策的准确指向。

(13) 深刻的动机体察力。公务员要善于了解和体察下属和群众的思想脉搏，不失时机地激发其工作积极性，使个人的动机与群体的目标统一起来，达到合力的最大化。

(14) 较强的开放意识和接受意愿。公务员对美好的新事物要乐于接受，不拘泥于陈规旧俗；要善于总结工作中的经验和教训，勇于解剖自己，改造自己，提高自己，使自己始终保持旺盛不衰的活力。

当然，人无完人，要求公务员具备上述所有优秀的品德素质是不大可能的，从事不同工作的公务员对这些品德素质的具体要求也不尽相同。在测评公务员的品德素质时，还要具体对象具体分析，根据实际情况选择品德素质的测评项并确定恰当的比重。经过整理，我们可以得到一套测评指标体系（见表10—1），该指标体系给出了一级指标和二级指标，具体的指标定义见前面的内容。

表10—1　公务员品德测评指标体系

一级指标	二级指标
政治品质	①政治信念；②政治方向；③政治立场；④政治观点；⑤政治原则性；⑥政治敏锐性；⑦政治鉴别力；⑧政治纪律性；⑨政策水平；⑩政治作风
思想品质	①实事求是的工作作风；②积极进取的创新精神；③大公无私的公共精神；④集思广益的民主意识；⑤认真负责的工作态度；⑥甘于奉献的服务精神；⑦坚定不移的群众意识；⑧未雨绸缪的忧患意识；⑨孜孜不倦的学习精神；⑩坚忍不拔的坚强意志
道德品质	①职业道德品质；②社会公德；③家庭伦理道德；④个人道德

续表

一级指标	二级指标
心理品质	①良好的智力和完善的知识；②理性的思维方式；③自我控制和自我调节的能力；④坚强的意志；⑤较强的耐压性；⑥高度的目标导向力；⑦高度的创新精神和一定的冒险精神；⑧高度的自觉性；⑨敏锐的观察力；⑩准确的记忆力；⑪严谨周密的思维；⑫较强的注意力；⑬深刻的动机体察力；⑭较强的开放意识和接受意愿

第三节　公务员品德测评方法及其选择

公务员品德测评是一项复杂的系统工作，且有不同于其他职业的特点，因此在选择测评方法除了要注重方法的科学性、适用性、可操作性等一般原则外，更重要的是保证方法的公开性、公正性以及测评主体的多样性。按照这些原则选择测评方法有利于排除测评过程中的主观干扰因素，消除人们可能出现的误解，提高人们对测评结果的接受度，从而保证公务员品德测评的质量。

目前，实践中公务员品德采用的测评方法大概可以分为以下四类：一是组织人事部门考察，二是面试，三是民意测验，四是心理测验。公务员品德的四要素，即政治品质、思想品质、道德品质和心理品质应选用不同的方法来进行。大体上讲，政治品质可以通过组织人事部门调查的方式测评，可以结合民意测验使用，主要在公务员职务任命、升迁、调动时使用；思想品质测评可以通过面试和民意测验进行，这里的面试是广义的面试，包括无领导小组讨论、情境模拟技术、管理游戏等，一般用于关键职位人选的确定；道德品质主要依靠民意调查测评，可用于平时，也可在公务员职务变动时使用，一般以年度测评为好，注意平时的积累和记录；心理品质则主要用心理测验来测量，也可以结合面试使用，一般也在职务变动时使用，但为了保证测验的真实性，防止受测者面对特定职位进行有针对性的伪装，心理测验可以选择平时进行。

下面具体介绍一下组织人事部门考察、面试、民意测验和心理测验四类方法。

（一）组织考察法

组织考察法即干部考察的方法和技术。干部考察是中国共产党干部工作的一个重要组成部分，是经过长期历史考验的一种公务员品德测评方法，该方法广泛吸取了政治学、行政学、社会学、组织行为学、心理学等学科的研究成果，实践证明是一种比较有效的品德测评方法，对于公务员品德测评具有很高的参考和借鉴价值。组织考察的具体方法主要有：

1. 资料查阅法。通过查阅档案文卷、群众来信来访、学习笔记、培训鉴定等资料，对被测评者的品德行为信息进行了解。针对考察期间反映出来的政治表现、思想行为、道德行为与心理行为、违法违纪行为等方面的重要资料信息，进行专项调查。与有关领导、相关部门、执纪执法机关和同级有关部门面谈或发函征求意见，对考察的品德信息资料与结果进行审查把关。

2. 个别谈话法。要深入搞好宣传发动，教育干部群众消除思想顾虑，增强参与意识。同时要尽早安排谈话时间、谈话范围和内容要求，强调谈话要实事求是，不夸大其优秀品德行为，也不掩饰其行为缺点。要有一个安静、保密的谈话场所和充分的时间保证，保证参加谈话群众的数量和代表性，让本单位财会、统计、纪检、司机等了解品德行为表现内情的有关人员参加。

3. 公示法。最后形成的品德测评材料与结果要向群众公开展示，让群众对测评结果按“认可”“基本认可”“不认可”三个档次认定并进一步发表意见，“认可”率达不到70%的品德测评材料与结果重新修正。考察组向党组织提交的品德测评结果，必须注明群众认可情况，为党委最终的测评提供可靠的民主测评依据。

4. 公开述职法。让被测评者公开亮相，变书面述职为演讲述职，既让群众鉴定围绕品德行为的述职内容是否真实、全面，又让大家测评相关的品德素质与水平。

5. 关键时刻表现分析法。这是考察对象在一些关键时刻的品德行为表现进行专项测评，主要通过了解其在关键时刻表现的政治态度、思想观念、品德修养等，进而测评其品德素质的一种测评方法。其中最有效的是分析涉及重大个人利益时的态度和所作所为。根据目前干部考察要求，主要应考察：在重大问题决策和重要场合讲话的品德表现；在危、难、急、险工作面前的表现品德；在选人用人中的品德表现；在对待涉及个人切身利益问题，如对职务升降、工资调整、住房安排，家属、子女、亲属、朋友在出国、招生、招工等问题上所持的态度和品德行为；本人职务变动前后，对待自己的进与退、去与留的态度和品德表现等。由于品德素质的内在性、复杂性和表现形式的隐蔽性、多样性，最好是了解在没有监督或没人在场时，即无所顾虑时的真实品德行为。

6. 综合比较分析法。一是背景分析。品德测评必须把被测评者与客观环境、当地的风气、班子现状和被测评者所处工作性质作为一个统一体联系起来考察。如果班子团结、单位风气正，群众测评票就较集中，反之则分散。二是功利分析。要分析群众说话、反映问题的动机，是公道正派，还是借机泄私愤。要正确分析多数人意见与少数人意见的关系，对少数人的意见只要反映问题具体不应忽视。三是价值分析。要认真分析被测评者的品德表现是长期价值观的表现，还是短期思想行为。四是纵横分析。纵向上既要注意不同类别、不同职级、不同时期同一领导对被测评者的评价，又要广泛收集各层次干部和群众的意见；横向上要看被测评者的品德素质与全国、全省、全市同类地区、同行业公务员品德平均水平比较，位置是往前排了，还是往后排了；看领导层、同级层、下级层和单位与社会的评价是否一致。横向比较法和纵向比较法，对职类和级别相同或相近的公务员进行全面对比；也可以进行纵比，从历史发展的观点看待公务员品德的变化。

7. 回归追踪法。指返回到被测评者现已调离的工作单位，通过与原所在单位的干部、群众进行访谈，了解被测评者品德的一种考察方法。公务员，尤其是担任领导职务的公务员在单位任职时，干部、群众往往因害怕打击报复，多是讲好话、唱赞歌，不敢或很少提意见。领导调离后，怕打击报复的心理顾虑减少了，一般能够公正地进行评价。运用这种方法，对了解公务员的权力观、务实精神、廉政意识往往会收到较好的效果。

8. 执法执纪情况审核法。这是通过向执法执纪部门审查公务员执法执纪情况，以了解公务员是否清正廉洁，作风正派，政治纪律过得硬，从而测评公务员廉洁方面优劣的一种考核方法。途径和内容主要是向组织、纪检、监察、信访、计生等部门，审查了解考察对象有无违反政治纪律、计划生育政策等行为，是否受过处分、批评，是否有模范遵守纪律的突出表现。

9. 工作政绩印证法。指通过了解公务员创造政绩的过程、方式方法，对待政绩的态度，对今后工作开展的计划，来判断其品德素质的一种考察方法。主要了解公务员在创造政绩的过程中，正确贯彻执行党的路线、方针、政策，坚持民主集中制原则，坚持走群众路线，任期政绩取得和自己工作政绩的评价和态度等情况，掌握公务员是否实事求是，按客观规律办事，在政绩面前是否能客观地摆正自己的位子，评价自己的作用；是否从长远利益着想，既争取任期内有成绩又保持离任后有后劲，为今后的发展创造条件和基础，具有科学的发展观；是否以全局为重，既抓物质文明又抓精神文明和党的建设，进而反映公务员对待事业的责任心和职业道德。

（二）面试法

面试是一种通过直接交谈、观察与比较进行观察分析，了解被测评者行为特征及思想动机等情况，从而完成对被测评者品德测评的一种十分有用的测评技术。

广义的面试还包括评价中心技术中常用到的一些行为、情境模拟技术，这些方法包括：

1. 无领导小组讨论。无领导小组讨论是情境模拟方法中经常用到的一种，它采用集体面试的方法，通常把应试者分成6～8人一组，不指定小组的领导人，由主试（即测评主持人员）说明要求、给出要讨论的问题，请被测评者进行小组讨论，并最终给出统一的讨论结果。测评者根据被测评者在讨论中的表现，对其相关的品德素质做出相应的评价，对民主意识、合作意识等具有较高的区分力。

2. 角色扮演法。角色扮演主要模拟上下级对话的形式，请被测评者扮演某级管理者，安排同“模拟下级”进行谈话，针对下级的各种问题做思想工作。测评者对谈话的全部内容进行记录、分析，对被测评者在测评过程中的品德表现做出评价。

3. 案例分析法。通过让被测评人员阅读一些关于组织中人际关系或者利益矛盾问题的材料，然后让他准备出一系列建议，以提交给更高级的管理部门来测评被测评者的品德行为与道德评判能力，也可用于公务员心理品质的测评。

4. 行为模拟法。该法在控制的情境模拟状态下进行的练习，在行为模拟过程中，被测评者表现出与组织目标方面相关的行为。被测评者的行为受到扮演顾客的代表或第三方专家的直接观察，通过练习中的行为的分析来间接测评被测评者的思想品质、道德品质和心理品质。

（三）民意测验法

“群众的眼睛是雪亮的”，通过了解社情民意，依靠民意测验的形式间接对公务员进行评议是一种重要的品德测评方法。民意测评法。指运用问卷调查和民主测评等方式，来判别公务员政治品德素质优劣的一种测评方法。运用这种方法，关键要让群众成为测评的主体，充分表达意愿。

成功的民意测验一般需要做到三点：一是参加测评的人员要广泛，具有代表性，一般应包括被测评者的上级领导、同级干部、下级干部、群众代表；二是问卷和测评表内容，要根据公务员品德的特点，合理设定问卷要点，科学设置测评项目，注意措辞得当明确，既能将测评意图清楚地告诉测评者，又能简明扼要说明主题；三是采取有利于获得真实情况的方式，一般采取不署名方式进行。

在实际操作中，常用的方法有民主推荐、群众评议、信任投票等形式。

民主评议一般由上级领导机关、组织部门或本部门的职代会主持进行，由被测评的公务员定期向所在单位或部门的群众“报告”，汇报工作中的实际表现，听取群众的意见，接受群众的评议、检查、批评和监督。上级有关部门应将群众的评议意见作为公务员品德测评的依据。

信任投票是利用职工代表大会的形式，每年一次对各级公务员进行无记名信任投票，或者在干部选拔、任用和考核时，由所在单位和部门的群众进行信任投票，对信任投票数量达不到一定比例（一般是半数或 2/3）的公务员，要进行具体的品德行为分析。

（四）心理测验法

心理测验是现代人员测评的一种非常重要的技术，可用于对能力、个性、工作动机、价值取向、工作态度等综合素质的诊断，心理测验方法是测评公务员心理品质最常用的方法。

心理测验分为不同类型，其中与品德测评联系比较紧密的主要包括：

1. 个性测验

个性是一个人能否施展才华、有效完成工作的基础。个性测验常用的主要有问卷法和投射测验两类。

问卷法又称问卷法自陈量表，具体做法是向被测评者提出一组有关个人行为、态度意向等方面的问题，被测评者根据自己的实际情况作真实的回答。测评者根据被测评者的回答与评分标准或模式相比较，从而判断被测评者的品德特征。它不仅可以测评外显行为，也可以测量自我对环境的感受。

投射测验依据的原理是，人的一些个性特征与倾向性，是深藏于意识深层，即处于潜意识状态的，自己并没有明确认识它们。其基本假设是：人们对于外界刺激的反应都是有其原因且可以预测的，而不是偶然发生的。该测验主要采用图片作为工具而展开，测评者将一张意义含糊的图和照片出示给被测评者看，并不容其有考虑的时间，要求被测评者很快说出对该图片的认识和解释。由于被测评者猝不及防，又无思考时间，就会把自己的心理倾向“投射”到对图片的解释上，因而测评的品德结果较为可信。

2. 性向测验

性向测验又称为能力倾向测验，是用于测评从事某种工作所应具备的某种潜在心理品质的测验。性向测验的目的是测量一个人如果经过适当开发，具备某项工作所要求的胜任能力特征，能否成功完成某项工作。同样，性向测验的方法也可以用于预测被测评者在品德发展方面的潜力。

在公务员品德测评的实际操作中还有几个问题需要引起注意：

品德测评资料真实性的保障问题。尽管品德测评采用了许多先进的技术来保证其客观性，但主观性因素的影响仍然很大。即使是号称客观的心理测验也不例外，因为心理测验尽管测评过程客观，但测验指标的设计过程仍然渗入了很多人为的因素。既然有主观因素的存在，就难免会有虚假信息或测评不准的现象存在。

为此，有几点意见可供参考：第一，可以要求被测评的公务员签署诚信承诺书，强调所有有关数据必须有根有据，一旦出现故意制造的虚假信息，一票否决；第二，要给予公务员对品德测评结果提出异议的权利，只有提供一定的理由，可以对测评结果进行重新审查；第三，要对测评结果进行抽样检查，通过访谈、数据审查等方式来检验其真实性，若经检验发现失真情况严重，则需重新测评；第四，要重视测评者素质，在测评前注意选拔有能力、有经验的人员来测评。此外，还应邀请专家进行必要的培训和辅导。

公务员品德测评应放在平时进行，做好测评信息积累工作，而不要在需要时才搞突击测评。只要平时做好了信息资料的基础工作，到需要时，只需调出相关人员的品德记录，再稍加整理即可。搞突击测评，一来过于仓促，影响品德测评的质量；二来给人以过大压力，强迫许多人去弄虚作假或者靠拉拢人际关系，造成品德测评搞完了，人们的品德却不升反降。对品德测评结果的处理，表现优秀者进行升迁或奖励，对表现不佳者要进行批评分析和指导，不应给予过重的处罚或者给予过大的精神压力。

第十一章　目前品德测评的方法与模式

第一节　品德测评方法的种类与特点

这里所分析的人才品德测评方法，包括1980年以来实验过以及现在正在试行的品德测评方法，它们都是近年来人才品德测评实践中独立存在的方法，其种类与特点是从各级各类学校现行方案或试行方案中归纳出来的，我们力求保持这些方案方法的现实性、完整性与独立性的原本特色，只做总结介绍，不做肢解与抽象地分析与引申，并尽可能以原有方案方法的名称出现。只有当我们对它们进行模式上的分析与比较时，才进行必要的具体分解与抽象综合，以便建构出能够反映它们本质特征的操作模式，既反映了人才品德测评方法改革的实践经验，又有利于它们继续的深化与改革。

下面所分析的品德测评方法包括了1980年以来的122个实验案例，具体见表11—1。

我们通过对这122个品德测评案例的分析、比较与归纳，总结出了以下16种品德测评方法：

一、总体印象测评法

所谓总体印象测评法，又称整体印象评判法，是品德测评者根据自己平时对被测评者情况的随意了解及业已形成的总体印象进行价值性判断的一种方法。例如，云南省曲靖市某小学要求班主任评定学生品德时，根据平时对学生行为实践的观察与了解，评出印象分①；浙江桐庐中学及其他

① 参见《小学德育》1987年第4～5期（合刊）。

表 11—1　122 个实验案例所用方法分析统计表

方法	方式	类型	学段	案例数
评语法	单独采用	一般型	大学	1
			中学	2
			小学	5
		写实型	大学	0
			中学	1
			小学	0
	结合其他方法采用	与评等结合	大学	0
			中学	4
			小学	7
		与评分结合	大学	2
			中学	18
			小学	10
		与测验结合	大学	0
			中学	0
			小学	5
评等法	总体评等	印象型	大学	0
			中学	1
			小学	1
		依据标准型	大学	0
			中学	3
			小学	0
	分项评等	非等级标准型	大学	0
			中学	3
			小学	12
		等级标准型	大学	0
			中学	6
			小学	2
评分法	总体评分	印象型	大学	0
			中学	0
			小学	1
		依据标准型	大学	0
			中学	1
			小学	0
	分项评分	非等级标准型	大学	2
			中学	10
			小学	3
		等级标准型	大学	1
			中学	20
			小学	20
	结合认知测试成绩评分		大学	1
			中学	3
			小学	25

一些学校目前试行的总体甲、乙、丙、丁等第测评，虽然表面上有一些总体等级标准规定，对初、高中生规定：对评定内容规定的诸方面都做得好，大部分基本做到，或在某方面做得不好有严重缺点但能改正评为中，大部分不能做到评为下，但调查中一些班主任告诉我，评定时很少去查看《守则》《规范》与《大纲》中的有关规定要求，一般都是根据平时对学生的了解及其印象评定。显然，前者是总体印象评分法，而后者是总体印象评等法。这种方法被广泛渗透到其他品德测评方法中，是其他品德测评方法的基础。

这种方法的操作步骤是，先明确测评任务或要求，再对被测评者业已形成的“事实”与印象进行回忆与综合，最后做出总体价值评定。

这种方法的优点是，方便可行花费最小。它主要是利用测评者平时观察所获得的信息，不需要做什么特别的资料收集工作。测评时注重于被测评者的平时表现，注重于测评者自己最熟悉、最清楚的行为表现，因此，测评的结果具有一定的真实性。但是，这种方法带有很大的主观性与片面性，可靠性较差。

首先，整体印象评判法所依据的测评信息非常有限。测评者仅仅是根据他个人平时所看到或听到的有关情况进行评判。这种“听”与“看”是偶尔的、随意的，缺乏目的性与系统性。因此所得到的信息就只能是零碎的、片面的。在所有这些零碎与片面的信息中又只有那些测评者评判时，残留于记忆中尚处清晰状态的那部分信息才能真正作为评判的依据。因此，整体印象评判法依据的信息是有限的。

其次，这种测评方法缺少衡量被测评者行为表现的具体标准，具有很大的主观随意性。由于总体印象测评法没有明确与严格的测评标准，因此测评者平时对测评信息的收集与记忆就带有很大的随意性。这种随意性的突出表现是，它依据测评者个人主观偏向对测评依据的选择性。有的领导可能有意或无意因下属听话，工作成绩好，群众意见少而给他（她）一个甲等或高分数；有的领导则可能因为下属能言善辩，口头表达能力强，能迎合领导的需要来说话办事，遵守纪律，给他（她）一个甲等或高分数；而有的领导还可能从细微的言行举止表现上加以检查，因某次下属一句话或行为大损自己的尊严而给他（她）丙等或不及格。因此，不同的测评者对同一个被测评者品德的总体印象测评，其结果的差异常常会判若两人。

最后，整体印象评判法所依据的印象会受到多种心理效应的影响。最突出的是首因效应、近因效应、定式效应与晕轮效应的影响。当测评者信息掌握不充分时，或者当测评者对所掌握的信息难以处理时，各种心理效应所产生的影响就会更加严重。

然而，这种方法的缺点可以采取一定的措施来加以改进。例如，广泛地从不同角度来选择具有代表性的测评者，或增加测评者的数量等都可以大大弥补整体印象评判法的不足。

二、评语鉴定测评法

所谓评语鉴定测评法，又称操行评语法、品德评语法、思想品德鉴定法、思想政治表现鉴定、操行评定、定性描述法、评语法。这种方法一般是指品德测评者，根据自己对测评对象长期的观察与了解，参照有关标准内容用陈述句的形式，对被测评者某一时期中的品德水平与状况概括地做出个人鉴定意见。从表 11—1 中可以看出，这种方法是目前应用最为广泛的一种品德测评方法。虽然单独使用评语鉴定法的单位还是大多数，但发展的趋向表明，评语鉴定法正倾向与其他测评方法结合使用，对其他品德测评方法的测评结果起一种补充、说明、解释或指导作用。因此，它是以某些变式的形式出现，例如附言、补充意见、希望、特殊说明、意见等。

这种方法目前的操作步骤是，了解情况，民主评议（包括个人、群众、领导、组织、家庭几方面），依据鉴定内容与要求，结合自己观察事实进行评语鉴定，最后反馈给被测评者、用人单位与相关领导，大多数只让领导审定或征求有关人员的意见。

评语鉴定法既汲取了总体印象测评法的优点，又在一定程度上改进了它的不足。

首先，评语鉴定法的测评者，一般事先知道自己的身份与职责，会对测评对象做比较系统而有目的的观察与了解，减少了测评信息收集过程中的主观随意性。其次，评语鉴定者一般是由那些受过专门训练，或者具有一定专业素养与观察鉴定经验的人担任。因此，测评结果具有一定的准确性与可靠性。最后，它是针对一定的规范标准（例如《规范》《守则》）做出鉴定，不像总体印象测评法那样缺乏明确的标准而随其自然。因此，测评结果具有一定的规范性与针对性。另外，它的测评结果是由一系列观点明确的语句表述，而且一般对测评对象在各个主要活动领域中的行为表现都有鉴定，比较全面，能使第三者对被测评者有一个比较清楚的了解。测评者还可以对被测评者的个性特点或详或略地评定，评一人像一人。

然而，评语鉴定法在很大程度上仍然是以总体印象测评法为基础。每一条评语的鉴定仍然是以测评者个人对测评对象的总体印象为根据，只不过每次鉴定侧重某一个方面而已。因此，其缺点类似总体印象测评法，要么鉴定主观随意、凭印象，要么差不多，大多数被测评者套用同一等级语言，分不出张三李四。甚至有人整个地套用总体印象测评法，首先按印象把被测评者分为上、中、下三等，各写好一个模型后，逐个对被测评者“对号入座”，内容大致相同，有时稍为变换几个词语或调换一下句子顺序。同一个被测评者，则将前几个时期或上一个时期的评语底稿拿出来，抑或照搬抑或摘录，还有的地方出现了评语复写的天下奇事。因此人们提出评语鉴定要做到“准”“实”“像”，要恰如其分，不要扩大也不要缩小；

要内容具体，不要笼统含糊；要突出重点，不要面面俱到；要注意个性，不要千篇一律；要肯定成绩，点出薄弱环节；要措辞确切，切忌绝对片面。

三、写实测评法

写实法，又称纪实法，是1989年在高校兴起的一种品德测评方法，它是针对评语鉴定法的不足而提出来的。

目前，在评语鉴定过程中经常出现三个问题：一是许多测评者在收集、解释与评论测评信息时，带有浓厚的主观色彩，或者只写一些被测评者生活上的小事或一些不着边际的“通用性”语言，使人无所参考，或者是为了迎合某种目的（例如晋升）的需要，在文字表述上做文章，把很差的写成一般的，一般的写成很好的。为此，对于评语鉴定，人们特别强调要实事求是。几乎每篇操行评语论文都提到这一点，甚至还有专门论文（张强，1987）。二是有的测评者缺乏把握材料综合信息的良好能力，不善于分析与综合所收集到的事实、现象与材料，抓不住本质，最后的评语鉴定歪曲了本来的事实表现。三是评语鉴定往往要对现有的行为表现做出价值评定，但是由于人的认识能力具有历史的局限性，有些事实与现象现在看来评价是错误的，是不符合社会要求的，但随着历史的发展，将越来越被证明是正确的，是符合社会发展趋势的。有些东西现在看来是对的、是好的，但过些时候却被证明是错误的、是坏的。另外，就某次重大历史事件中的行为表现来说，我们只能记述其事实表现而无法去推断更多的东西。故评语鉴定法满足不了需要。

因此，写实法实际上是评语鉴定测评法的一种改革形式。它是一种较之评语鉴定更为隐蔽一点的品德测评方法。从沈阳二中的实验方案来看，它有覆盖品德各个侧面的30项（后缩减为12项）纪实内容和统一的测评人员，从其实施的目的来看，是再现“学生平时思想品德表现”，“作为评优、任用干部和毕业时保送”的依据，以及克服“走过场，对学生鉴定千人一面、套话连篇的弊病”。①

① 参见《中小学思想政治教育改革》第275～277页。

什么是写实测评法呢？目前尚未看到有关的定义，据我们的访问调查情况来看，所谓写实测评法，就是实事求是地把品德行为的表现记录下来，客观地反映事情的本来面目，作为品德测评的依据。由此可见，它基本上是对品德表现的一些主要事件或关键行为进行“复写”与“摄影”性的记述。它与轶事记录有点类似，但它没有任何的评价与解释。作为一种品德测评方法，它不可能像轶事记录那么详细而局限于某一件事，它必须尽可能简洁而系统。它也不可能像评语鉴定那样“入木三分”，具有深刻性，它限于对事件或行为的客观描述，而不做更深入与扩展性的任何评价。品德的好坏优劣留待他人去做评定。

写实测评法目前在实践中的独立形式虽然并不多见，但它结合其他品德测评方法使用的变式却处处可见。有的设有“奖惩情况及突出事例”栏目，有的设有“突出事迹和等级升降”栏目，有的设有“典型特征及典型事实记录”栏目，这些栏目记载的内容实际上就是写实的结果。

写实测评法的操作步骤是，明确写实的内容与要求，捕捉搜寻纪实的有关事实与行为，选择其中一些有代表性的进行详细记录，期末整理后，概要地记入有关栏目中。目前类似写实测评法的另一种方法是档案资料品德测评法。档案资料包括政治思想品德课考试成绩、平时品德测评分数、期终评语和所有重大好坏事、奖惩记载。

写实测评法的特点是客观、实事求是，因而写实性的测评结果具有永久存档价值。它不但具有反馈信息、服务于管理与评价的作用，而且对于管理学、心理学等实验研究也具有很高的参考价值。但写实测评法也并非绝对客观。在选择事实行为及其记述中，不可避免地要涉及记录者个人的价值观、思想情感、写作能力及风格等主观因素的影响。

四、等第测评法

等第测评法，又称操行等级评定法、品德考核评等法，即按照一定标准对被测评者的品德水平和状况予以总括性的等级评定，以显示不同被测评者之间品德水平的差异。这种测评标准既可以是被测评者外部的绝对标准，也可以是包括在被测评者内部的相对标准。这种方法可看做评语鉴定测评与写实测评法的改革形式。人们感到评语鉴定比较笼统、大同小异，反映不出被测评者品德之间的差异。写实测评法虽然比较实事求是，内容具体明确，但不便比较。也就是说，无论是评语鉴定法还是写实测评法，它们只是便于被测评者个体内部或相互之间的横向特点差异比较，而不便于相互之间的纵向水平差异比较。而等第测评法恰好可以弥补它们的不足。

等第测评法操作的步骤是：首先，确定测评的内容与标准。其次，让被测评者自评自报，被测评者小组（工作小组或评议小组）评议。再次，主管在征求群众意见的基础上，结合小组评议结果及自己的观察做出等第评定。最后，由人力资源部审定。

这种测评方法在实践中已有许多变式。从等第形式来看，有好、中、差和上、中、下等三级制；有甲、乙、丙、丁或优、良、中、差（下），或优、良、及格、不及格的四级制；有优、良、中、可、劣与A、B、C、D、E等五级制；有最好、比较好、一般好、中等、一般差、比较差、最差等七级制；有A＋、A、A－、B＋、B、B－、C＋、C、D等九级制；有优上、优下、良上、良、良下、中上、中、中下、差等十级制。从标准形式上看，有等第标准式与非等第标准式，有总体标准式与分项标准式。所谓等第标准，就是每个等第都是具体明确的标准规定。所谓总体标准式，就是等第的标准是相对测评对象的整体来规定的，等第的评定有控制比例型与非控制比例型。所谓控制比例型，即给各种等第的数量下达一定的指标，把它们控制在一定的限度内。例如，长春实验中学1990年11月在《关于改革政治考试和操行评定办法的决定》中规定，甲、乙、丙等分别控制在30％、60％、10％以内，丁等酌情考虑，严格控制不评。青岛二中则规定各班优占30％，良占55％，中占12％，差占3％。

五、评等评分法

所谓评等评分法，实际上是一种分项等第测评法的改革形式。

典型的分项等第测评法，一般是先拟定10～20条，甚至更多的测评标准，然后由被测评者个人、小组、主管甚至客户分别逐项对照评定。如果以最少10条标准计算，个人、小组与主管三方评定的等第将有30个，这30个等第最后要不要综合为一个等第呢？如果不综合，则不同被测评者之间只便于横向或逐条地纵向比较，这显示不出等第测评法纵向进行总体比较的优势。若进行综合，不同等级之间却又不能相加。因此有的组织最后只以主管评定的等级为准，并要求另外再评定一个总等第，显然其他人所评的等第最后未起多大作用；有的地方则采取等级当量换算方法，例如，1个一级（A)＝2个二级（B)＝4个三级（C)＝8个四级（D)；有的组织则分别统计各种等第的总数而不做总评；有的地方则在统计各种等第总数的基础上再乘以某个分值合成一个总分数；有的组织则在分项评等的基础上再评分，例如，对每个项目均要求在好、中、差评等的基础上再评分，好记3分，中记2分，差记1分，最后综合为一个总分，再按0～59分为差，60～79分为中，80～89分为良，90～100分为优，从而把众多的分项等第综合为一个总等第。在上述种种分项等第综合方法中显然是评等评分法最方便。因此，评等评分法可以说是对分项等第测评法综合技术的一种改革形式。

这种方法的操作步骤是拟定或明确各项测评标准，个人、小组、主管分别逐项标准进行对照评定，评定时先判定等级，然后再按规定评分，并把分数填记在相应的栏目中，最后按要求综合为一个总分并转为等第。

在评等评分法中有一种特殊的形式，就是对品德测评的项目，有的评等不评分，有的评分不评等。

这种方法具有等第测评法的优缺点，但优于分项等第测评之处是它具有综合功能，方便可行。

六、操行加减评分测评法

所谓操行加减评分测评法，又称品德考核加分减分法，实际上可以看做是对评语鉴定测评法与等第测评法的一种改革形式。在这种方法中，测评者首先根据管理要求对被测评者日常行为表现的要求，提出一系列评语式的测评项目，然后对每个测评项目做出一些具体规定，指明达到什么程度奖加多少分或违反到什么程度扣减多少分。测评前，每个人都有一个相同的基础分。测评期初公布于众，测评期结束时，算出所奖加的总分与所扣减的总分，最后基础分加上奖加的总分，减去扣减的总分即得到品德测评的分数。

实践中人们已把它发展为许多不同的变式。有中点起始加减评分法、满分下减法、基础上加法、分周或分项基分加减法、正负计分累加法、总附加附减法等。

例如浙江富阳县大源中学，为了改正评语鉴定的缺点，进一步发扬甲、乙、丙、丁等第测评法的优点，他们1983年采取了80分起点的加减评分法，凡表现好的按加分细则加分，凡违反校纪校规、班纪班规的，按减分细则减分。评分方法因年级制宜，有的以组为单位，每个学生逐条对照评分；有的先由学生自评，后由班组评议或小组复评；有的先由学生干部根据平日记载的情况评分，再征求学生本人意见。最后，期末班主任将学生操行加减成绩按85分以上甲等、75～84分乙等、60～74分丙等、60分以下丁等总评，并将考核表送教导处审查登记，这是中点起始加减评分法的形式。

广东斗门县二中的做法则与上述形式不同。他们以40条《规范》为测评项目，逐条打标准分，共100分。违反哪一条就按标准予以扣分，并实行“天天登记，月月公布，期中初评，期末总评”的方法。90分以上为优秀，75～89分为良好，60～74分为及格，60分以下为不及格。这显然是属于满分下减测评法。

上海五四中学1989年的做法则是属基础分上加法。他们给每个学生规定50分的基础分，然后拟定17条加分细则，前16条每条均3分、2分、1分三个等级加分，第17条则按2分、1分两个等级加分，最后累加。90分以上为优，80～89分不良，70～79分为中，60～69分为及格，40～59分为不及格，40分以下为差。

广西百色高中1987年则把中点起始加减评分法应用到分周评分中，成为分周基分加减法。他们的具体做法是，首先拟定11大类测评项目，并根据不同年级学生的特点，制定要求不同的测评细则，调整加减分比例。然后向学生宣讲，使他们明确要求，接着规定每周每个学生基本分均为4分，周末由学生对照各条目制定出加减分细则，在统一印发的表格内进行加分或减分，并计算出本周的总分。为了防止弄虚作假，自我评分后要求进行小组交流（前后四人为一组），并由班主任抽查。最后期末总和，85分以上为优秀，甲等；75～84分为良好，乙等；60～74分为及格，丙等；60分以下为不及格，丁等。等级的最后确定持慎重态度，一般先征询班干部及科任教师的意见后，再由班主任全面衡量，加以审定。

青岛二中（1987年）和吉林省东辽一中（1990年）则把操行加减评分测评法变革为正负计分累加法。青岛二中列有18项测评内容，个人、小组逐项对照，做得好的记＋1分，做得差的记－1分，然后班主任约集任课教师代表、学生干部代表、同学代表共同讨论，征求意见，对于个人、小组加减分结果逐一审定，做出自己的加减评分并累加。16～18分为优，12～15分为良，8～11分为中，7分以下为差，有突出表现或严重错误可酌情加减总分。

操行加减分的特点是，把测评者对被测评者品德行为的质量评判转化为数量评分。对每条操行的评判都有统一的、具体的、差别明确的等级标准，大大改进了原来评语鉴定法的不足，改进了等第测评法评判结果模糊以及不便综合的缺点。

首先，操行加减评分法的结果比较客观。它使原来评语鉴定的“软”评判变成了“硬”评分。无论是同一个被测评者的不同行为还是不同被测评者的同一种行为，其每次判断给分都被统一、具体而明确的等级标准所规定。对每个被测评者品德的测评，都经过本人、同事与相关部门的评定讨论，最后由主管审定。这既发挥了主管的主导作用又有群众评议的基础，因而大大地克服了评语鉴定法及等第测评法中的主观随意性，评定结果较为客观。

其次，能比较灵敏地反映被测评者在品行上的变化，并且使品德测评在选拔中发挥标准作用。评语鉴定主要反映被测评者品德的质变结果，而难以反映被测评者行为的渐进量变。操行加减评分法则不然，它所设置的众多评判项以及每个项目的不同加减分数，足以反映被测评者品德在各个方面、各个方向上的行为变化。由于操行加减分法的测评结果最后综合为分数形式，不同被测评者的同一行为及其总评结果，都能得到直接的比较。因此，其可比性远远胜于原来的评语。另外，其总评分数的区分性与具体性大大胜于等第测评法。正因为如此操行加减评分法评定的结果能够在评选当中发挥真正的标准作用改变了原来评语鉴定在评比中装饰陪衬的形式主义，改变了等第测评法同一等级内被测评者无法区分的缺陷。

最后，操行加减评分法能够使人才管理及品德测评综合一体，相互促进。操行加减评分法一般采取加分与扣分的对比形式，有具体的等级评判标准，被测评者一看就明白组织提倡什么，反对什么，怎样做是对的，怎样做是错的，是非界限明确。在操行加减评分法中，还可以通过增大或减少某测评项目分数的办法来强调或突出某些目标与内容。例如，对聚众闹事偷工减料等恶劣行为就多扣分，对见义勇为行为就多加分。这可以从实处保证重点人才管理目标与任务的实施，保证人力资源开发与管理的顺利进行。

然而，操行加减评分测评法也有不足之处。如果测评者使用不当，则容易出现以测评代替管理的做法。有的主管把操行加减评分测评法作为一把上方宝剑，谁的行为合乎自己的要求多给点分，谁的行为与自己分庭抗礼则多扣点分，甚至把重扣分作为压“乱子”、治“顽皮”的法宝。品德测评只是人才管理过程中的重要一环，操行加减分法只是管理工作中的一种辅助手段，绝不能代替对人才进行深入细致的管理与开发工作。以扣分对员工违纪行为简单地予以禁止，常常无济于员工思想的转变。对符合要求的行为加几分也无法让员工认识自己行为的价值。孤立地或过分地使用操行加减评分测评法很可能刺激被测评者片面追求分数，弄虚作假，出现高行为分数、低思想动机的反差现象，或者无形中把被测评者的行为表现固定在同一“标准”上，约束和禁锢被测评者的个性发展。

另外，操行加减标准的规定及其分数多少，还带有一定的主观随意性。

七、积分测评法

积分测评法，又称积分法、操行测试评分法或操行简单计分法，品德考核评分法也包括在内。它一般是先将管理目标或规范要求具体化为一些操作行为，并用具体项目表示。每个项目定出分数值及评分要求，期初即向被测评者公布，然后定期进行测评，期末累加起来，即得到某一时期的品德分数。有的还进一步把这个品德“积分”转化为等级（85 分以上为优，70～84 分为良，60～69 分为及格，60 分以下为不及格）。

积分测评法，目前在实践中已有许多变式。大致有分等评分累积法、不分等评分累积法以及分块积分法等具体形式。

例如，有的组织从政治思想、道德修养、学习和心理品质四个方面制定了22项积分测评目标，各项目3～5分不等，然后被测评者逐条自评分数，小组逐条互评分数，主管在自评、互评分数基础上再逐项评出分数，最后以主管的评分累计为准。显然，这是一种不分等评分累积的形式。

例如，上海市某单位每个积分测评项目，组评时采取“两极筛选法”确定其最高分与最低分人物，然后以此为标准，给其他中间人评分。吉林省某单位1988年开始实验的是分等评分累积法，他们把每个测评项目分成五个等级评分，分自评和组评，最后以主管评分累积为准，90～100分为优，80～89分为良，70～79分为中，60～69分为及格，59分以下为不及格。

积分测评法实际上可以看做是操行加减评分法的一种改进。在操行加减评分法中，加分行为一般要求较高，加分机会有时较难得到。而扣分却常常使人畏惧。积分测评法则改进了这一点，它注意把开发机制引入测评之中，变扣分的压抑性为积极的鼓励性。引导被测评者从一点一滴做起，注重平时努力养成良好行为，积善成德。分块积分法注意发挥社区、主管与被测评者各自的优势，分工负责测评不同的内容。例如，社区侧重从社区的表现做出测评，被测评者本人及小组侧重从日常工作表现做出测评，而主管则从更高一点的层次进行概括性的品德测评。这样，既加强了测评的客观性，又提高了测评的效率。

此外，它还有利于被测评者自我教育意识的增强。

八、加权综合测评法

这种方法既是以操行加减分法与积分测评法为基础，又是对它们综合技术的改进。无论是操行加减评分法还是积分测评法，都会遇到不同时期（周、月、半年、年）、不同空间领域（社区、组织、知识、能力、行为）和不同主体（自我、小组、主管、人力资源部）所测评的结果最后如何综合的问题。在操行加减评分法与积分测评中，一般都分别由自我、小组与主管三方评分，如果大家评分结果完全一致，综合总评时比较好处理些，一旦在某些测评项目上发生矛盾，如何处理呢？如果以主管为准，是否公平？被测评者本人及小组是否会有意见呢？如果平均，当三方评分结果相差悬殊，则平均结果就会拉平偏低；而当三方中自评过高，组评、主管评基本客观一致时，平均结果就会偏向自评一方，而让其占便宜。因此有些组织只分别让自我、小组、主管三方逐项评分，最后并不综合。

实际上，对这一问题较好的解决方法是加权综合。因此加权综合测评法也就应运而生。

所谓加权综合测评法，就是首先采取操行加减评分或积分测评法进行评分，然后综合时给不同的测评项目及其等级、不同的测评主体及不同的时空下测评的结果以不同的测评项目及等级、不同的测评主体及不同的时空下测评的结果以不同的比重，以此显示它们各自进行纵向综合与横向结合的测评方法。有的单位对自评、组评、主管评的三方结果分别以20%、30%与50%加权，有的组织对知识与行为分别以40%与60%加权，有的单位对期中与期末或平时与期终测评结果以40%与60%加权，而有的单位对社区与单位的测评结果以30%与70%加权。其中又有分层加权与直接加权、科学加权与随意加权等不同形式。

这种方法的优点是，以统一确定的数学模型保证各种测评因素（测评主体、测评项目、测评时间、测评空间），在总评中能真正地发挥其适当的作用，以改进前面操行加减评分法与积分法的不足。这种改进主要表现在以下两个方面：

第一，在操行加减评分及积分法中，每个评判项目在总评中常常是等量齐观。然而，各个评判项目在不同阶段中，在品德结构以及在总体管理目标中，实际所起的作用并不是等量齐观。因此，通过不同权数把它们适当区分是更为合理科学的。

第二，在操行加减评分与积分法中，虽然测评主体一般包括了被测评者本人、小组、主管，但最后这三个方面认真评判出的结果能否在总评中发挥适当的作用，却是没有保证的。但在加权综合测评法中，通过给不同主体分配适当的权重，把它们合理地统一起来，则就能始终如一地保证各方测评结果在总评中发挥他们所应发挥的作用。即使各测评结果之间相互矛盾时，也能按各自权重得到公平合理的解决。

这种方法的缺点是，有时难以定出一个合乎实际的、合情合理的权重分配方案。因为各个测评对象处于社会空间中的不同位置，有关的测评因素对于它们的关系十分复杂，难以用一个固定的权重分配数学模型进行统一描述。

九、模糊数学综合测评法

所谓模糊数学综合测评法，就是吸取与应用模糊数学中综合评判的思想，全面合理地考虑所有影响测评对象的因素与所有有助于准确评定测评对象的因素，采取模糊计量与综合评判的方法，使它们在测评过程中都发挥一定的作用。其基本程序是：(1) 制定品德测评目标体系；(2) 使各测评项目指标量化；(3) 选择并组建测评团体；(4) 进行模糊计量；(5) 进行模糊综合评判运算，并确定最后评定等级。它是对积分测评法或加权综合测评法的一种改进。

所谓模糊计量，即采用模糊集合元素进行测评计量。它有两种基本方式：一是采用一型模糊集标记测评结果；二是采用二型模糊集标记测评结果。例如，我们列出“热爱本职工作”的具体标准，然后用 0～1 之间（0 与 1 除外）的任何一个数值恰当地表示我们对某位被测评者的模糊评判结果，这实际上就是采用一型模糊集标记测评结果，如果我们把“热爱本职工作”划分出“优”“良”“中”“差”四个等级，并具体规定每个等级的标准，然后用 0～1 之间（0 与 1 除外）的任何一个数值，恰当地表示我们对某位被测评者分别符合于“优”“良”“中”“差”四个等级标准的程度（例如，符合优的程度为 0.55，符合良的程度为 0.30，符合中的程度为 0.10，符合差的程度为 0.05），实际上就是采用二型模糊集标记测评结果。采用一型模糊集计量测评结果是对非等级标准评分的一种改进。在非等级标准评分测评中，当每项满分值为 1 时，评分结果或者为满分 1，或者为 0 分；当每项满分值为 5 时，也最多在 0、1、2、3、4、5 中取值。从理论上来说，这种有限的间断式的取值往往难以确切地表示我们的评判结果。而一型模糊集计量可以连续地在 0～1 之间取任何一个值，其不同的取值个数是无限的，其表达我们评判结果的方式是充分的。采用二型模糊集计量测评结果，则是对等级标准评分的一种改进。在等级标准评分中，我们一般要求测评者根据所规定的等级标准，只能把某人评判为“优”“良”“中”“差”中的一个，而且要尽可能准确。被测评者的品德特征不明显时就常常使测评者左右为难。而采用二型模糊集计量，则允许测评者同时把他（她）评判为“优”“良”“中”“差”中的几个，允许评判模糊地进行。由此可见，模糊计量改进了精确计量的不足。

所谓模糊综合评判运算，一是指借助于模糊集合运算的“最大”“最小”取值方式，二是指引用模糊数学中综合评判的运算技术。前者弥补了传统算术式综合中“平均”思想的不足，后者则充分综合了测评小组中每个成员的评判意见，体现了民主性。在加权综合测评法中，组评时虽然采用民主集中制，但最后综合只能选择一种意见。因此反映在测评本中的最后结果，或者是能言善辩、权威人士的意见，或者是小组长记录人的意见，那些不爱发言或“少数人”的意见永远无法反映到结果中去。而采用模糊数学中综合评判的运算技术，则可以把测评小组中每个人的意见都综合到结果中。例如，10 人小组对某个人“热爱本职工作”一项测评意见分别是 0.65、0.66、0.71、0.81、0.71、0.64、0.67、0.65、0.65、0.75，则按照 0.50～0.59 为差，0.60～0.69 为中，0.70～0.79 为良，0.80～0.89 为优的原则，全部意见可采用二型模糊集合表示为 V=[0.1、0.3、0.6、0]，该集合与权重集合作常规矩阵运算即得到测评意见的综合值。这个综合值相对于前面那种“民主集中”的综合结果来说，其对每一个组员意见的反映要充分得多。

目前，模糊数学综合测评法已有许多变化形式。孟海兰等在《心理科学通讯》上发表的文章中采用的模糊数学方法，实际上已在计量阶段进行了变化。他们规定对思想品德每项指标的测评，按优、良、中、差四个等级进行评判，并分别以 0.85、0.75、0.65、0.55 的标准值及其波动 0.01～0.05 来标记。

林昌华 1987 年在《教育研究》中所提出的品德考核量化方法，也是一种变化型的模糊数学综合测评法。计量时，他先采取优、良、中、差、劣模糊量词进行评判，然后分别以 1、0.8、0.6、0.4、0.2 对小组测评中各组员的意见进行综合，他先算出优、良、中、差、劣评判的人数百分比，然后再与等级赋值、项目加权值等集合作常规矩阵运算求出综合值。

湖南省某单位用的方法，说起来也是通俗化的模糊数学测评法。在计量上，虽然它对于优秀、良好、及格与不及格四个等级标准做了规定，而且评判只能选其一个，但是每个等级标准的规定是模糊的和通用的，仍然以“好”“比较好”“基本上”“大部分”等模糊量词为定义，并且每个等级的赋值范围是一个连续的区间值，而非限定点的精确值；在最后综合上，虽然只有自评、互评与主管评的加权规定，但各项目指标的加权也同样存在，只不过已把这些权重具体到每项操作指标的分值上去了。这样实际上就把模糊数学综合测评法变成了加权综合测评法，甚至可以说是积分测评法了。

应用模糊数学测评品德是否合理呢？我们有必要对其做些分析。

首先，模糊综合评判法设置的测评项目，要求在方向上与管理目标或任务相一致，在内容上与管理要求、守则及规范相一致，在表述上与测评对象的表现行为特点相一致。测评中有明确、具体、可操作的目标，使不同测评者的评判有一个统一的“尺度”。

其次，模糊综合评判法的评判有具体统一的参照标准，判断的方式吸取了整体印象评判法的等级方式，以等距模糊量词“好”“较好”“一般”“较差”“差”作为评判的级别，以区别本质上不同的测评对象；另一方面，它又及时地以模糊集合元素记下判断结果，既恰如其分，又减轻了大脑的记忆负担。

最后，利用模糊数学，不但可以对所观察到的现象进行客观而恰当的量化描述，而且能够通过它，把关于品德表现中大量分散的和模糊的认识，转化为集中的精确的判断，从现象测定深入到本质评判。

但是这种方法综合的计算复杂，除非借助事先编好的计算机程序。

十、评等评分评语综合测评法

这种方法并非一种特别的方法，只是对前述各种品德测评方法的一种综合兼施与改进。它是在采取其他非评语鉴定法测评出一个分数与等级之后，再辅之评语的说明与补充，以解释分数与等级的意义，或补充它们无法说明的品德个性与特点。由于这种方法既兼有前述各种品德测评方法的优点，又对它们各自的缺点进行了相互弥补，故目前国内广为使用。

这种方法目前发展的趋势是评分、评等、评语各侧重一个方面，相互服务、相互补充、相互促进。比较典型的操作步骤是，首先逐项标准分等评分，然后依据总分评等。最后依据各项标准评等评分及综合评分评等的情况，对被测评者品德的特点、典型行为、事例或其他指导性意见做出评语说明，以补充评分评等的不足。

这种方法的最大优点是对评分、评等、评语各自报告技术的缺点进行了改进。评分结果虽然具体、精确，但不及评等结果意义明确、方便，而评等评分结果又不及评语对品德特点及其内涵报告的深刻性与全面性。简单一个分数或等级难以反映被测评者品德千姿百态式的特点差异。对于被测评者行为表现方式的多样性及个性特点的丰富性，只有评语的变化性与丰富性才能全面恰当地表述。但是评语报告又不如评等报告的概括性与明显的比较性，评等报告又不如评分区分的细致性及其与其他考试分数合并使用的方便性。虽然在测评技术上它并无什么改进，但因这种方法整体互补与协调效应的优势性，它在品德测评效果上已不同于其他任何一种普通意义上的评分法、评等法与评语法了，故有必要把它作为一种方法看待。

在品德测评结果报告的环节上，另外的改进方法是折线图形报告法和坐标法，它们都是采取图像的形式报告品德测评结果，使之具有形象性、生动性及简明性。尤其适合于大范围、长时距的综合性品德测评结果报告。

十一、知识行为测评法

这种方法主张把品德测评与政治思想品德知识的学习成绩的测试结合起来。认为完整的品德行为应包括知与行两种因素，品德测评既应考其相关的知识与判断能力，又要观其实践行为表现。

这种方法实际上可以看做是对前述 10 种品德测评方法的一种改革形式。在前面各种品德测评方法中，测评对象仅限于行为表现，不涉及认识方面的测评。这种方法把认知作为品德测评的一项重要内容，改变了以前各种方法仅把行为作为唯一测评标志与对象的做法，在测评方式上发挥了笔试的作用，使品德测评与品德政治知识的成绩考核相结合，相得益彰。一方面克服了行为测评法的片面性，另一方面也能改变目前思想政治知识学习走形式的现象，促使他们联系实际，注意修正自己的行为。

这种方法也使品德测评更为合理。我们是否可以把某一行为作为测评对象，取决于行为主体对这一行为是否具备了鉴别是非的认知能力。当一个8岁的小孩误把老鼠药当做调料放入锅中毒死了人时，人们不会判他不道德。当一个疯子破坏了公共设施时，人们也不会去谴责他动机不良。因为人们确认小孩与疯子对他自己行为的是非无能力辨别。因此，把品德知识作为品德测评的有机部分是必要的。但这种方法掌握不好，品德测评中容易以知识考试影响行为考核，降低测评结果的效度。

十二、认知测评法

这种方法是对前面知识行为测评法的继续改革，其依据是一个人品德发展水平的高低在很大程度上是由他（她）的认知水平决定的，行为表现只不过是情境的产物。品德水平的高低与智慧因素有很大关系。这种认识起源于柏拉图与苏格拉底的“智德”论，属于认知心理学派。其操作步骤一般是，从认知方面拟定一些与所测评有关的测试材料（例如故事、问题），然后采取问卷法或个别谈话法等对被测评者实施，最后根据所回答的结果评定分数，按评定分数或结果确定其品德发展的水平。这种测评方法在实验研究中常被采用，在政治思想品德课成绩考核中，也常用来测评被测评者品德水平提高的程度。

例如集体性是品德测评中的一项重要内容，李伯黍教授及其同事们就是利用这种认知测评法进行测评的，陈会昌先生则采取认知测评法评定有关儿童责任观与爱国性的发展程度。这种方法与前述各种方法相比，操作比较简便，实际测评中花费的时间与精力最少，用不着进行大范围、长时间的系统行为观察，即可以获得有关测评结果，但是这种方法对于那些认知水平与行为表现并非对应的品德，其测评的效度就值得怀疑了。换句话说，它对于那些结构上认知水平与行为表现比较一致的品德的测评，不失为一种可以采用的好方法，但对于认知水平与行为表现中存在其他变量的品德就不适用了。

十三、调查测评法

这种方法对于领导班子品德测评是一种主要方法，尤其是采用不记名的问卷调查方式，常常可以获得真实的内隐品德信息。对这些众多的品德调查信息进行定性或定量的分析综合，就能得出有关团体的品德面貌或水平评定。但对于个体品德测评来说，这种方法是一种辅助性的品德测评方法。它可以看做是对前述种种方法的改革形式。认知测评以被测评者的内心认知为依据，而评分、评等、评语及其组合的各种方法主要以测评者自身的观察结果为依据，前者给人以不可信之嫌，后者令人费神费时，因并非所有行为都能看见，故有的组织在品德测评过程中或在某些环节上采取调查测评法。

这种方法可以弥补前述各种方法测评依据不足、观察有限的缺点，但必须针对一些可复查或主观影响较少的事实行为调查，否则泛泛调查不但无益而且有害。类似的方法还有检查测评法，即通过查看一些实物实事来测评品德。

十四、情境测评法

这也是一种辅助性的品德行为测评方法，可以看做是对前述各种行为测评方法及调查测评法的改革形式。有的心理学家认为行为是情境下的产物，是环境变量的函数。如果这一观点成立的话，那么前述各种品德测评法就有不公平之处。众所周知，每个人所处的环境及其可能遇到的机会并不平等，故有所谓时势造英雄之说。因此，我们就不能说甲在某地某时做了某件好事就一定比其他人品德更高尚一些。只有大家在同样情境下的行为表现才有可比性。另外，调查所获事实或行为是否真实，也可以创设或选择某时某地某种场合加以观察。为此，有的组织与管理者在品德测评过程中采取了情境测评法。例如某公司在招聘人才时，故意在行走的路上放置一把倒下的椅子，有不少人都跳过去，而只有一人把它扶起来放在一边再走。

这种测评方法测评的结果具有可比性，但设置的情境必须自然、真实，对每个被测评者有相等的刺激性，否则效果不太好。而且这种方法的测评结果只能作为参考依据，不能作为唯一依据。

十五、工作实践考查测评法

这种方法根据实践是检验真理的唯一标准的原理，认为一个人的品德如何，最好的、最可靠的办法，是通过他的工作实践、学习实践与生活实践本身来检验。这种方法可以看做是对前述各种方法的一种改革形式。前述各种品德测评方法都是以某时期及其以前的行为或认知为测评依据，实际上测评的结果充其量只能说明品德的现在或过去的情况。每个人的品德都处于发展过程中，既可以由坏变好，也可以由好变坏，仅仅凭借过去某一时期的观察就对其品德下定论显然有不合理之处。

此外，前述各种品德测评方法往往是以特定场合的行为观察为依据，此时此地的行为，并不能保证其彼时彼地的工作实践也能有该种行为出现，而采取工作实践进行自然的考察测评，置于真实场合下的考察，不但真假可辨，而且可以工作效果验明行为动机。

这种方法在人事考核中是作为一种独立的品德测评法，而在学校中一般是作为一种辅助性的品德测评方法，例如班主任为了考查测评某个学生干部，为班级服务的思想与能力如何，常会委派他一些工作，为了考察某学生是否诚实，会有意识给他一些可作弊的工作。

值得注意的是，这种工作实践考查测评与情境测评不同。一是情境测评必须对全体被测评者同时施行，条件具有同等性，而工作实践考查测评则不一定；二是情境测评的情境可以人为创设，工作实践考查测评则一定是自然的、真实的，是实际工作需要的，具有社会价值或经济价值。

十六、教育性品德测评法

前述各种品德测评方法主要是以评定品德水平或状况为目的，实际上那种纯粹以评定被测评者品德水平为目的的测评，不但常常遭到来自被测评者的反对与干扰，而且也不能满足目前组织改革的需要。在人才管理过程中人们更需要一种以教育为目的、有助于人才品德形成的品德测评形式。因此，目前有些组织正在实验以帮助员工形成各种良好品德为目的形成性品德测评方法。

例如辽宁鞍山市旧堡区联村小学，目前每周六下午第二节都进行思想品德行为评价活动。时间约 40 分钟，视情况可延长或缩短 10～20 分钟。其步骤大致是：（1）复习本周重点品德测评项目及自拟测评的具体内容。（2）典型被测评者（1～2 人）介绍自我测评情况。（3）评价员介绍典型被测评者家长测评结果。(4) 全体学生分组对典型被测评者测评，并统计典型被测评者的优等项目数，决定该生是否可得红花，如果得，即由班主任给其戴上一朵。(5) 各小组组长汇报本组测评情况。(6) 班主任根据平时掌握的情况向同学介绍。介绍的重点是，得到红花的学生及有突出表现的其他同学，可出具家长、社会及其他教师推荐情况及来信，对其进行再测评，可以给未能得到红花但进步较大的同学一朵鼓励性红花，也可以给有突出表现和贡献的同学双红花等，此时班主任可以灵活处理。(7) 班主任总结。(8) 结束。上海市学生品德测评研究课题组的《中学生品德测评手册》的设计，也基本上表现了教育性品德测评方法的思想。

这种品德测评方法以服务于教育，培养与形成被测评者品德为目的，但是所获得的测评结果对评定性的品德测评也有一定的参考作用。

第二节　品德测评模式的分析与比较

一、各品德测评模式综述

所谓品德测评模式，就是在品德测评实践活动中形成的，各类测评方法的主要因素及其关系的结构与程序系统。实践上，它是品德测评活动方案经过多次实验的检验与改进，形成了相对稳定的行为步骤与组合；理论上，它是人们在一定测评思想指导下，根据一定的品德测评实践经验所建构起来的，可用来完成某一品德测评任务的范式或策略体系。品德测评模式，相对实践中的各种品德测评方法来说，具有抽象性、简约性与再现性的特点。它是对各种品德测评方法的类别化，是对品德测评方法具体形成的理论性简化。在模式中只是再现了品德测评活动中各主要变量及这些变量之间的规律性关系；相对理论上的各种品德测评计划或方案来说，它则有具体性和程序性的特点。它提供了可直接操作的结构方式与行为步骤。品德测评模式是一个内容与形式的结合体，是经验与科学之间、实践与理论之间转换的“中介”与“桥梁”。一方面，它把品德测评经验加以升华，对现实的品德测评方法做简略的描述式再现，使之成为理论思维的半成品；另一方面，它从整体上把握各类品德测评方法的共性与一般性，并依据一定的理论提出假设、赋予条件和操作程序，使其具体化、程序化和现实化，指导品德测评实践活动。

品德测评模式的种类是由品德测评方法的分类标准决定的。当我们以品德测评方法作用的具体对象来分类时，则有行为测评型、认知测评型与综合测评型三种品德测评模式。16 种品德测评方法分类如下：

- 品德测评模式
  - 行为测评型
    - 总体印象测评法
    - 评语鉴定测评法
    - 写实测评法
    - 等第测评法
    - 评等评分法
    - 操行加减评分测评法
    - 积分测评法
    - 加权综合测评法
    - 模糊数学综合测评法
    - 评等评分评语综合测评法
    - 情境测评法
    - 工作实践考查测评法
  - 认知测评型——认知测评法
  - 综合测评型
    - 知识行为测评法
    - 调查测评法
    - 教育性品德测评法

当我们以品德测评方法中的标准内容或形式来分类时，则有随意标准型、个体内部差异型、相对标准型与绝对标准型四种品德测评模式。16 种品德测评方法分类如下：

- 品德测评模式
  - 随意标准型
    - 调查测评法
    - 总体印象测评法
  - 个体内部差异型
    - 评语鉴定测评法
    - 写实测评法
  - 相对标准型
    - 教育性品德测评法
    - 等第测评法
  - 绝对标准型
    - 评等评分法
    - 操行加减评分测评法
    - 积分测评法
    - 加权综合测评法
    - 模糊数学综合测评法
    - 知识行为测评法
    - 情境测评法
    - 工作实践考查测评法
    - 认知测评法
    - 评等评分评语综合测评法

如果从品德测评方法所采用的方式来分类，我们可以从以上16种品德测评方法中得到评等型、综合型、评语型与评分型四种品德测评模式。16种品德测评方法分类如下：

- 品德测评模式
  - 评等型——等第测评法
  - 综合型
    - 总体印象测评法
    - 评等评分法
    - 评等评分评语综合测评法
    - 情境测评法
    - 工作实践考查测评法
    - 教育性品德测评法
    - 调查测评法
  - 评语型
    - 评语鉴定测评法
    - 写实测评法
  - 评分型
    - 操行加减评分测评法
    - 积分测评法
    - 加权综合测评法
    - 模糊数学综合测评法
    - 知识行为测评法
    - 认知测评法

如果从品德测评方法获取信息的来源来分类，则有自我报告型、他人评价型与观察考查型三种品德测评模式。16种品德测评方法分类如下：

- 品德测评模式
  - 自我报告型
    - 认知测评法
    - 知识行为测评法
  - 他人评价型——调查测评法
  - 观察考查型
    - 总体印象测评法
    - 评语鉴定测评法
    - 写实测评法
    - 等第测评法
    - 评等评分法
    - 操行加减评分测评法
    - 积分测评法
    - 加权综合测评法
    - 模糊数学综合测评法
    - 评等评分评语综合测评法
    - 情境测评法
    - 工作实践考查测评法
    - 教育性品德测评法

如果从品德测评方法操作的主体来分类，则有权威专家评定型与民主参与多方结合型两种品德测评模式，在民主参与多方结合型中又有自我、集体（小组）、主管三位一体型和自我、集体、主管、社区组织四位一体型以及自我、集体、主管、社区组织、组织部门五位一体型等具体模型。16 种品德测评方法分类如下：

- 品德测评模式
  - 权威专家评定型
    - 总体印象测评法
    - 评语鉴定测评法
    - 写实测评法
    - 情境测评法
    - 工作实践考查测评法
    - 调查测评法
    - 认知测评法
  - 民主参与多方结合型
    - 等第测评法
    - 评等评分法
    - 操行加减评分测评法
    - 积分测评法
    - 加权综合测评法
    - 模糊数学综合测评法
    - 评等评分评语综合测评法
    - 知识行为测评法
    - 教育性品德测评法

如果从品德测评结果获得的结论来分类，则有定性型、定量型与定性定量结合型三种品德测评模式。16 种品德测评方法分类如下：

- 品德测评模式
  - 定性型
    - 总体印象测评法
    - 评语鉴定测评法
    - 等第测评法
  - 定量型
    - 认知测评法
    - 操行加减评分测评法
    - 积分测评法
    - 加权综合测评法
    - 模糊数学综合测评法
    - 知识行为测评法
  - 定性定量结合型
    - 评等评分法
    - 平等评分评语综合测评法
    - 写实测评法
    - 情境测评法
    - 调查测评法
    - 工作实践考查测评法
    - 教育性品德测评法

如果从品德测评方法的突出特征来概括，则有目标达到度型、过程考查型与总结描述型三种品德测评模式。所谓目标达到度型，是指测评者把测评目标层层分解为具体可测的行为标准，测评时以被测评者最后表现的行为与行为标准之间的距离程度进行测评；所谓过程考查型，是指测评者并不以最后所形成的行为为唯一依据，而是结合考查被测评者原来的基础、背景条件、努力程度、发展情况及最后结果，由此进行全过程的综合考查与测评；所谓总结描述型，就是对被测评者某一时期的品德状况及其水平做出实事求是及恰当的总结与描述。16 种品德测评方法分类如下：

- 品德测评模式
  - 目标达到度型
    - 等第测评法
    - 认知测评法
    - 操行加减评分测评法
    - 积分测评法
    - 加权综合测评法
    - 模糊数学综合测评法
    - 知识行为测评法
    - 评等评分法
    - 评等评分评语综合测评法
  - 过程考查型
    - 情境测评法
    - 工作实践考查测评法
    - 教育性品德测评法
  - 总结描述型
    - 调查测评法
    - 总体印象测评法
    - 评语鉴定测评法
    - 写实测评法

如果从品德测评方法实施的目的与作用来分类，则有培养型、管理型、诊断型、评价型和区分型五种品德测评模式。

品德测评作为一种管理实践活动，它主要是围绕与服务一定的目的而进行的。品德测评方法的形成与产生、选择与运用，都是依据品德测评的目的而进行的，因此从测评目的与作用来概括与分析品德测评方法的模式，比较能够反映其类别的本质特征。

二、培养型品德测评模式

培养型品德测评模式，即以服务于德育需要为目的的方法类型。以上 16 种方法中属于培养型品德测评方法的，有等第测评法、评等评分法、积分测评法等。判断某种品德测评方法属不属于培养型品德测评模式关键是其测评目的而不是具体的形式。

培养型品德测评模式操作流程图如图 11—1 所示。

培养型品德测评模式的特点，首先是测评标准“软”。所谓软，就是培养型品德测评的标准具有一定的伸缩性。这种“软”，一是表现在测评标准的内容上，根据每次测评的需要，可以适当增减；二是表现在测评标

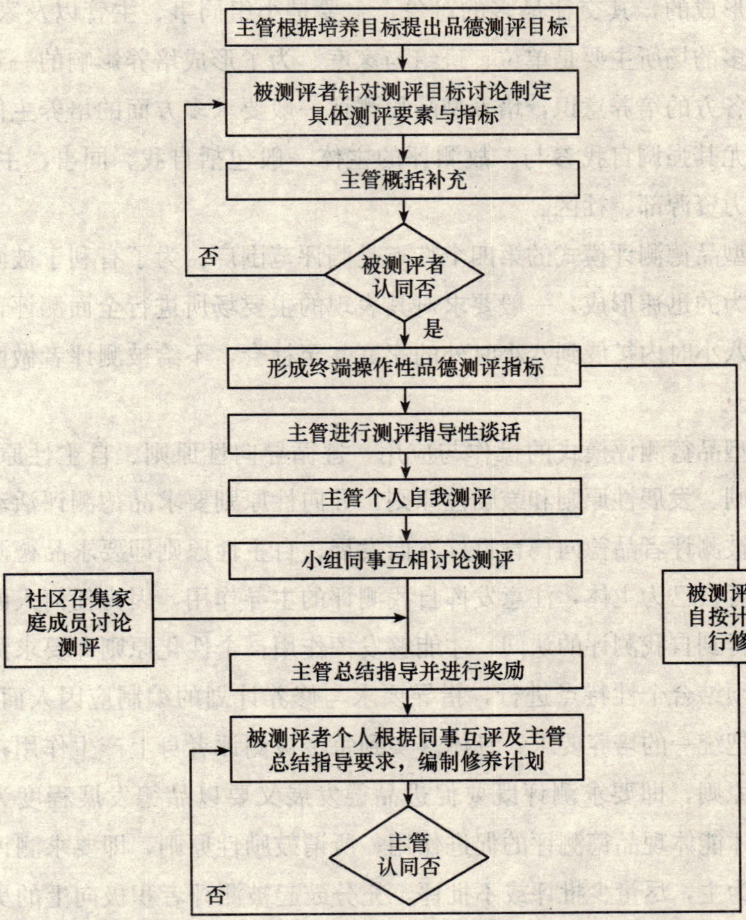

图 11—1　培养型品德测评模式操作流程图

准的执行上，允许具有一定的弹性，可以根据培养的需要灵活掌握。例如，落后的被测评者稍有进步，虽未达到奖励标准，但也可给予奖励。

培养型品德测评模式的第二个特点是测评频率较高。品德作为一种稳定的行为特征，其在形成之初需要一定的外部力量进行及时强化，尤其是对于那些自我的控制能力还比较薄弱的人。这种强化力量最好具有学习意义，能够与内心体验相联结，并逐渐内化成为行为者自我控制。品德测评具有这种功能。因此为了及时强化培养效果，培养型的品德测评次数一般每周一次，我们曾建议经常化与制度化。

培养型品德测评模式的第三个特点是测评主体多。人的品德是在活动与交往中形成的，其交往最多的对象，主要是小组同事、主管以及家庭，其活动最多的场所主要是单位、班组与家庭。为了形成培养影响的一致性以及唤起各方的培养意识，培养型品德测评一般要求多方面的培养主体共同参加，尤其强调自我参与。故测评的主体一般包括自我、同事、主管、朋友、人力资源部、社区。

培养型品德测评模式的第四个特点是测评范围广。为了有利于被测评者品德行为的迅速形成，一般要求对其表现的主要场所进行全面测评，测评范围由八小时内扩展到八小时外的家庭甚至社会，不给被测评者做两面派的空间。

培养型品德测评模式的操作与应用，遵循导向性原则、自主性原则、个性化原则、发展性原则和鼓励性原则。导向性原则要求品德测评活动要注意引导被测评者品德向德育目标方向发展；自主性原则即要求品德测评以被测评者自己为主体，注意发挥自我测评的主导作用，因为任何人的测评都必须得到自我测评的认同，才能够发挥作用；个性化原则即要求测评活动，必须结合个性特点进行，指导要求与修养计划的编制应因人而异，这样才能把统一的培养要求，具体落实到每个被测评者身上产生作用；所谓发展性原则，即要求测评既要促进品德发展又要以品德发展程度为依据，这样才能体现品德测评的促进作用；所谓鼓励性原则，即要求测评者要以鼓励为主，尽量少批评或不批评，充分鼓起被测评者积极向上的勇气与决心，但并不排除对成绩好的被测评者严格要求。

三、管理型品德测评模式

管理型品德测评模式即以服务人才管理为目的的方法类型。在以上 16 种品德测评方法中，属于该模式的典型代表，主要是操行加减评分法。也有采取积分测评法形式的管理型品德测评模式。

管理型品德测评模式操作流程图如图 11—2 所示。

管理型品德测评模式具有以下几个特点：首先，以《守则》《规范》为测评标准，以工作态度、任务完成与遵纪守法为测评重点。这一点与培养型模式不同。培养型模式的测评主要以培养目标为标准，以培养内容为重点。其次，管理型模式以他人测评结果为主。虽然管理型模式非常重视

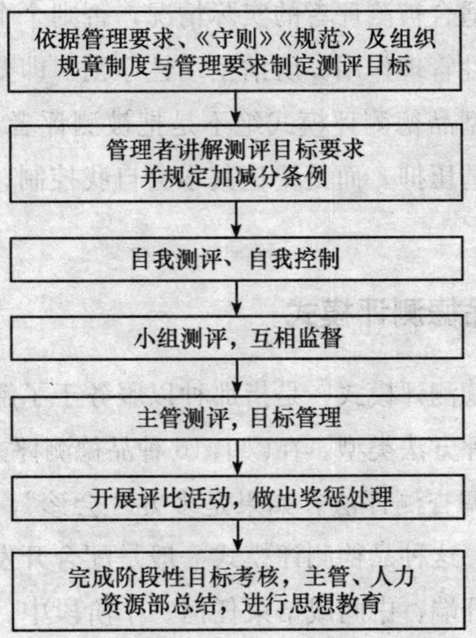

图 11—2　管理型品德测评模式操作流程图

引导被测评者的自我测评自我管理，但最终考核奖惩还是以他人测评结果为主，而培养型模式则是以自我测评为主。最后，管理型测评模式以规范行为测评的严格性为主，以治理行为测评的随意性为辅。而培养型测评模式是以养成行为测评服务培养目的的“随意性”为主，以保证测评培养效应的“公正性”为辅；为此，管理型测评模式的测评结果直接与被测评者的个人利益挂钩，重在强化品德测评的管理效应。而培养型测评模式的测评结果，一般仅与被测评者的荣誉象征性地挂钩，重在引导思想。

管理型品德测评模式的操作与应用，应注意教育性原则、经常性原则、适切性原则与主动性原则。

所谓教育性原则，即要求测评者不要只把测评当做控制被测评者行为的手段，更重要的是通过测评引导被测评者自己管理自己。因此在测评过程中要积极引导被测评者正确测评自己，增强自我控制能力。否则测评将与管理的最终目的相违。所谓经常性原则，就是指测评活动应贯穿到日常的管理活动中去，经常进行，目前大多数组织是每天一小记，每周一小评公布，每月一小结一评比，期中初评，期末总评。只有经常进行，才能有效发挥品德测评的督导管理作用。所谓适切性原则，就是要求测评的标准与加减分条例，要适合被测评者的实际情况，否则个个加成高分减成低分将失去测评的激励性管理作用。所谓主动性原则，即要求测评要有利于个性积极发展。管理型品德测评模式绝不是把被测评者束缚在测评标准上，使其谨小慎微，心情压抑。而是要让其学会自我控制、自我管理，主动发挥自我作用。

四、诊断型品德测评模式

所谓诊断型品德测评模式，是指那种以服务于了解被测评者品德问题或状况为目的的测评方法类型。在以上 16 种品德测评方法中，属于该模式的典型代表主要是调查测评法。如果是多方“会诊”，该模式中也可能是采取其他测评形式。这种品德测评模式一般是配合开发需要进行的，可以应用于开发过程的开端、中间或结束任何一个阶段中。其目的是使开发工作适合于被测评者的开发需要与品德实际。

诊断型品德测评模式操作流程图如图 11—3 所示。

诊断型品德测评模式与其他品德测评模式相比，其特点有四：

第一，测评内容或者十分精细或者全面广泛。诊断型品德测评的目的是查找品德状况与问题。若是查找品德状况，则需要全面测查，故其内容可能非常广泛。若测评是查找某一问题与原因，则像医生问病情一样，任何细节也不放过，测评的内容就会十分精细。

第二，诊断型品德测评的过程是寻根究底。测评者一般由现象观察分析出发，层层深入或步步综合，直至找到答案。

第三，测评结果不公开。前面各种品德测评模式中的测评结果，一般都对众人公开，而诊断型品德测评结果一般只供开发者参考。

第四，测评系统性很强。诊断型品德测评首先是从表面特征与标志观察搜寻入手，继而深入分析判断问题与原因、判断状况，接着由此提出对策方案。前面几种品德测评模式均无此要求。

五、评价型品德测评模式

所谓评价型品德测评模式，即以服务于品德总结性评价为目的的测评方法类型。在以上 16 种品德测评方法中，除认知测评法、调查测评法、情

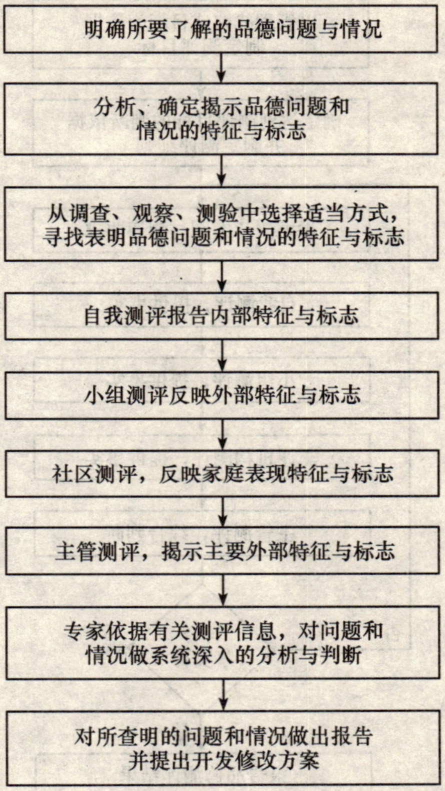

图 11—3　诊断型品德测评模式操作流程图

境测评法、写实测评法、培养型品德测评法外，其余品德测评方法均可以作为该模式的具体代表。

评价型品德测评模式操作流程图如图 11—4 所示。

评价型品德测评模式与其他品德测评模式相比，其特点有四：

第一，它的测评结果主要是给欲了解被测评者品德水平与能力的人提供成绩或证明，是对被测评者品德水平的鉴定。而其他测评模式的测评结果则并非如此。

第二，评价型品德测评模式测评的内容在于被测评者现有品德行为的价值性，比较注重于品德发展的结果而不是发展过程，注重于社会价值而不是个性特征或培养价值。特别注重于对品德中某些具有重大社会价值的行为进行全面的评价。

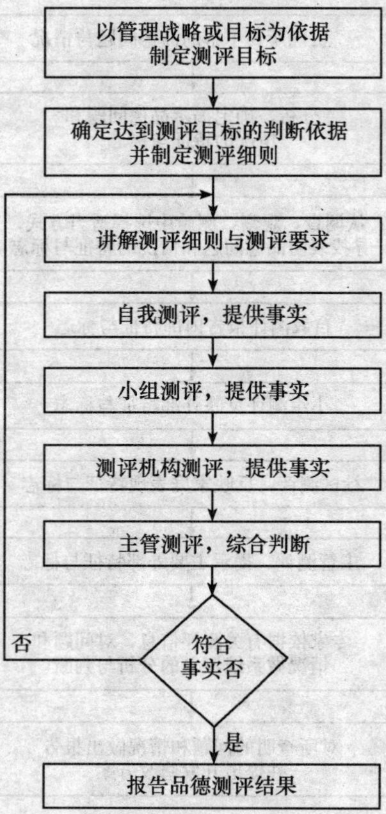

图 11—4　评价型品德测评模式操作流程图

第三，评价型品德测评模式具有概括性的特点，它测评的范围比较广泛，涉及行为表现的各个方面，是一种总结性的品德测评，而培养型、管理型、诊断型的品德测评，则更明显的是具体性。

第四，评价型品德测评与前面各测评模式相比，更要求测评结果具有较高的效度与信度。也就是说，评价型品德测评较之其他类型，更要求所做的评定结论有据可查，而且充分全面，更要求所做的评定结论可以验证，而且结果一致。

在操作与运用评价型品德测评时应注意以下几个原则：

全面性原则，即要求品德测评的范围要尽可能遍及纵向时间的跨度与横向空间的场所，要尽可能遍及行为发展的全过程以及品德结构的所有因素。只有这样，才能突出评价型品德测评模式的概括性特征。

充足性原则，即要求所做的每一个评价结论都有充足的依据，是事实本原的反映而不是事实的主观推论。这种充足性应体现在测评依据及测评信息的收集与确定上。

可信性原则，即要求评价的结果既令本人信服又令他人信服，这要求品德测评方法科学客观以及测评指标具体可验。

权威性或公众性原则。所谓权威性，即要求测评者最好是有影响的权威人士或专家。公众性即要求在测评者并非权威人士的前提下，应是一些有代表性的群众。因为权威性从质上保证了测评结果的有效性，而公众性从量上保证了测评结果的有效性。

六、区分型品德测评模式

所谓区分型品德测评模式，即以服务于区分被测评者品德水平为目的的测评方法类型。它也叫做选拔型测评。在以上16种品德测评方法中，属于该模式的具体形式是等第法和其他评分法。

区分型品德测评模式操作流程图如图11—5所示。

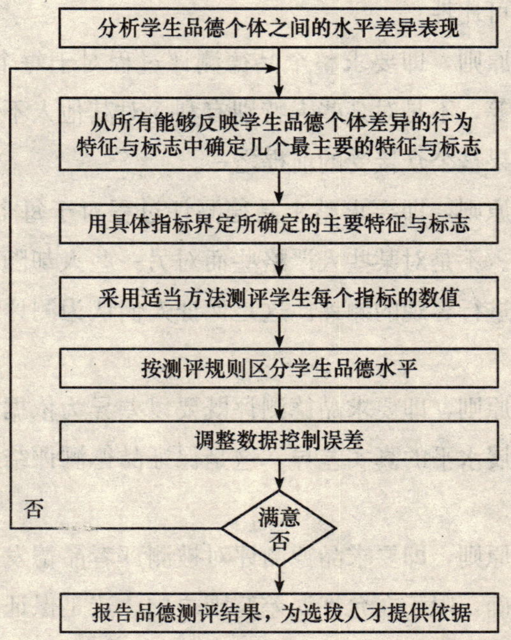

图11—5　区分型品德测评模式操作流程图

区分型品德测评模式与其他品德测评模式相比，其特点有四：

第一，测评标准的刚性最强。品德测评的目的既然是区分，则人们对它的要求自然就非常严格、非常精确。因此测评的标准无论合理或不合理，一旦实施绝不允许有丝毫变动，否则区分就难以精确和取信于民。

第二，区分型品德测评的指标具有选择性。一般来说，其他模式的品德测评指标，一般都是从品德测评目标的分解直接制定，是测评标准的具体体现。而区分型品德测评指标允许具有一定的选择性，以客观、便于操作与相关性为前提，甚至可以是一些表面上看去，与测评标准风马牛不相及的高区分度指标。

第三，区分型品德测评过程特别强调客观性。区分型品德测评方法的改革过程，实际上就是使其测评过程不断客观化。这种客观化的明显标志就是对测评方法的数量化与计算机化的追求。

第四，区分型品德测评的结果或是分数或是等级。这一点较之其他模式特别明显。评语式的测评结果无助于区分功能的发挥。

区分型品德测评模式的操作与运用的基本原则是公平性、公正性、差异性、准确性与可比性。

所谓公平性原则，即要求整个品德测评过程对于每个被测评者来说，其有利性相对平等，不是对某些人特别有利而对其他人不利。这是保证区分型品德测评结果被公众接受的前提之一。

所谓公正性原则，即要求整个品德测评过程对于每个被测评者来说，要求都是一致的。不是对某些人严格些而对另一些人却随便些。要求测评者按统一的标准进行客观的测评。这是保证人们认为测评结果区分有效的前提。

所谓差异性原则，即要求品德测评既要以差异为依据，又要能够反映被测评者品德发展水平的真实差异。这是保证品德测评结果区分正确性的前提。

所谓准确性原则，即要求品德测评对被测评者品德发展水平差异的反映，要尽可能精确，限于在允许误差范围之内。这是保证人们对品德测评结果区分信任的前提。

所谓可比性原则，即要求品德测评对被测评者品德发展的结果，具有纵向的可比性。一般要求采取量化形式。这样不但可比，而且还能与其他能力测评成绩相加。这是保证品德测评结果最后在选拔人才过程中发挥实际作用的前提。

第三节　常见品德测评方法的功能与效果

实践中存在的每一种品德测评方法，均有其合理的依据、主要的功能与实际的效果。分析与比较各种测评方法理论依据、主要功能与实际效果，对于我们的品德测评方法研究与改革，有着重要的价值。下面对常见的几种加以分析。

一、评语鉴定测评法的理论依据、主要功能与实际效果

评语鉴定测评法的理论假设是，有一定经验的主管通过对被测评者表现行为的系统观察，可以把握被测评者品德的水平与状况。评定的内容与结果既是深刻的又是复杂的，需要采取语言加以表述。其测评的基本依据是行为观察，测评的机制是个体经验的分析、综合与印象评判，测评的结果是定性的东西，同一品质的表现因人而异，只有有经验的人通过自己的深思熟虑才能准确判断。

评语鉴定测评法最突出的作用是评价性与教育性。评语鉴定把测评的内容、价值评判结果以及测评者的要求和希望，具体综合地直接表述在评语鉴定中，被测评者或第三者通过阅读即可以直接领略到有关的评定信息与教育信息，从而产生评价效应与教育效应。例如，有一些班主任每学期都写两次评语。学期结束前一个月就写好草稿给学生看（不给家长看），借此对学生进行帮助，帮助他们正确认识自己，鼓励他们发扬长处，弥补短处；学期结束时，再根据这一个月学生的表现修改评语。这种方法很符合学生的心理特点，很受欢迎。

当评语鉴定者经常地采取口头语言形式及时地评定被测评者的日常表现，而不是限于期末的书面语言评定时，评语鉴定测评法的管理作用就会明显发挥出来。

我们如何来认识评语鉴定的测评机制呢？评语鉴定的“测”，即是对

被测评者行为的观察、记录，这种记录包括印象的记忆与书面的记录，也包括被测评者的个人小结（鉴定）及同事、领导或其他人的评议意见所提供的信息；评语鉴定的“评”，即评语鉴定者依据评定标准对所“测”行为事实的经验判断，对所获测评信息的分析与综合。最后以评语形式输出所评判的内容与结果。这种输出的评语形式因其对优缺点贬褒的公开性，一旦与被测评者和主管或其他关心测评结果的人见面后，即会产生直接的教育作用或评价作用。

杭州某中学评语鉴定与学生见面之后引起了学生的恼火，但这种恼火被老师教育之后却成了改正缺点的动力。因此他们的体会是，给学生如实写上一两个主要缺点，引起学生的重视与警觉，有助于加强评语鉴定的教育效果。

写实测评法，作为一种特殊的评语形式，由于其贬褒评价的隐蔽性，教育作用不如评语鉴定测评法那样直接明显。

二、等第测评法的理论依据、主要功能与实际效果

等第测评法的理论假设是，虽然评语鉴定特别有助于反映被测评者品德的个性特征，有助于开发策略的应用（例如希望提缺点），但个体之间除了有个性特征的差异外，还存在同一品质的纵向差异。当我们进行品德测评时，其开发功能是第二位的，而评定功能是第一位的，以等第输出被测评者品德各侧面与总体的测评结果，更有利于发挥品德测评的评定功能。

因此等第测评法的主要作用是评价，其开发作用的发挥是被测评者通过测评等级，与测评标准以及测评内容的联系对照而实现的，显然远不如评语鉴定那么直接明显。但其管理作用则一般优于评语鉴定法。当等第测评法贯穿于日常管理过程中时，这种优势就更为明显。

等第测评法的“测”与评语鉴定法基本相同，不同之处是其“测”的标准内容与范围比评语鉴定法更为明确、更为统一与更为规范。但在“评”的操作上，则比评语鉴定简便多了，也客观多了。

浙江省桐庐中学实施品德等第测评法后，对转变校风、班风起了有力的推动作用，也有利于纠正片面追求升学率的做法。在片面追求升学率思

潮的冲击下，教师对学生缺乏严格要求，学生则认为自己只要学业成绩好就行了，品德好坏关系不大，出现了不愿做好事，不愿当干部，不愿参加政治活动的不良倾向。施行等第办法后，学生感到品德好坏不是无所谓，而是关系到自己能不能德智体全面发展、健康成长的大事了［参考高星华等《实施品德等第制的初步体会》《浙江教育》（中）1983年第5期］。

三、操行加减评分测评法和积分测评法的理论依据、主要功能与实际效果

操行加减评分测评法的理论假设是，内在的品德水平与外显的行为表现是直接相关的，品德水平高的人，符合标准的行为总是多于违反标准的行为，而品德水平低的人，其违反标准的行为总是多于符合标准的行为。因此对符合标准的行为予以正分，而对违反标准的行为予以负分，其总和即能够代表该人的品德水平。

操行加减评分测评法或积分测评法中的“测”，也与前面两种方法类似，但其测评标准、内容与范围更明确、更具体。然而操行加减评分与积分法中的“评”却更为客观，这是直接赋分或把品行累加后按一定的规则自然产生，而非测评者的主观综合。

操行加减评分测评法的主要作用表现在管理上，但其教育作用也比较明显。这种教育作用是通过被测评者对加分、减分的内容与标准的认识和内化而实现的，是通过他人外部的加分减分到自我内部加分减分的自我控制而实现的。积分测评法的主要作用表现在教育引导上，但其管理作用也很明显。管理作用主要通过外部激励与自我上进的机制来实现。

上海市崇明县堡镇小学实施积分测评法后，认为有利于学生自我检查，自我督促，逐步形成良好的行为习惯，增强自我评价、自我教育的能力；有利于激励差生的上进心。如果多方结合，校内外结合测评，则有利于学生言行一致，课内外、校内外行为表现一致。如果要求家长每周测评一次，则有利于及时沟通学校与家庭的联系共同教育学生。广西百色高中实施操行加减评分测评法后，有效地培养了学生的优良品德和自我管理能力，促进了教育质量的提高；减少了对学生做评语时的主观偏差，在一定程度上实现了较为客观的评定。由于测评具体明确，以事实为依据，不但

学生心服口服，而且也为学校和家庭对学生及时进行教育，提供了可靠的依据。北京地质附中实施操行加减评分测评法后，发现学生遵守纪律的自觉性增强了，好人好事明显增多。

四、知识行为测评法的理论依据、主要功能与实际效果

知识行为测评法的理论假设是，有知无行不是德行，有行无知是不自觉的德行、不完全的德行。既知又行，既行且知，这才是真正的德行。故知行结合统一的测评，才反映了品德的真实水平。

知识行为测评法中的“测”显然与前面各种方法有所不同。它除了兼备前面各种测评方法“测”的特点外，还有知的“测”。这种“知”的测，使“测”的内容与范围都比以前更为扩大。在“测”的形式上也比以前多了书面测试或语言形式的间接测试。知识行为测评法中的“评”，则是知识分数与行为分数合成后根据一定的测评规则对应地解释。例如各以 50% 的比例折算相加，再按 85～100 分为优，75～84 分为良，60～74 分为及格，60 分以下为不及格解释。

北京市第一实验小学实施这种测评方法后，发现学生普遍欢迎这种测评方法，改变了同学们认为只要考前认真背书，就能得上一个品德课学习好分数的习惯思想，更注重实际中的行为表现了。还可以帮助学生认识自己，哪些方面学得好、做得好，而哪些方面学得不够、做得差。这种知行结合的品德测评方法，更能客观地反映学生的品德状况。此外还发现，这种测评方法，增强了同学们的道德观念，使关心集体、关心他人等好人好事层出不穷。

思考对策篇

第十二章　品德测评研究的难点与对策

在这一章中我们想深入地揭示与分析人才品德测评方法研究中所遇到的一些难点问题，并提出有关的解决对策。

第一节　测评方法研究的难点与对策

人才品德的测评是一个十分艰巨的研究课题，其艰难性分别体现于品德的复杂性、被测评者的能动性、测评者的主观性、方法的不完善性以及它们相互作用的矛盾性上。具体地说，我们感到人才品德测评过程中主要存在以下一些难点问题：品德表现的全时空性与观察的有限性问题；品德的复杂性与测评的简约性问题；品德的模糊性与测评的精确性问题；品德的变化性与测评的确定性问题；表现的虚假性与测评的真实性问题；行为的客观性与评判者的主观性问题；品德量化的可能性与现实性问题；品德的个别差异性与测评标准的统一性问题；品德测评对象的共性与个性问题；品德测评内容的分项与综合问题；品德测评标准的绝对性与相对性问题；品德测评方法的科学性与简便性问题；品德测评过程的客观化与主观性问题；品德测评观点的定性与定量问题；品德测评主体的权威性与民主性问题；品德测评结果报告的精确性与模糊性问题；品德测评功用的评定性与教育性问题；品德测评的实验性与应用性问题；品德测评的信息性与效用性问题；测评的诊断性与客体的掩饰性问题；品德测评中的准确性与误差性问题。

一、品德表现的全时空性与观察测评的有限性问题

品德是关于个体在思想、政治、道德、法制、心理等方面行为特征的

总和。因此，作为测评者的主管应全面地观察与把握被测评者所有的行为，并根据所有这些行为的特征总和来评定人的品德。对被测评者行为的把握越全面，则测评的结果越准确。但实际上，一个主管要把握十多个下属的全部行为是不可能的。就一个公务员来说，他每天只有约 1/3 的时间在上班，而余下的 2/3 的时间是活动在组织外面，就组织内这 1/3 的时间来说，按一个科室 5 人计算，一个主管即使从早到晚始终跟着下属（实际不可能），观察的时间平均也只不过 70 分钟左右。要在 70 分钟内观察到一个下属当天的各种行为，显然是不可能的。这就是说，任何一个测评者对被测评者行为的实际观察是极其有限的。在同等条件下，这种有限性随着被测评者活动的空间与时间的日益扩展会变得越来越小。大家也许能体会到，7 岁以下的孩子，家长是比较了解的。然而，孩子上学后，尤其是走上社会工作后，了解就越来越少了。因为孩子活动与交往的时空随着其年龄的增长越来越广阔了。即使在测评者所把握的有限行为空间中，也还有不少是虚假的行为表现。因此，一个测评者如何从他所掌握的有限行为中对被测评者的整个品德面貌做出较为准确而客观的评定，显然就成为一个矛盾的问题了。

存在这个矛盾的原因主要在于品德测评者与被测评者活动与交往的时间、空间不尽一致。就主管来说，只有当他与每一位下属在一起工作、讨论、交谈、生活以及参加其他活动时，他的活动时空才与下属活动的时空相一致，才能由此去把握下属的所有行为表现。除此之外，他就无法把握下属活动的时空，无法观察到下属的行为表现。因此，这一矛盾的解决，只能从测评者方面去努力。如果有人想把被测评者的整个活动行为控制在测评者所能观察到的某个范围内，或者想把下属的行为活动完全控制在主管事先所确定的某个模式中，显然是不现实也是永远办不到的。因为被测评者是能动的，其活动有很大的自主性。比较可行的办法是，要改变测评者的单一结构。过去（现在也还有）组织对下属品德的测评常常是局限于主管一人，由主管对每个下属的品德做出评定。在这种情况下，品德测评者把握行为的全面性与实际观察有限性的矛盾，不但不能解决，反而随着下属人数的增多及下属活动范围的扩大会越来越尖锐。我们把测评者扩大为一个团体，由主管、相关部门、同事代表、被测评者本人及家人、邻居、朋友和亲戚共同组成。这样，尽管就测评者团体中的某一个成员来说，他的活动时空与被测评者活动的时空仍然存在着不可克服的不一致性，但就整个测评者团体来说，其活动的时空与被测评者活动时空的一致性则大大提高了。因此，这就能够增强我们品德测评的准确性与客观性。

要从机械的“全面性”观点中跳出来，以随机抽样论的思想作指导，从有限中去把握无限，从部分中去把握整体。一般来说，一个人具体情境中的单个行为，作为其内在品德的表现是具有偶然性的，但大量的分布于不同场合与情境下的行为总体，作为其内在品德的表现则就具有某种必然性。这种必然性就为我们从有限的行为“点”去测评综合的品德“体”提供了可能。这种思想也是符合现实的。因为在每一个人的行为总体中，并不是他的任何行为都表现了内在的品德。最能反映个体品德的行为实际上只有很小一部分。我们不妨把这一小部分行为称为关键行为。品德测评者就要善于捕捉这种关键的行为，并以此来测评人的思想品德。

任何测评者都要广泛地深入实际，尽可能使自己的活动时空与被测评者的活动时空相一致，通过调查访问尽可能取得其他测评者观察的第一手资料，由此达到全面地掌握被测评者的行为表现，从而做出较为准确而客观的评定。

二、品德的复杂性与测评的简约性问题

从静态的方面来看，品德的内涵十分丰富，品德的外延非常广泛；从动态的心理过程来看，被测评者品德的任何表现都应包括知、情、意的因素。外表上看起来一样的行为，其中却有的是有“知”无“情”之行，有的是有“情”无“知”之行，有的是有“意”无“情”之行，而有的是无“意”有“情”之行，其内部关系十分复杂。实际上，没有“知”为基础的“行”，是一种盲目之“行”，而没有“情”与“意”为纽带的“行”却可能是一种虚假之“行”。对这些形似而质异的行为的准确测评是十分困难的。

品德测评方法研究的任务，则是要化繁为简，去杂存精。要从丰富的品德内涵中找出少量的因素，从广泛的外延中选择有限的行为，变复杂的认识为简单的操作程序，化长期的观察评定为简短的科学测评。

由此可见，品德的复杂性与测评的简约性构成了一对矛盾。产生这一矛盾的主要原因在于品德内涵的混沌性与外延的广泛性。因此解决这一矛盾的可能对策是要致力于去研究品德的结构因素及其表现形式，从众多的结构因素中分析出本质因素，从广泛的表现行为中寻找代表行为，从广大管理者测评的实践经验中提炼规律性的东西，抽象概括为操作性的方法，最后达到简化测评过程的目的。

三、品德的模糊性与测评的精确性问题

进行品德测评，其基本的要求之一是力求精确。首先，对品德的内涵与外延要有一个非常准确的界定，不能智者见智，仁者见仁；其次，对品德的任何要素及其表现形式，要有明确与合理的测评标准与具体统一的操作方法，以保证测评的客观性、可比性与可综合性。但是品德本身却是模糊的。品德是什么？目前人们众说纷纭。其理论定义，不同学科有不同说法，同一学科也有不同意见，表述角度各不一样。其实际理解与运用就更是形形色色。

品德是关于个体在思想、政治、道德、法制、心理诸多方面行为特征的总和。这种总和是一种看不见、摸不着的构想物，是一种无形无实的抽象物。其内涵是模糊的，是一个“黑箱”，其外延是广泛的，无法穷尽。为集体做多少次好事才能评其关心集体呢？我看难以确定。说了谎是否就是不诚实呢？我看这个测评标准也难以确定。

也许你已见过这么两个例子：例一是幼儿园的颖颖正看着芹芹吃一个大苹果，芹芹越吃越起劲，故意引诱颖颖羡慕她。但颖颖说芹芹吃的苹果小得可怜，她昨天吃了一个用手比画有头那么大的苹果，并神气地走开了。例二是荣荣每天晚上都在姥姥姥爷家吃饭，吃完饭才随妈妈回自己的家。有一天姥姥刚发了工资放在桌子上，都是一张张崭新的拾元纸币，荣荣把其中最好看的一张放进了自己的小书包，晚上妈妈查看荣荣的书包时发现了，责问荣荣是从哪里弄来的钱，荣荣说是捡到的。

假设颖颖与荣荣是你的小孩或你哥哥姐姐的小孩，你会对他们两人的行为怎么评价呢？你可能会因为颖颖的说谎而高兴，认为她聪明、争气。另一方面却会因为荣荣说谎而动肝火，认为他骗了你。

由此可见，发生于不同场合下的同样行为，其测评的标准如此难以统一规定，那么，对于那些不同被测评者诸多的行为，要规定出一个精确合理的统一测评标准就更难了。品德行为尚是如此，那么深层次的思想、动机与情感的测评标准，要精确规定就根本无从谈起了。

以上所述说明，品德的模糊性与测评的精确性是我们进行品德测评的又一大难点问题。然而对于这个难点问题的解决也并不是无能为力的。

首先，要尽可能消除对品德的模糊认识。许多东西对于我们来说是模糊的，实际其本身并不一定就模糊。例如，人类过去对天气特征的认识是模糊的，甚至是迷信的。但天气变化本身并不模糊。它的变化本身是有一定规律的。24 节气早已被人们所掌握，现代借助气象卫星可以对它的变化进行预测了，近期预测已很准确，中长期预测也正在发展。

其次，要尽可能抓住品德中的本质或关键特征。有些东西虽然本身具有一定的模糊性，但只要我们在认识上抓住了其中某些本质与关键之处，也是可以测评的。例如，对于上述所举的两个例子，若以说谎行为实际对他人所造成不良影响的大小作为标准进行测评，则就合理可行了。对集体做好事的测评，如果你抽查 5 次，发现某人 3 次都在为集体做好事，而且集体当时也确实需要，且有足够把握肯定被测评者没有不良动机，那么这个被测评者应该说是一个关心集体的人了。

最后，要善于在模糊中求精确，从不确定中求确定。有些东西本身既有一定的模糊性，且本质特征又抓不准或不明显。此时可以从其外貌诸多特征中抓住主要特征，采取经验的方法进行模糊判断，从模糊判断中进行综合。即从模糊中求精确，从不确定中求确定。

四、品德的变化性与测评的确定性问题

品德测评过程中，测评者的测评是建立在对被测评者某些行为观察的印象上，被测评者过去或目前所表现的这些行为，在测评者头脑中一旦留下印象，就确定不变了。否则，测评者最后就无法做出统一的测评结果。而且，测评结果一旦做出也就被确定了。好就是好，差就是差。既不能把好说成差，也不能把差说成好。然而，现实世界中的一切物质都处于不断变化之中，人的品德更是如此。人的品德是人与环境、教育及自我修养相

互作用的产物。它可以随着其中任何一种因素的改变而变化。尤其是那些缺乏坚定信念、缺乏正确世界观和意志薄弱者，其行为改变的可能性就更大。在品德中，政治思想最容易随着形势与环境的改变而改变，常常是此一时彼一时。学生时代是模范党员并不能保证他毕业后也是模范党员。任何一个主管也保证不了他的每个下属将来不会变坏。因此有人主张对一个人的思想品德，只能盖棺定论。

这种矛盾的产生主要是由认识上的偏差而引起的。一方面，测评者把所获得的关于被测评者过去或现在的行为印象在头脑中保持不变；另一方面又把这种确定不变的东西推广到被测评者后来已经变化或即将变化的事实上，由此而发生矛盾。因此，要解决这种矛盾，首先，必须对被测评者的行为有一个发展变化的观点，不能把观察中所获得的有关行为的印象绝对化。

其次，要认识并正确利用品德测评结果，发挥不同品德测评的功能。如果我们的品德测评是建立在对学生过去包括现在大量行为事实的概括上，那么，这种品德测评主要表现为总体评定的功能。所评定的结果主要表明被测评者在此之前品德所达到的水平或具有的特征，而不能把它们作为对被测评者未来品德及其行为表现的预测。如果我们的品德测评是建立在对被测评者当前行为表现的直接观察上，那么，这种品德测评主要表现为描述功能。所评定的结果主要表明被测评者当前品德的水平或特征。它既不能作为对被测评者过去品德的评定，也不能作为对未来品德的预测。如果我们的品德测评是建立在对被测评者现有品德素质的测评上，那么，这种品德测评主要表现为预测功能。可以根据这些品德素质在过去以及现在行为表现中的作用分析，来预测将来被测评者品德的可能表现。

最后，要对所测评的行为的内外制约条件及其关系进行一定的分析，分析行为背后的知、情、信、意，弄清行为动机，并对该动机支配下的行为表现在其他条件下变化的可能性予以事先估计。

对于这个矛盾问题的解决是否正确，直接影响到品德测评的效果。如果其中一个或几个矛盾问题没有解决好，那么品德测评的结果就可能不准确或不客观。这种不准确与不客观性，对于投机取巧或弄虚作假的被测评者来说，将会鼓励他们去做伪；对于一个正直、要求公正的被测评者来说，就会引起他的不满或不服气。这种不满情绪进而会引起测评者与被测评者之间的对立，从而产生消极影响，使品德测评失去它促进管理与开发的作用。

五、品德表现的虚假性与行为取样的真实性问题

科学的品德测评要求建立在对人们真实行为的测评上。即根据个体在日常的生活或工作中的真实行为表现，对其品德做出客观的测评。然而，人的行为有时具有伪装性，外显行为与内隐意图不相一致，有意无意地表现不相关甚至相反的行为来。例如，某小学规定品德操行评定分数低于 85 分的不能参加“三好学生”的评选。快到期末时，有个学生的品德操行分只有 83 分。他为了尽快超过 85 分，故意把奶奶给他的 10 元压岁钱交给了班主任，说是早上来学校的路上拾到的。班主任为此大力表扬他拾金不昧，全班一致同意加了 5 分给他。这个学生因此也评上了“三好学生”。

像以上这种以无关的行为来表现缺乏某种思想或品质的现象，我们就称为表现的虚假性。显然这里这种虚假性是由行为者本身故意或无意引起的。行为表现的虚假性还有另一种形式，即测评者由于对所测评的行为表现真正的了解，常常会把与行为品质无关或次要的品质误认为所要测评的品质。这是由测评者无意中引起的一种虚假性或混淆性。例如，平时喜欢打斗的孩子出于好胜不吃亏，在撕打中掐起脖子来了。一失手，其中一个把另一个给掐死了。然而对任何一个第三者来说，都很容易把这种起因于道德范畴内的行为归咎于法律行为范畴，可能会认为那个人是在进行有意谋杀。这是因为品德的行为表现具有融洽性。作为品德表现的行为一般包含着思想、政治、道德、法律与心理五个方面的品质内容。然而，在特定的情况下却可能只是其中某方面品质的体现。这就要求测评者要具体情况具体分析，弄清行为表现的本质。由此可见，品德测评中行为表现的虚假性与评定要求的真实性相矛盾的问题客观存在。这一矛盾如果无法解决，那么就难以保证品德测评中所测行为的真实性。从而也就保证不了品德测评结果的效度与信度。

要解决这一矛盾，首先必须分析引起这一矛盾的主要原因。一般来说，一个人在知己面前的言行常常是真实的，而在不知己的人面前的言行

则常常带有虚假性。在同事面前的言行常常是真实的，而在领导面前的言行却可能是虚假的。在火车轮船上互不相识的同行人面前虽不愿暴露身份，但愿意道出自己被压抑的真实观点。然而在单位、邻里的同事熟人面前却常常不会轻易流露自己内心的不满。犯人在同狱人面前的言行往往是真实的，而在管教面前却常常是虚假的。换句话说，一个人在他感到毫无顾忌的环境中，其品德的表现常常是真实的，而在他有所顾忌的环境中的表现却往往带有虚假性。由此可见，行为倾向与环境制约之间的矛盾是引起行为表现虚假性的主要原因。因此，在品德测评进行过程中，又首先要注意选择那些行为者在其需要或倾向与周围环境不存在矛盾冲突情形下所表现的行为作为测评品德的根据。因为在这种情况下，行为者觉得没有必要隐瞒自己真实的思想或品德。其次，每当我们测评人的品德行为表现时，要特别注意分析其行为倾向与当时环境制约之间矛盾的程度。一般来说，在其他条件相同的情况下，矛盾越大则行为虚假的可能性就越大。最后，我们测评一个人的品德行为时要注意采取一定的措施尽量减少给被测评者带来的心理压力，尽可能给他们创造或选择一个宽松自如的行为表现情境进行观察测评。

六、行为的实在性与测评的意象性问题

在品德测评中，被测评者的思想、态度、动机、行为对于行为者本身来说，显然是意志、心理与环境作用的产物，具有意象性，但对于测评者来说，它们却是一种实在的东西，是不以测评者的意志为转移的。品德测评的标准制定后，对测评者来说也是一种客观实在的东西。然而，在实际的测评中，测评者的观点、价值观念、分析问题判断事物的能力以及临时心境等，对于测评者本人来说却具有意象性与多变性。被测评者的行为表现以及测评标准，这些实在的东西反映到测评者的头脑中就打上了意象性的烙印。因此人们常常发现，不同的测评者对同一种行为会有不同的评价。这就是说，测评者对品德行为的评判带有变化性。

品德测评中这种实在性与意象性的矛盾主要是由测评者与被测行为之间的主客体关系以及由此而导致的认知差异所造成的。一方面，不同的品德测评者之间对同一测评对象的认知存在差异；另一方面，不同的情境或

时间中，同一个品德测评者对于相同测评对象的认知也存在差异。产生这种差异的原因，有实在方面的，但更多的是意象方面的。这种评判对象的意象性与被评行为实在性之间的矛盾，在其他条件相同的情况下，如果测评者测评经验不足，能力越差，就会越尖锐。如果被测评的对象与品德测评的标准之间相符或不相符的关系越模糊，则这种矛盾也就越大。如果测评的对象越高于或低于品德测评的标准，则矛盾就越小。因此，为了解决这一矛盾，首先，要从思想上要求测评者树立实事求是、全面联系的观点，树立具体情况具体分析的观点和认真负责、公正待人的观点，避免那种草率从事不负责任的工作作风。其次，要采取一系列措施把这种主观与客观的矛盾控制在最低限度上。例如，采取集体评议与个人评定相结合的方法，防止一言堂，采取多方面多层次多角度的综合测评方法；采取操作简便抗主观因素干扰较强的测评方法。最后，要对品德测评的结果进行再测评。由于品德测评对象的复杂性与特殊性，在品德测评过程中所受到的主观因素干扰影响，比在能力测评中所受到的影响多得多。因此，我们必须注意品德测评之后对测评的过程及其结果进行再分析、再检查，确保结论的正确性与准确性。不过在这里要指出的一点是，在品德测评后的再测评过程中，品德测评的可重复性很差。在实际中几乎是无法重复测评的。它不像智育测评那样可以有复本再测的可能，也不像体质测评，可以再重复测评一次。品德测评受时间空间及各种情境因素的制约性很强。当我们走在街上看见某个人与另一个人打架时，我们不可能叫他们再打一次，然后分析其前因后果。因此，品德测评的再测评工作比起其他能力的再测评来说，复杂得多。

七、测评量化可能性与现实性问题

品德测评主要建立在对测评对象量的分析与质的确定上。在一定条件下，对测评对象数量性、确定性的特征揭示得越充分、越完备，则对质的把握就越深刻越全面。定量分析与定性分析是品德测评的基础。

从理论上来说，任何事物都是质与量的相互统一。质与量可以相互转化，一定的质量可以通过一定的数量来表现。品德测评的量化是可能的。然而一旦具体到品德测评的方法中，这种质量与数质的相互转化性可能不一定会那么直接、那么现实。例如，目前大家都认为行为表现测评可以量化，也找到了不少量化办法。但一个人的思想、动机、情感、信念和态度的测评如何量化呢？人们对此似乎还没有找到一种可行的办法。另外，从理论上来说，个体的品德是稳定的，所表现出来的行为特征是确定的。但在具体的情境中却是变化发展的。因此，对一个人品德的判断难以精确化，不能绝对化。这是因为品德本身是个模糊的东西。其内涵的心理品质，我们是看不见摸不着的，其外显的行为表现是广阔无边的，任何一种具体的行为都可能包含多种思想动机。由于思想品德的模糊性，因此，实际上只有少数品德特征可以精确量化、能够有把握地予以确定，而大多数的成分难以精确量化。对于这样一些本来不能精确量化的东西去勉强精确量化，不但不能满足我们品德测评与管理工作的实际需要，而且还会干扰正常的工作程序。我们知道，被测评者的品德是有个别差异的。各个人品德中的个性特征不尽一致，各有各的特点，精确量化后不但不能客观地反映它们的实际差异，帮助我们编制有针对性的人才开发方案，还会诱发被测评者去追求分数，限制或压抑品德个性的发展，使每个被测评者最后成为机械统一的“标准件”。

对于这一点，人们似乎没有足够的认识。目前，我国品德测评的理论研究与实践探索都有一种追求精确量化的趋向，似乎只有精确量化的方法才是科学的品德测评方法，而一些经验的、模糊的非精确量化测评方法都不是科学的。这种狭隘的观点，在理论上导致了人们对品德测评概念的误解，把品德测评与定量化等同起来了。在实践上导致了人们盲目追求精确量化，从而使品德测评的研究陷入了困惑之中。

在品德测评中，对象量化的可能性与现实性的矛盾是由品德本身的模糊性所决定的，它是固有的。但是，一方面，这种矛盾随着德育测评手段及人们对品德测评对象认识的深化会趋于缓和；另一方面，品德中不能精确量化的东西并不等于说就不可以测评。测评的方法是多种多样的。其中有定量的，也有定性的，有精确的，也有模糊的。许多暂时不能一次量化的东西可以通过二次量化的方法进行测评，暂时不能精确量化的东西可以采取模糊综合评判方法来进行模糊量化。为了解决品德的模糊性与测评的精确性这一矛盾，首先，我们要深刻地认识测评对象的本质特征，使我们从对象的定性认识深化到定量认识，通过对对象的模糊认识来达到精确认识。并采取一定的手段来提示测评对象内容观存在着的数量特征与数量关系。其次，要借助最新的科学研究手段以及模糊数学的研究成果，对测评对象加以合理数学描述。最后，不要片面追求测评结果的精确化，也不要盲目追求测评方法的数量化。要在把握测评对象质的基础上进行数量化，在一定的理论指导下实行数量化，而对于那些暂时不能数量化、精确化的东西，要采取其他适当的定性方法、模糊方法甚至经验的方法进行测评，客观地反映测评对象的品德特征。

八、测评对象的个别差异性与测评标准的统一性问题

在现实的品德测评中，一般是用同样的标准去测评所有的被测评者，以保持测评过程中要求的一致性与测评结果的可比性。品德测评这种标准的统一性、一致性在许多情况下是必要的。在目标参照性的测评中，在选拔品德优秀的干部的测评中，标准的统一性是品德测评的内在要求。然而另一方面，品德测评作为对客观存在着的个体品德的一种反映，它又必须如实地反映各个被测评者品德中存在的个别差异。显然，各个人的个性特征是互不相同的，不可能千人一面，它们是无法用某种统一的标准来衡量的。这种个性之间差异的多样性是无法用等级制或百分制来表达的。

这种矛盾是由品德的丰富多样性与现实中品德测评方法反映的有限性矛盾所引起的。现实中的任何一种品德测评方法都只能适用于有限的测评内容。在具体的时间与空间中测评者的认识能力与评定能力也是有限的。测评标准太多不但不能促使测评者更全面地去反映个体品德，反而会使他感到烦恼、厌倦，最后马虎了事，流于形式地评定。另一方面，简单的几条测评标准与有限的等级分数根本无法反映个体品德的实际差异与个性特点。

为了解决这一矛盾，首先，必须针对不同的测评目的选择不同的品德测评方法，建立不同的测评量表。区分个性的品德测评主要在于品德中共性的比较，因而量表中的标准要注重那些最为基本的品质和素质的比较。在诊断性或总结性的品德测评中，量表的标准应该广泛而概括，覆盖面要大一点。

其次，等级分数报告与评语描述相结合。对于行为品德中共同的基本素质以及被测评者在品德培养与开发目标上的到达程度等都可以采用分数与等级综合地报告，使测评结果在各个人之间具有可比性。而对于品德中那些独特的或比较突出的特征，则采取评语加以描述，以弥补测评标准中的不足，全面客观地反映个体品德中的个性特征。

最后，定量测评与定性测评相结合，对于表现可以采取定量分析、定量评定的方法进行测评，而对于思想观点则要采取定性描述、定性评价的方法进行测评。

九、测评内容的分项与综合问题

品德是一个极为复杂而难于认识的测评对象，内涵丰富，外延广泛，总体上难于把握。因此有必要采取分项测评，化整为零。这样可以大大提高品德测评的准确度与效度。目前各种品德测评方法中普遍是采用分项测评。但是另一方面，品德结构中的各因素是相互联系的，系统论主张对于各因素有机统一的对象，应采取综合整体测评的方式测评，机械割裂的分项测评将会使品德测评失真失效。

显然，这里两种品德测评的观点是相对立的。品德测评这一矛盾产生的原因，主要是对品德结构不清楚所致。因此解决这一问题的对策是，首先弄清品德的各独立因素及可分离因素，对于这些独立或可分离因素，我们可以采取分项测评。所谓独立或可分离因素，是指品德结构中那些通过一定的分离方法，可以使其单独测评而丝毫不影响测评效果的因素。对这样一些因素单独测评与综合其他因素测评的效果是等同的。

其次，明确那些不能分离的品德因素，对于这些因素的测评则不要强行进行分项测评。

最后，弄清各可分离因素之间的关系以及它们与不可分离因素的关系。在分项测评之后再做关系测评，在因素测评之后再做整体印象测评，以保证品德测评的整体效度。

十、测评标准的绝对性与相对性问题

品德测评的标准，要有一定的普遍适用性和通用性，要能够统领不同区域、不同组织和不同部门员工品德的测评。显然这是要求品德测评的标准具有绝对性。这种绝对性表现在与管理目标要求的统一性、与社会需要的一致性上。然而另一方面，品德测评的实践又要求所依据的测评标准具有一定的针对性，能够与测评对象相贴切。过高要求或过低要求的标准都是不适当的。这就要求品德测评标准要有相对性。

品德测评这一矛盾问题的出现，是因为人们混淆了不同品德测评的要求。一般来说，不同的品德测评类型有不同的要求。水平性品德测评要求以绝对性标准为依据，而区分性品德测评要求以相对性标准为依据。此外，所谓绝对标准与相对标准都是相比较而言的。在一定的条件下两者可以相互转换。绝对标准是在大范围上的相对标准，而相对标准是在小范围内的绝对标准。

解决这一矛盾问题的可能对策是，首先，明确品德测评的要求，针对具体要求来选择测评标准。

其次，在允许采用相对标准的情况下，尽量采用相对标准。一般来说，日常管理中的品德测评以相对标准为好，而最后的总结性品德测评应该考虑采取绝对标准。

最后，要努力建立绝对标准与相对标准之间的转换关系。例如建立组织、行业以及国家级等各类品德测评标准的转换表或转换式。

十一、测评方法的科学性与简便性问题

品德测评方法科学性与简便性的矛盾表现在：一方面，科研工作者要求所制定的品德测评方法有根有据、合情合法合理，既有理论深度又有现代技术的新潮；另一方面，广大企事业单位注重实用，要求所制定的品德测评方法从解决某个具体问题出发，只要方便可用就行。两者各自从不同的要求出发。由此所制定的品德测评方法，显然就难以两全其美了。

实践中也发现许多地方研制出的品德测评方法，经过论证鉴定，觉得很科学新颖，但却推广不了，走不出“实验室”。另外有些新品德测评方法很流行，例如操行评语鉴定法，实践中长期使用，但却经不起科学分析及检验，测评效果差。

产生这个矛盾问题的原因，是品德测评方法的研究者、鉴定者与品德

测评方法的操作者与使用者未能相互统一起来。

品德测评方法的研制者，虽然具有较高的理论素养，但缺乏操作与运用品德测评方法的实践经验。而具有实践经验的基层主管，整天忙于工作，又缺乏理论方面的思考与素养。

因此，解决这个矛盾问题的策略，就是使品德测评方法研制者与品德测评方法实践操作者，双方能够有机地结合起来。首先，可以组成一支理论科研者与实践工作者的研究队伍。然而组建这种队伍后，不要流于形式，要定期交流学习，及时讨论研究，科研者不要总“浮在上面”下不去，而一线主管“沉在下面”上不来。

其次，品德测评科研者最好能亲自下派到一线，实践自己所制定的品德测评方法。而有品德测评实践经验的一线主管，最好让他们有一定的时间参加有关品德测评理论的学习。相互取长补短，共同提高。

最后，任何一种新品德测评方法的鉴定与论证，最好请理论与实践两方面的人员参加。

此外，对目前已形成的品德测评方法，要进行综合改进。对理论性强、过于复杂的品德测评方法要作简化改进。而对于那些实践性强但缺乏理论性的方法，要做些研究提高性的改进，使之合理化、科学化。例如，“模糊数学综合测评法”虽然计算复杂，操作不便，但若采用光电阅读与计算机技术后就会变得十分简单，测评者只需进行逐项的模糊评判。对于传统的操作评语鉴定法，若经过观察分析，寻找出其中评定的关键点与区分点，则其效果将能大幅度提高，其科学性会大大增强。

十二、测评过程的客观化与主观性不可消除问题

任何测评，首要的任务之一就是控制误差。品德测评也不例外。由于品德测评是人对人品德的评定，其误差主要是主观误差，故品德测评的误差控制，实际上是力求实现品德测评客观化的过程。为了使品德测评尽可能客观，把传统的操作评语鉴定中的综合评定，改革为分项指标评定，由评语改为评等与评分，由无明确标准改革为统一规定标准及等级分值细则，由主管一个人评定改为多方群体测评，由人工测评改为机器测评。然而尽管费了九牛二虎之力，最基本的测评还是要靠人去判断与操作。主观

性难以消除。尽管采用上述种种措施使品德测评中的主观性得到了大大控制，但有些例外情况或特殊复杂案例却无法处理。人的品德有时还得靠人脑进行微妙的评定。

产生这一矛盾问题的原因，主要是品德测评活动目前无法独立于人本身而存在。因此解决这一矛盾问题的策略是要面对现实，允许品德测评存在一定的主观性，承认客观化的限度。那种企求完全客观化的努力，不但无法实现，而且也许会违背品德本身的发展规律，最后事与愿违。也就是说，我们要在可以客观化的地方或环节上去客观化，无法客观化的地方暂时让其存在一定的主观性。

十三、测评的定性与定量问题

对于品德测评，有一种观点认为，品德是个非常复杂的东西，充其量只能定性测评，根本不可能去定量测评。另外有一种观点认为，定性的品德测评是一种主观的测评、模糊的测评与经验的测评，而定量的品德测评是一种客观的测评、科学的测评与精确的测评。

这一矛盾问题产生于人们对定性测评与定量测评缺乏正确的认识。其实定性未必就是主观、模糊或经验的，而定量未必就是客观、精确与科学的。定量测评中的标准制定、分数分配和测评过程都可能是主观的、模糊的与经验的。定性之中有定量，定量之中有定性。所谓二次量化，即是定性之后的定量。

解决这一矛盾问题的可能策略是定性定量相结合，评判以定性为主，在定性基础上定量；标记综合以定量为主，在定量基础上定性；报告与解释测评结果，则既定性又定量，品德中的共性因素以定量报告与解释为主。品德中的个性特点以定性评价与解释为主，辅以评语描述。

十四、测评主体的权威性与民主性问题

品德测评是一项复杂的工作，有人认为应由那些有丰富测评经验的权威人士，例如有经验的主管来操作测评，其他人测评的结果既不准确，质量也不高。但有的人认为，品德是行为特征的总和。品德行为表现是广泛的。主管一个人所把握的情况是十分有限的。再说光由主管一个人测评，

无形中也增加了主管的负担与压力。品德测评应让所有了解情况的人参加，被测评者本人、同事小组、主管及社区共同参加测评，这样既全面又客观。

从实践上来看，品德测评主体究竟应由哪些人组成，人们目前还未取得一致意见。有的组织仍由主管一个人评定，有的组织由被测评者本人及主管共同评定，有的组织再增加客户评定。测评主体越小，测评结果越好汇总，但越不容易做到客观公正。测评主体越多，测评结果越能够做到客观公正，但测评结果越不易汇总。要么几方的测评最后仍以主管说了算，要么加权计算、工作量大。那么测评主体是否越多越客观、越少越主观呢？实际并不一定。关键在于所选择的测评主体成员，对测评对象是否了解，是否认真公正。若在了解测评对象的基础上能够做到认真公正地测评，显然测评主体成员越多则就越客观公正一些。

产生这一矛盾问题的原因，主要在于对品德测评的实质认识不清。当主管对被测评者了解全面仔细并且客观公正时，一个人的测评也能做到全面准确。当测评主体对测评对象不太了解、经验不够时，人数再多也不一定就客观公正。当品德测评是作为一种巩固开发效果的手段时，测评主体广泛一些，则有助于被测评者正确行为养成的督促检查。

因此解决这一矛盾问题的策略是具体情况具体分析，视实际需要而定，视人力、物力与时间条件允许而定。

十五、测评的开放性与封闭性问题

有人认为品德测评涉及人的心灵深处，是一种严肃的工作，尤其是那种考核性的品德测评，更不能随随便便。测评的结果对被测评者及其他被测评者来说，应有所限制。这有助于保证测评结果的真实性与存档价值。公开化将会增加测评结果的虚假性与错误现象。而有人认为，测评结果应该公开化。测评本身不是目的，促进被测评者改进行为才是目的。对品德测评过程与结果的保密，不但有碍于测评培养开发功能的发挥，而且还将引起被测评者对主管的猜疑、不满甚至对立。“文革”期间工人砸档案柜，查看领导与人事部的评定，就是一个例证。

产生这个矛盾的原因，主要是混淆了品德测评的类型及其功用。当品德测评用于教育过程时，显然应全面开放，把整个测评过程的要求与结果向全体被测评者，甚至组织公开；当品德测评用于人才选拔时，为了保证选拔的客观与公正性，测评要求与结果有时是不宜公开的；当品德测评用于考核时，测评结果可以反馈给本人，但不一定向众人公开，测评机制与要求则一般不公开。

品德测评的开放性与封闭性还体现在测评结果报告的简要性与全面性问题上。

有人认为品德测评是对个人品德水平的衡量，越精确越好。品德测评结果的报告，要有助于别人有一个清楚的了解，故报告越准确越好。而有人认为品德本身就是一个模糊的东西，测评结果及其报告要求精确与准确是不可能的，还是模糊一点好。

产生这个矛盾问题的原因，主要是混淆了不同测评结果的用途。当测评结果用来比较选拔人才时，应力求精确与准确一些，当测评及其结果用于教育过程时，品德测评的结果与报告就可以模糊一点。缺点不一定要说得那么明白，优点也不一定要评得那么准。因此解决这一矛盾问题的策略也是具体情况具体分析，根据测评及其结果的用途而定。上海交大与徐汇区教育局有关调查表明。2.34%的一年级大学生赞成，但43.82%的中学生反对，将描述性评语舍去，而代之以反映等第的分数；28.33%的中学生与42.32%的中学教师，赞成打分再加描述性评语；40.35%的大学一年级学生希望分项打分并加描述性评语。[①] 由此可见，测评结果采取分项评分，综合给等，再加描述评语，反映个性特征，更为大多数人所欢迎。

十六、测评功用的评定性与教育性问题

有的人认为品德测评应严格些、全面些、公正些、公平些、准确些、实事求是些。而有的人对此持否定态度。认为品德测评效果与质量的最终判定标准不是其评定的准确性而是促进与改进的效果性。因此认为品德测评应具有弹性。同样一个缺点，对优秀员工应评得严格些，说得清楚些。而对落后的员工则应评得宽松些，说得含糊些，甚至可以不说。

---

① 参见《上海教育》(中学版) 1991年第11期“大中学生思想品德评定的衔接研究”。

产生这种矛盾问题的原因，主要是测评者往往想一评两用。既想把品德测评的结果用于评定的目的，又想同时把它用于促进培养的目的。其结果往往是两败俱伤，效果不好。

解决这种矛盾问题的策略，是促进性品德测评与评定性品德测评相互分开。各自专门实施，不要一评两用。

十七、测评改革的实验性与应用性问题

品德测评方法改革的主要目的有两个：一是探索性实验改革，摸索与验证新的测评方法，为品德测评创出一条新路；二是推广性应用改革，以新的品德测评方法取代旧的测评方法。目前的改革大多还处在实验性改革之中，而迟迟难以进入应用性改革之中。其原因主要有三：

一是受到不求有功但求无过观念的影响。虽然实践表明，所实验的品德测评方法科学可行。但如果仅仅是自己实行而别人不实行，那么不但要增加自己的工作量，而且还会遭到被测评者的责骂。何必自己为难自己呢？因此不敢与人事管理（如升降级、考核、奖惩）等配套推广应用。鉴定论证之后只好把实验成果束之高阁，依然恢复使用老方法，与大家“齐步走”。

二是“创形式”，走形式。从大量资料来看，所谓“新探”“新尝试”等的品德测评改革并不新，类似相同的改革实验重复较多。实验与应用仍是“两张皮”，品德测评改革仍是走形式，未能对管理工作起什么促进作用。

有的单位或组织看别的单位或组织搞了品德测评改革，自己也不甘落后，想搞。但又不虚心向人学习，把人家的东西稍加改变又重新实验一遍。实际方法上并无改进，却造成了实验上的重复浪费，走形式。

三是有的单位或组织通过实验，感到品德测评方法改革的问题比想象的难，遇到的困难比较多，因而自感力不从心，不得不自行鸣金收兵。

因此，解决这一矛盾问题的策略有二：一是对那些经过实验与鉴定、大家认为较为科学可行的品德测评方法，要立即通过行政等鼓励手段，让其在更大范围内推广使用；二是行政管理与科研部门要加强对有关品德测评实验的管理与指导。对于有实验价值与可行的品德测评实验，给予支持

与指导。对于那些不具备实验能力的组织或个人给予配合与训练。或者让他们作为成员之一参加其他实验，不要放任自流。放任自流与盲目的品德测评实验，结果只能对品德测评改革失去信心。

十八、测评结果处理的信息性与效用性问题

事实表明，当品德测评的结果仅作为管理过程中的一种信息反馈形式，把品德测评作为一种促进手段时，主管与被测评者对品德测评的工作似乎并不热情与认真。他们认为得不偿失。只有当品德测评结果与晋升、绩效、工资、评比等直接利益挂钩时（但其中又引发一些副作用，例如发生掩饰作假等行为），当他们看到了品德测评工作的劳动转化为明显的效用价值后，才对品德测评工作倍加认真并积极配合。这些人的观点是，不能为品德测评而测评，不能无目的地进行品德测评，测评即是品德价值的测评，测评要反映和实现它的社会效用。否则就起不到激励与导向作用。要在组织内部与社会上实现品德测评的价值，只有这样，品德开发工作才能最后到位，受到社会普遍的关注与承认。

产生这个矛盾问题的原因，主要是品德测评观念的淡薄及其工作的复杂性。管理人员在观念意识上，还没有树立品德开发工作的系统工程思想，没有把品德开发工作建立在对象信息反馈的基础上，认为品德培养与开发即灌输。认为信息反馈依靠个人的主观印象就可以，没有形成对品德测评科学反馈信息的需要。另一方面因为人们对品德测评工作还不习惯，测评方法操作还比较费事费力，人们不愿为此付出太多努力。

因此解决这一矛盾问题的策略是，首先，要求广大管理人员树立依靠与依据品德测评信息，做深入细致人才管理工作的意识，克服那种从管理主观愿望与要求出发的人才管理思想习惯。

其次，努力改进与简化品德测评的方法程序，使之便于操作，简单可行。

最后，要尽可能使品德测评的结果充分发挥它的人事管理效用、经济效用、能力开发效用与社会效用。

然而更重要的，不能只注意从测评结果上去发挥品德测评的效用，要注意发挥测评工作本身的人力资源价值与效用，采取一些政策与措施鼓励

人们积极去进行品德测评的研究工作与实践工作。

十九、测评的诊断性与客体的掩饰性问题

任何个体的动机与行为，不论良与不良，对于测评者来说，都可能存在掩饰问题。品德测评者一般要求被测评者能在其面前真实地表现自己，报告有关事实，这样才有助于测评者了解与诊断被测评者所存在的问题与缺点，帮助其提出改正的方法与策略。然而被测评者往往出于自尊或自我防卫，不愿在测评者面前暴露真实情况，总是掩饰自己的缺点与不足以及某些事实。

产生这一矛盾问题的原因，主要是被测评者是一个能动的客体。他不像一般被测评客体，可以翻来覆去地测评而不加变化。在被测评者的主观调节下其不良行为可以被掩盖，而其一般行为可以表现得特别优秀，以迎合测评者的需要。

因此解决这一矛盾问题的策略是，尽量控制与解除被测评者的自我防卫。首先，向被测评者解释测评目的，告诉他们测评目的不在于把他们分成几等几类，而是为了更好地指导他们优化发展自身，是从他们利益与需要出发的。许多被测评者掩饰自身，甚至与测评者相抗衡，是因为他们认为测评者是要把他们定等分类，与他们自身的需要与利益相违背。

其次，测评者要主动与被测评者建立友好和谐的人际关系。不要把自己置于一个检查评价者的高台上，要与被测评者建立相互信任的关系。事实表明，对自己所信任的领导，下属是毫无顾忌的。他们无话不说，直言不讳。

最后，要采取有关鉴别伪装技术与必要的控制系统，使掩饰行为的发生尽量降到最低点上。

二十、测评的准确性与误差性问题

品德测评要求测评者对被测评者的观察做到正确、全面、真实，概而言之即准确。然而任何个人的观察都会在不同程度上发生误差或偏差。最常见的误差就是首因效应误差、近因效应误差、新奇效应误差、光环效应误差与定式效应误差。

这一矛盾问题发生的原因，主要在于品德测评基本环节上依赖于测评主体的个人经验观察。就目前来说，任何先进的品德测评方法在最初或者最基本的环节上，都离不开测评员经验性的观察与主观性的评定。还没有看到那种能够脱离人的任何帮助进行自动分析测评的计算机。

因此解决这一矛盾问题的可能策略是，采取措施把观察测评中可能出现的各种经验性或心理性误差控制到最低点。

1. 首因效应误差及其控差策略

首因效应误差是指由测评者观察的第一印象影响而产生的测评误差。观察的第一印象往往印象深刻、形象鲜明，使测评者对被测评者后继品德行为表现的观察受到影响。因此测评时，无形之中倾向于以先前的观察结果为测评依据而忽视了后面的观察。如果前后观察结果不一致时，也往往以前面的观察解释后面的观察，以此形成统一印象。事实表明主管开始观察认为品行表现好的下属，容易经常得到过高的测评。而开始观察认为行为表现不好的下属，往往得到过低的测评。因此，控制首因效应误差的策略是要求测评者学会全面、立体与动态地观察测评下属。

2. 近因效应误差及其控制

近因效应误差是指因新近观察的结果影响强烈而产生的测评误差。新近的观察印象往往记忆犹新，历历在目，会在一定程度上抑制先前观察印象的作用。因此测评者往往因对先前观察了解的忘记或忽视，而以新近观察印象做出测评结论。首因效应误差往往在主管接手新部门时容易发生，而近因效应误差则往往在主管与下属熟悉之后才产生。

控制近因效应误差的策略是，测评者应随时记录观察的结果，测评时要翻阅和分析记录的情况再做测评。

3. 新奇效应误差及其控制

新奇效应误差是指因某种突发性的、与以往或一般情况形成鲜明对比的观察印象而产生的测评误差。例如突然发现某员工在品德上有某种出乎意料的越轨行为，就把问题看得过重，夸大错误的性质和危害性，做出过低的测评。或者看某员工（意外地）做了件非常了不起的好事，因此给他过高的测评。控制这种误差的办法是，首先，测评者要善于进行系统分析。要分析“突然行为”的背景与原因，区分本质与非本质、偶然与必然的东西。例如一个新来的员工一直诚实，最近突然发现他撒谎，就要分析其原因，不可随便轻易做出过低的测评。

其次，测评者不能感情用事，要实事求是。一个本来是表现不错的员工，由于近来给主管提了意见，主管不要因此恼怒而否定其优点。

最后，要善于辨别真假。常言道一个人做件好事并不难，难的是一辈子做好事。

4. 光环效应误差及其控制

光环效应误差是指测评者因对某种品德或特点有清晰、强烈的观察印象而冲淡了对其余品德特点印象产生的测评误差。例如，下属工作成绩好，往往只看到其优点而看不到缺点。造成一好百好的印象。而纪律差的下属则往往被认为工作、能力、业绩等一切都差，一丑百丑。因此控制这种误差的策略是，要求品德测评者学会一分为二，客观地观察分析和测评员工的品德。

5. 定式效应误差及其控制

定式效应误差是指观察测评时测评者因某种主观臆断的逻辑定式而产生的测评误差。这种效应误差与光环效应误差不同。光环效应误差是因某好而略某坏，因某坏而忽某好，定式效应误差是因某好而推某也好，因某坏而推某也坏。即依据某个人的某些特征，推断他有与此相关的其他特征。例如，因某被测评者“不爱说话”这一点而推断出他“诚实”，某女性“爱打扮”而被测评者推出她“轻浮”。控制这种误差的策略是，测评者要学会用科学分析方法代替主观经验推理，重眼前事实而不重过去经验，透过现象看到本质，实事求是。

第二节　测评目标体系制定的难点与对策

品德测评目标，也称品德测评指标，在这里包括品德测评的类目、项目、细目或指标等，也包括说明品德状况与水平的标志。品德测评目标及其制定，在品德测评过程中是一个极为关键而又困难的问题。现代人才测评研究表明，整个品德测评的效率与效果往往取决于品德测评目标制定的质量而不是测评的方式与途径。因此在这一节将系统讨论品德测评目标的有关概念，品德制定的现状与问题，难点与途径以及方法与步骤。

一、测评目标体系的概念

什么是品德测评目标呢？一项品德测评目标应该能够说明品德某些方面的特定状况。并不是任何能够提供有关个体品德信息的东西都可以作为品德测评的目标，品德测评目标将集中于反映品德结构中关键因素的信息。所有的品德测评目标不但要能够反映品德各个侧面的状况或发展水平，而且还要能够反映个体品德整体的实际状况与发展水平。

品德测评目标，从所反映的信息量大小来分，有单项目标与综合目标之别。单项目标指那些能够反映品德某一侧面或某个因素信息的品德测评目标，而综合目标指那些能够反映多个侧面、多个因素甚至整体状况的目标。

品德测评目标按其反映品德内容的不同来划分，有数量目标与质量目标之别。数量目标是指那些描述品德因素或总体数量特征的品德测评目标。例如，迟到早退的次数与民意测验分数，显然是数量目标，而工作的勤奋性则是一个质量目标。

品德测评目标按其说明的具体内容来分，有品质性目标与行为性目标。品质性目标用来说明个体品德的抽象特征，行为性目标用来说明个体品德的具体特征。品德测评目标按其所满足的需要价值来分，有社会价值目标与个人价值目标。社会价值目标是指从社会需要方面来制定的测评目标，而个人价值目标是指从个人发展需要方面来制定的测评目标。品德测评目标按其参照点和基准点来分，有绝对目标、相对目标、两极目标与平均目标。绝对目标是说明个体品德与另一外部统一标准相比较的状况或发展水平的目标。相对目标是说明个体品德与内部某一标准或水平相比较的发展状况的目标。平均目标是指说明个体品德某时期内自身发展的一般状况或水平的目标。两极目标是指说明个体品德某时期内发展最好或最差水平（状况）的目标。例如某主管给某员工“遵纪守法”一项打 4 分。若该主管是以相对人力资源部规定的统一标准来打分，则 4 分即为绝对指标（该员工在绝对目标上的达成度）；若相对部门内最好员工或中等员工来打，则 4 分为相对指标（该员工在相对目标上的达成度）；若是就员工本身某时期内“遵纪守法”方面表现最好或最差的情况给分，则 4 分为两极指标（该员工在两极目标上的达成度）；若是就员工本身某时期内“遵纪守法”方面表现的一般情况给分，则 4 分就为平均指标（该员工在平均目标上的达成度）。

品德测评目标按其对测评者主观价值的依赖度来分，有客观目标与主观目标。客观目标是指那些独立于测评者主观之外，能够说明个体品德发展状况的客观数据，或普遍公认的事实目标，而主观目标是指那些依赖于测评者主观评定和能够说明个体品德发展状况的目标。“三好员工”相对某员工品德的测评来说，就是一个客观测评目标，而“工作认真”就是一个主观测评目标。

品德测评目标按其在综合评定中所起（依据）作用的大小来分，有核心目标与辅助目标。核心目标是在整个品德测评目标体系中占主导地位的目标，其权重一般较大。辅助目标是指那些在整个品德测评目标体系中作用并不突出的目标。以什么目标作为品德测评的核心目标，取决于许多因素，例如被测评者的年龄特点，测评的内容范围，测评的目的与要求等，核心目标与辅助目标并非固定不变的，可以随着客观情况的变化而变化。例如文明行为习惯，相对新来的年轻员工的养成教育测评来说，也许是核心目标，但相对老员工来说，也许就不再是核心目标了。

品德测评目标按其获得的途径来分，有观察目标、调查目标与测试目标。观察目标是依据测评者本人观察所获信息评定的目标。调查目标是依据他人所提供信息评定的目标，而测试目标主要依据被测评者本人所提供信息评定的目标。

品德测评目标按其（结果）效用大小来分，有基本目标与参考目标之别。基本目标是指那些用来评定优劣、晋升录用、决定奖罚的目标，它是从所有测评目标中精选出来的一部分目标。它对员工个人的荣誉、利益和积极性有直接的影响。这类目标的含义、界限、测评方法都需要有明确、具体的数量，不宜规定过多。参考目标是用来了解品德总体情况和研究问题的目标。例如，品德测评中共性测评的目标，常用做基本目标，而典型事例，个性特征说明的内容则用于参考目标。

品德测评目标，一般是指单个的测评目标或是笼统指所有的测评目标。但是，各个品德测评目标不是彼此孤立的，在一定的范围或条件下是相互联系的，单个测评目标反映品德总体状况的一个侧面，了解与评定整个品德的发展状况，要使用一套相互联系的测评目标。若干个相互联系的品德测评目标组成的整体，就称为品德测评目标体系。我们品德测评实践中见到的目标基本上都是品德测评目标体系。

品德测评目标体系是相对其反映与说明个体品德发展状况的作用来说的。相对测评者的操作来说，品德测评目标体系的内容实际上是我们常说的测评指标；相对品德这一抽象的测评对象来说，品德测评目标体系的内容，包括我们所说的测评类目、项目、细目、标度与等级；相对具体的测评对象——某个员工来说，品德测评目标体系即具体为各项目标的得分值或等级，是我们所说的品德测评指标或目标达成值。品德测评实际上就是测评者收集测评信息，评判测评目标达成值，最后在此基础上综合解释测评结果的系统过程。

二、测评目标描述既往品德面貌与引导未来发展的矛盾问题

品德测评目标在测评实践中起着双重作用。一般来说，品德测评主要是对被测评者既往品德发展水平的客观描述与衡量。它要求所设立的测评目标从实际出发，具有针对性与可接受性。因此，有的人是从被测评者品德过去及当前的实际水平或素质来建构品德测评目标，有的人是从《规范》《守则》及管理目标的现实要求出发来建构品德测评目标。但是，品德测评对被测评者品德的未来发展，却不可避免地带有指挥棒的作用。这就要求所设立的目标应从社会对被测评者品德未来发展的要求着想，注意其导向性。前一个是本质作用，来自测评方面的基本需要，而后一个是效应作用，来自测评之后的影响。这种双重性的作用常常是相互矛盾的，如何恰当地解决这个矛盾就成为研制人才品德测评目标时首先遇到的一个难点。

产生这一矛盾问题的原因，主要在于品德测评的价值作用性。任何一次品德测评都是对个体品德发展状况的一种价值判断。品德好坏及其价值高低，人们都把它同化到品德测评的结果中，测评的等级与分数成为衡量整个品德的价值标志，测评的等级与分数成为价值的等价物甚至是追求的

偶像。然而等级与分数是由测评目标决定的。品德测评目标因此就对个体品德的发展起了行为导向作用。

因此解决这一矛盾问题的策略是引导人们对品德测评结果的价值作用有一个客观正确的认识。既不扩大也不缩小品德测评结果的价值作用，适当合理地发挥其效用性。

首先，针对不同的品德测评类型来制定测评目标体系。评价鉴定型的品德测评目标以现实的品德发展水平实际状况为依据，兼顾未来社会发展对人的品德素质要求。培养型品德测评的目标制定侧重于以未来社会发展对人的品德素质要求为主，而适当考虑现实品德发展状况。管理型品德测评目标的制定以德育目标及工作要求为依据。

其次，严格限制不同类型品德测评结果的效用范围。不可随便泛用与滥用。

最后，当对现实品德发展状况缺乏深入分析以及对未来社会对人的品德素质要求不了解时，简便的做法是以人才战略目标要求为基本依据。一般来说，科学的人才战略目标是建立在被测评者品德发展水平的现实基础上，但又合乎社会发展对人的品德培养要求。

三、测评目标建构效度的抽象性与操作实践的具体性矛盾问题

品德实际上是人们从大量行为表现中所建构的一种观念，是一种无形无体的抽象物，是无法直接测评的。尤其是那些被人们认为深层次的思想、动机、情感、信念、意志等因素，更是不可言状，何以再去测评呢?对于它们大多数是通过一系列具体行为表现及其变化进行间接测评。因此品德测评目标的制定，一方面要保证品德测评目标体系的建构效度，反映品德的本质特征不能太细，过于行为化；另一方面又要保证品德测评目标的操作性，用一些具体可测可比的行为作为测评的直接对象。这种抽象性与具体性的矛盾是品德测评目标制定过程中遇到的第二个难点。

解决这个矛盾问题的可能策略是，首先要研究剖析被测评者的品德结构。这种研究要着重从测评科学的角度去研究，从外显行为去剖析那些与内在品德直接相关的表征行为。而不能停留于抽象的心理结构研究上。通过对被测评者品德结构的分析与研究，要力求寻找到那些对整个品德面貌

起决定作用的主因素，作为品德测评的目标。

其次，应从分析当前社会或者以往社会中各种典型的被测评者的具体表现行为入手，寻求他们身上典型而关键的品德行为特征，再把这些特征行为提炼为品德测评目标的内容或标准。

四、测评目标体系的广泛性与简洁性矛盾问题

品德测评目标体系作为一个反映品德面貌的系统，应毫无遗漏地包括品德行为表现的方方面面，具有全面性。它作为被测评者思想、道德、政治、法制、心理行为特征的总和，其具体的测评项目将是十分广泛的，应包括被测评者活动的全部行为。然而，品德测评的实践却要求我们所设立的目标项目不能太多，要尽可能简明。否则不但费力费时，而且会影响测评结果的准确性，增大系统误差。

解决这一矛盾问题的策略是，首先要深入实际，深入被测评者活动的各个方面进行细心的观察，找出被测评者品德行为形成与表现过程中的那些关键点与区分点。所谓关键点，是指品德因素结构网和品德行为特征络上的关节点或代表点。这些关节点或代表点不但对其周围的因素或表现行为有统领作用，而且对品德的本质特征有深刻的揭示作用。所谓区分点，是指品德发展系统中的转折点与品德差异程度的辨别点。这些转折点与辨别点的两边或上下的因素行为具有明显的差异。因此，在品德行为的关键点上，被测评者的外在表现直接揭示了内在的品德，而在品德行为的区分点上，被测评者品德发展的不同水平会明显地表现出不同的行为方式。

其次，采用体、面、点和证据的系统分析法建构目标体系。品德是一个复杂的有机整体。要直观而总体地对它做出准确而立体的测评是非常困难的。作为客观存在着的被测评者品德面貌，都是一个个独立的客体，其中必然存在某几个支撑品德客体的测评面，通过这几个测评面，品德面貌的立体形象就被反映得清清楚楚。同样在每个品德测评面中又有一些品德测评支撑点。因为品德测评面很宽广，它由无数个测评点所组成。品德测评者精力与时间有限，不可能对每个测评面的所有点一一测评，只能选择少数几个能够最有效地反映品德测评面特性的内容点测评，这些点就是品德测评的支撑点或简称测评点。对于每个测评点，其周围又存在一些支持

的事实与数据，测评者限于其所生活的时间与空间，不可能对每个测评点都一一去收集它周围存在的所有事实与数据，也只能选择少数几个能够最有效地反映测评点特性的事实与数据测评，这些事实与数据就是品德测评的支撑证据，简称证据。

因此品德测评目标体系制定的任务就是循着体、面、点和证据的系统分析法，寻求那些能够充分说明品德本质特征的关键行为与关键证据。

最后，采用覆盖筛选法简化目标体系。对于通过上述体、面、点、证据系统分析法所获得的品德测评目标体系，基本能够覆盖品德所有特征，然后对它们进行经验性归类合并。一是抓住本质目标合并或删除非本质目标；二是合并内涵相同的目标；三是正本求源，留下原因性目标，去掉结果性目标。最后在经验性归类合并的基础上再进行多元分析，找出基本目标。

也可以先从古今中外的人才培养要求或现成的测评标准中广泛选取品德测评目标，然后通过调查访问与多元统计分析等现代测评技术筛选出那些基本的目标，再经过一些标准化的技术处理，就可以得到我们所需要的品德测评目标。

五、测评目标规定的客观性与操作中的主观性矛盾问题

为了控制品德测评的误差，增加测评的信度，测评目标的制定一般要求其规定的内涵非常准确，使任何一个操作者对它们都能有一个客观公正的认识。然而在实际测评中人们发现，由于操作者所处的环境及其经验各不相同，所受到的心理作用及各自认识的模糊程度不一。尤其是主体价值观有别，实际印入头脑中，运用测评实践的指标往往打上了主观性的烙印，测评结果往往不一致，带有一定的偏向性。事实表明，品德测评目标规定得越精确，最后评定结果的差别有时就越大。

产生这一矛盾问题的原因，主要是品德测评价值活动的主体性。在品德测评过程中目前还无法排除人的主观性影响，在很大程度上测评主要还是依靠人的经验分析评判。在这种情况下，想违背测评主体的主观价值而实现客观化，往往是很困难的。因此，解决这一矛盾问题的策略是，考虑测评主体的价值倾向性，允许测评过程中主观性与模糊性、微观上的主观

性与宏观上的客观性同时并存。尽量采用客观性指标、数量性指标，少用主观性指标与质量性指标。

六、测评目标充当标准的统一性与反映品德个体性矛盾问题

品德测评目标在测评过程中实际上是起着一种“标尺”作用。它被用来测评所有的被测评者，以保证品德测评结果的可比性，保证品德测评的公正性与一致性。然而，品德在每个被测评者身上都是个别的、特殊的和具体的，每个被测评者的品德都带有不同的个体性。这就常常会与其标准作用的统一性要求发生矛盾。

产生这个矛盾问题的原因，主要在于个体品德特征的丰富多样性与测评标准的有限性。因此解决这个矛盾问题的策略是弥补测评标准有限性的不足。首先，尽力选取那些能够反映品德基本特征的指标组成测评指标体系。基本性的指标条目较少但涵盖面宽，既可以保证可比性、公平性，又可以一当十，以有限充无限。

其次，在品德测评目标体系中应允许针对不同测评对象自拟机动测评指标与特色指标，或以评语加以说明。这样既可以弥补基本测评目标的不足又具有机动性，可以克服个性特点无限性与测评目标有限性的矛盾。

七、测评目标的分解性与综合性矛盾问题

品德测评目标一般需要层层分解。即根据品德测评目标界定的内涵与外延，将构成品德测评目标或影响品德测评目标的因素一一列出。在这其中既要注意那些可以表现于行为的、看得见、摸得着的直观因素，同时又要注意那些难以表现于行为的、隐藏于行为表现后的潜在因素，最后所得的分解目标必然是分散的与独立的。显然品德测评一般要求这些指标在体系上具有综合性，最后能够做出综合解释。综合性与分解性在这里就遇到矛盾了。

产生这一矛盾问题的原因，主要是测评的微观性与判定的客观性。在具体的测评过程中人的认识判断是有限的，分解式目标的逐条测评有助于保证结果的准确性，但是最后综合测评结果以及第三者对品德的认识却是客观的，要求从总体上认识测评的结果。

解决这一矛盾问题的策略是加强综合性。首先，要注意从目标体系的内容本身进行综合。这种综合方式表现在辅助性品德测评目标补充服务于核心性品德测评目标，辅助性目标之间相互补充，相辅相成。

核心目标与辅助目标有机综合的模式有三种：一是相互联系型，即各个目标的关系是并列的，但却相互联系，它们均是品德结构中的基本因素；二是影响因素型，即辅助目标是核心目标的影响因素；三是成果构成型，即每个辅助目标都是核心目标的一部分。

其次，要从测评结果上进行加权综合。加权综合的关键在于对每个测评目标确定一个适当的权重系数。

第三节　品德测评中的掩饰问题与对策

品德测评要触及被测评者的灵魂深处，他们往往不愿在测评者面前暴露自己的本来面目，因此掩饰问题在品德测评实践中是普遍存在的。由于掩饰问题的存在，严重地影响了品德测评结果的效度与信度。如何控制掩饰问题一直是品德测评研究与实践中的一个难题。在这一小节中，将首先分析掩饰问题的概念、表现形式及其原因，接着介绍历史上对品德掩饰控制的对策与思想，最后谈谈我们对控制品德掩饰问题的对策。

一、掩饰问题的分析

所谓掩饰，即指品德测评过程中参与测评的人（包括测评者与被测评者）为了克服某种测评矛盾带来的焦虑或避免自尊受损害，以保护自我心理平衡的一种自觉行为活动。例如，有的人为了多得几分，故意寻找好事做。有的好员工怕别人说自己打分过高，因此打低分，而有些平时表现较差的员工怕自己最后分数评得比别人都差，故意评高分。类此等等行为都是品德掩饰现象。品德掩饰，其心理机制是防卫或防御。1936 年，A・弗洛伊德认为，在社会生活中，个体用防御机制适应挫折情境或减少焦虑，这是甚为普遍的现象。

在品德测评过程中存在许多掩饰行为。从行为主体来分析，有来自被测评者的掩饰与测评者的掩饰。被测评者的掩饰行为有否认、歪曲、隐蔽、矫饰、整饰、反向、升华、压抑等形式。

所谓否认，指被测评者不承认他违背测评标准或不愿意的事情，否认后虽明知有此事但觉得若无其事。例如，有的人做了好事不愿意承认，怕人讥笑。有的人随地吐痰却矢口否认。

所谓歪曲，指被测评者改变自己一贯的行为事实或内心的真实动机，以迎合品德测评的需要。例如，有的人非常懒惰，在家从来不做家务，但在恋爱对象面前却装得非常勤快。

所谓隐蔽，指被测评者始终背着同事与主管做一些违犯标准规范或被大家所反对的事情。

所谓反向，指被测评者把自知不合测评标准，或自己所想做但又不愿直接做的事情，以相反的形式表现出来。例如，有的小孩明知父母反对他去参加游泳，当父母问他今天（星期日）有没有去玩水时，却生气地说去了（实际没有去）。有的小孩晚上想出去玩，但父母却要他把时间用于学习，故他就借口说要去某同学家讨论作业问题。

所谓升华，指被测评者通过符合测评规范标准的行为，来满足违背规范标准行为的需要。例如，明知听报告不允许离开座位，但有的人总是一下以接手机的名义离开座位，一下又以出去小便的名义离开座位，等等。

所谓压抑，是指把某长期以来很想做但不合测评规范标准的行为动机，暂时压抑住。例如，有些人争当管理干部不是想为组织服务，而是想谋得私利，但一直没有很好的机会可以谋得私利，故他一直压抑自己的私欲，等调离后走上其他单位的新工作岗位，有了机会谋私利，才暴露出来。

所谓矫饰，指被测评者为了争取一个好的品德测评结果，矫揉造作地表现出某些符合品德测评规范标准的行为。例如，吉林省公主岭市实验小学，在“品德量化评定”实验中发现，有的学生为了多得几分，把自己的东西拿来交给教师，说是自己捡的，以表现自己拾金不昧的行为。

所谓整饰，是指被测评者为了争取一个好的品德测评结果，刻意地选择与表现符合品德规范标准的一系列行为，以便使测评者给自己一个好的测评。例如，吉林省前郭县实验小学，在品德测评实验中发现，有些学生测评前一天或当天会很好地注意自己的行为表现，但测评完后，这些学生还是我行我素，停留或回到原来的品德水准上，另外我们也常发现有些学生，回到家却变成了另一个人，家长反映很差。这些现象都是整饰表现。

掩饰行为不仅仅是发生在被测评者一方。在测评者一方也会出现掩饰行为，尤其是当测评者本身直接或间接受到测评时，这种掩饰行为的表现就十分突出。

从目前人才品德测评的情况来看，测评者的掩饰问题主要有自我测评掩饰、集体测评掩饰、主管测评掩饰和社区测评掩饰几种。

自我测评中的掩饰表现为有的员工怕别的同事认为自己好自我显示、出风头，因而只谈缺点不谈优点，测评分压得很低。有的员工怕让别的同事知道自己的缺点，让别人看不起，因而只谈优点不谈缺点或少谈缺点，测评分拔得很高。前一种大多数是发生在优秀员工身上，而后一种大多数是发生在落后员工身上，出现所谓“优者偏低，差者偏高”的两极反差掩饰现象。这种自评掩饰现象几乎每个单位测评实践中都存在。

此外，还有一种“中间路线”或“随便策略”。有的单位的品德测评实践发现，不少员工为了既不被别的员工说自我显示又不压得过低自己吃亏，或者既怕被别的同事说自己评得过高又怕别人给自己评低分，因此一般采取“中间路线”。大多数测评项目都以中等或中等偏上进行测评。有的员工表面上看，自我测评中对各测评项目的测评结果满不在乎，很随便，实际上他们在这随便当中并不随便，或者是等距地在各测评项目后面出现好、中、差的测评等级，或是以其他机会均等的形式出现好、中、差的测评等级，以保证总体测评结果上的“均衡”。

集体测评中的掩饰，表现为有的互相抬举。你评我好，我评你好，皆大欢喜。这种互相抬举的掩饰，有时以反向形式出现。你若说我的不是，揭我短，给我评低分，到评你时我照样寻你的短，不给你评高分。

有的则无原则地同意个人自我测评结果。无论你自评过高还是过低，一律以你个人自我测评的结果为准，照抄一遍，或仅在个别地方略加升降，有的测评小组甚至认为这样既少麻烦又省事。

有的则让被测评者本人各自代替小组测评。此即所谓“化整为零”策略。由于本人代表集体测评，个人自然对这种“集体测评”没有意见。

有的单位互评时，谈优点的人多，谈缺点的人少，谈优点说好话的多，谈缺点发表批评意见的非常少，或者是优点大谈特谈，而缺点却是轻描淡写，走形式。

主管测评中的掩饰，表现为有的主管怕得罪被测评者，评语时只写优点与希望，不写缺点。有的为了迎合追求晋升与考核的需要，把优点大谈特谈，缺点则轻写、修饰，少写或不写。有的怕自己卡了自己，品德测评时，大家都就高不就低。有的主管认为对于员工品德的测评，实际也是对自己管理工作效果的测评，故测评时从宽不从严，评优、良的多，及格的很少，不及格的严加控制，不让出现。

无论是来自被测评者方面的掩饰，还是产生于测评者方面的掩饰，其发生的原因主要是他们感受到某种外在的压力或处于某种矛盾冲突之中，此外品德测评过程中对其掩饰行为缺乏检查与监控，给其掩饰留有可乘之机。

二、历史上控制掩饰问题的对策分析

前已指出，品德测评中掩饰问题的控制，是历史上长期以来极想解决的一个问题。因此下面我们分析一些历史上控制掩饰问题的实例，从中我们也许会受到一定的启示。

1. 综合考察消减对策

古代品德测评，一般是采取综合立体的行为考察方式，消减被测评者的掩饰。例如，孔子对人才品德的测评，主张“视其所以，观其所由，察其所安”“退而省其私”等策略。一般来说，被测评者掩饰行为要掩人一面一眼是比较容易的，但要掩其全面与全方位是困难的。孔子在这里，分别从品德行为的目的、原因、结果（表现），从明处的观察与暗处的省视进行综合立体的全方位观察测评，显然可以大大消减与抑制被测评者的掩饰行为及其影响。

《吕氏春秋》中的“八观六验”也是一种立体考察消减对策。

明代吕坤的考德思想，也充分体现了这种综合考察的消减对策。他说：“大事、难事看担当，逆境、顺境看襟度，临喜、临怒看涵养，群行、群止看识见。”“财色名位此四字，考人品之大节目也。”“喜来时一点检，怒来时一点检，怠惰时一点检，放肆时一点检，此是省察大条款。”“任教万分矜持，千分点检，里面无自然根本，仓卒之际，忽突之顷，本态自然露出。”[①] 在这里，吕坤主张从大事、难事、逆境、顺境、临喜、临怒、群行、群止、财、色、名、位及仓卒之际，忽突之顷等关键点（行为表现的时空点）来测评品德，其中蕴含着丰富的掩饰控制对策思想。因为在这些关键行为点上，被测评者一般处于一种非自然、非平衡的特定情境，掩饰的可能性较少发生。

2. 宗教与佛教控制对策

明代有人曾以“神灵”来控制人们在自我测评中的掩饰行为。其宣扬的论点是，人虽然可以明善隐恶于人者，但却不能明善隐恶于神灵。因此使被测评者产生一种对掩饰的惧怕心理。接着要行为者夜深人静时对白天所作所为一一“书而志之”，在动笔之前，要焚香染翰，使其处于“幽独无侣”情境，产生“四顾森然，鬼种满目”之感觉，“以心莅手，以手莅笔，一点一画”，在充满鬼神的迷信恐惧之中又添加几分情境控制策略。

还有的要求品德测评前后对天发誓，以上帝来威慑人的掩饰行为。佛教中则通常以因果报应、阴间超度与来世希望等心理方法，来控制人们自我测评中的掩饰行为，要求人们诚实修养自己的品德。

3. 投射控制对策

一般来说，当被测评者问及自己的内情或某些不合品德规范标准的事情时，他们可能不对测评者说实话，而掩饰自己的真正情况与动机。所以必须采取间接的方法来引发被测评者报告其内部的真实情况，其中一种就叫投射技术。它是给被测评者一些模棱两可的刺激或问题，让被测评者在似是而非中做出反应或回答，从中便可以了解到被测评者的真实的情况。

投射一词用在测量方法上，最早是穆勒（Henry A. Murry）在 1938 年编制主题统觉测验时所用。但最早发文强调投射法重要性的，却是富兰克（L. K. Frank）在 1939 年提出的。

投射中最著名的是罗夏克墨迹测验。罗夏克先以墨水泼在纸上再予以对折，而成左右对称但意义不明确的图形，作为测验的刺激项，然后将这些刺激对医院里的病人施测。经过多次的尝试错误之后，凡是能引起不同

① 《呻吟语》卷 2 之一

心理病患者做出不同反应的墨迹图形，便予以保留，其余则舍弃。在数千种墨迹中最后筛选了其中10种。并对这10种图形反应有一套计分方法。[1]

被测评者由于不清楚墨迹代表什么图形，在得不到任何其他信息的情况下，他只能根据自己的内心理解来解释，这样在解释过程中被测评者就不可避免地会把个人的需要、价值观及其他隐蔽心理投射到解释的结果中。掩饰行为因此就得到了控制。

4. 公布结果民主监督控制对策

唐代官吏考核功德时，规定考核结果公开。新唐书四十六百官志载曰："凡百司之长，岁校其属功过，差以九等，大合众而续之。"又曰："凡定考，皆于尚书省，唱第然后奏。"

唐会要八十二考课亦载曰，(大中）六年考功奏："近年诸州府及百司官长，所书考第，僚属并不得知，升黜之间，莫辨当否？自今以后，书考后，但请勒名牒于本司、本州，悬于本司、本州之门三日。其外县官，则当日下县。若有黜不当，便任披阵。其考第便须改正，然后得申省。如勘覆之后，事无乖记谬，则论告之人，亦必惩殿。"

显然，这里是通过当众大声朗读考评结果及悬持衙门三日来公开考评结果。考评结果一旦公开，势必抑制考评过程中的掩饰行为发生，否则，考评结果就不敢公开。

值得注意的是，对那些诬告乱告考评结果不公的掩饰行为，唐代也有"惩殿"之罚。

这种以公开品德测评结果来控制掩饰行为的策略，笔者在吉林省长春市、江西赣州等实验单位中均已采用过，表明效果不错。

5. 设置测评诚实分的控制对策

目前，有些单位为了控制品德测评过程中自我测评的掩饰行为，特意设置了诚实测评分栏。凡是实事求是进行自我测评的被测评者，将得到一定的奖励分数。测评的诚实程度，有的是以组评结果为标准度量，有的是以主管的测评结果为标准进行衡量。

例如，某单位实验方案中所采取的方法是按公式：D（自我测评诚实

① 参见邓慧玲编译《人格心理学》第90～100页。

度）＝[前 13 项他评（或主管评或组评）总分/前 13 项自我测评总分]×100％。当诚实度 $D>90\%$时，加 5 分；当 $75\%\leqslant D<90\%$时，加 4 分；当 $60\%\leqslant D<75\%$时，加 3 分；当 $D<60\%$时，加 2 分。

6. 层层控制对策

目前全国各地普遍采取自我测评、同事互评、部门测评、主管测评、上级审定的品德测评方法。这种方式，除了能保证测评结果的客观性与准确性的特点外，也是对掩饰行为的控制。这实际上是层层控制掩饰的方式之一，即同事互评控制个人自评的掩饰，部门测评控制同事互评的掩饰，主管测评控制个人测评的掩饰，而上级测评控制主管测评的掩饰。

7. 分量表控制对策

国外在人格测评中，为了控制或监测被测评者的掩饰行为，一般会特别设置一个自我测评信度分析量表。当被测评者自我测评的信度在这个量表上的分值超过一定的限度时，则认为自我测评无效。

三、控制掩饰问题的几种策略

前面所述的各种掩饰对策，很多值得我们借鉴。但是光有以上几种控制对策还难以解决我们品德测评中遇到的困难，我们必须对此作进一步的深入思考。

我们认为品德测评中掩饰问题的控制策略主要有三大类：一是内部控制，二是外部控制，三是介于两者之间的检查证明控制。在内部控制中包括思想控制、权威与良心控制、机制控制等；外部控制中包括互相控制、层次控制和民主控制；检查证明控制包括隔离控制、抽查控制、考察调查控制等。

思想控制。品德测评实践表明，测评过程中各种掩饰行为的发生，最终根源都在于思想认识。有的是出于被测评者对测评者的畏惧、厌恶与对抗，或者出于对测评目的的误解；有的是出于对品德测评无所谓，有的是过于认真、严肃和紧张，有的则是对测评要求与方法掌握不太正确所致。因此开始品德测评之前，向所有参评人员讲清测评的目的、标准、要求、方法，做好参评人员的思想工作，要深入了解与分析各个参评人员思想可能存在的顾虑。并有针对性地一一做好解释工作，使他们轻装上阵。此外，还要对他们的测评结果进行一定的保密处理，让他们心理上有一种敢于实事求是测评的安全感。

权威与良心控制。前面宗教、佛教的控制对策，虽然不能直接借鉴，但却启示我们对品德测评的掩饰问题，可以采取权威与良心控制策略。所谓权威控制，即以被测评者所惧怕的某个权威作为测评结果的监察者，以此控制其掩饰行为的产生。所谓良心控制，即通过一定的思想工作树立或激起被测评者以自己诚实的良心对掩饰的本能行为进行控制。

机制控制。是从品德测评内部进行控制，有时从思想、权威或良心方面进行控制，还难以奏效，需要品德测评方法本身具有控制被测评者掩饰行为萌发与表现的内部机制。例如，中国古代关键情景与综合考察的测评方法，投射技术与被测评者自我测评信度量表设置等，都是属于测评方法内部控制机制策略。有了这些内部控制机制，被测评者的掩饰行为往往可以得到有效的控制。科学的品德测评方法本身，应该力求具有对被测评者掩饰行为的内部控制机制。

互相控制。即在品德测评过程中让被测评者进行相互测评或监察，以控制其掩饰行为的发生。可采取对等相互控制与循环相互控制等具体策略。让A测评或监察B，而B测评或监察A，此为对等相互控制；让A测评或监察B，而B测评或监察C，C测评或监察A，此为循环相互控制，一般来说后者的控制效果要优于前者。

层次控制。即在品德测评过程中，由上级对下级进行测评与监察。因为上级尤其是接近上级（即直接管理的上级）对被测评者的情况比较清楚，让其对被测评的掩饰行为进行控制显然非常有效。例如，若B是A的接近上级，C是B的接近上级，D是C的接近上级，则是D控制C，C控制B，B控制A。这要求D最为公正与模范，否则就会产生“上梁不正下梁歪”的连锁反应现象。

民主控制。就是在品德测评过程中，让所有熟悉被测评者的人（群众与领导）共同监察被测评者的掩饰行为。一般是采取测评过程与测评结果都公开的形式。实验表明，这种控制在那些单位较差、集体核心或舆论尚未很好确立的单位，效果较差些；反之，效果十分明显。

隔离控制。实验表明，当人们彼此相互不熟识、不了解时，多一个人就多了一份约束。同样，当被测评者或测评者相互分离，独立测评时，由于相互了解各自底细，但谁也不知道谁对自己如何测评，怕作弊或掩饰行为露破绽。故其相互间的掩饰行为会受到一定的控制。

抽查控制。即通过抽样检查一定的事实、行为或材料，对品德测评结果予以核定。由于被测评者或测评者自我尊严的驱使，或者“做贼心虚”，生怕抽查时自己测评的结果不合实际，故在测评过程中不敢轻易做出掩饰行为。

考察调查控制。掩饰行为的发生常常是乘虚而入，一旦对所测评的结果进行实地考察或调查，两两对证，行为者觉得无机可乘，或有机难乘，往往就不敢轻易在品德测评中做出掩饰行为了。

根据以上思考下面提出几种具体对策：

1. 从良好的愿望出发，在测评过程中尽量使品德测评参与者的各种需要与愿望得到满足。品德测评过程中出现各种掩饰行为，不少是出自于对测评者或测评结果使用的不满、紧张或对立情绪。测评者实施测评往往是为了自己或社会的某种需要，而往往忽视被测评者或参与者个人的愿望与需要，因此会激起被测评者及参与者的抵触。当被测评者或参与者知道品德测评是从某个良好的愿望或是从满足自己的需要出发，则会积极配合而减少掩饰行为。例如，当一个女孩子在男医生面前诉说病情时，男医生突然问女孩子她的生理方面的情况，显然女孩子是不愿说的，但她认为医生的询问是为了确诊自己的病情，是为了尽快尽早治好自己的病，故她会如实地告诉男医生那些难以启齿的病变情况。

品德测评实践表明，那种旨在促进良好品德养成的培养型品德测评，就比旨在评定等级水平的品德测评，更少遭到来自被测评者的干扰与抵触。

2. 隐藏真正的品德测评目的，声东击西，引开人们的注意力，进行转移性掩蔽性的品德测评。品德测评往往要触及人的内心世界，要触及其不愿暴露的隐暗面。有些人之所以能够以掩饰行为对品德测评进行干扰与破坏，在一定程度上是来自于他对品德测评目的的了解与注意，故能够做到早有所防，“常备不懈”。因此，我们可以把一些品德测评的项目以性格、气质或个性测评的形式出现，或夹杂在其他人们普遍愿意接受的测评中进行。人们很少在这些方面去警惕自己的品德被测评。

3. 外围事实测评对策。在品德测评过程中，被测评者高度警惕与防范的，往往是涉及他品德内核的缺点与不足，这些对他最为敏感的问题，他早有掩饰的准备。然而人的注意力是有限的，难免会顾此失彼。智者千虑必有一失。因此，我们可以选择一些表面看来与所要测评的品德不相干，但实质上密切相关的外围事实进行测评。例如通过生活起居与业余兴趣爱好方面的事实进行品德测评，通过体态语言进行品德测评。

4. 重复事实测评对策。掩饰行为发生并给品德测评带来实质性不良影响的，往往是那些无法重复检验的行为，是那些瞬间即逝的行为。因此，尽量采用那些可以重复观察与检查到的事实行为，作为品德测评指标，就能在很大的程度上控制掩饰行为的发生。

例如，以桌面、座位周围、住房墙壁门窗、抽屉、书包、文具、用具爱护、保护程度、清洁程度以及衣领、指甲等可见处的清洁卫生程度，作为个人卫生性品质测评的内容，被测评者的掩饰行为就很难发生了。

5. 最佳行为表现测评对策。在体育比赛与演唱比赛中，很少有掩饰行为发生。其原因在于测评的内容是选择最佳行为，即要求被测评者做出他所能做出的最佳水平行为。在这种情况下，掩饰是多余的。当然也有人赛前服用违禁药品，以对其最佳行为表演发挥推波助澜的作用。然而问题就在于品德测评中很难找到某些最佳行为作为品德测评的内容。这就要求我们从个体行为能力、认知判断等存在最佳行为的指标中寻找一些与品德高度相关的指标作为品德测评的间接指标。例如柯尔伯等人以道德认知判断能力作为品德发展水平的测评指标就是一个实例。

6. 数学、八卦术对策。数学中有一种对偶与同态原理。在高等几何中，所谓对偶原理指的是，在射影平面里，如果一个命题成立，则它的对偶命题也成立。

所谓对偶命题，即指命题中的每一个因素及因素之间的关系，与原命题中的每一个因素间的关系是对等的，两个命题是相互对应的，具有相同的真伪性。例如点与线是对等的，最大值与最小值是对等的。对偶原理提示我们可以把比较难以测评到的东西转化为与其对偶，但容易测评的东西。把容易掩饰的行为转化为与其对偶但难于掩饰或不会掩饰的行为。

所谓同态，是指两个集合元素之间具有一一对应关系，元素之间的运算关系也具有一一对等关系。因此同态原理告诉我们，可以把较为复杂的品德测评转化为与之同态的、简单的事实测评。

如果我们暂不去考虑中国八卦术中的迷信色彩，而是从数学或哲学的角度来审视一下其实质，就不难发现，表面看来博大精深、千变万化、神乎其神的算命术，实质上其最基本最原则的运算术，就是象征律和在象征基础上推进演化出来的演绎法，以及同态律和在同态基础上的演绎类推法。

"人身一小天地""天人感应"，把人象征天地宇宙或自然界，是古人的一种普遍认识。例如东汉大学者王充，尽管其不信鬼神，但却坚信命运。他认为，"人禀气而生，含气而长，得贵则贵，得贱则贱"。"或贫或富，富或累金，贫或乞食，贵至封侯，贱至奴仆，非天禀施有左右也，人物变性有厚薄也。"并断言，"富贵贫贱皆在初禀之时，不在长大之后，随操行而至也"。

八卦者则就根据"天人感应""阴阳五行"等观念，认为人与阴阳五行相合，人身与天地同态，人与四时合序，与十二行肖相合，人相貌性情与五行秉性相合，五行寄生十二宫。在这种同态对应下，把出生的某年某月某日某时等"八字"所得五行和同态对应下的表象挂钩进行类推演绎。由此推断个人未来一生的吉凶荣辱、寿夭贫富等。[①]

显然，这种推算既不顾个人对自己前程的努力如何，也不顾整个社会发展对人所造成的种种重大影响，单从海市蜃楼徒有堂皇表面的同态表象出发，那么建立在此基础上的演绎推理就不一定成立。算准是偶然的，不准是必然的。但它却启示我们，有可能把涉及谁也不愿涉及的心灵测评转化为同态表象的某些事实的判断。这里关键要抓住两点。一是简单事实表象与品德同态关系对应的合理性；二是推演的前提与过程必须是科学的，或有确实理论依据或有大量实验证明。如果通过象征、对偶与同态等关系，建立了与品德对应的、简单的、非掩饰性行为目标体系，那么品德测评中的掩饰问题也就能得到控制。

① 参见洪丕谟《中国古代算命术》。

7. 通过无法掩饰的行为测评可掩饰的品德对策。个体对自己的行为掩饰是有一定选择与限度的。并不是所有的行为他都去掩饰，也并不是所有行为他都能掩饰。这就启示我们可以通过建立个体非掩饰行为与品德的某种关系去测评品德，达到控制掩饰行为的目的。

例如，观察发现，处于紧张状态的人，最显著的特征就是肌肉僵硬，有时连手脚也变得僵硬，就像木头一样硬邦邦的。另一方面人们也发现，严格遵守纪律的人、责任心强的人与那些总是圆满完成工作任务的人，都是紧张程度非常强的人。因此联系起来就不难发现：责任心强的人其脸和身体容易僵硬。意志薄弱的人和没有工作干劲的人，可以从手足区分。①

显然在这里，把可掩饰的责任心、意志、干劲等品质，转化为无法掩饰的人脸、身体和手脚肌肉的僵硬程度。

类似的还可以从人直立的侧面姿势测评其自信心。G 型的人被认为是缺乏自信心的人。②心理学上通过血型或气质判断个性品质，也属此种策略。

8. 通过背景、环境、个性等情况的测评进行控制的对策。人的行为可以被掩饰，但其背景、环境的情况以及个性特征（例如气质、性格特点）等是难以完全掩饰的，行为者本人也许根本不会想去掩饰。然而实际上，品德与个体所处的背景、环境、个性特征却有着非常密切的关系。例如，在充满暴力、缺乏温情的家庭中成长起来的孩子，一般同情心弱于那些充满温暖母爱家庭的孩子，但后者的勇敢性与坚强性也许强于前者。家庭情况、背景材料都是可调查或有据可查的，个性特征也是容易看出的。这样通过对应关系的分析就能由有据可查的指标测评达到“无据可查”的品德测评。

第四节　品德测评理论与实践中的其他问题

在品德测评研究的理论与实践过程中，除上述问题以外，我们还遇到

①② 参见日本高间直道等著、秀雄编译《一目了然》。

一些较为主要的问题。例如，对某人施行品德测评所获得的结果是在测评之前就存在的客观物，还是在测评之前不存在，只是在测评过程中制造出来的？品德是内在的还是外在的？品德与行为是什么关系？数学描述与品德特征能否达到统一？品德测评是否有复验性？品德测评与物理测量及智力、体质测量有什么不同？

一、品德测评结果的主客性问题

品德测评就其获得的结果，是在测评之前就存在的客观物还是测评之前不存在，只是测评者在测评中“制造”出来的？

有人认为品德测评的结果是在测评之前就存在于测评者面前的客观物，它是以一定的特征进入特定的测评过程并与此测评的指标相对应的本征态。换句话说，品德测评所获结果 $\psi_i(x)$ 本来就以一定的形式而存在于现成的状态 $\psi(x)$ 之中 $[\psi(x)=\sum\psi_i(x)]$。如果品德测评获得的测评结果 $\psi_i(x)$ 本来就不存在，那么不论测评者如何“制造”，那是绝对造不出来的。而有人认为品德测评所获结果 $\psi_i(x)$ 完全是测评者主观认识中“制造”出来的东西，实际上并不存在。因为实践中不同的测评者所获得的 $\psi_i(x)$ 不相同，即同一个测评者时间不同、场合不同所获得的 $\psi_i(x)$ 也不相同。如果 $\psi_i(x)$ 客观存在的话，那么 $\psi_i(x)$ 就应该能在所有的测评者那里得到统一。

如果前一种观点成立，那么品德在排除人为因素后，其测评结果是可以达到长度、重量之类物体特征测量效果的，不同时空品德测评所获结果是完全能够达到统一的。如果后一种观点成立，那么无论如何品德测评结果也是无法获得一致的，其结果是不准确也是无意义的。

笔者认为，品德测评的结果 $\psi_i(x)$ 本身不是客观存在的而是相对于测评者与测评方法而存在的，也就是说，$\psi_i(x)$ 既是客观的存在物也是主观的制造物。品德测评结果存在的基础是客观的。这个基础就是个体品德素质的总和，而其表现形式却是主观的产物。它是个体品德行为的总和 $\psi(x)=\sum\psi_i(x)$，通过与测评者和测评方法的相互作用才突现出来。$\psi_i(x)$ 是个体品德通过测评者与测评方法由隐形变为显形，由潜在形式转化为实在形式，由测评者个体的心理意识转化为客观符号的形式。

因此，$\psi_i(x)$ 是测评者的主观认识，借助于测评方法、测评标准，与品德行为总和这一客观存在物相互作用的产物。

从哲学的角度来看，$\psi(x)$ 是一种客体性事实与科学事实，而 $\psi_i(x)$ 是一种主体事实和反映价值事实，$\psi(x)$ 客体事实通过品德测评这种活动与测评主体相互作用，所产生的客观效果和后果及对于测评主体的影响，以测评主体本身存在、结构、功能的活动的方式存在和表现出来则是主体性的事实。显然在主体性事实中，包括测评主体的生理事实、心理事实、社会关系与社会生活等事实。$\psi(x)$ 则是主体性事实 $\psi_i(x)$ 相对测评主体的标准性为尺度的客观关系的直接反映。

主体性事实是因主体不同而不同的客观事实。科学上所说的事实，对于所有人来说，只要客体是一个，事实也是一个。而主观性事实或价值事实则不同，尽管客体是一个，有多少种主体就有多少种事实。主体方面如果有共同点，那么他们的价值事实也有共同性。如果主体之间没有共同性（这很少见），那么它们之间就没有共同事实，价值事实的共同性是就主体的共同性而言的。

在品德测评过程中，由于各测评主体无根本利害冲突，因而品德测评研究的任务就是如何从标准与方法上去统一各测评主体对客体性事实 $\psi(x)$ 的认识。如何把主体性事实尽可能转化为客体性事实（例如测评标准方法具体些，操作性增强些），把主体性事实与客体事实的差异控制在最低点上。因此，那种认为单个主体的自由评价不是反映品德客体性事实的科学描述是正确的，但由此而否认自由评价不反映任何事实，或者说价值事实根本不是事实则是错误的。那种认为单个测评主体采取测评工具进行品德测评，不能反映品德客体性事实，则是偏激的，而认为众多不同测评主体正常情况下进行的品德测评，其所得综合结果无法反映 $\psi(x)$ 这一客体事实，则是不能成立的。

二、品德行为测评的不确定性问题

品德行为测评的不确定性与品德整体测评的并协性。所谓并协性即相互补充。量子力学研究发现，物理量会随着时间的变化而变化。微观客体中并非现实地存在被测物理量的准确性。它的某个准确值只有通过和仪器的相互作用才能显现出来。

1927 年海森伯发现了著名的测不准原理：对于描写原子体系行为的物理量而言，我们不可能同时精确地测定它们的值。换句话说，每当我们企图精确地测定一对变量中的一个时，另一个就会发生变化，这种变化在未达到原来目的的情况下是不能被严格地计算出来的。1928 年，波尔引进了并协原理：对于原子现象的描述，不可能具有像经典力学所要求的那种完全性；在构成一个完全的经典描述中，相互并协的各个对象，实际上都是相互排斥的。而为了描述现象的各个方面，这些相互并协的对象都是必不可少的。

这一研究提示我们，就某一特定时空中的单个品德行为去进行测评，是无法把握它所表征的品德的。它容易随着时间与环境而变化。离散的品德行为就像微观的原子一样，相对品德这个宏观客体来说，具有测不准性。我们对品德水平的测评，必须是取其同一行为特征对某一时空的平均值，对时间的积分，对空间的积分以及不同行为特征对时间与空间的积分，即 $\psi(x)=\int fi(\text{品行})\,\mathrm{d}x$。任一特定时空下所获得的品德测评结果只是 $\psi(x)$ 的一个近似值。

此外，这一研究也启示我们，在品德测评指标体系与测评方法的设置上，要注意并协性，使测评的指标及测评的方法相互补充、相互印证，综合地反映个体品德这一宏观客体。

三、品德测评的内外关系问题

品德是内隐的还是外显的？有一种观点认为，品德是隐藏在个体灵魂深处的东西，是看不见摸不着的东西，也不会轻易表现在他人面前，因此品德是无法直接测评的。品德测评只不过是一种主观臆断。而有一种观点认为，品德不是别的，就是行为本身，品德测评也就是行为测评，因而品德测评是直接的、客观的。笔者认为，品德既不会是内隐的，也不会是外显的。当品德作为一种行为习惯而存在时，它则是外显的，而作为观念上的信念存在时，则是内隐的。不过这种内隐的品德总是要通过外显行为表现出来。当然这种表现并不一定那么连续、直接与一致。如果我们把品德行为表现称为品德现象，则品德测评的任务就是要由品德现象去揭示品德本质。在品德结构中，有些成分能直接表现为现象，能够用感官直接观测评定，有些成分却并不能直接表现为现象，此时需要借助一定的测量工具来引发或发掘。也就是说，有些品德成分要通过测评工具与测评对象的相互作用才能呈现。这种相互作用，对于物理测量来说常常是直接的，而对于品德测评来说，却常常是间接的。因为品德测评量表是与品德的载体——被测评者或与测评者的印象之间相互作用，而不是直接与品德相互作用。

如果我们把品德行为表现，包括量表引发出的行为表现，称为第一现象，而把测评者对第一现象的主观反映称为第二现象，把第一现象或第二现象直接与测评指标相比较而形成的测评数据与资料称为第三现象，第三现象通过综合加权则成为第四现象（总分数等级或评语），第四现象再内化表象为第三者对被测评者品德的想象即为第五现象。品德测评及其报告的研究任务，就在于尽量减少品德第一现象到第五现象之间的变异与信息的损失，使五种品德现象之间尽可能相互统一。

四、品德测评的复验性问题

品德测评是否具有可复验性？诸如重量、长度等物体特征的测量，一般具有可复验性。所谓复验性，就是对所测量的结果，可以进行重复测量予以验证。然而品德测评的结果，却难以重复验证。因为品德测评的结果，是测评工具与具有能动性的人（包括测评主体与客体），以及测评对象三者相互作用的结果。即使测评对象——品德是稳定的，测评工具保持一致，也可能因为测评主体与客体的能动性、因时因地难以控制，而使品德测评不可复验。这种不可复验的主要原因就在于品德测评过程中，主体、客体与对象之间的不可分离性造成的。品德测评的结果既依赖于测评主体与客体（被测评者），又依赖于测评对象（品德）。没有测评对象（品德），结果就不存在或毫无意义，没有测评主体与客体的能动性配合的测评活动，品德现象也就不可能出现。因此品德测评结果的内容来源于品德本身，而其形式则依于主客体活动。因此来源于品德测评对象的客观因素与来自于测评主客体中的主观因素总是复杂地渗透在品德测评的结果中，影响了品德测评结果的可复验性。

五、品德与行为的关系问题

对于品德与行为的关系的认识，目前不外乎存在以下几种观点：

1. 有人认为品德是不存在的，是一种抽象的概念。人们不论在哪里，都感觉不到品德到底是什么东西。品德只是思维臆造出的产物。

2. 认为品德是每个人（包括他自己）所不知的心灵幽深阴暗的隐蔽处。

3. 特质理论认为品德是个体内部心理物理系统的动力组织，它决定一个人行为和思维的独特性。

4. 特质结构派认为品德由诸多特质构成，在这些特质中，有个别特质与共同特质，有表象特质与根源特质，有动力特质。品德能够对一个人在一定情况中将怎样行为做出说明。品德涉及人的一切行为，包括外部与内部的行为。

行为$=f$(品德、环境)，即个体行为是品德与环境及其相互作用决定的。

5. 精神分析派认为品德是一种超我意识，它驱动着个体的行为表现。新精神分析派认为人品德发展每一时期都存在一个从生物欲望引发出的社会性矛盾，品德行为即是这一时期矛盾冲突的展现。

6. 行为主义认为，品德是个体稳定的独特的行为，或是这些行为方式的组合，它是行为的决定因素。

7. 社会学理论认为，品德、环境、行为三者相互影响。环境对品德行为的影响依赖于领导及其他榜样之赏罚、禁制及顺从行为示范的强度。

8. 认知理论认为品德是人们对行为方式的一种认知或选择策略。

9. 自我理论认为行为是由个体对外部世界的知觉决定的，因而品德是一种知觉外部世界的能力或策略。

10. 人本主义认为，品德是个体需要及其驱动的产物。

从以上1、2两种观点来看，品德与行为不存在必然关系，品德不可测评；从第3种观点来看，品德与行为存在必然关系，可以通过行为与思想来推测人的品德；从第 4 种观点来看，品德与行为关系受到环境的影响，因此通过行为测评品德，但要考虑环境因素的作用；从第 5 种观点来看，品德测评应借助于投射技术以及自我、本我与超我三者之间的冲突分析，通过分析艾里克森所提出的 8 个阶段的普通矛盾的性质与程度来测评个体的品德行为本质；从第 6 种观点来看，品德即为行为特征，品德测评应从行为特征分析与概括入手；第 7 种观点启示品德测评应考虑以前行为经验及周围环境或榜样对品德的影响；从第 8、9 种观点来看，可以通过认知行为来测评个体的品德水平；从第 10 种观点来看，品德测评要注意分析个体需要及其矛盾程度。

另外，结合以上 10 种观点可得出品德与行为的关系主要有以下三种：

1. 品德是行为特征的总和。行为是第一性而品德为第二性，品德测评对于行为无预测作用。

2. 品德是行为的内部动力系统。品德是第一性而行为是第二性。品德测评对行为表现有预测作用。

3. 品德与行为既相互独立又相互作用。品德与行为是并列平行关系，要测评品德必须对行为、环境以及它们相互作用的影响进行综合分析。

六、品德特征与数学描述的统一性问题

数学描述与品德特征能否达到统一？数学发展大致经历了常量数学、变量数学、随机变量数学与模糊变量数学四个阶段。常量数学所描述的对象只能限于那些不变的数量关系，限于那种静止、孤立的对象。显然常量数学难以描述品德的全部特征，充其量只能用来计算某些行为发生的次数及发生的时间。

变量数学所描述的对象则开始扩展到那些运动、发展和联系的事物，但所描述的数量关系，也只限于那种连续的、具有相对统一而确定的数量关系。例如，能够用某一函数或常微、偏微分方程描述对象的整个的变化过程。

然而品德现象是错综复杂的，其中许多因素是无法确定的，很难寻找到绝对纯粹必然的数量关系，寻找到那种可以用微分方程描述的周而复始、始终如一的品德变化规律。随机变量数学所描述的对象则极为丰

富。它以概率论、随机过程理论及数理统计为主要内容。可以描述那些受偶然因素影响而变化的事物。它通过大量的观察统计，寻找事物发展的各种可能性及其出现的频率，求出平均值即概率，揭示对象的变化的统计性平均规律，从大量偶然的、分散的现象中寻找出那种必然的确定的数量关系。显然随机变量数学可以描述品德行为的发生与变化的某些现象。因为品德行为的发生对于测评者及行为者来说都有一定的偶然性。然而具体的行为特征随机变量数学却难以描述。随机变量数学所描述的是客观的与简单的偶然现象。品德中许多特征仅用或然性是说明不了的。模糊数学则以否定经典集合论中非此即彼的确定隶属关系为特点，它能够借助从0（不属于）到1（完全属于）之间连续取值的方法，描述所有对象的相对属于的程度，使许多原本不能用数量描述的对象关系可得到恰当的描述。在品德行为中，存在大量的这种相对属于关系。单个的品德行为可能同时具有关于多种测评指标的相对属于关系。而多个品德行为也可能综合起来后，对某个指标具有某种相对属于关系。但是否由此可以说数学描述与品德特征可以达到完全一致呢？从理论上来说具有这种可能。因为品德是行为特征的总和。每个行为特征都可以找到某种适当测评指标群加以描述，该行为相对各测评指标的相对属于程度则完全可以采用模糊变量来刻画。然而在实际的品德测评活动中，测评指标是事先固定的，而且非常有限（否则操作过于复杂），因此测评指标往往难以穷尽所有品德中的行为特征。这样在品德测评指标描述以外的行为特征，数学描述就无法与个体品德实际具有的特征统一起来。另外，在品德测评指标体系内模糊变量描述不应过于细致。为便于操作，应该是模糊判断、常量描述、随机取样、统计综合与概率报告相结合的一体化描述。

模糊判断、常量描述可以把许多“意会认知”转化成“言传认知”。“言传认知”是概念思维与集中觉察的结果，而“意会认知”是体验把握与潜在觉察的结果。体验把握主要是一种内部经验活动，其认知仅停留于不便转释的内部理解。这种内部理解的意会认知也是一种模糊体验或认知。但这种模糊认知却往往会以综合评判和顿悟的形式显现在测评者的思维中。当我们及时采取一定的数量予以转化记录时，则这种“意会认知”

就物化为“言传认知”而发挥作用，否则就有可能流逝与损失。英国物理学家、哲学家波兰尼指出，人所知道的东西比所能表达的东西多得多。因此采取量化手段，用数学及时描述测评者对品德特征的模糊综合判断，作用是十分必要的。

七、品德测评的特殊性问题

品德测评与物理测量及智能、身体生理测评相比有何不同呢？无论哪一种测评，实际上都是通过测评对象的表征反映测评对象的特征，进而揭示测评对象的本征过程。物理测量的对象，其本征、特征与表征三者常常合为一体，而品德测评则不然。因为物理测量的客体一般是不具能动性的物体，它们本身对所被测量的东西无法干扰或不会干扰。而品德测评的客体则是能动的人，他们对所测评的品德特征会产生这样或者那样的干扰。即物理测量中被测评者的被动性与品德测评中被测评者的主动性给两种测评造成了很大的差异。因此，物理测量对象的本征一般是稳定单一与独立的，而品德的本征却常常是含混、多方面与变动的；物理测量对象的特征是具体与明显的，而品德的特征却是抽象与复杂的；物理测量对象的表征常常是直接突出的，而品德由于相关制约因素太多，其表征却常常是间接与隐蔽的。例如，在进行桌子长度的测量时，桌子长度的本征（桌面板的边缘）、特征（桌面是长方形的长）与表征（直尺长）三者合为一体，而品德测评本征（品德）特征（行为表现）与表征（测评指标体系）三者却各自分散。当它们聚集于测评者头脑中时，都已受到过多种主客观因素的影响。

品德测评与物理测量另一区别之处是，在物理测量过程中其操作可以是客体对客体进行，主体的人可以完全不介入，而在品德测评中却是主体客体不可分离，品德测评必须建立在主体人的判断辨认的基础上。这样，品德测评就很难做到绝对的客观一致。

品德测评与智力、体质测评相比，其显著区别是：智力、体质测评是以被测评者的最佳行为为对象，而品德测评则以习惯行为为对象。智力、体质测评允许被测评者以最大努力表现其理想状态，而品德测评则要求被测评者实事求是地表现其一般的实际状态。因而智力体质测评所受到的干扰，往往是意外，不存在掩饰问题，而品德测评者所受到的干扰，往往是有目的的，有掩饰问题。智力体质测评最重要的是保证测评的公平性，而品德测评最重要是保证客观性。智力体质测评可以通过公开的表演操作进行，让评委直接对其评分。而品德测评大多数需要通过隐蔽的方式进行，测评者只能隐蔽观察、事后评分。

第十三章 品德测评的技术问题与对策

品德测评目标体系的制定与掩饰问题的控制，是品德测评方法研究中的两个主要问题。然而，除此之外，品德测评还存在其他一些技术上的问题。例如：测评指标筛选与检验问题、计量问题、等值问题、测评结果合成问题等。

第一节 品德测评指标的筛选与检验

品德测评指标的筛选与检验是品德测评中较为具体的技术问题，也是品德测评过程中一个较为重要的问题。品德测评指标的筛选是否得当及其质量如何，在很大程度上决定着品德测评的价值与效果。

一、有效性原则及其检验方法

品德测评指标的筛选与检验，必须首先遵循有效性原则。有效性是指测评指标的内容能准确反映品德某一方面的特性。对于品德测评指标体系来说，其有效性应表现为能够全面准确地反映被测评者的品德状况及其水平。

检验品德测评指标有效性的方法常见的有三种，即经验判定、相关分析和多因素分析。

所谓经验判定，即依据品德测评的实践经验，分析测评指标的结构、特点及其与品德某一特性的关系，用主观经验分析判断的方法，评判测评指标的有效程度。

所谓相关分析，即首先确认或选择某一能够反映品德某一特性的公认标准和反映品德的综合特性的公认标准，然后分析所拟品德测评指标测评结果与公认标准测评结果（相对同一测评对象）的相关程度。相关度越高则越有效。有效性也可以理解是以不同方法操作测评指标所得测评结果间的相关性。

所谓多因素分析，即把所要筛选或检验的品德测评指标进行测试。通过多元统计分析中的因素分析方法，可以分别确定各个测评指标对品德的影响和作用的大小，那些影响和作用越大的，则其有效性越高。

二、可靠性原则及其检验方法

在筛选与检验品德测评指标的过程中，要遵循可靠性原则。所谓可靠性，是指测评者采用同一种方法多次操作某一测评指标（体系），去测评同一对象，都能得到大致相同的结果。可供选择的测评目标也许很多，但各自的可靠程度却是不同的。多次操作测评结果的一致性或真实程度越高，该指标的可靠性就越大。例如诚实这一品德特性，若在“言行一致”与“少言寡语”中选择一个作为测评指标，显然前者的可靠及有效性优于后者。因为一个人“少言寡语”既可能是孤僻、怯懦、疑心重，也可能是含蓄、羞怯和老实，或者是阴险、狡猾、世故等不同的品德特征。

品德测评指标可靠性检验方法，一般是相关分析法，即采用同一方法，将被检验的测评指标对同一群体进行重复操作测评，然后计算重复测评结果间的相关系数。当 r 越接近 1，则可靠程度越高。

三、客观性原则及其检验方法

品德测评指标的筛选与检验，应该遵循的第三个原则是客观性原则。所谓客观性，是指不同的测评者，无论他有经验还是无经验，采取同一方法，操作测评指标去测评同一对象，所得到的测评结果具有一致性。测评结果越一致说明这种测评指标越能抗拒测评者的主观因素影响，因而也就越显得客观。例如，“健谈”作为“直率”这一品德特性的测评指标就不怎么客观。因为一个人很健谈，可能得出自负、骄傲、好表现的评判，也可能得出热情、直率、有朝气的评判，也可能得出自信、豪爽、好交往等不同品德特性的评判。这完全取决于测评的主观经验以及对被测评者的了解程度。

检验测评指标客观性的方法常用的是相关分析法。即计算不同测评者操作同一测评指标对相同测评群体测评结果的相关系数。相关系数越高，则说明该测评指标的客观性越强。

四、经济性原则及其检验方法

所谓经济性，是指品德测评指标能够使测评者以尽可能少的人力、物力与时间取得最好的品德测评效果。它是由品德测评的广泛性、经常性及测评者施测条件的有限性决定的。

检验测评指标的经济性的要求是少而精。

所谓少而精，既是针对整个指标体系来说的，又是针对每一条指标的资料数据要求来说的。品德测评指标体系中条项太多，或者重复一些性质类似的项目，将会造成人力、物力和时间上的浪费，或是粗制滥造，严重影响品德测评的质量。一项指标中要求所提供的资料数据过多，不但保证不了其准确性反而费事。

所谓本质性，既要求单个的品德测评指标要选取那些能够反映品德某一本质特征的标志与数据，又要求整个品德测评指标具有系统性，能够反映品德的整体本质。如果把测评的时间与精力花费在那些非本质的测评指标上，不仅造成测评人力物力与时间上的浪费，也造成测评结果的失效。

所谓简易性，是要求每一个测评指标判定所依据的资料数据容易采集到。有些指标虽然具有本质性，但要花费相当大的代价去搜集证据才能判定。测评指标信息采集工作的艰巨性，会大大增加品德测评的困难性。因此要注意选择那些日常中容易收集的信息指标，以获事半功倍的测评效果。

所谓适应性，是要求品德测评目标的操作难度，要适合于一般单位与主管的素质水平。如果要求测评者经过某种特定的数理知识或计算机技术的培训后，才能掌握操作有关指标，那么在目前的状况下就难以普遍应用了，就不符合经济性原则了。当然，如果只要少数个别测评者接受专门的技术培训，但其所获得总体效益大大高于所付出的，那么情况就例外了。因此，经济不经济是相对整个品德测评工作及其效率效果来说的。

五、规范化原则及其检验方法

所谓规范化，也就是标准化与统一化。即每一项测量指标的技术规格、测评方式和程序、测评工具的选用与操作、测评结果的记录要求与方法、计量或评定的标准与方法，都应有明确统一的质量标准和规定，以保证测评结果客观、真实、可靠和可比。

品德测评指标规范化的检验，主要是对测评指标操作、计量及评定过程统一性的检验，保证测评对象横向的可比性。除此之外，还要注意品德测评结果纵向的可比性，尽可能使不同年龄、不同性别、不同地区、不同民族和不同时间下测评的结果具有可比性，尽可能与国内外现行测评指标相一致，具有交流比较的方便性。

品德测评指标的规范化，还要求尽可能选择那些具有社会公认的客观计量单位与评定标准的测评内容或项目，以利于操作、统计与评定。

第二节　行为德性的计量与转化

任何事物都是质与量的统一体，个体的品德也不例外。品德测评就是从质与量的角度对个体的品德行为进行两维评判，即既评判个体品德质方面的内容与性质，又评判个体品德量方面的关系与变化。

无论是质方面的内容与性质评判，还是量方面的关系与变化评判，都必须采取一定的方式来记录与表达所评判的结果。当我们选择数字形式来记录与表达所评判的结果时，便叫计量。因此行为德性的计量，实质上就是选择数字形式记录与表达测评者对个体行为德性特性的评判结果的活动。

一、行为德性计量的基本类型

1. 类别型德性计量

行为的德性，即行为的品德特征，有的只能描述为若干种不同的状态，每种具体的行为只具备其中某一状态。例如，考试舞弊行为可以分抄别人的答案、偷看书本、看自己事先准备好的答案等。这种德性的基本特点是，其评判结果的各种状态的地位是等同的，状态之间没有一定的顺序。这种行为德性我们一般可以采取定性数据进行计量。依据评判结果可能的状态数目，有二元定性评判计量与多元无序定性评判计量。所谓二元定性评判计量，是指评判结果只有两个状态。确定某种品德特性的有无，一般是用数字 0 与 1 来计量。用“0”表示行为不具有某种品德特性，而用“1”表示行为具有该种品德特性。对应于二元定性评判计量的数据还有对称之分。如果把 0 和 1 的地位等同对待，它就是对称的；如果偏重一方它就是非对称的（见表 13—1）。

表 13—1

德性＼员工	A	B	C	D
1	1	1	1	1
2	1	0	0	0
3	0	1	0	1
4	1	1	1	1
5	0	0	0	1

所谓无序多元定性型评判计量，是指行为德性的评判结果具有三个以上状态。假设某种德性的评判有几种不同结束或状态，则一般用数字 1、2、3…N 来计量各种评判结果（状态）。值得注意的是，这些数字不能反映各评判结果或状态间的差异，1 与 4 之差并不等于为 1 与 2 之差的 3 倍（见表 13—2）。

表 13—2

德性＼员工	A	B	C	D	E
1	2	5	2	1	0
2	0	1	4	3	1
3	3	4	1	0	0

2. 顺序型德性计量

顺序型德性计量与无序多元定性型德性评判计量一样，德性评判具有多个结果或多种状态。但不同之处是，各个评判状况或结果之间有确定的顺序，所以也为有序多状态德性评判计量。一般用 1、2、3…N 依次表示各个评判结果或状态。虽然在这里各个数字之间的大小差别，反映了各行为德性状态间的顺序关系，但并不能恰当地表示各状态间的差距。也就是说只能成立关系：3＞2＞1，而不能成立关系：3－2＝2－1。例如，依据每个员工违反纪律行为发生的次数，对所有的员工的纪律性进行测评，次数最多的排在第一位，次数最少的排在最后一位，次数相同的排在同一位，然后以 1、2、3、4…N 表示，显然 2 就是一个顺序型德性计量的实例。

3. 数量型德性计量

行为的德性，不少可以直接表现为数值上的差异，例如迟到、旷工的次数，做好事的次数，民意测评的分数。描述这些行为的有关德性，就可以直接采用数学中的数字形式，表达所评判的结果。对应于这种数量型德性计量的数据，可以进行数学上的各种运算。这些数据可以分为离散数据与连续数据两种。前者的数值只能取间隔的整数值，不能带小数，例如违反纪律次数。后者的数值是连续变化的。例如员工工作的勤奋性程度的评判，若以 5 表示最好，而 1 表示最差，则工作勤奋性的评判值在这里就是连续的。从理论上来说，评判值可以准确到任意精度，但事实上连续数据也只能取到一定的精度，只能准确到小数点后若干位。如果让它们四舍五入，取到离它最近的整数，或者调整测评单位使其数值扩大 10 倍或 1 000 倍，也可变成整数，这样则变成离散数据了。

4. 群体诸德性的综合计量

以上所述的三种计量类型，主要是针对单个对象单一德性的测评计量而言的。若我们要求对某部门的员工（N 人）的 M 种德性进行测评计量，那么就必须采用数据矩阵了。

以上两个表所示，一般情况下，我们是以表格的形式来表示群体诸德性测评的结果。表上方从左到右列出员工序号 1、2…N，表的左方从上到下列出诸种被测评的德性序号 1、2…M。表体中的数据用 X_{ij} 表示，它的两个脚标，前者 i 表示德性号，只能取 1～M 中的某一个整数值，后者 j 表示员工代号，只能取 1～N 中的某个整数值。于是表 13—1 和表 13—2 可演变为表 13—3。

表 13—3

员工 / 德性	1	2	3	…	N
1	X_{11}	X_{12}	X_{13}	…	X_{1N}
2	X_{21}	X_{22}	X_{23}	…	X_{2N}
⋮	⋮	⋮	⋮	⋮	⋮
M	X_{M1}	X_{M2}	X_{M3}	…	X_{MN}

将表中的数据单独用大的括号括出来即得到群体诸德性测评的计量矩阵：

$$X=\begin{pmatrix} X_{11} & X_{12} & X_{13} & \cdots & X_{1N} \\ X_{21} & X_{22} & X_{23} & \cdots & X_{2N} \\ \vdots & \vdots & \vdots & \vdots & \vdots \\ X_{M1} & X_{M2} & X_{M3} & \cdots & X_{MN} \end{pmatrix}$$

前面所举的两个表用计量矩阵表示即为：

$$X=\begin{pmatrix} 1 & 1 & 1 & 1 \\ 1 & 0 & 0 & 0 \\ 0 & 1 & 0 & 1 \\ 1 & 1 & 1 & 1 \\ 0 & 0 & 0 & 1 \end{pmatrix}$$

$$X=\begin{pmatrix} 2 & 5 & 2 & 1 & 0 \\ 0 & 1 & 4 & 3 & 1 \\ 3 & 4 & 1 & 0 & 0 \end{pmatrix}$$

二、计量数据的类型转化

当我们比较与综合各项目标（德性）的测评值时，往往要求数据类型一致。因此如何转化各种不同类型的数据，就是我们量化中所面临的一个重要技术问题。

1. 二元定性数据的转化

二元定性数据只有 0 与 1 两个，当我们以 1 代替 0，2 代替 1 时，则二元定性数据就与多元定性数据标记统一，即二元定性数据转化为多元定性数据了。多个二元定性数据也可以组合成一个多元定性数据。例如纪律监察局所测评的全体领导干部的违纪行为有20多种不同类型的表现方式，每个领导干部某种违纪行为只能具有其中一种表现方式。将它们合并即得到具有20多种状态的多元定性数据。

当我们把二元定性数据0与1当做数值对待时，就可以直接与别的数量型计量数据同样参加运算，不必做什么转化工作了。如果允许将几种行为德性合并为较大的行为群的德性，则将原各种行为德性二元定性数据累加起来，所得到的新数据就接近于离散性的数量数据。例如某二元类别德性在三次行为中的计量数据，可能有（0，0，0）、（0，0，1）…（1，1，1）等8种可能情况，三次行为合并为一种新行为后，其计量数据可能为0、1、2、3四种情况，合并的数值就更接近于数量数据。当然，在实体合并时，其他数量属性的数值也必须做相应的累加。

2. 多元定性数据的转化

设有1、2、3…N共N个多元定性数据，其对应的类别特征分别为A_1、A_2、A_3…A_N。现将这N个数据分别按A_1与非A_1、A_2与非A_2、A_3与非A_3……A_N与非A_N等分类N次，则N个多元定性数据就转化为N个二元定性数据了。例如工作违纪行为测评若按不认真工作、贪污受贿、其他违纪行为三类评判，则这里所形成的三元性数据（1，2，3）可以转化为三个二元类别：不认真工作与认真工作，贪污受贿与非贪污受贿，其他违纪行为与非其他违纪行为。其数据见表13—4。

表13—4

二元类别组 \ 二元类别数据 \ 多元类别	不认真工作	贪污受贿	其他违纪行为
不认真工作与认真工作	1	0	0
贪污受贿与非贪污受贿	0	1	0
其他违纪行为与非其他违纪行为	0	0	1

显然，在这里原来的三种违纪行为转化为三个二元定性数据1（表示具有某种违纪行为）或0（表示没有某种违纪行为）。同时可以看出任意两种违纪行为间的差异都是三个数中两个不相同，恰好反映了它们之间差异

等同的性质。

当多元定性数据为有序时，则 N 个多元数据只需转化为 $N-1$ 个二元定性数据。例如，当我们对领导干部表现行为的测评分为严重违纪型、轻度违纪型、一般守纪型和严格守纪型四个类别时，则它们可以化为三个二元类别组：违纪型与非违纪型、严重违纪型与非严重违纪型、严格守纪型与非严格守纪型。它们对应的二元定性数组见表 13—5。

表 13—5

多元类别 / 二元数据 / 二元类别组	严重违纪型	轻度违纪型	一般守纪型	严格守纪型
违纪型与非违纪型	1	1	0	0
严重违纪型与非严重违纪型	1	0	0	0
严格守纪型与非严格守纪型	0	0	0	1

从以上三个二元定性数据可以看出，四种工作行为表现状态间的差异是三个数中一个不相同；中间隔开一个状态的两状态间的差异是三个数中两个不相同；而严重违纪型与严格守纪型两极状态的差异最大，是三个数都不相同。可见这种转化反映了多元有序定性评判的次序性质。

多元定性数据转化为定量数据是相当麻烦的。对于有序多元定性数据，可以酌情赋予适当的数值。例如将“无违纪行为”“有一般违纪行为”与“有严重违纪行为”三种状态赋值化为 0、5 和 10。迫不得已时，依次标记状态的序号 1、2、3…也可以勉强充做数值用，因为它到底表现了状态间的顺序关系。但对无序多元定性数据却不能这么处理。

当我们能够对多元类别之间的差异或相似性进行某种数值估计时，则以此为原始数据，可应用主坐标分析或位置向量排序的方法，求出各状态的数据，实现多元定性数据向定量数据的转化。

例如，我们根据长期的观察了解，在遵守领导干部纪律性方面，领导干部 A、B、C、D、E、F 等的行为特征，分别有把握评为 L、N、N、M、L 和 N 型。要求这一评定结果转化为定量性数据。与其他分数相综合。其中 L 为行为控制获得型，M 为行为模仿获得型，N 为规则理解获得型，它们之间无优劣之分。

主坐标分析（PAA）转化方法运用如下所示：

首先建立6位领导干部在遵守纪律行为特征上的相似结构。当领导干部j、k遵守纪律的行为特征同属一个类型，则令它们间的相似系数的$C_{jk}=1$；反之，若它们分属于不同类型，则令$C_{jk}=0$。由上述评定结果我们即可以得到6位领导干部间的相似矩阵（相对遵守纪律的行为特征）：

$$C=(C_{jk})=\begin{pmatrix} A & B & C & D & E & F \\ 1 & 0 & 0 & 0 & 1 & 0 \\ 0 & 1 & 1 & 0 & 0 & 1 \\ 0 & 1 & 1 & 0 & 0 & 1 \\ 0 & 0 & 0 & 1 & 0 & 0 \\ 1 & 0 & 0 & 0 & 1 & 0 \\ 0 & 1 & 1 & 0 & 0 & 1 \end{pmatrix}$$

再用公式

$d_{jk}^2=2\times(1-C_{ik})$（$j$、$k=1$、$2\cdots N$），将$C$中的相似系数$C_{jk}$转化为相异指标$d_{jk}^2$。例如：

$$d_{12}^2=2\times(1-C_{12})=2\times(1-0)=2$$

$$d_{15}^2=2\times(1-C_{15})=2\times(1-1)=0$$

于是就得到了对应的距离矩阵：

$$D=(d_{jk}^2)=\begin{pmatrix} 0 & 2 & 2 & 2 & 0 & 2 \\ 2 & 0 & 0 & 2 & 2 & 0 \\ 2 & 0 & 0 & 2 & 2 & 0 \\ 2 & 2 & 2 & 0 & 2 & 2 \\ 0 & 2 & 2 & 2 & 0 & 2 \\ 2 & 0 & 0 & 2 & 2 & 0 \end{pmatrix}$$

设$D_j=\sum_{k=1}^{N}d_{jk}^2$（$j=1$、$2\cdots N$），即为$D$矩阵各行之和。

$D._k\sum_{j=1}^{N}d_{jk}^2$（$k=1$、$2\cdots N$），即为$D$矩阵各列之和。

$D=\sum_{j=1}^{N}\sum_{k=1}^{N}d_{jk}^2$，即为$D$矩阵所有元素之和。

令$S_{jk}=-(1/2)d_{jk}^2+(1/2N)D_j+(1/2N)D._R-(1/2N^2)D.$（$j$、$k=$

1、2…N)

则由矩阵 D 即得到离差矩阵 $S=(S_{jk})$。

一般地，可以采用比上述公式更简化的公式：

$S_{jk}=-\frac{1}{2}d_{jk}^2$（$j$、$k=1$、$2\cdots N$）来求出离差矩阵 S。

因此即得：

$$S=(S_{jk})=\begin{bmatrix} 0 & -1 & -1 & -1 & 0 & -1 \\ -1 & 0 & 0 & -1 & -1 & 0 \\ -1 & 0 & 0 & -1 & -1 & 0 \\ -1 & -1 & -1 & 0 & -1 & -1 \\ 0 & -1 & -1 & -1 & 0 & -1 \\ -1 & 0 & 0 & -1 & -1 & 0 \end{bmatrix}$$

求出对称矩阵 S 的非负特征根及相应的特征向量，有 $\lambda_1=2.482$，$\lambda_2=1.284$，其余为 0 和负的特征根不予考虑。

λ_1、λ_2 的相应特征向量为行，略去不考虑的零向量和对应于负根的向量，可排成如下矩阵：

$$U=\begin{pmatrix} -0.4595 & 0.4303 & 0.4303 & -0.1498 & -0.1498 & 0.4303 \\ -0.3345 & -0.1394 & -0.1394 & 0.8472 & -0.3345 & -0.1394 \end{pmatrix}$$

于是，6 位领导干部在排序轴 Y_1、Y_2 上的坐标矩阵为：

$$Y=(USU^T)^{\frac{1}{2}}U=\begin{bmatrix} \sqrt{2.483} & 0 \\ 0 & \sqrt{1.284} \end{bmatrix}U((\lambda_i)=USU^T)$$

$$=\begin{bmatrix} -0.724 & 0.678 & 0.678 & -0.236 & -0.724 & 0.678 \\ -0.379 & -0.158 & -0.158 & 0.960 & -0.379 & -0.158 \end{bmatrix}$$

此时，我们既可以用每位领导干部在 Y_1、Y_2 上的两个坐标值，去代替原来的遵守纪律行为的特征类型，也可以简单地用第一轴 Y_1 上的数值去代替原守纪行为的特征类型。如果用两个数则反映了守纪行为特征类型间差异的全部信息，如仅用 Y_1 上的坐标值，则反映了原信息的

$$\lambda_1/(\lambda_1+\lambda_2)=2.482/(2.482+1.284)=65.91\%$$

类似地还可以采用位置向量排序（PVO）方法，转化多元定性数据为定量数据。

这两种转化方法的优点是在转化的结果中既完成了转化的任务，又对原测评对象做出了顺序评判，一举两得。缺点是计算复杂，除非借助于计算机帮助。

3. 定量数据的转化

定量数据转化为二元定性数据的方法很简单，只要从数据的取值范围中选出一个适当的分界线，线以下的数全记为 0，线以上的数全记为 1，并使两种取值的个数相差不多就行了。但是这种“一刀切”的转化，往往是模糊了原定量数据间的差异。特别是当德性相对各个体行为的诸数据大多数集中于平均值、中位数或众数附近，而远离平均值的数据越来越少时，往往应以平均值、中位数或众数为分界线，这样会使相当多接近于分界线并成对称本来相差很小的测评对象，一下隶属于截然不同的两个类别。

当我们在定量数据的数值分布范围内适当划分出若干区段或等级，则就可把定量数据转化为多元定性（有序或无序）的数据。转化后类别的数目及分界线的确定是人为的。有人建议分级数目在 10～20 之间，级距在标准误差的 1/3～1/2 之间。分级太少，损失信息太多，分级太多则计算烦冗。

第三节　测评数据的简缩、转换及标准化

品德测评过程中，通过计量所得到的原始数据，可能由于数据太多而需要将测评意义不大的某些数据去掉，也可能由于数据的性质不宜某些方法处理而需要转换，还可能由于各目标的数据量纲不同，大小悬殊，影响测评结果而需要标准化。

数据转换只涉及被变数据本身，其变化规则与原始数据无关，而标准化的变化规则要依赖于整个原始数据集合中别的数据值。

一、数据简缩

数据的简缩应首先考虑测评指标值种类上的缩减。在我们设定测评指标（德性）时，可能从某方面要求出发制定一些十分简化的指标体系，但测评实践结果表明，某些指标全体被测评者几乎都是满分值或零分值，个别例外，则可将这种“孤单”数据或“均衡”数据去掉。其次对那些数据

不准确、缺乏代表意义的，或缺乏较多的数据群（例如某人只对头几项测评，后面大部分项目未测评）也应考虑去掉。

数据简缩主要依据测评的目的与要求而定，以解决问题为准，同时考虑调查和计算两方面的条件与需要。

二、数据转换

所谓数据转换，是将原始的每个数值按某种特定的运算，把它们变成一个新值，而且数值变化不依赖于原始数据集合中其他元素值。它与数据转化是不同的，前者变化的对象一般是所有的测评数据统一性变换，而后者往往是测评数据中某一部分的局部性变换。

数据转换的形式常见的有，平方根转换即以$\sqrt{x}$代替X；对数转换，以$\log X$或$\ln X$代替X；立方根转换，以$X^{\frac{1}{3}}$或$(X+C)^{\frac{1}{3}}$代替X；倒数转换，以$1/X$或$1/(X+C)$代替X；概率转换，以P代替X（查相关数学表）；角度转换，以反正弦$\arcsin x$代替X；正态转换，以Z代替X（查相关数学表）。

显然以上大部分是将数值由大变小，当想由小变大时，则应反过来用。

当应用数理统计公式综合测评结果时，因为各种统计方法要求原始数据具有一定的分布形式（如正态分布），或者有一定的数据结构（如线性结构），当原始数据不符合这些要求时就要考虑用数据转换去解决。

在综合评判中，有的方法要求原始数据有一定的数据结构，例如主分量分析方法只适用于线性结构。如果数据结构是非线性的，比如二次的，就可考虑用平方根转换为线性结构。另外，相对不同目标的数据相差悬殊，必然影响测评综合见表 13—6。

表 13—6

指标＼被测评者	1	2	3	4
1	100	93	250	78
2	6	9	14	2
3	25	10	35	17

采取平方根转换即得：

$$X=\begin{bmatrix} 10 & 9.644 & 15.810 & 8.832 \\ 2.449 & 3 & 3.742 & 1.414 \\ 5 & 3.162 & 5.916 & 4.123 \end{bmatrix}$$

这样相对目标 1 与目标 2 的数据的悬殊影响就得到了有效控制。

三、数据的标准化

由于不同德性或指标的量纲不同，可能有的德性或指标测评数据值很大，有的又很小。这样在评判计算时，往往突出了大数值行为德行或指标的作用而压低了小数值行为德性或指标的作用。数据的标准化则有助于解决这一问题。

数据的标准化，包括中心化与正规化，原则上也是一种转换。但是这种变换依赖于原始数据的整体综合值，随着对原始数据整体综合方式的不同而有各种不同的标准化。常见的有总和标准化、最大值标准化、极差标准化、模长标准化、数据中心化、离差标准化和标准差的标准化七种。

所谓总和标准化，就是以每列原始数据的总和去除该列各数据，即得到标准化后的数据，其值均小于 1。

所谓最大值标准化，就是先找出各列的最大值，然后将每列的各个数据除以本列的最大值，即得标准化后的数据。这种标准化后的数据特点是，使每列最大数据变成 1，其余均小于 1。

所谓极差标准化，是先从每列数据中找出最大值与最小值，两者之差称为该列数据的极差；然后将每列数据减去该列最小值，再除以该列的极差就得到标准化后的数据，最大数据是 1，最小数据为 0。

所谓模长标准化，就是先对每列数据求出其各数据的平方和的平方根，然后用它去除该列中的每个数据，即得到标准化数据。其特点是各列数据平方和为 1。

所谓数据中心化，是先求出每列数据的平均值，然后每列的各数据分别减去该列的平均值即得中心化后的数据。其特点是使每列数据之和均为 0，每列数据的平方和

$$\sum_{i=1}^{m}(X_{ij}-\overline{X}_j)^2$$

是该列数据方差的 $m-1$ 倍。任何不同两列数据之交叉积

$$\sum_{i=1}^{m}(X_{ij}-\overline{X}_{j})(X_{jk}-\overline{X}_{k})$$

是这两列的协方差之 $m-1$ 倍。这是一个很便于计算列间方差—协方差的方法。实际上更常用的是对行（指标）进行中心化。

所谓离差标准化，又称正规化。就是先求每行数据的平均值，再求各行数据与其对应行平均值离差的平方和，离差平方和的平方根即为离差。最后将每行中的数据减去该行的平均数除以该行的离差即得到离差标准化后的数据。实际上述步骤归为两步：先将每行数据中心化，然后再进行模长标准化。转换后的数据特点是，每行各数据之和为 0；每行各数据平方和为 1；任意两行数据的叉积，是相应两测评目标内容的相关系数。

所谓标准差的标准化，是首先对每行数据进行中心化，然后用该行数据的标准差代替离差去标准化。因为第 i 行数据的离差是 SSi，其标准差为 $SSi/\sqrt{N-1}$。故正规化的结果是离差标准化结果的 $\sqrt{N-1}$ 倍。转换后数据的特点是，每行数据的平均值为 0，方差为 1。故当某组数据均值为 0，方差为 1 时，即可以称之为正规化的数据。

第四节　定性与定量数据相混时的综合技术

安得森（1971 年）提出了一种直接综合定性与定量数据的方法。这里要求定量数据在 0～1 之间。如果本来是大于 1 的数据可以先标准化为小于 1 的数据。① 例如，我们用 6 个品德测评指标测评了 3 个人，数据资料（数据已经标准化处理）见表 13—7。

定义学生 i 与 k 之间的相似系数 C_{jk} 是两位被测评者在每种德性（指标）上相似之平均

$$C_{jk}=\frac{1}{m}\sum_{i=1}^{n}C_{ijk}(j、k=1、2\cdots N)$$

其中 C_{ijk} 表示被测评者 j 与 k 的第 i 种德性（指标）上相似系数。如果

---

① 参见阳含熙等著《植物生态学的数量分类方法》，科学出版社 1983 年出版。

表 13—7

指标 \ 被测评者	甲	乙	丙
1	0.5	0.2	0.2
2	0.1	0.4	0.6
3	0.05	0.1	0.1
4	优	良	良
5	A	B	B
6	有	无	有

德性（指标）i 是定量评判的，则规定 $C_{ijk}=X_{ij}\cdot X_{ik}$，其中 X_{ij} 与 X_{ik} 分别是被测评者 j 与 k 在德性（指标）i 上的得分值，其值在 0～1 之间。如果德性（指标）的评判是定性的，则规定：

$$C_{ijk}=\begin{cases}0\text{（被测评者 } i \text{ 与 } k \text{ 相对指标 } i \text{ 的测评结果不同）}\\0.5\text{（被测评者 } j \text{ 与 } k \text{ 相对指标 } i \text{ 的测评结果相同）}\end{cases}$$

这里 0.5 是人为规定的。也可以规定为小于 1 或等于 1 的其他值，甚至对不同德性（指标），可依其重要性的差别而给出不同的值。对于上面的例子有：

$$C_{11}=\frac{1}{6}\times(0.5^2+0.1^2+0.05^2+0.5+0.5+0.5)$$

$$=\frac{1}{6}\times1.762\,5=0.293\,8$$

$$C_{23}=\frac{1}{6}\times(0.2\times0.2+0.4\times0.6+0.1\times0.1+0.5+0.5+0)$$

$$=\frac{1}{6}\times1.29=0.215\,0$$

最后得到相似矩阵：

$$C=\begin{bmatrix}0.293\,8 & 0.024\,2 & 0.110\,8\\0.024\,2 & 0.285\,0 & 0.215\,0\\0.110\,8 & 0.215\,0 & 0.318\,3\end{bmatrix}$$

为了保证构成被测评者间差异指标（d_{jk}^2）的矩阵 D 中的数据，能够说明每个被测评者与其自身的距离 $d_{ii}=0$，我们用如下公式从 C 中元素来计算 d_{jk}^1：

$$d_{jk}^2 = C_{jj} + C_{kk} - 2C_{jk}.(j、k = 1、2\cdots N)$$

本例中有：

$$d_{11}^2 = C_{11} + C_{11} - 2C_{11} = 0$$

$$\begin{aligned} d_{12}^2 &= C_{11} + C_{12} - 2C_{12} \\ &= 0.293\,8 + 0.285\,0 - 2 \times 0.024\,2 \\ &= 0.530\,4 \end{aligned}$$

$$D = \begin{pmatrix} 0 & 0.530\,4 & 0.390\,5 \\ 0.530\,4 & 0 & 0.173\,3 \\ 0.390\,5 & 0.173\,3 & 0 \end{pmatrix}$$

然后再对 D 进行 PAA 或 PVO 的分析评判，即可得到最后测评结果。

值得注意的是，在进行 PAA 分析评判时，用

$$S_{ik} = -\frac{1}{2} d_{jk}^2 (j、k = 1、2\cdots N)$$

去构成离差矩阵得：

$$S = \begin{pmatrix} 0 & -0.265\,2 & -0.195\,2 \\ -0.265\,2 & 0 & -0.086\,7 \\ -0.195\,3 & -0.086\,7 & 0 \end{pmatrix}$$

第五节　AHP 技术改进与 DEA 方法的引用

一、AHP 技术改进及其引用

AHP 层次分析技术，它是美国学者萨蒂（T. L. Saaty）首先应用于教育评价领域、以解决测评指标权系数的确定问题。它实质上是一种多目标、多标准的决策方法。萨蒂规定：①当测评指标 I 与 J 相比较一样重要时，以数学式 1∶1 标记；②当测评指标 I 与 J 相比较，I 略微重要时，以数学式 3∶1 标记；③当测评指标 I 与 J 相比较，I 肯定重要时，以数学式 5∶1 标记；④当测评指标 I 与 J 相比较，I 明显重要时，以数学式 7∶1 标记；⑤当测评指标 I 与 J 相比较，I 十分重要时，以数学式 9∶1 标记；⑥当测评指标 I 与 J 相比较，I 的重要性介于①与②之间时，则以 2∶1 标

记；⑦当测评指标 I 与 J 相比较，I 的重要性介于②与③之间时，则以 4∶1 标记；⑧当测评指标 I 与 J 相比较，I 的重要性介于③与⑤之间时，则以 6∶1 标记；⑨当测评指标 I 与 J 相比较，I 的重要性介于④与⑤之间时，则以数学式 8∶1 标记。

例如，已知有 A、B、C、D、E 五个测评指标，现要确定它们的权重。根据 Saaty 相对重要性规定，即得表 13—8。

表 13—8

	A	B	C	D	E	W_i
A	1	1/2	1/3	1/3	1/2	0.08
B	2	1	1/4	1/4	2	0.12
C	3	4	1	1	7	0.36
D	3	4	1	1	7	0.36
E	2	1/2	1/7	1/7	1	0.08
$\sum_{i=1}^{n} a_{ij}$	11	10	2.7	2.7	17.5	—

上面表体内的数值，其度量的具体方法是，若认为测评指标 A 与 B 相比较时，B 的重要性介于同等重要与略微重要之间，则在 B 行 A 列交叉处给 B 记 2，而在 A 行 B 列交叉处给 A 记 1/2；若 A 与 C 相比较时，认为 C 比 A 略微重要，则在 C 行 A 列交叉处给 C 记 3，在 A 行 C 列交叉处给 A 记 1/3……按此进行，直到比较完所有的指标为止，即得到上表内的全部数值。

然后，A、B、C、D、E 的权重系数按如下公式进行计算：

$$W_i = \frac{1}{N}\sum_{j-1}^{n}\left(a_{ij} / \sum_{i=1}^{N} a_{ij}\right)$$

式中 W_i 为第 i 项测评指标的权重系数。N 为测评指标项目数，i 为行号码，j 为列号码，a_{ij} 为 i 行 j 列交叉处的度量值。

因此权重系数计算的步骤是，首先，逐列求和：

$$\sum_{i=1}^{N} a_{ij}$$

其次，每列内各数值均除以该列的列和：

$$\sum_{i=1}^{N} a_{ij}$$

最后，逐行求出算术平均数，即为对应指标的权重系数。

例如，上面表格逐列求和即得 11、10、2、7、2.7 和 17.5，然后进行总和标准化，并逐行求算术平均数，第一行即有：

$$W_1=\frac{1}{5}\left(\frac{1}{11}+\frac{0.5}{10}+\frac{0.33}{2.7}+\frac{0.33}{2.7}+\frac{0.5}{17.5}\right)=0.08$$

第二行即有：

$$W_2=\frac{1}{5}\left(\frac{2}{11}+\frac{1}{10}+\frac{0.25}{2.7}+\frac{0.25}{2.7}+\frac{2}{17.5}\right)=0.12$$

同样可得到 $W_3=0.36$，$W_4=0.36$，$W_5=0.08$，而且

$$\sum_{i=1}^{N} W_i=1$$

则 W_1、W_2、W_3、W_4 和 W_5 就分别是指标 A、B、C、D、E 的权重系数。

如果 A、B、C、D、E 是一级指标，相对每个一级指标又有二级指标或三级指标，那么，相对每个一级指标的二级指标，可以应用上述步骤求出每个二级指标的权重系数。

上述权重系数计算方法是一种简化方法。严格地说，相应于上面表体内矩阵的最大特征根的特征向量，才能给出诸指标的相对优先顺序，即权重系数。

下面想对上述 AHP 技术做些改进并应用其直接测评人才品德。其步骤如下：

(1) 确定 5～10 个品德测评目标后，采用层次分析技术确定各测评目标的权重系数。

(2) 相对每个品德测评目标分组（10 人左右）测评，确定团体常模。测评具体程序如下：

1）组内被测评者相对同一品德测评目标两两比较，按以下原则度量其比较关系：当被测评者 I 与 J 相比较，认为两人表现差不多，则以 1∶1 标记；当被测评者 I 与 J 相比较，认为被测评者 I 的表现略好于 J 时，则以 3∶1 标记；当被测评者 I 与 J 相比较，认为被测评者 I 的表现较好于 J 时，则以 5∶1 标记；当被测评者 I 与 J 相比较，认为被测评者 I 的表现明显好

于J时，则以7∶1标记；当被测评者I与J相比较，认为被测评者I非常好于J时，则以9∶1标记；当被测评者I与J相比较，（或比较评判后觉得需要折中调整）I的表现好于J的程度介于上述五种情况之间，则可以酌情地以2∶1，4∶1，6∶1和8∶1予以标记或做平衡调整。具体标记方法和计算方法与前面相同。但最后计算所得的 W_i 则不再是权重系数，应该理解为组内被测评者I相对所测评目标（德性）的分数了。

2）从每个被测评者组内抽出好、中、差三个代表（例最高分与最低分为好与差的代表），在全体被测评者范围内组成好、中、差三个新等级组，分别对这三个被测评者组进行层次分析评判。显然，从这三个组中又分别可以得到好、中、差三个代表。

3）三个组中好、中、差的代表共9人。针对每个品德测评目标，再应用层次分析技术评判9人代表组。这9个人所得分值即为被测评者团体的常模。

（3）以所建立的常模品德指标测评值为依据，参考前述各次测评值，对其他被测评者的测评值进行综合调整。一般以算术平均数为法则。

当常模代表相对各被测评者组不均衡时，也可以采取顺序方法，即上面第（2）步中的3）改为依据层次分析技术对三个代表组测评的结果，给所有的代表排序。“好”代表组的人依其测评分值顺次排在前段，而“中”代表组的人依其测评分值顺次排在中段，“差”代表组的人依其测评分值顺次排在后段。这样前段、中段与后段总合一起即建构了团体的顺序常模，然后以此为依据，参考前面第（2）步1）中测评的分值，确定其他被测评者在团体中的次序。补充到相应的位置上去。并以集团序号作为测评分值。

（4）依据（1）的分析结果，对每个被测评者各品德测评指标上的分值进行加权综合即得到最后品德测评分数。

以上品德测评方法，笔者把它取名为层次分析常模参照测评法。层次分析常模参照品德测评法的特点是，既吸取了层次分析技术的优点又克服了它的缺点。也就是说，它在方法上并不等同于一般的层次分析技术，而是有自己的独特之处。

层次分析技术的优点是，把专家的经验认识和理性分析结合起来了，采用两两对比分析的直接比较法，不但适合于品德测评的模糊性、直观性与整体性特点，而且使比较判断过程中的不确定因素，在很大程度上得到了有效控制。此外，笔者发现，这种方法既基于专家的定性评判但又依靠于数学的定量综合评判，使定性定量在这里得到了真正有机的统一，它采用数学比例形式迅速地标记比较评判的结果，描述两个测评对象的关系，然后采取矩阵代数运算形式，综合有关的测评结果，这就把一般定性综合评判过程中，依据于个体经验、易受各种主观因素影响的缺点克服了，同时它也把层次分析技术样本过小的缺点克服了。一般来说，应用层次分析技术，每次测评的对象不超过 10 个，目前最多也只能见到 15 个的情况。实践经验表明，比较的对象一旦超过 9 个以上，评判的效果就难以保证了。

问题在于有些组织目前每个部门的被测评者远远不止 9 个。因此许多人对层次分析技术的引用只能望而却步。笔者认为采取上述的方法，通过团体常模的建立，则原层次分析技术的应用问题就可以得到解决。

如果在测评主体上我们再采取分层组合的策略，那么这种方法不但可以应用到任何大规模的团体之中去，而且还能够使各测评主体的“多位性”真正地一体化。

例如，由小组长应用层次分析技术测评每个组员，由部门负责人或测评小组引用层次分析技术测评“好”“中”“差”三个代表组，由部门负责人建构常模并平衡确定其他被测评者的测评结果。在这里，小组测评，部门测评与部门负责人测评三位一体实现了有机结合。

当我们借助计算机技术在部门团体中，依据测评值选择了好、中、差三个代表组成公司组，在每个公司组中又选择好、中、差三个代表组成集团组，在每个集团组中再选择好、中、差三个代表组成行业性小组，类此地可以无限制进行扩展、建立任何一级的品德测评常模。

值得指出的是，这种层次分析常模参照品德测评法，还可以应用到人才测评的其他领域中，它具有通用性。例如可用于测评工作能力、身体素质等。

二、DEA 方法及其引用

DEA 方法是 1978 年著名运筹学家查恩斯·库伯以及罗兹首先提出的，被称为包络分析（Data Envelopment Analysis）的方法，这种方法通常被用来评价具有多个输入（输入越小越好）和多个输出（输出越大越好）部门生产的有效性。它是运筹学最近研究与应用的一个新领域。

假设有 N 个部门或单位，每个部门都有 M 种类型的“输入”（表示该部门对“资源”的耗费）以及 S 种类型的“输出”（表示该部门消耗了“资源”之后的“成效”信息量），表示如下：

$$
\begin{array}{ccc|cccccc|ccc}
 & & & 1 & 2 & \cdots & j & \cdots & N\text{（部门也称为决策单元）} & & & \\
\hline
U_1 & 1 & \rightarrow & X_{11} & X_{12} & \cdots & X_{1j} & \cdots & X_{1N} & & & \\
U_2 & 2 & \rightarrow & X_{21} & X_{22} & \cdots & X_{2j} & \cdots & X_{2N} & & & \\
\vdots & \vdots & \vdots & \vdots & \vdots & \vdots & \vdots & \vdots & \vdots & & & \\
U_M & M & \rightarrow & X_{M1} & X_{M2} & \cdots & X_{Mj} & \cdots & X_{MN} & & & \\
\hline
 & & & Y_{11} & Y_{12} & \cdots & Y_{1j} & \cdots & Y_{1N} & \rightarrow & 1 & U_1 \\
 & & & Y_{21} & Y_{22} & \cdots & Y_{2j} & \cdots & Y_{2N} & \rightarrow & 2 & U_2 \\
 & & & \vdots & \vdots & \vdots & \vdots & \vdots & \vdots & & \vdots & \vdots \\
 & & & Y_{S1} & Y_{S2} & \cdots & Y_{Sj} & \cdots & Y_{SN} & \rightarrow & S & U_S \\
\hline
\end{array}
$$

其中 X_{ij} 为第 J 个决策单元（部门）对第 I 种类型输入的投入总量，$X_{ij}>0$；Y_{rj} 为第 J 个决策单元，对第 R 种类型输出的产出总量，$Y_{rj}>0$；U_i 为对第 I 种类型输入的一种度量（或称权）；U_r 为对第 R 种类型输出的一种度量（或称权）；$I=1、2\cdots M$；$R=1、2\cdots S$；$J=1、2\cdots N$（X_{ij} 及 Y_{rj} 为已知数据，它可以根据历史资料或预测的数据得到；U_i 及 U_r 为变量）。对应于权系数：

$$U=(U_1、U_2\cdots U_M)^T,\ U=(U_1、U_2\cdots U_S)^T$$

每个决策单元都有相应的效率评价指数：

$$H_j=\sum_{r=1}^{S}U_rY_r/\sum_{i=1}^{M}V_iX_i,\ j=1、2\cdots N$$

我们总可以适当地选取权系数 V 与 U，使其满足 $H_i\leqslant 1$，$J=1、2\cdots N$。

现对第 J_0 个决策单元进行效率评价（$1\leqslant J_0\leqslant N$），以权系数 U 与 V 为变量，以第 J_0 个决策单元和效率指数为目标，以所有权决策单元（也包括第 J_0 个决策单元）的效率指数 $H_j\leqslant 1$，$J=1$、$2\cdots N$ 为约束，构成以下的最优化模型：

$$(C^2R)\begin{cases}\max\left(\sum_{r=1}^{S}U_rY_r\cdot/\sum_{i=1}^{M}V_iX_{io}\right)\\ \text{S. t.}\left(\sum_{r=1}^{S}U_rY_{rj}/\sum_{i=1}^{S}V_iX_{ij}j=1、2\cdots M\right.\\ V=(V_1、V_2\cdots V_m)^T\geqslant 0,\ U=(U_1、U_2\cdots U_S)^T\geqslant 0\end{cases}$$

不难看出，利用上述模型来评价决策单元 J_0（部门）是否有效，是相对于其他所有决策单元（部门）而言的。我们可以借用它进行人才品德测评。

令 $t=\frac{1}{V^Tx_0}$，$w=t_V$，$\mu=tu$

则 C^2R 可以变为等价的分式规则：

$$(P)\begin{cases}\max\mu^Ty_0=V_P\\ \text{S. t. }w^tX_j-\mu^Ty_i\geqslant 0,\ j=1、2\cdots N,\ w^Tx_0=1\\ w\geqslant 0,\ \mu\geqslant 0\end{cases}$$

（P）又可以变成等价的对偶规则：

			1	2	…	j	…	N（被测评者个体）			
V_1	1	→	X_{11}	X_{12}	…	X_{1j}	…	X_{1N}			
V_2	2	→	X_{21}	X_{22}	…	X_{2j}	…	X_{2N}			
⋮	⋮	⋮	⋮	⋮	⋮	⋮	⋮	⋮			
V_M	M	→	X_{M1}	X_{M2}	…	X_{Mj}	…	X_{MN}			
			Y_{11}	Y_{12}	…	Y_{1j}	…	Y_{1N}	→	1	U_1
			Y_{21}	Y_{22}	…	Y_{2j}	…	Y_{2N}	→	2	U_2
			⋮	⋮	⋮	⋮	⋮	⋮		⋮	⋮
			Y_{S1}	Y_{S2}	…	Y_{Sj}	…	Y_{SN}	→	S	U_S

其中，X_{ij} 为第 J 个被测评者在第 I 前期品德行为表现指标上的统计或表现值（投入总量），$X_{ij}>0$；Y_{rj} 为第 J 个被测评者在第 R 个品德测评指

标上的测评值（输出总量），$Y_{rj}>0$；U_i 为对第 I 品德行为指标的一种度量（权重），U_r 为对第 R 后期品德行为表现指标的一种度量（权重），实际上 DEA 的实际测评过程并不需要具体的 U_i 与 U_r，真正需要的是 X_{ij} 与 Y_{rj}，但它们可以通过历史资料或从各种指标测评的数据中得到。由此可见，采取 DEA 方法测评人才品德发展的有效性是可行的。这种有效性是相对所有被测评的人才群体来说的。

例如，现在我们已知四个纪律性较差的员工，上半年迟到与旷工的次数，以及下半年被主管点名表扬的次数见表 13—9。

表 13—9

员工 / 目标	1	2	3	4
迟到	1	3	3	4
旷工	3	1	3	2
受表扬	1	1	2	1

测评的任务是要以此确定这四位员工中，哪几个人的纪律性改进相对有效，而哪几个人的纪律性改进相对无效。

具体测评程序如下：

选择“迟到”与“旷工”为前期品德行为表现测评指标，而选择“受表扬”为后期的品德行为表现测评指标，则有：$X_{11}=1$，$X_{12}=3$，$X_{13}=3$，$X_{14}=4$，$X_{21}=3$，$X_{22}=1$，$X_{23}=3$，$X_{24}=2$，$Y_{11}=1$，$Y_{12}=1$，$Y_{13}=2$，$Y_{14}=1$。

采用具有非阿基米得无穷小的 C^2R 模型①，对于员工 1 则有：

$$
\begin{cases}
\min[\theta-\varepsilon(S_1^-+S_2^-+S_1^+)] \\
\text{S. t.}\ \lambda_1+3\lambda_2+3\lambda_3+4\lambda_4+S_1^-=\theta \\
3\lambda_1+\lambda_2+3\lambda_3+2\lambda_4+S_2^-=3\theta \\
\lambda_1+\lambda_2+2\lambda_3+\lambda_4-S_1^+=1 \\
\lambda_1\geqslant 0,\ \lambda_2\geqslant 0,\ \lambda_3\geqslant 0,\ \lambda_4\geqslant 0 \\
S_1^-\geqslant 0,\ S_2^-\geqslant 0,\ S_1^+\geqslant 0
\end{cases}
$$

① 参见魏权龄《评价相对有效性的 DEA 方法》，中国人民大学出版社 1988 年出版。

利用单纯形方法求解，得到最优解为：

$$\lambda^0 = (1, 0, 0, 0)^T, S_1^{0-} = S_{h2} = S_1^{0+} = 0, \theta^0 = 1$$

因此，员工 1 为 DEA 有效。类似地，可知员工 2 与员工 3 都为 DEA 有效。对于员工 4 则有：

$$\begin{cases} \min[\theta - \varepsilon(S_1^- + S_2^- + S_1^+)] \\ \text{S. t.} \lambda_1 + 3\lambda_2 + 3\lambda_3 + 4\lambda_4 + S_1^- = 4\theta \\ 3\lambda_1 + \lambda_2 + 3\lambda_3 + 2\lambda_4 + S_2^- = 2\theta \\ \lambda_1 + \lambda_2 + 2\lambda_3 + \lambda_4 - S_1^+ = 1 \\ \lambda_1 \geqslant 0, \lambda_2 \geqslant 0, \lambda_3 \geqslant 0, \lambda_4 \geqslant 0 \\ S_1^- \geqslant 0, S_2^- \geqslant 0, S_1^+ \geqslant 0 \end{cases}$$

利用单纯形方法求解，得到最优解为：

$$\lambda^0 = \left(10, \frac{3}{5}, \frac{1}{5}, 0\right)^T, S_1^{0-} = S_2^{0-} = S_1^{0+} = 0, \theta^0 = \frac{3}{5}$$

因 $\theta^0 = \frac{3}{5} < 1$，故员工 4 不为弱 DEA 有效，当然也不为 DEA 有效。

综合上述分析可知，员工 1、2 和 3 三个人的纪律性，经过半年的改进显示出有效性，而员工 4 则无明显效果与效率。

实验探索篇

第十四章　品德测评指标库的建构与应用

前面几章总结分析了古今中外品德测评的思想方法与存在的问题，并在思考对策篇中针对有关问题的解决提出了一些对策，这些对策大部分未经实践检验，换句话说，主要是理论上的一些思考。从这一章开始，将比较具体地介绍我们对人才品德测评问题的实验探索。探索的内容主要在于品德测评指标的设计与测评方法的研究方面。

由于我们实验研究力量与经费条件所限，我们所选择的实验研究都是在中小学中进行的。实验的测评的对象虽然都是青少年，与成人有一定的差距，但是所得出的思想方法、指标规律与现象对于成人品德测评指标与方法的研究具有同等的参考价值。这就好像许多的白鼠与动物实验得出的结论同样适用于人类的道理。青少年与动物相比，毕竟与成人更接近与更相同。

品德测评指标体系的建构，是我们整个实验研究的重点之一，也是后面 OSL 品德测评方法与 FRC 品德测评方法实验研究的基础。因此，有着十分重要的意义。

第一节　测评指标体系研究的现状与建库设想

品德测评指标体系的建构，在整个品德测评方法的研究中，是一个关键而重要的问题。它既是品德测评活动的依据与标准，又对人才管理及人才的发展有影响。它不但是保证品德测评效度的决定因素，而且也是提高品德测评信度的关键因素。因此，在这一节中我们将系统地回顾一下我国品德测评指标体系研制的历史，并且针对当前品德测评指标研究中存在的问题提出一些解决的设想。

一、研究的历史与现状

古代中国品德测评（大多是个人或社会随意性测评，并非严格意义上的正规测评）所依据的指标，基本都是抽象的素质性测评指标，例如孔子所提出的：仁、智、信、忠、恕、孝、悌、慈、逊、谨、慎、庄、重、笃、厚、敬、义、清、简、谅、达、廉、果、威、厉、质、直、约、耻、刚、毅、木、纳、正、愿、宏、泰、温、良、恭、俭、让，以及公、宽、慰、敏、惠等，实际一直成为我国几千年来封建社会衡量个人品德的指标体系。其特点是所揭示的品德总体特点鲜明、数量少、简洁，但比较抽象，可操作性差。这些品德测评指标基本上都是从社会需要与统治阶级的需要出发提出或概括的，因而也是社会价值性指标。正因为其社会价值非常突出，故也一直为历代统治者与社会所提倡并沿用下来。

然而，在现代品德测评改革实践中，人们所普遍赞赏的却是行为性目标。20 世纪 30 年代，美国学者泰勒提出以教育目标为中心的课程评价模式。用具体的行为表现来界定教育目标，并把这种称之为“行为目标”的东西既作为教育过程的目标，又作为成绩测评的目标。这种做法使这些行为性测评目标既规定了教与学的活动，又规定了测评结果的内容。同时还决定了测评就是确认教学活动实际偏离目标的程度。从而通过信息反馈，促进教学活动能够尽可能地逼近教育目标。泰勒的这一指标设计思想被他学生布卢姆所发展。他把教育目标根据学生接受程度与学习结果，分为由低级到高级几个不同的层次。每个层次上的教育目标最后都用行为化的语言来定义，便于观察与测评。这种做法解决了教育界长期以来教育目标与测评指标“两张皮”的分离状态，使概念含糊、抽象笼统的教育目标变成了具体、准确与可测评的指标。

泰勒与布卢姆的测评指标思想，20 世纪 80 年代介绍到我国之后，立即引起了教育界的广泛注意，教育研究工作者纷纷效仿，把它应用到教育测评的各个领域。从此，我国品德测评指标的研制也就朝着行为化的方向发展。

例如上海市政教处所制定的中学生测评标准，是依据中共中央 14 号文件，国家教委颁发的《中学德育大纲》《中学生日常行为规范》和市委、市政府关于加强和改进中小学德育工作的意见等文件精神，以提高中学生的政治、思想、道德和心理素质为德育工作的根本任务和总体目标要求；然后进行具体分解，形成定性定量、多层次、斜坡度结构的完整的考核标准体系，不遗漏反映思想品德各个方面的任何一个重要指标。但整个目标体系要少而精，每项目标要内涵明确，词意清晰，描述具体并具有针对性……我们将思想品德考核的重点放在学生的行为表现上。[①]

全国其他地方品德测评指标体系的建构都是泰勒目标分解行为化的方法。这种由德育目标分解而形成的行为性目标的优点是，较之素质性测评指标更为具体、可测与客观。如果说素质性测评指标的操作特点是"理解分析—行为观察—抽象评判"，那么行为性测评指标的操作特点就在于"具体观察—分项量化—客观综合"，具有明显的量化和行为控制作用。

二、存在的问题

不难发现，这种由目标分解而形成的行为化品德测评指标体系，虽然较为具体，可操作性强，但也存在一些问题。

1. 品德测评目标体系庞大，层次条目划分过细过多

人们通常把品德看做由一系列要素构成，要素表现为不同的行为特征，不同的行为特征又表现为多种的具体行为，由此层层分离。有的人把管理目标、《守则》与《规范》中的品德要求作为品德测评指标，测评指标分解为测评要素，每个测评要素分解出子要素，每个子要素还再分解出1～5个具体的等级标准。由此层层分解。如果开头以15项测评指标计算，每项测评指标分解成3个子要素，则就共有45个要素，每个要素再分解成3个子要素或行为特征，则就会有135个子要素，每个子要素再规定出3个等级标准，则一共有405项测评细目或标志。若最后每个子要素不划分等级标准，则也有135个测评目标。显然，每个人都要用这135个指标去测评一遍是相当费事的。

2. 指标琐碎，缺乏内在的有机联系

把抽象的品德测评指标层次化、具体化，尽可能以可观察的行为界定

① 参见《上海教育》（中学版）1990年第9期"上海市中学生思想品德考核标准"。

是必要的。但是层层分解或分离，最后操作的行为测评指标往往成了零碎的行为。系统科学告诉我们，整体是由部分组成的，但整体并不等于各部分的简单相加，而是各部分的有机集合体。不能只顾分解，不考虑行为间的整合与联系，否则所测评的就是零碎的行为而不是品德了。

3. 面面俱到，包罗万象

目前为了保证品德测评的全面性，大多数品德测评指标往往是面面俱到，不遗漏能够反映品德特征的任何一个重要指标。显然这样做有助于保证品德测评的效度，但却容易使品德测评指标体系成为一种包罗万象的繁杂体系，增大测评的工作量，影响品德测评的信度。

4. 强调社会价值，忽视个人价值

几乎所有的品德测评指标的依据都是组织管理目标、《规范》《守则》以及有关文件。显然，由此制定的品德测评指标可以满足社会价值的需要。在这种品德测评指标体系的要求下，测评参与者或者仅仅是提供测评信息，或者是仅仅对行为表现进行判断。实际上品德测评是一种价值活动。在这种价值活动中参与测评的主体，在测评活动中占有重要地位。必须注意价值活动主体性原则。要充分考虑测评主体或参与者本身的需要，从他们的需要出发来组织品德测评活动。如果在品德测评活动中，只强调社会价值及其需要而不考虑测评主体或参与者的个人价值与需要，必然会扼杀他们测评的积极性与主动性，因而也就会影响品德测评结果的准确性与客观性。

目前一般是不断地追求品德测评的客观化、避免主观性，不敢去考虑或轻视参加品德测评人员与被测评者的主体需要。其实，无论你承认不承认，参与品德测评人员与被测评者的主体需要是客观存在的，当你考虑到了它们、照顾到了它们的时候，最后品德测评的效度与信度就会得到提高，否则就会降低。

受到以上四个方面的影响，设计出的品德测评指标还存在以下问题：

首先是主观片面、表面化。目前全国各地人才品德测评方案中的指标体系是比较多的，有些条目设置也较为实用合理，然而大多数基本上都是由组织部或领导等少数人制定的。由于其依据的仅是个别人的主观经验，加上时间仓促，缺乏深入思考，所制定出的品德测评指标体系就容易片面与表面化，很难抓住品德的本质特征。其次是大而空或低而俗。干部任用条例与某些组织纪律等方面的规章公约，都是一些最为基本的行为要求，努力控制自己全部做到也并非难事，但没有做到也并非等于说品德就不好。若以此作为品德测评指标体系，则就显得标准有些偏低，过于习俗化了。最后是缺乏系统性。东取西拼而得到的品德测评指标体系，可能在取拼者个人看来比较完整系统，但因其做法破坏了原各品德测评指标体系的系统性，抽取之后并未做什么整合处理，而仅凭个人主观印象，因此很难保证最后所制定的品德测评指标体系的完整性与系统性。

此外，在思想认识上不少人认为，品德测评重要而关键的是方法，测评指标制定则是次要的问题。只要方向上与党和国家的要求相一致，内容包括了品德表现的方方面面就行了。时间与精力都花在品德测评方法研究上，对品德测评指标体系的制定则是认为无关紧要。因此，目前所见到的研究报告或论文，对于品德测评指标体系制定的问题，大多数是一笔带过。

目前，品德测评指标体系研制比较落后，研究力量与条件的限制也是一个重要原因。众所周知，心理学上的常模建构是件非常困难的事情。要建构一个适合于各种人才的品德测评指标体系，其困难性并不亚于常模的建构，甚至还更难一些。因为除了指标值的建构之外，还要对指标的内容及其操作定义进行建构。因此即使想建构出一个适合于组织内部与部门内的测评指标体系，也并不是每个单位、每个测评者都能胜任的。

三、建构的设想

我们对于品德测评指标体系研究的初步设想是，通过关键点行为特征与区分点行为特征的寻找，来建构开发性品德测评指标体系与考核性品德测评指标体系。通过评语库的建构及评定内容、观察范围、关键时间、关键地点、关键场合以及测评方式方法的指导与规定，来控制与建构操行评语的“隐性指标”。由此解决品德测评指标体系全面性与简约性、同一德性对诸多行为涵盖的无限性与具体操作对行为测评有限性的矛盾；解决操行评语的无目标性与可比性的矛盾；解决测评中对主观经验的依赖性与统一性、客观性，科学性与可操作性要求的矛盾。

所谓关键点行为特征，是指那些足以反映品德本质的行为和经常出现的时间、空间与场合中的行为所显示的特征。所谓区分点行为特征，是指那些品德发展水平不同或品德素质不同的人在相同的时间、空间与场合中经常表现出的明显不同的行为特征。例如，一个小学生是否爱清洁讲卫生，往往会在书本与作业本的爱护与清洁上，表现出一些明显不同的行为特征，洗脸时会在脖子与耳朵背的擦洗行为上表现出的明显不同的特征。有的小孩每次洗脸都会注意擦洗脖子与耳朵背后；有的小孩有时会注意擦洗脖子与耳朵背后而有时却会忘记；有的小孩若不提醒或督促他，根本就不会去擦洗，随便抹一把前面脸面就算完事。显然，这里脖子与耳朵背后即可以选择为测评个人清洁卫生的一个区分点。在这个区分点上所表现出的不同行为特征，即可作为个人清洁卫生这一测评指标的子指标与操作测评指标。又如，一个学生学习是否勤奋，主要要看他节假日的时间安排与利用情况。学习勤奋的人往往在没有学习任务或压力的情况下也能自觉地学习，因此可以说，节假日的时间安排及其实际利用情况，可以选择为测评个人学习勤奋的关键点。在这一关键点上所表现出的行为特征，就可以作为学习勤奋这一测评指标的测评标志。

同一品质或德性测评的关键点与区分点会有很多，不同的人对同一品德测评的关键点与区分点会有不同意见。在这种情况下，要以其中最有效的一个做代表，以多数人同意的做代表。此外，在对应每种品质测评的诸多关键点与区分点中，可能有的是对应多种品德测评的关键点与区分点，而有的仅是对应一种品德测评的关键点或区分点。在这种情况下，要以那些对应多种品德测评的关键点与区分点做代表。

寻找关键点行为特征与区分点行为特征的另一途径是，对每个品德测评指标先进行纵向层次性的分解，直至具体行为，然后对所分解的诸多行为进行筛选，把那些能够说明品德测评指标本质特征的行为留下。显然，留下的都是对应测评指标的关键行为。不过在这些诸多的关键行为中，有些可能是多个测评指标的关键行为。我们把这一行为称之为基本行为。例如，某学生保持课本清洁完好这一行为，既能够说明他个人清洁卫生，也能够说明他爱惜物品。这显然就是一种基本行为。以基本行为作为品德测评指标体系中的终端操作指（目）标，可以使原测评指标体系大大简约。

有些行为却可能只是对应某一品质或德性的关键行为，我们把这种行为称之为单立行为。当几种单立行为存在某个共同的发生点上（包括时间点、空间点、内容点、作用点或场合情景点），则这几种单立行为就组成了该公共发生点的区分行为。显然，它们是单立行为丛。这种行为丛越大越好，越能简化品德测评指标体系。

通过关键点及其行为特征的寻求，建构开发性品德测评指标体系，不但要简化测评过程与测评内容，致力于提高品德测评的效率与效果[①]，而且要为优化人才开发过程、制定关键性品德开发指标提供科学依据。大工作量、巨细不分和席卷式的品德方式方法，固然可以保证最后管理要求的内化。但是如果能够抓住品德形成的关键点、进行有的放矢的管理工作，可以达到同样的管理效果。后者的管理效率显然大大高于前者。也就是说，开发性品德测评指标体系的制定要致力于为提高管理工作的效率与效果服务。

关于考核性品德测评指标体系的建构，主要是想通过关键点，与区分点及其行为特征的寻找简化人们对个体品德考核的复杂性，提高测评的客观性与效率性。

前已指明每个人的品德都是一个矛盾的多面体。当这方面因素成为主导因素时，则此人就表现为这个样子，当那方面因素占主导地位时，则此人就表现为那个样子。因此在测评人的品德方法中，首先主张从历史的角度去考核个体成长的全过程。盖棺定论的方法，显然是最可靠的、最易被人接受的。然而这种方法耗费大，效率低，不适宜人才的品德测评。

其次是主张从具体环境中去测评品德。每个成人在不同情景下所表现的行为举止是不同的。同样地，每个人在家庭、社会与组织中其表现也是不相同的，因此测评应考核被测评者的具体行为。然而具体环境是多种多样的，我们不可能一一去考察他们在所有具体环境下的行为表现。

最后是主张从某些小事情上测评个人的品德。有些人在大是大非面前也许随大流或比较注意自己的行为表现，但在一些个人生活或激动情境下

① 参见王逢贤《中小学生爱国主义共产主义教育引论》第35页，教育科学出版社1987年出版。

的小事情和小行为上，却不太会注意去掩饰其不良品质，容易暴露其本性。以关键点与区分点行为特征来建构考核性品德测评指标体系，就要善于从历史考核中，从具体行为考核中，尤其是一些小事情上来寻找有效的测评时间、测评空间、测评场合、测评内容与测评方式。例如，日本某企业家考核其职员的品德，则是选择说话声音的大小、吃饭快慢和打扫厕所的行为与效果作为测评指标。他认为声音大的人常自信；吃饭快的人工作也快；打扫厕所彻底干净的人一般能吃苦耐劳、认真负责、表里如一。为应付招聘的人，则常常是看得见的地方干净，而看不见的地方不干净。这些观点虽然不尽科学，但却有参考价值。

第二节　品德测评指标库的构成体系与分析

通过几个阶段的实验研究工作，最后我们主要取得了以下四方面的研究成果：

一、纪律性测评指标库

品德是一种非常复杂的东西，为了提高测评的准确性与有效性，较为可行的方法之一是分项制定测评量表，测评其独立存在的各种品德。纪律性就是古今中外非常重视的一项品德，因此我们一开始便想建构一个纪律性测评指标库，为纪律性的培养、管理、督导、诊断、考核及预测等工作服务。

1. 纪律性的基本特征与相关因素分析

通过查阅大量的文献资料，我们认为纪律性的基本特征之一是个体对自己活动与工作行为的自律与自制。这是一种自觉纪律或自我纪律。较低一点的则是他律或外部控制的纪律性。这种纪律行为不是出自于内心的自觉自愿或习惯，而是出于他人或外界的约束与压力。纪律性在待人方面，对上表现为尊敬，对同辈表现为尊重，对事、对弱于自己的人表现为责任与义务。个人的纪律性与兴趣及意志力是相关的或者说是成正比的。如果一个人对他所学习的东西有兴趣，他就几乎自动遵守学习纪律了。兴趣越大则表现出的纪律性越强。上课纪律性最差的小学生，看动画片或玩他最感兴趣的游戏，往往持续几个小时而表现出相当好的纪律性。一个意志力非常坚强的人，往往可以表现出高度的自我控制性与坚持忍耐性，能表现出较强的纪律性。在这里，虽然两种情况下所产生的纪律性效果没有什么太大差别，但前一种却是自觉纪律，而后一种却是约束纪律。此外，一个人的纪律性常常只是表明过去或现在的事实，它并非一种不变化的东西。同时，纪律性也是一种与其他品德相联系的东西。

2. 纪律性的测评指标

根据以上思考与分析，我们拟定了以下一些纪律性的测评目标与指标：对一些规定条款记忆的程度；生活工作的计划性与规律性；任务完成的及时性与符合要求的程度；迟到早退的次数；服从工作安排的程度；笔记情况（是否工整、有否遗漏、照抄现象）；失约情况；责任心；准确地遵循领导提出的要求，工作认真，按时到办公室；性格倾向；工作兴趣；业余时间安排情况；游戏中是否会因为规则而吵嘴打架；平时生活情况；完成任务（自己或他人定的）的情况；值日情况；勇敢程度；胆子大小程度；喜欢什么样的工作环境与气氛；机灵程度；节俭情况；礼貌程度；父母朋友责备说你过于老实、愚蠢、呆之类的话的情况；诚实程度；记忆力；意志毅力；自我教育、自克自律情况；集体组织观念程度；挨罚情况；对同辈人察言观色的习惯（从众性）；感兴趣之事持续最长的时间；注意力；专心程度；顺从性；自主独立性；创造性；开拓进取性等。

以上所建构的纪律性测评指标库，不是仅仅从纪律性本身的内涵或特征来建构的，而是从纪律性广泛的外延来建构测评指标，从相关要素，甚至对立相反的品质来建构测评指标，因此具有广泛、丰富而深刻的特点。但是，不足之处是，每个测评指标缺乏相应的事实、行为依据与分析数据，倘若进行测试，做些定量分析，每个指标之下再提供一些具体事实或行为依据，则上述纪律性指标库就较为完善了。

二、开发性品德测评指标体系

从附录 49 个品德测评指标构成的原始库中，我们采取“三维”建构原则，选取了其中的 23 条组成品德测评指标体系。对于每个品德测评指标，从内涵定义、教育要求、行为特征及社会需要几方面考虑，提出了1～5 条操作指标或要素，后合并为14大项70小条测评要素的开发性品德测评指标体系。

该品德测评指标体系的特点是，着重于基本而适应社会发展的品德内容，突出导向作用，是一种期望指标或理想指标体系。笔者认为品德的功用主要在于协调为人处世修身立世的思想行为。为人方面，对上要敬孝，故要求“尊敬师长、孝敬父母”，对周围人则要仁、诚、礼、信，故要求“互助友爱、关心他人、礼貌待人和诚实守信”；处事方面，要奉公守法，勤、俭、实、效，故要求“热爱祖国、关心集体、勤劳俭朴、务实求效”；修身方面，传统观念只强调修内在之“心”而不注重修外在之身。许多书生才子，往往是病弱缠身或不修边幅。这既不符合现代人才的标准，也不符合目前限制人口数量、提高人口素质的政策。因此特别要求“文明卫生、保健身体、自我教育、严于律己”。身体的修养，一在促进机能发展，二在防止损害。促进机能主要体现在饮食、睡眠、生活与体育锻炼等行为上。而防止损害，主要体现在心理卫生与安全保护等方面。处事或者说工作，主观上要积极主动，这可谓“勤”，客观上要高效功成、事半功倍，这可谓“效”。对待工作过程要踏踏实实，一丝不苟，这可谓“实”。对待工作成果，既要十分珍惜又不骄傲自大，这可谓“俭”。品德修养方面，一是严格要求的态度，二是自我教育的能力。立世方面，在于志、智、勇、才和自立，欲立世必先立其身，故应“独立自主、自尊自信”。欲立其身必先立其学，故应“学习勤奋、求知进取”。欲立世不败，还得智勇机灵与有志坚毅，故应“明辨是非、敏捷机灵、有志成才、勇敢坚毅”。

该品德测评指标体系除了前述有关特点之外，其组合与建构还有同类并列、相互补充、辩证相佐、整体协调等特点。例如，“互助友爱”与“关心他人”相互补充同为“仁爱”之德性，故并列一条。祖国是抽象的大集体，爱国、爱校、爱班之间有内在的联系。热爱祖国是关心集体的一种升华，而关心集体是热爱祖国的一种基础，因此两个测评指标并列。“学习勤奋”与“求知进取”、“文明卫生”与“保健身体”、“独立自主”与“自尊自信”、“自我教育”与“严于律己”等也是相互表现、相互补充与相互联系的。“勤劳俭朴”与“务实求效”、“有志成才”与“勇敢坚毅”、“明辨是非”与“敏捷机灵”等并列在一起，主要是体现辩证相左的协调思想。光有勤劳也许碌碌无为缺乏实效；光有俭朴也许省吃俭用无所建树；光有务实也许缺乏效率；光有志气而缺乏勇气与意志，最后是不能成才的。勇敢而无志也许是一种莽撞；是非分明坚持原则，若缺乏机智灵活也许是机械固执；灵活机动不辨是非，也许将违背原则。“独立自主，自尊自信”还与“自我教育，严于律己”相互制约辅佐。“学习勤奋，求知进取”与“有志成才，勇敢坚毅”相补充。“自我教育，严于律己”是其他各项品质得以保持、发扬和完善的条件与保证。“有志成才，勇敢坚毅”是其他各项品质表现的动因与动力。

此外，上述各个品德测评指标的测评要点，均以关键事实关键行为为依据，有助于人才品德优化开发，促使其务实发展。各测评要点相互递进与补充协调，有助于测评时实际操作的方便性、品德发展的全面性与和谐性。

“判断一个人当然不是他的声明，而是看他的行为；不是看他自称如何，而是看他做些什么和实际是怎样一个人。”[①] 因此，我们的品德测评必须以事实与行为作为依据。然而，作为品德测评依据的事实与行为，必须选择那些实质、基本而又系统的东西。“在社会现象方面，没有比胡乱抽出一些个别事实和玩弄实例更站不住脚的方法了。”[②]

为了便于品德测评的具体操作，在选定测评点时，我们除了注意保持每个要点不包含过多的不同行为外，还有意识地使各要点之间具有一种坡度或递进关系。例如“明辨是非敏捷机灵”的 6 个测评要点顺次为：①能正确辨别班级与社会上一些学习生活现象的是非；②在是非纠纷面前能坚持原则主持公道；③对一些歪风邪气和不良倾向敢于抵制与反对；④对一些涉及人、物安全的破坏行为的反应比较迅速，或躲开或制止；⑤能够从多角度进行思考与分析问题；⑥对一些道德原则的遵守能因地因时因人因事适当地变通，正确实行。显然①是认知，②是行为，②比①进一步。③是逆境行为，比②顺境行为更进一步。⑤是辩证认知能力，比①～④进一步。而⑥是辩证行为，比⑤进一步，从测评要点①～⑥体现着品德由低

---

① 参见恩格斯《德国的革命和反革命》(1851 年 8 月至 1852 年 9 月)；以及《马克思恩格斯选集》卷 1 第 579 页。

② 参见《列宁全集》卷 23 第 279～280 页。

级向高级水平发展的趋向。依此测评，则有助于促进人才品德全面系统地发展，把个体品德的教养推向最高水平。

根据柯尔伯格的研究，人才道德水平发展的高级阶段是第5、6两个阶段。阶段5是民约法理导向阶段。其行为特征是尊重人权与社会契约所规定的民主法典。但不坚守规条，法律应做合理的运用与修正，一切遵循社会契约合法的原则行事。阶段6是普效性道德原则导向，其行为特征是根据放之四海而皆准的正义，恕道与注重个人尊严等道德原则行事，而不墨守道德戒条。运用严谨的逻辑思考与良心的自律建立适切的道德原则。也就是说，开发性品德测评指标体系的建构，要由他律到自律，由必然向自由过渡。

三、考核性品德测评指标体系

为了适应中学会考改革，我们与吉林省教委中教处一起，于1992年3—7月进行了考核性品德测评指标体系的研究，获得了30个品德测评指标及其测评要素、测评依据、等级标准和观察测评点的系统目标、指标库。对于每个品德测评指标，均配有学生、家长及班主任教师建构的三个操作系统指标库，每个指标后面都注有相同意见的人次数。

这种分测评主体建立的品德测评指标体系库的特点是：层次分明。有目标层、要素层、权重层、指标（事实与行为依据）层、标准层与观察层；各层次相互配套，查阅抽取方便；主体明确，便于针对不同的测评操作者设计有针对性的量表，或选取适宜测评主体的指标与观察点；客观一致。从指标库中我们可以抽取那些普遍为大家所赞同的要素、标准、事实行为及观察点作为品德测评具体的操作指标。由于各测评人员在这些品德测评的标准、依据与观察点上意见比较一致，因而最后的测评结果也就比较客观一致了；信息较全，便于参考。由于测评指标体系库中的每条操作指标及其他内容均是以统计汇总形式储存的，故信息较为全面，便于全面参考选择。

四、综合性品德测评指标库

所谓综合性品德测评指标库，是指所建立的测评指标体系，既适用于开发培养又适用于考核，既适用于管理与督导，又适用于诊断与选拔。其特点是一库多用。

综合性品德测评指标库的结构，包括指标及其操作指标层、事实行为依据层。前者包括开发培养作用信息块与考核作用信息块，即一体两块。后者包括学生、家长及教师操作块，即三块一体。

在综合性品德测评指标的原始库中，目前所含的指标只有49个。我们首先调查了100多位大中小学班主任对他们测评作用评判意见并分析出了平均数、标准差。具体结果见表14—1。

表14—1

测评指标	平均数	标准差
X1	3.591 55	0.953 94
X2	2.936 62	1.227 43
X3	4.697 18	0.583 33
X4	4.605 63	0.582 95
X5	3.873 24	0.865 90
X6	4.246 48	0.892 73
X7	4.507 04	0.750 85
X8	2.345 07	1.017 90
X9	4.063 38	0.884 98
X10	4.415 49	0.746 08
X11	4.161 97	0.935 03
X12	3.154 93	0.977 01
X13	3.584 51	0.818 60
X14	4.147 89	0.959 81
X15	3.007 04	1.157 75
X16	4.154 93	0.746 58
X17	4.309 86	0.735 94
X18	4.887 32	0.359 25
X19	4.852 11	0.411 66
X20	4.450 70	0.679 77
X21	4.014 08	0.891 14

续表

测评指标	平均数	标准差
X22	4.000 00	0.875 19
X23	4.126 76	0.815 27
X24	3.654 93	1.003 86
X25	3.190 14	0.988 82
X26	3.612 68	0.913 64
X27	4.373 24	0.786 49
X28	4.232 39	0.711 26
X29	3.718 31	0.828 28
X30	4.000 00	0.798 94
X31	2.795 77	0.971 50
X32	2.429 58	0.925 59
X33	4.007 04	0.956 47
X34	3.211 27	0.832 25
X35	3.640 85	0.885 99
X36	2.732 39	1.058 00
X37	3.352 11	1.046 42
X38	3.943 66	0.889 45
X39	4.014 08	0.967 46
X40	4.126 76	0.815 27
X41	4.070 42	0.777 78
X42	4.063 38	0.876 93
X43	3.809 86	0.937 27
X44	4.338 03	0.703 46
X45	3.683 10	1.061 04
X46	3.443 66	1.170 10
X47	3.598 59	0.989 73
X48	4.239 44	0.929 65
X49	4.577 46	0.562 72

平均数说明了大家对该指标在品德测评中所起作用的意见。平均数越大说明大家认为该指标在品德测评中所起的作用越大。标准差说明了大家意见的一致性。标准差越小说明大家意见越一致。因此我们应该尽量选取

那些平均数大、标准差小的品德测评指标，而不去选取那些平均数小而标准差大的品德测评指标。

因此从以上数据可以看出，大家认为测评指标 2（好强争胜）、测评指标 8（知恩必报）、测评指标 31（尽情尽义）、测评指标 32（庄重随和）、测评指标 36（适应灵活）等 5 个品德测评指标在品德测评实践中显得最不重要或最没有意义，应该删除；测评目标 3（学习勤奋）、测评指标 4（关心爱护集体）、测评指标 7（遵纪守法）、测评指标 10（尊敬师长）、测评指标 17（乐于助人）、测评指标 18（热爱祖国）、测评指标 20（言行一致）、测评指标 27（是非分明）、测评指标 28（劳动肯干）、测评指标 44（责任心强）、测评指标 48（情操高尚）、测评指标 49（有理想）等 13 个平均数最大、标准差较小，说明它们在品德测评实践中显得最为重要或最有意义，故应尽量选取。

显然，这种建立在简单统计分析上的品德测评指标的筛选方法，仍然还是经验性的直观分析，比较表面粗糙，所能提供的信息有限，只是单个测评指标的信息，在建构品德测评指标体系过程中满足不了我们进行宏观方面分析的需要。我们的目的是要从现有的各种各样品德测评方案，以及项目繁多的测评指标中，从古今中外可供选择的品德测评指标中，筛选出一些精华性的品德测评指标，构成新的测评指标体系。建构的关键在于解决多与少、繁与简、全体与代表的矛盾。品德测评指标的初级库越大越好，越全面越好，越繁杂越好。可以说我们希望能包容无遗地收纳古今中外所有与品德有关的测评指标。但是品德测评指标的操作库，却要求越小越好，越简洁越好，越具代表性越好。希望能以尽量少的品德测评指标涵盖初级库中尽可能多的品德测评指标，即以少代多，以简代繁，以典型代全体。

目前解决这个矛盾的方法是借助多元统计手段，进行聚类分析、因素分析与主成分分析。

聚类分析，就是把我们广泛收集来的 49 个品德测评指标，从杂乱的“堆积”之中依次排列到相应的类目之中去，使无序变为有序。

因素分析就是要从 49 个品德测评指标所反映的行为特征中寻求更本质的特征行为指标。一个学习非常勤奋的学生，他往往也是意志坚强或遵纪守法的学生。这种品德行为特征上的相互关联，说明了它们之间存在一些共同的与本质的因素，在支配着它们。本质的因素与非本质的因素相比，不但在数量上更少，而且也能更直接更有效地反映学生品德的特征。

聚类往往是从外延上去揭示品德测评指标体系，使它们由繁杂纷乱变得井井有条。其作用只能使品德测评指标初级库变得整洁但却无法达到简洁的目的。简洁的任务必须由因素分析与主成分分析来完成。因素分析揭示了类的本质，而主成分分析找到了每个类的直观形象或典型代表。

主成分分析就是要从49个品德测评指标中寻求少数几个代表，由它们代表原来的49个品德测评指标参与测评，从而实现对49个品德测评指标体系筛选简化的目的。

在筛选简化49个品德测评指标体系的实际过程中，上述三种分析往往是交织融合进行的。

1. 因素分析与主成分分析

根据我们试用各种因素分析方法的比较，觉得主成分分析确定基本因素数目后，选择最大似然因素分析法求出因素荷重的准确值较可取。故在众多的因素分析方法及其结果中，我们以主成分分析（PC）抽取的因素数目为准，以最大似然因素分析（ML）确定的因素荷重值为依据进行指标筛选。

当我们从49个品德测评指标中抽取49个公因素时，各项统计分析指标请参考附录三。

当我们取特征值大于1的公因素个数为所抽取的K时，则$K=14$，这14个公因素能反映原来49个品德测评指标所描述行为特征的70.0%。为了多反映一些原49个品德测评指标所描述的行为特征，我们取$K=16$，即从所有公因素中抽取前16个组成操作测评指标体系，则16个公因素所构成的操作测评指标体系包容了原49个品德测评指标体系所描述行为特征的73.8%。

从“公因素方差”数据分析中可知，所抽取的16个公因素所构成的品德测评指标体系有效地反映了每个原始品德测评指标，其有效反映率在62.74%～82.05%之间。

如果我们把16个公因素构成的品德测评指标体系称之为操作测评指标

体系，那么它与原49个原始测评指标体系的关系，采用最大似然因素分析法（ML），可以由因素荷重矩阵（Factor Marnir）进行揭示，请参考附录五。

从上述因素荷重矩阵中，我们可以从49个品德测评指标中选择那些荷重数较大的作为相应公因素的代表。例如，因素1在测评指标4（关心爱护集体）、测评指标28（劳动肯干）、测评指标23（爱护公物）、测评指标18（热爱祖国）和测评指标19（拥护中国共产党）上的荷重较大，分别是0.715 01、0.683 84、0.527 60、0.501 56和0.656 43，故可选择它们做代表。同样，因素2可选择测评指标48（情操高尚）、测评指标42（意志坚强）、测评指标49（有理想）做代表；因素3可以选择测评指标45（独立自主）做代表；因素4可以选择测评指标44（责任心强）做代表；因素5可以选择测评指标15（合作共事）、测评指标14（正直正义）、测评指标5（谦虚谨慎）、测评指标9（真诚友爱）做代表；因素6可以选择测评指标11（孝敬父母）、测评指标6（诚实守信）、测评指标13（扶弱爱幼）等做代表；因素7可以选择测评指标26（勇敢刚毅）、测评指标22（自尊自信）、测评指标25（自省自律）做代表；因素8可以选择测评指标33（开拓进取）与测评指标35（爱参与他人或集体活动）等做代表；因素9可以选择测评指标47（兴趣广泛）、36（适应灵活）做代表；因素10可以选择测评指标24（求知究底）和测评指标3（学习勤奋）做代表；因素11可以选择测评指标27（是非分明）与测评指标43（原则性强）做代表；因素12可以选择测评指标7（遵纪守法）与测评指标39（学习生活有计划有规律）做代表；因素13可以选择测评指标46（注重身体）做代表；因素14可以选择测评指标31（尽情尽义）做代表；因素15可以选择测评指标29（务实求效）做代表；因素16可以选择测评指标21（自强不息）、测评指标20（言行一致）与测评指标2（好强争胜）做代表。16个因素的名称及其包括的测评指标概括见表14—2。

由上述分析可知，我们以集体性、情操性、独立性等16个品德主要成分所构成的测评指标体系，就可以代替原来49个品德测评指标所构成的体系，其有效性达73.8%，这样就大大简化了品德测评的内容，提高了品德测评的效率与效果。同时也为人才管理目标与管理内容的优化选择提供了科学依据。

表 14—2　　16 个因素名称及其包括的品德测评指标

因素	名称	所含品德测评指标
1	集体性	4、17、18、19、23、28、40
2	情操性	42、48、49
3	独立性	45
4	责任心	44
5	合群性	5、9、14、15
6	善良性	1、6、8、10、11、12、13、16、30、32、34、37、38
7	意志性	22、25、26
8	创新性	33、35、41
9	兴趣性	36、47
10	求知性	4、24
11	原则性	27、43
12	纪律性	7、39
13	卫生性	46
14	义务性	31
15	求实性	29
16	上进性	2、20、21

2. 聚类分析

首先我们对 49 个品德测评指标进行了相关分析，然后在此基础上分别采用类间平均法、类内平均法、最短距离法、最长距离法、重心法、中间距离法和离差平方和法等聚类分析法，对 49 个品德测评指标进行分类，通过各种各类方法结果的比较，我们觉得类间平均法较有代表性。其结果既与其他多数方法分析的结果相类似，却又显得更符合实际情况。其树形聚类分析的谱系图如图 14—1 所示。

当我们将分类标准 r 确定为 18（放大后）时，可以将 49 个品德测评指标分成 14 大类，使本来令人眼花缭乱和厌烦的指标“堆”变得整齐归一，使本来杂乱无章的 49 个品德测评指标各归其属。

从树形聚类分析谱系图中可知，14 大类测评指标体系中，第 1 类有 2 个品德测评指标，包括热爱祖国和拥护中国共产党；第 2 类有 1 个品德测评指标，是关心爱护集体；第 3 类有 8 个品德测评指标，包括乐于助人、劳动肯干、爱护公物、礼貌待人、举止文明、清洁卫生、尊重他人和尊敬

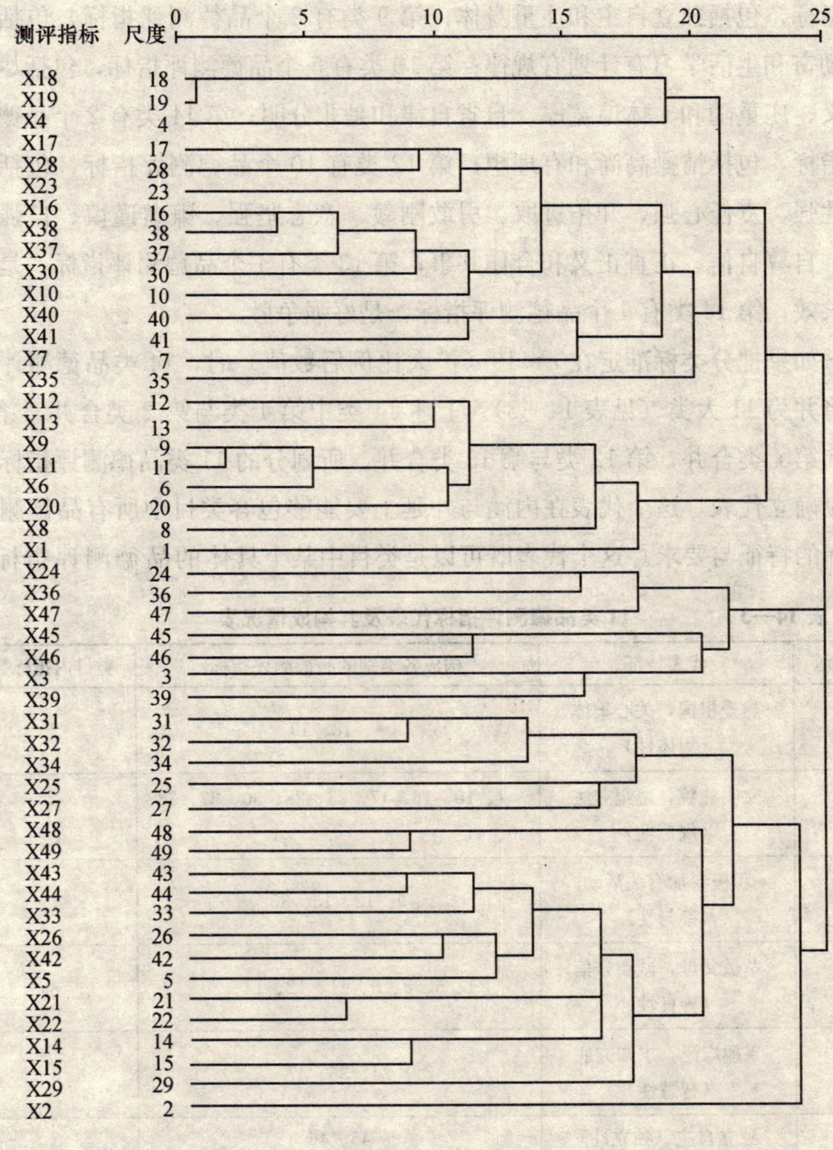

图 14—1　树形聚类分析谱系图（49 个测评指标）

师长；第 4 类有 3 个品德测评指标，包括乐于为公众服务、乐于接受他人的批评和遵纪守法；第 5 类有 1 个品德测评指标，是爱参与他人或集体活动；第 6 类有 8 个品德测评指标，包括民主平等、扶弱爱幼、真诚友爱、孝敬父母、诚实守信、言行一致、知恩必报、节俭朴素；第 7 类有 3 个品德测评指标，包括求知究底、适应灵活和兴趣广泛；第 8 类有 2 个品德测评指标，包括独立自主和注重身体；第 9 类有 2 个品德测评指标，包括学习勤奋和生活学习有计划有规律；第 10 类有 5 个品德测评指标，包括尽情尽义、庄重随和、体谅宽厚、自省自律和是非分明；第 11 类有 2 个品德测评指标，包括情操高尚和有理想；第 12 类有 10 个品德测评指标，包括原则性强、责任心强、开拓进取、勇敢刚毅、意志坚强、谦虚谨慎、自强不息、自尊自信、正直正义和合作共事；第 13 类有 1 个品德测评指标，是务实求效；第 14 类有 1 个品德测评指标，是好强争胜。

如果把分类标准定在 $r=19$（扩大比例后数值）时，14 类品德测评指标将并为 11 大类（见表 14—3）。上述 14 类中第 1 类与第 2 类合并，第 3 类和第 4 类合并，第 12 类与第 13 类合并。所划分的 11 类品德测评指标各自应确立代表。这个代表在内涵与外延上要能够包容类目中所有品德测评指标的特征与要求。这个代表既可以是类目中某个具体的品德测评指标，

表 14—3　　11 类品德测评指标代表及其构成情况表

类别	代表特征	构成各类别的品德测评指标	类目内指标数
1	热爱祖国，关心集体（集体性）	4、18、19	3
2	文明礼貌，遵纪守法（规范性）	7、10、16、17、23、28、30、37、38、40、41	11
3	积极参加有关活动（参与性）	9、12、13、35	1
4	孝敬父母，诚实守信（善良性）	1、6、8、9、11、12、13、20	8
5	兴趣广泛，求知究底（智慧性）	24、36、47	3
6	独立自主（独立性）	45、46	2
7	学习勤奋（勤奋性）	3、39	2
8	自省自律，是非分明（严谨性）	25、27、31、32、34	5
9	情操高尚（理想性）	48、49	2
10	开拓进取，务实求效（事业性）	5、14、15、21、22、26、29、33、42、43、44	11
11	好强争胜（竞争性）	2	1

也可以是它们当中少数几个的组合与概括。

此外，以上述方法为基础，我们还专门研制了适合于中小学的人才品德测评的12项目标体系。首先在删除了大学辅导员的意见之后，把那些大家普遍认为不重要的品德测评指标也相继删除，以提高主成分分析的准确性；然后对所遗留下的35个普遍认为重要的品德测评指标，进行主成分分析。分析结果见表14—4和表14—5。

表14—4　　初始统计分析结果表

变量	公共因子方差	因子	特征值	方差贡献率	累积方差贡献率
X1	1.000 00	1	8.060 32	23.0	22.0
X3	1.000 00	2	3.280 60	9.4	32.4
X4	1.000 00	3	2.679 31	7.7	40.1
X5	1.000 00	4	1.947 77	5.6	45.6
X6	1.000 00	5	1.853 87	5.3	50.9
X7	1.000 00	6	1.658 42	4.7	55.7
X9	1.000 00	7	1.585 73	4.5	60.2
X10	1.000 00	8	1.530 16	4.4	64.6
X11	1.000 00	9	1.300 09	3.7	68.3
X14	1.000 00	10	1.093 04	3.1	71.4
X16	1.000 00	11	1.062 23	3.0	74.4
X17	1.000 00	12	1.028 07	2.9	77.4
X18	1.000 00	13	0.948 20	2.7	80.1
X19	1.000 00	14	0.807 40	2.3	82.4
X20	1.000 00	15	0.764 74	2.2	84.6
X21	1.000 00	16	0.665 71	1.9	86.5
X22	1.000 00	17	0.575 16	1.6	88.1
X23	1.000 00	18	0.506 07	1.4	89.6
X24	1.000 00	19	0.452 95	1.3	90.9
X26	1.000 00	20	0.414 54	1.2	92.0
X27	1.000 00	21	0.358 05	1.0	93.1
X28	1.000 00	22	0.351 90	1.0	94.1
X29	1.000 00	23	0.295 80	0.8	94.9
X30	1.000 00	24	0.274 44	0.8	95.7
X33	1.000 00	25	0.237 89	0.7	96.4
X38	1.000 00	26	0.221 19	0.6	97.0
X39	1.000 00	27	0.197 33	0.6	97.6
X40	1.000 00	28	0.172 48	0.5	98.1
X41	1.000 00	29	0.152 70	0.4	98.5
X42	1.000 00	30	0.123 04	0.4	98.9
X44	1.000 00	31	0.116 17	0.3	99.2

续表

变量	公共因子方差	因子	特征值	方差贡献率	累积方差贡献率
X45	1.000 00	32	0.101 86	0.3	99.5
X46	1.000 00	33	0.076 87	0.2	99.7
X48	1.000 00	34	0.059 47	0.2	99.9
X49	1.000 00	35	0.046 44	0.1	100.0

表 14—5　　最后统计分析结果表

变量	公共因子方差	因子	特征值	方差贡献率	累积方差贡献率
X1	0.748 13	1	8.060 32	23.0	23.0
X3	0.831 74	2	3.280 60	9.4	32.4
X4	0.827 58	3	2.679 31	7.7	40.1
X5	0.587 41	4	1.947 77	5.6	45.6
X6	0.780 68	5	1.853 87	5.3	50.9
X7	0.696 90	6	1.658 42	4.7	55.7
X9	0.856 49	7	1.585 73	4.5	60.2
X10	0.723 04	8	1.530 16	4.4	64.6
X11	0.838 06	9	1.300 09	3.7	68.3
X14	0.689 52	10	1.093 04	3.1	71.4
X16	0.801 82	11	1.062 23	3.0	74.4
X17	0.787 31	12	1.028 07	2.9	77.4
X18	0.763 02				
X19	0.849 14				
X20	0.741 27				
X21	0.800 94				
X22	0.787 65				
X23	0.854 98				
X24	0.804 89				
X26	0.785 93				
X27	0.774 82				
X28	0.617 08				
X29	0.622 18				
X30	0.812 60				
X33	0.836 18				
X38	0.807 45				
X39	0.781 77				
X40	0.751 21				
X41	0.745 40				
X42	0.729 02				
X44	0.757 62				
X45	0.807 37				
X46	0.810 99				
X48	0.819 77				
X49	0.849 61				

旋转因素矩阵（即因素荷重矩阵经过正交旋转后的形式）请参考附录七。[①]

根据主成分分析有关理论解释，上述初始统计分析结果表中有12个公因素的特征根大于1，因此它告诉我们，所有重要的35个品德测评指标可以简化为12个主因素或主成分。最后统计分析结果表中第二栏的数值表明，简化后的12个主因素能够解释原35个重要品德测评指标中的任何一个，其有效性为58.74%～85.65%。最右边的一栏最后一个数值表明，简化后的12个主因素构成的品德测评指标体系，对原35个重要品德测评指标体系信息所做的覆盖，其有效性为77.4%。

以上有关分析表明，原来的49个品德测评指标经过定性定量的简化后，所得到的12个品德测评指标虽然只有原来的1/4但却能够覆盖3/4还多的信息，因此我们可以借助12个品德测评指标体系代替原来的49个品德测评指标体系加以实施。

然而以上所揭示的仅是一种抽象的品德测评指标体系简化模型或设想，要使之变为具体与现实，关键在于找出12个主因素的具体形式或具体代表。

前面旋转因素矩阵分析结果表明，主因素1与品德测评指标16、38和10高度相关，其相关系数均在0.7以上，故品德测评指标16、38与10都可以说是主因素1的某种“化身”或“显现”。它们之中的任何一个都不能做主因素1的全权代表，要找出主因素1的具体代表，可行的办法是从所有“化身”中去概括“替身”，从所有高度相关的具体品德测评指标中去建构具体代表。品德测评指标16、38与10分别是礼貌待人、举止文明与尊敬师长，故从中概括的“替身”为礼貌性。也就是说礼貌性将作为主因素1的具体“法人”代表，参加品德测评指标体系。类似地，依据旋转因素矩阵的分析结果，我们把主因素2～12的其余11个具体代表顺次确定为敬孝性、朴实性、进取性、自尊性、原则性、爱国性、集体性、求知性、卫生性、有恒性与勤奋性。参照一般习惯，我们对它们的排列顺序调整如下：

① 这里公因数的个数是指等于或大于1的特征根的个数。

敬孝性、礼貌性、勤奋性、朴实性、爱国性、集体性、原则性、求知性、卫生性、自尊性、有恒性与进取性。

通过以上有关分析我们就确立了代表原来49个品德测评指标体系的12个主成分，由于这12个主成分（或主因素）品德测评指标比较抽象，因此我们进一步把它们具体化为可操作的测评指标。

为了保证所建构的品德测评指标体系（体系有二层含义：横向内联，纵向层联）具有可操作性与适宜性。我们采取了统一要求、分层研制、反客为主、由下而上的实验研究策略，1992年3—7月，在吉林省实验选择了小学一年至初二8个班进行实验研究。首先，我们把12项品德测评目标的含义与特征打印出来，让参加实验的班主任（8名）及学生（8个班级500人）讨论一周，统一理解之后进行测评，并要求师生在测评实验过程中寻求判定每个品德测评目标的具体事实与行为。

鉴于以往品德测评目标体系研制的做法，一般都是以测评方案研制人员的理解为本，从培养目标出发，层层分解，最后确定为可测评的行为指标。这种由上而下强调测评方案研制者主体性的方法，有助于保证整个品德测评指标体系各层次之间具有连贯性与内涵要求上的一致性。但是它却保证不了最后操作上的方便性。最后建构的操作性测评指标，虽然研制者觉得已十分具体可行了，但一到班主任与学生手里操作，则往往发生困难，或者是有些指标理解不了，或者操作指标的条目太多。目前解决这种困难的办法是试测后修改，但效果并不佳，修改结果仍然是以研制者为本位，操作者既不适应也不顺手。此外，在测评指标体系研制期间，研制者忙着，而操作者闲着，总体上效率低效果差。因此，我们的实验是针对具体的测评客体与操作者分层次实验。边实验边研究，操作者与研制者合二为一。从测评客体出发，让他们提出具体的品德测评指标，反客为主。由下而上、上下结合一起建构品德测评指标体系，大大提高了实验研制的效率与效果，提高了品德测评指标操作的适应性与可行性。

为了提高班主任与学生研究的质量，我们对他们分别给予了具体的指导。

对于班主任教师，要求他们在思考每个品德测评指标含义与特征的基础上，结合年级特色，先初步提出观察性测评指标包括观察测评的内容、时间、地点、主体与工具，接着逐个指标选择好、中、差男女各 1 人（共 6 人），观察记录其具体表现与差异，并注意与自已的初步设想是否一致。根据实验情况不断修改观察测评指标，最后形成一套切实可行的、适合本年级学生品德测评的操作指标。对于学生，则要求他们在实践中具体操作 12 项品德测评指标 2 个月，然后每大组负责 3 项品德测评指标操作指标的研制任务。具体方法是，先让大组内每个同学各自对 3 项品德测评指标中的每一个提出 3～5 个有效的测评依据，然后小组长汇总统计。统计汇总方法，一律要求把同一项品德测评指标所列的有效依据逐个列出，然后统计全组对每个依据赞同的人次。最后从中选出赞同人次最多的前 3～5 个依据，作为该测评指标的操作指标，上交班里由全体同学讨论。

通过后即作为本班学生品德测评操作指标继续实验，发现不妥之处及时修改，期末拿出一套适合本年级学生操作的 12 项品德测评指标体系。

经过品德测评指标的收集、简化，通过对品德测评指标主成分的寻找、每个主成分具体代表的确定，以及每个具体代表操作指标的研制等四个步骤，我们最后建构出了适合于本校各年级的学生操作指标库与教师操作品德测评指标库。

第三节　测评指标库建构中的问题与建议

一、品德测评指标的“源”“流”与建库

品德测评指标体系的建构，一般要经过收集品德测评原始指标奠定基础，筛选品德测评指标确定主体，建构操作指标完善体系等三个阶段。品德测评指标体系的质量如何，首先决定于它的基础是否宽广厚实。目前我国各类品德测评指标体系建构所依赖的“基础”，大多数都是临时突击完成，或者省略不做。在这方面较好的做法是从经验的角度通过“头脑风暴法”和“特尔斐咨询”来建构原始品德测评指标的“基础”。但是这种方法限于咨询人数、思维定式、会议时间或考虑时间的短暂等限制，所建构的测评指标“基础”往往比较单薄与狭窄。人们一时无法找到多少与众不同的品德测评指标。这样后面的筛选与简化，就难免受到很大的限制。科

学的筛选方法只有建立在广泛而充分的品德测评指标“基础”上，才有可能找到本质性的品德测评指标。因此我们力求在本实验研究中，采取建立原始品德测评指标库的策略，改革目前测评指标制定中基础的不足。具体地说，要分别建立原始指标库、主体指标库、操作指标库与健全指标库。

品德测评指标库的“源”，即原始指标可以来自对国内现有品德测评指标的选择，可以来自对《德育大纲》《守则》与《规范》中德育目标与要求的提炼，可以来自对当前党和国家有关德育工作文件及社会对人才思想品德新要求的概括。但更多地要注意从古代及传统德育思想与著作中去收集、去发掘，从小说、杂志以及日常生活中人们对思想品德所做口头评价的内容中去提炼，从现实杰出或典型人才品德的观察中去寻找，以此建构起原始指标库。

品德测评指标库“流”的引导，一是要按内容、按年段、按要求与功用，分建子库进行分流；二是定期试用筛选，输入到主体指标库、操作指标库或接纳到健全指标库（实施后做过数据分析的品德测评指标体系），进行对流；三是对那些作用不大的品德测评指标定期删除，进行引流。

品德测评指标的“源”与“流”，若要“源”远“流”长，则非建立上述品德测评指标库体系不可。而品德测评指标库的建构，应该遵循前面实验中所建议的“三维”原则，这样才能保证品德测评指标库的内蕴丰富、外延广大。

二、定量简化品德测评指标体系的依据

前面我们所建构的各个品德测评指标操作体系，都是依赖因素分析、主成分分析与聚类分析等定量方法简化得到的，试问这种定量简化本身是否合理呢?

众所周知，人的感觉阈限有一定的限度，一旦超过了这个限度，人的感觉就不准确了。有关实验研究表明，当比较的对象超过 9 个时，仅仅依赖主观经验进行判断，就容易发生错误了。而在品德测评指标体系的简化中，需要比较的全体测评指标往往几十个，因此依靠人工凭借主观经验去一一比较筛选，已是力不从心了。因素分析、主成分分析及聚类分析等定量简化方法，则可以把本来十分复杂的综合比较判断，划分为几个独立的

步骤，其中要求人工做的只是单项的比较判断，其余的比较综合等复杂步骤，均可由计算机代替完成。由此可见因素分析等定量简化方法发挥了人与计算机各自的优势。人的比较判断具有整体性、模糊性与灵活性的特点，能够保证对每项品德测评指标权衡判断的准确性，计算机却做不到这一点。但在众多的两两比较或大数量的综合中，计算机具有准确的“记忆性”与迅速的计算能力，其综合比较过程能保持一致性与准确性，而人脑却做不到这一点。在这一简化过程中，计算机的定量分析是建立在人工经验的定性评判基础上。通过数字 5、4、3、2、1，把“最重要”“比较重要”“一般”“比较不重要”和“最不重要”，转换为计算机可以识别、比较与综合的信息，这种比较与综合既保持了原来人脑评判的特点，又发挥计算机快速高效运算的特点，因而是合理可行的。

定量简化的质量主要取决于数据本身判断的可靠性与有效性，取决于定量分析方法选择的合理性与适宜性。

1986 年有人应用过因素分析与聚类分析简化品德测评指标体系。[①] 这为我们的实验提供了一定的参考。但是我们的实验与他们有所不同。他们的数据是来自于用原始品德测评指标去测评初中二年级 588 人的结果，其中包括自评、组评与教师评三方面的评定。由此得到的分析结果，主要是说明他们的实验中 47 项品德测评量表对初二学生的实测效度。因素分析法、聚类分析法等定量简化方法所依据的数据，应该是来自于人们对原始指标库中诸多原始品德测评指标相互的比较与权衡。然而，欲对所有品德测评指标进行两两比较，或一起进行综合比较是十分困难的，必然要影响数据的可靠性。因此我们在指导语中要求被测评者所做的比较，是单项的模糊比较。判断的依据是，该项品德测评指标在评定学生的品德时，你认为或实际测评中你是让它起什么样的决定作用，要求在“最重要”“比较重要”等五个模糊量词中选择一个。提供数据资料的被测评者不能是一般的人，应该是对品德测评既有一定实践经验又有一定理论修养的人，这样他们所提供的数据资料才有一定的可靠性与有效性。因此，我们所选择的 140 多个被测评者为东北师大、吉林体育学院与吉林艺术学院各年级政治

① 参见《上海教育科研》1986 年第 3 期“学生品德评定指标体系研究”。

辅导员（约40人）长春市内及市郊各区“重点”“一般”“较差”三类学校的优秀班主任，以及东北三省德育实体建构研究班的学员（都是德育工作骨干教师），这就保证了我们所取数据的可靠性与有效性。

数据的可靠性与有效性，只能保证定量简化的“源”的正确性。要保证最后分析结果的有效性与可靠性，还必须选择到适宜的分析方法，这是定量简化过程中“流”的正确性的保证。无论哪一种定量分析，也无论定量分析中的哪一个环节，都有不同的方法供你选择。例如，抽取公因素的方法，有主成分分析法、主轴因素法、α因素法、未加权的最小二乘方法、映像因素法、一般的最小二乘方法、最大似然因素法等，聚类分析通常有类间平均法、类内平均法、最短距离法、最长距离法、重心法、中间距离法和离差平方和法等。每种简化方法都是以上诸种具体方法的综合模式，一旦选定，所有的分析过程将照此模式进行，所有的分析结果都取决于该模式的功能及其选择的适宜性。任何分析方法都有它较为适宜的分析对象。同样的数据，采用不同的公因素抽取方法后发现，其最后所抽取的结果不尽相同；同样的对象，采取不同的聚类分析法，其最后所聚得的类别也不尽相同。显然，在这众多不同的结果中必然会有某个或某些结果比较准确和更符合实际。这相当于不同的测评者对同一被测评者会有不同评价，其中有些教师的评价结果比较正确，有些测评者总的评价结果虽然不那么符合实际，但其中某方面的评价可能是可取的。因此，最后总评的人就要善于从众多测评者的评价中选择那些正确的意见，作为总评的依据，而不要仅仅依据某个人的意见下结论。同样地，我们进行因素分析或聚类分析，应力争试用所有的方法进行分析，对所有的分析结果进行比较，当各种方法分析结果比较接近时，可以任意选择其中一种作为依据。当各种方法分析的结果存在差异时，或者从中选择较为符合实际的一种作为依据，或者综合兼并，从各种分析结果中选取其中的合理部分，依据实践经验，综合为最后的结果。我们不能随便地认为任何一种的定量分析结果都科学可靠或都准确。

在我们所做的49个原始品德测评目标的聚类分析中，试用了前面提到的所有聚类方法分析。从分析结果中发现，其中中间距离法、离差平方和法效果最差，类间平均法、类内平均法、最长距离法与重心法分析的结果较为满意，而其中又以类间平均法最好。故最后我们选取它作为分类依据。

在比较过程中，我们发现有些品德测评指标，例如品德测评指标 18 与 19，无论采用哪一种聚类方法，都会把它们归为单独的一类。而有些品德测评指标则不是这样。品德测评指标 7（遵纪守法）随着不同的聚类方法归属于不同的类别。在类间平均法的结果中，它与测评指标 40、41 归并一起，在类内平均法中，它与测评指标 28、23、10、17、30、37、38、16 等归并一起，而在最长距离法中，它与测评指标 10、4 归并一起，在重心法中它仅与测评指标 4 归并一起，在最短距离法中，它独立一类。

同时，我们还发现，有的品德测评指标在有些聚类分析方法中，能够得到较为合理的归并，而有的品德测评指标的归并却并不合理。例如，当 $r=18$ 时，虽然绝大多数品德测评指标均在类间平均法中得到较为合理的归并，但其中品德测评指标 7 却是与 40、41 归并，感到有点别扭。然而当 $r=20$ 时，归并到规范性中去，就好一些了。相反，最长距离法虽然我们认为（$r=12.2$ 时）它分类太多，但对品德测评指标 7 却归并得较为合理。它与测评指标 10 与 4 归并一起表明，遵纪守法往往与关心爱护集体、尊敬师长是密切相关的。这反映了现实中不少学生遵纪守法是出于对师长的尊敬与对班级荣誉的维护。因此我们建议对原始品德测评指标体系的定量简化，应在比较各种方法分析结果的基础上，根据自己需要优中择优，或各取所长综合归并。不要盲目相信一种定量方法分析的结果，使简化过程真正做到由定性的经验模糊评判到定量的综合分析，最后再回到实践经验的检验，为进行比较选择与定性综合决策提供科学依据。实现定性定量的有机结合。

三、主因素具体代表的寻找问题

通过因素分析，我们一般可以对品德测评指标体系进行去粗取精、去伪存真，获得少数几个能够反映原测评指标体系的主因素。这些主因素仅仅从理论上告诉我们，可以用多少个主因素测评指标来建构测评指标体系，以代替原测评指标体系。但这几个主因素的具体内容或表现形式是什么，并不清楚，因此还存在主因素具体代表的寻找问题。

对于聚类分析来说，聚类的结果只告诉我们整个指标体系，可以归并为多少个有内在联系的类别，这个类别的本质特征及其代表是什么，却并未确定，需要我们去解决。

对于主因素具体代表的确定，一般是从正交因素荷重矩阵中（原则上是）选择那些对主因素负荷值最大的品德测评指标做代表。这样就有两个问题值得我们注意：一是品德各主因素之间更多地应该是相互联系的，并非两两都相互排斥，因此对于主因素代表的寻找不要仅相信正交因素荷重矩阵，而更多地要注意斜交旋转因素荷重的矩阵分析结果；二是对于主因素负荷最大或较大的测评指标有多个，此时选择哪一个较好呢？如果在众多的品德测评指标中，某个负荷最大，而其他指标均相对小一些，显然这时比较好办。但当负荷值彼此接近、有多个时，那么，仅选择最大的那个是否具有代表性呢？对这些问题的解决，要依赖于决策者自身的经验与方法。不同的人所寻找的具体代表也许有所不同。但有经验的人所寻找的具体代表会比较一致。而缺乏经验的人所寻找的具体代表却差异较大。因此寻找具体代表时建议多人讨论，或者对所有负荷值做较全面的考虑。既要依据负荷值最大的品德测评指标来决定，又要考虑负荷值最小或负荷较大的其他测评指标。对于负荷较大的测评指标，既要依据它们在所命名主因素上的极大数值，又要考虑它们在其他主因素上的极小值（负值）。换句话，寻找具体代表、确定名称，要先竖看，对负荷值大小相近的目标做综合比较，后横看，极大值主因素与极小值主因素对比考虑。例如在前面中小学的 12 项品德测评指标中，集体性项的命名就是根据这一原则并考虑实际需要确定的。

对于聚类类别代表的确立，一般做法是根据相似系数或距离系数的平均值来决定，选取平均值最大的那个做代表。如果类别内部所包括的测评指标较多或相互内涵差异较大，那么仅取平均值最大的那个测评指标做代表，就不可取了。因此当类别内测评指标较多或各指标内涵与外延之间差异明显时，建议能综合其中几个建构一个新代表。此时不是选择代表，而是组合塑造代表，使代表在内涵与外延上真正能够代表类别内所有测评指标。

四、品德测评指标操作指标的建构问题

确立各品德测评指标主因素或类别的代表之后，指标体系的建构工作并未完成，还需要将较为抽象的测评指标具体化为可操作的指标。品德测评指标是否可操作，关键看它是否适合于操作者的实际水平，是否切合测评对象实际。那些适合于研制者的品德测评指标，对于研制者来说，可以说具有操作性，但对于其他人来说，并不一定具有可操作性。因此我们建议，品德测评指标操作指标的建构，不能像过去那样，采取文献式、经验式的自上而下层层分解。而应从测评客体本身、从具体的操作者班主任教师的实际出发，由下而上层层概括、上下配合、相互参照与综合。先由上面界定测评指标的内涵与外延要求，然后由学生与班主任教师，甚至家长等具体操作者共同进行实验研究，由此建立起操作指标库。从这种有计划有组织有指导的群众性操作实践中所建构出的指标，比起闭门思索的字典式、注解式的指标来说，效果要好得多。我们通过实验感觉到，只要有人指导与组织、所采用的方法得当，小学二年级、三年级的学生也能提出很好的操作指标。这大大改变了我们过去依靠权威，依赖专家研制的传统思想。群众是真正的英雄。

五、建构品德测评指标体系的效度问题

对于所建构品德测评指标体系的效度检验，可以有三种方法：一是采用过程分析或经验分析，检验内容效度；二是采用因素分析法、经验或实证分析，检验结构效度；三是采用相关分析，检验关联效度。

1. 内容效度分析。所谓内容效度，是指最后所建构的测评指标体系所规定的内容与原测评指标体系所规定内容的一致性程度。

从建构品德测评指标体系的过程来看，我们是从古今中外德育目标要求和测评方案中，从目前的《守则》《规范》、德育大纲要求中、从党和国家对学生思想品德的新要求中，以及从当前社会需要与未来发展需要出发，来收集各种各样的品德测评指标。显然由此所建立的原始品德测评指标库，对品德具有较好的覆盖性。此外，又从德性、德能、德效等其他“三维”建构原则，拟定补充了一些新品德测评指标。因此可以说，我们

所建构的品德测评指标体系，其“基础”是比较宽广厚实的。

其次，我们是采取先定性后定量再定性的三循环筛选简化方法，确定品德测评指标体系的主体。先由大、中、小学政治辅导员与优秀班主任，根据自己多年的实践经验与理论修养，对每个测评指标，在品德测评中的重要性进行模糊评判，接着以此为依据进行多种方法的比较与定量分析，然后根据定量分析的结果进行优中选优或综合概括。分析结果表明，新品德测评指标体系对原“基础”测评指标体系的信息覆盖率达73.8％以上。

最后，每个测评指标操作指标的建构，是在明确统一的内涵外延界定下，通过实验来寻求其关键性的事实行为依据的。整个品德测评指标体系基础的宽广厚实性与方法建构过程的严谨性，保证了最后品德测评指标体系具有较高的内容效度。

2. 结构效度分析。所谓结构效度，就是最后建构的测评指标体系与我们事先设计的品德基本要素在结构上相一致的程度。从因素分析及聚类分析结果来看，其结构效度也比较好。无论是16个主因素的品德测评指标体系、12个主因素的品德测评指标体系，还是14个类别的指标体系，它们都包括了品德结构中的各个基本因素，而且与事实相符。例如，当我们进行大、中、小学生品德测评指标体系一体化的建构时，16个主因素品德测评指标体系中最重要的前四个测评指标是集体性、情操性、独立性与责任心。它们在整个品德测评的“表决”中，占有40.7％的“发言权”。

集体性，包括热爱祖国、拥护中国共产党、关心爱护集体、爱护公物等。这是我们通常衡量一个人品德好坏的首要标准。在16个主因素品德测评指标体系中，它列于头一个，在整个品德测评“表决”中占有18.8％的“发言权”。这说明所建构的测评指标体系比较符合我们日常品德测评实际的要求。

情操性，包括情操高尚、有理想、意志坚强等。这与中国传统道德教育所强调的立志、人贵有志是相一致的。在16个主因素品德测评指标体系中，它仅次于第一个。“表决”中占有9.7％的“发言权”。

当我们剔除大学政治辅导员的意见之后，发现12个主因素品德测评指标体系中的前三位是礼貌性、敬孝性与朴实性。它们在整个品德测评中占有40.1%的发言权。其中礼貌性一项占有23.0%的发言权，最为突出。这里的礼貌性，包括礼貌待人、举止文明与尊敬师长等。这在中小学人才品德测评中是非常重要的。因为初中以下（中小学优秀班主任中，高中班主任较少，只有20人左右）的德育，主要是行为养成教育。其中文明礼貌是最为重要的，这也与实际品德测评的情况相符合。

若把16个主因素与12个主因素的品德测评目标体系中的前三个进行比较，你就会发现，前者把带政治性或社会主义的特征——集体性摆在第一位，强调理想、独立性等。这与高中以上的大学生品德测评的实际要求较为吻合；而后者却把行为养成教育中特别强调的礼貌性摆在第一位，强调尊敬师长孝敬父母、谦虚谨慎、节约朴素等。这与初中以下的小学生品德测评的实际要求也是相一致的。

综上所述，我们认为所建构的品德测评目标具有较好的结构效度。

六、品德测评目标体系建构中的其他问题

在调查资料的分析中发现，教师们对于品德教养指标与品德测评指标认识上有区别，两者之间存在差异。

从收回的调查问卷情况来看，98%的教师认为，在品德教养中重要的指标，在品德测评中不一定重要。例如“好强争胜”，某教师认为作为教养指标时它比较重要，但作为测评指标时它却是“一般”（见表14—6）。相反，有些指标作为教养指标并不重要但在测评中却认为很重要。例如，该教师认为“孝敬父母”在测评中是“比较重要”，但在教养中却是“最重要”。

表14—6　　初二年级任教15年某班主任答卷

行为指标名称	用来测评学生品德					用来教养学生品德				
	最重要	比较重要	一般	比较不重要	最不重要	最重要	比较重要	一般	比较不重要	最不重要
(1) 节俭朴素			√						√	
(2) 好强争胜			√				√			
(3) 学习勤奋	√					√				
(4) 关心爱护集体		√					√			

续表

行为指标名称	用来测评学生品德					用来教养学生品德				
	最重要	比较重要	一般	比较不重要	最不重要	最重要	比较重要	一般	比较不重要	最不重要
（5）谦虚谨慎			√						√	
（6）诚实守信		√				√				
（7）遵纪守法		√					√			
（8）知恩必报					√				√	
（9）真诚友爱			√					√		
（10）尊敬师长	√						√			
（11）孝敬父母		√				√				
（12）民主平等			√				√			
（13）扶弱爱幼		√							√	
（14）正直正义	√								√	
（15）合作共事					√					√
（16）礼貌待人		√				√				
（17）乐于助人		√						√		
（18）热爱祖国	√					√				
（19）拥护中国共产党	√					√				
（20）言行一致		√						√		
（21）自强不息		√				√				
（22）自尊自信		√						√		
（23）爱护公物		√							√	
（24）求知究底	√						√			
（25）自省自律			√					√		
（26）勇敢刚毅		√				√				
（27）是非分明		√						√		
（28）劳动肯干		√						√		
（29）务实求效		√					√			
（30）尊重他人			√				√			
（31）尽情尽义				√					√	
（32）庄重随和			√				√			
（33）开拓进取		√				√				

续表

行为指标名称	用来测评学生品德					用来教养学生品德				
	最重要	比较重要	一般	比较不重要	最不重要	最重要	比较重要	一般	比较不重要	最不重要
(34) 体谅宽厚			√					√		
(35) 爱参与他人或集体活动			√						√	
(36) 适应灵活				√					√	
(37) 清洁卫生			√				√			
(38) 举止文明			√				√			
(39) 生活学习有计划有规律	√					√				
(40) 乐于为公众服务		√						√		
(41) 乐于接受他人的批评		√						√		
(42) 意志坚强			√					√		
(43) 原则性强					√				√	
(44) 责任心强			√				√			
(45) 独立自主					√				√	
(46) 注重身体			√					√		
(47) 兴趣广泛	√					√				
(48) 情操高尚	√							√		
(49) 有理想	√							√		

答卷人姓名______职称______教龄______曾任______级______班班主任工作，现任______级______班班主任，何时荣获过哪一级部门授予的优秀班主任称号______

因此，我们建议既不要直接把培养目标作为品德测评指标，也不要把教养性品德测评指标与考核性或其他类型的品德测评指标不加区别使用。不同类型的品德测评指标至少在权重上要有所区分。在内容要求与操作指标上也应有所不同。

与此同时我们也发现，对于品德测评指标，中学教师与小学教师对其重要性的认识也存在差异，具体见表 14—7。

表 14—7 左边为小学教师意见，右边为中学教师意见。显然，在品德

表 14—7　中、小学教师对品德测评指标认识差异情况统计表

测评指标	最重要		比较重要		一般		比较不重要		最不重要	
1	10/51	10/46	30/51	26/46	10/51	9/46	—	—	2/51	1/46
2	6/51	17/46	15/51	12/46	12/51	7/46	8/51	2/46	10/51	8/46
3	42/51	42/46	8/51	3/46	1/51	0	—	—	1/51	0
4	35/51	27/46	15/51	16/46	1/51	3/46	—	—	1/51	0
5	12/51	16/46	25/51	20/46	10/51	7/46	3/51	3/46	1/51	0
6	27/51	23/46	19/51	17/46	2/51	5/46	3/51	1/46	1/51	0
7	34/51	34/46	11/51	6/46	4/51	6/46	2/51	0	1/51	0
8	0	0	3/51	6/46	23/51	22/46	19/51	14/46	7/51	4/46
9	20/51	14/46	26/51	22/46	4/51	10/46	1/51	0	1/51	0
10	32/51	14/46	18/51	17/46	1/51	5/46	0	1/46	—	—
11	25/51	21/46	24/51	20/46	2/51	3/46	0	2/46	—	—
12	2/51	4/46	13/51	13/46	21/51	14/46	10/51	10/46	5/51	5/46
13	3/51	16/46	30/51	18/46	14/51	19/46	3/51	2/46	0	1/46
14	16/51	14/46	23/51	20/46	6/51	8/46	3/51	3/46	4/51	1/46
15	1/51	5/46	8/51	14/46	10/51	9/46	9/51	8/46	20/51	10/46
16	22/51	16/46	26/51	27/46	3/51	3/46	—	—	—	—
17	33/51	23/46	15/51	19/46	3/51	2/46	0	2/46	—	—
18	45/51	40/46	5/51	5/46	1/51	1/46	—	—	—	—
19	45/51	40/46	6/51	6/46	—	—	—	—	—	—
20	27/51	22/46	23/51	23/46	1/51	3/46	0	1/46	—	—

续表

测评指标	最重要		比较重要		一般		比较不重要		最不重要	
21	$\frac{14}{51}$	$\frac{24}{46}$	$\frac{31}{51}$	$\frac{15}{46}$	$\frac{4}{51}$	$\frac{2}{46}$	$\frac{1}{51}$	$\frac{1}{46}$	$\frac{1}{51}$	—
22	$\frac{14}{51}$	$\frac{18}{46}$	$\frac{25}{51}$	$\frac{19}{46}$	$\frac{11}{51}$	$\frac{6}{46}$	$\frac{1}{51}$	$\frac{2}{46}$	—	—
23	$\frac{26}{51}$	$\frac{20}{46}$	$\frac{18}{51}$	$\frac{16}{46}$	$\frac{7}{51}$	$\frac{10}{46}$	0	$\frac{1}{46}$	—	—
24	$\frac{16}{51}$	$\frac{18}{46}$	$\frac{22}{51}$	$\frac{19}{46}$	$\frac{11}{51}$	$\frac{7}{46}$	0	$\frac{2}{46}$	—	—
25	$\frac{3}{51}$	$\frac{8}{46}$	$\frac{16}{51}$	$\frac{17}{46}$	$\frac{22}{51}$	$\frac{14}{46}$	$\frac{7}{51}$	$\frac{4}{46}$	$\frac{4}{51}$	$\frac{3}{46}$
26	$\frac{9}{51}$	$\frac{9}{46}$	$\frac{21}{51}$	$\frac{24}{46}$	$\frac{16}{51}$	$\frac{12}{46}$	$\frac{2}{51}$	$\frac{1}{46}$	$\frac{3}{51}$	—
27	$\frac{28}{51}$	$\frac{26}{46}$	$\frac{12}{51}$	$\frac{15}{46}$	$\frac{5}{51}$	0	$\frac{5}{51}$	$\frac{5}{46}$	$\frac{1}{51}$	—
28	$\frac{26}{51}$	$\frac{18}{46}$	$\frac{19}{51}$	$\frac{21}{46}$	$\frac{5}{51}$	$\frac{7}{46}$	$\frac{1}{51}$	—	—	—
29	$\frac{4}{51}$	$\frac{13}{46}$	$\frac{32}{51}$	$\frac{22}{46}$	$\frac{9}{51}$	$\frac{7}{46}$	$\frac{5}{51}$	$\frac{2}{46}$	$\frac{2}{51}$	$\frac{2}{46}$
30	$\frac{19}{51}$	$\frac{10}{46}$	$\frac{26}{51}$	$\frac{30}{46}$	$\frac{5}{51}$	$\frac{1}{46}$	$\frac{1}{51}$	—	—	—
31	0	$\frac{1}{46}$	$\frac{9}{51}$	$\frac{11}{46}$	$\frac{26}{51}$	$\frac{15}{46}$	$\frac{6}{51}$	$\frac{6}{46}$	$\frac{10}{51}$	$\frac{13}{46}$
32	0	0	$\frac{5}{51}$	$\frac{6}{46}$	$\frac{22}{51}$	$\frac{15}{46}$	$\frac{12}{51}$	$\frac{15}{46}$	$\frac{12}{51}$	$\frac{9}{46}$
33	$\frac{21}{51}$	$\frac{29}{46}$	$\frac{18}{51}$	$\frac{13}{46}$	$\frac{9}{51}$	$\frac{4}{46}$	$\frac{3}{51}$	$\frac{1}{46}$	—	—
34	$\frac{2}{51}$	$\frac{5}{46}$	$\frac{16}{51}$	$\frac{9}{46}$	$\frac{23}{51}$	$\frac{20}{46}$	$\frac{10}{51}$	$\frac{12}{46}$	—	—
35	$\frac{7}{51}$	$\frac{9}{46}$	$\frac{25}{51}$	$\frac{23}{46}$	$\frac{15}{51}$	$\frac{12}{46}$	$\frac{4}{51}$	$\frac{2}{46}$	—	—
36	$\frac{2}{51}$	$\frac{5}{46}$	$\frac{10}{51}$	$\frac{10}{46}$	$\frac{18}{51}$	$\frac{15}{46}$	$\frac{14}{51}$	$\frac{10}{46}$	$\frac{8}{51}$	$\frac{6}{46}$
37	$\frac{13}{51}$	$\frac{8}{46}$	$\frac{19}{51}$	$\frac{18}{46}$	$\frac{13}{51}$	$\frac{11}{46}$	$\frac{2}{51}$	$\frac{7}{46}$	$\frac{4}{51}$	$\frac{1}{46}$
38	$\frac{18}{51}$	$\frac{14}{46}$	$\frac{24}{51}$	$\frac{21}{46}$	$\frac{7}{51}$	$\frac{8}{46}$	$\frac{2}{51}$	$\frac{2}{46}$	0	$\frac{1}{46}$
39	$\frac{28}{51}$	$\frac{26}{46}$	$\frac{19}{51}$	$\frac{16}{46}$	$\frac{3}{51}$	$\frac{3}{46}$	$\frac{1}{51}$	—	—	—
40	$\frac{21}{51}$	$\frac{15}{46}$	$\frac{23}{51}$	$\frac{23}{46}$	$\frac{7}{51}$	$\frac{7}{46}$	0	$\frac{1}{46}$	—	—
41	$\frac{19}{51}$	$\frac{17}{46}$	$\frac{24}{51}$	$\frac{27}{46}$	$\frac{8}{51}$	$\frac{3}{46}$	—	—	—	—

续表

测评指标	最重要		比较重要		一般		比较不重要		最不重要	
42	$\frac{17}{51}$	$\frac{24}{46}$	$\frac{21}{51}$	$\frac{14}{46}$	$\frac{12}{51}$	$\frac{7}{46}$	0	$\frac{1}{46}$	$\frac{1}{51}$	—
43	$\frac{8}{51}$	$\frac{11}{46}$	$\frac{20}{51}$	$\frac{23}{46}$	$\frac{19}{51}$	$\frac{10}{46}$	$\frac{2}{51}$	$\frac{2}{46}$	$\frac{1}{51}$	0
44	$\frac{18}{51}$	$\frac{17}{46}$	$\frac{30}{51}$	$\frac{21}{46}$	$\frac{1}{51}$	$\frac{7}{46}$	0	$\frac{1}{46}$	$\frac{1}{51}$	—
45	$\frac{22}{51}$	$\frac{17}{46}$	$\frac{10}{51}$	$\frac{14}{46}$	$\frac{15}{51}$	$\frac{8}{46}$	$\frac{1}{51}$	$\frac{5}{46}$	$\frac{4}{51}$	$\frac{2}{46}$
46	$\frac{18}{51}$	$\frac{16}{46}$	$\frac{15}{51}$	$\frac{17}{46}$	$\frac{13}{51}$	$\frac{6}{46}$	$\frac{4}{51}$	$\frac{5}{46}$	$\frac{1}{51}$	$\frac{1}{46}$
47	$\frac{9}{51}$	$\frac{12}{46}$	$\frac{30}{51}$	$\frac{23}{46}$	$\frac{10}{51}$	$\frac{5}{46}$	$\frac{2}{51}$	$\frac{6}{46}$	—	—
48	$\frac{22}{51}$	$\frac{23}{46}$	$\frac{14}{51}$	$\frac{12}{46}$	$\frac{9}{51}$	$\frac{4}{46}$	$\frac{6}{51}$	$\frac{7}{46}$	—	—
49	$\frac{26}{51}$	$\frac{30}{46}$	$\frac{15}{51}$	$\frac{7}{46}$	—	—	—	—	—	—

测评指标 2、29、33、42 和 49 上，差异较大些。因此，建议中学生与小学生的品德测评指标在要求与权重上应有所不同。

由于一时难以找到大家公认的品德测评指标体系，我们在品德测评指标体系和建构中的不足是对所建构的指标体系没有进行关联效度的检验。所谓关联效度，即指所建构的品德测评指标体系，其效用与某些较为标准的测评指标体系效用间的一致性程度。对于品德测评指标体系库的建立，我们也只是在理论与实践上做了一些初步性的探讨，还有许多具体的工作尚未全面开展，有许多不完善、不完备之处。这些都有待今后做进一步的努力。

第十五章　OSL 品德测评法及其应用

第一节　基本思考与设想

一、基本思考

人才管理实践中，人们多把品德测评只看做是一种管理手段，忽视了其开发作用，把它排除在实际的人才开发方式方法之外。

品德测评能否成为一种独立有效的人才开发方法呢？这是一个有待我们思考与探索的问题。

1. 品德测评是人才品德发展优化控制中的自适应控制

所谓优化控制，就是在多个控制变量中找到并实现某个控制变量，使相应于这个控制变量的目标函数的值呈最优值（最大或最小值）。

人才开发过程实际上，是开发者对人才品德发展的优化控制。人才开发的目的主要表现为两个方面：一是内化，要使人才在一定时期内掌握一定的社会规范要求；二是外化，要让人才内在的品德素质得到充分和谐的发展，发挥效用。无论是内化还是外化，从系统论的角度看，都存在优化控制的问题。品德测评则通过自评、互评与上级评的反馈功能达到自控、互控与上级控的整体优化控制。值得注意的是品德测评的这种整体优化控制还是一种自适应控制。测评者与被测评者都是能动的主体，他们对于事先无法预计的外界条件的变化、本身结构参数的变化以及有关测评结果，能自动地“适应”，做出相应的开发对策，使人才品德处于优化发展的良好状态。

2. 品德测评活动具有潜课程性质

品德测评的作用，不仅仅在于对品德行为养成效果的评定，而且这种有组织、有计划的测评活动是一门潜课程。它本身具有教育作用，能够对被测评者的行为养成进行反馈、指导与调节。通过测评者讲解测评标准，被测评者们领会到了组织的行为要求是什么，通过自我测评，被测评者们知道了自己哪些方面合乎要求，哪些方面还不合乎要求，通过相互测评及讨论，通过上级主管的总结讲解，被测评者明白了什么行为是正确的，什么行为是错误的，怎样做能得到大多数人的赞成，怎样做会遭到组织的反对。自己比别人好在什么地方，差在什么地方，从而会由此激发自我教育、迁善改过的动机与动力。在品德测评过程中，被测评者通过对自己及他人具体行为的认识与比较，能够把行为规范由字面解释和图形展示所形成的“教条”概念转化为实际的行为与具体的形象；通过对自己或他人行为测评的贬褒及内心体验，会把外在的行为规范内化为自己的一种行为需要。品德测评在这里与其他教育课程的目的与性质是一样的，都是作为实现行为养成目的、完成教育任务的一种手段与途径。不同的是，行为规范教育课程有大块固定的时间，有集中的场所和完善的设备，其目的专一，十分明确。而品德测评却并非如此。它虽不具有一般教育课程的形式和特点，但这种测评一旦成为惯用形式，就具有潜课程的功能。

二、OSL 品德测评法的基本设想

所谓 OSL 品德测评法，我们的设想是，它是一种以品德培养与开发为目的的行为测评法，或者把它通称为开发品德测评法。实际上它是一种表现为品德测评方式的开发方法，是人才测评教育作用发挥的一种实体建构模式。这里 O 即英文单词 On（做到）的缩写，S 即英文单词 Short（稍差）的缩写，L 即英文单词 Long（较差或需努力）的缩写。O、S、L 即品德开发结果（做到、稍差、较差）主观测评的一种简便标记符号。

在 OSL 品德测评法设想中，我们首先想采用符号记录测评结果，在最后的综合或必要时才转换成分数。

苏联教育家阿莫纳什维利认为，人们对分数常常怀有某种莫名的恐惧感、神秘感和敬畏感；追求高分数成为人们行为的直接动因；社会对于分数的重视与不正确的理解给被测评者带来了巨大的压力，分数同时又成为被测评者要挟主管奖励的手段。

虽然上述观点不一定那么符合我们所见到的事实，但为了避免分项直接打分带来的不良影响，为了吸取分数便于综合比较的优点，我们采取了折中的办法。具体测评时，划分“做到”“稍差”和“需努力”三种差异情况并代以 O、S、L 的符号，使记录既简便（每个字母都是一笔书写），又避免了差异直接显示的刺激（分数与词语均直接显示了差异，容易给人以刺激）作用。最后期末综合时，累计 O、S 和 L 的个数 m_1、m_2 与 m_3，把它们代入下列公式计算总分。

$$P=\frac{3}{2}m_1+m_2+\frac{1}{2}m_3 \quad 或 \quad P=\frac{1}{2}(3m_1+2m_2+m_3)$$

式中 m_1 为 O 的个数，m_2 为 S 的个数，m_3 为 L 的个数，P 为总分，四舍五入取整数，分数仅为比较之用，报告时采用优秀、良好、中等、尚可、需努力等词语。其中规定，$P>85$ 为优秀，$85\geqslant P>75$ 为良好，$75\geqslant P>65$ 为中等，$65\geqslant P>55$ 为尚可，$P\leqslant 55$ 为需努力。对于被测评者的个性特征、突出事例，学年末还要辅以文字描述。

其次，在 OSL 品德测评法的设想中，我们特别强调突出被测评者的自我测评。

目前对品德测评的认识与实验，往往认为品德测评只有他评才能保证客观性，自评只是他评的手段，是为他评服务的。因而思想上、口头上虽然承认自我测评重要，但是实际上却不够重视研究如何做好自我测评，如何指导自我测评，如何充分发挥品德测评过程中被测评者自我测评的主体性与自觉性。事实上，在整个品德测评中，尤其是培养型品德测评中的自我测评，起着十分重要而关键的作用。

在社会学习理论中，自我强化、自我控制或自我调节，扮演了极为重要的角色。模仿或观察学习中的几个具体步骤，每一步都涉及自我调节的作用。

乌克兰心理学家萨波日尼科娃认为，自我评价是人们品德发展的一项指标。

上级评和互评不能仅仅满足于他们从外在规范的“他律”观察，主要

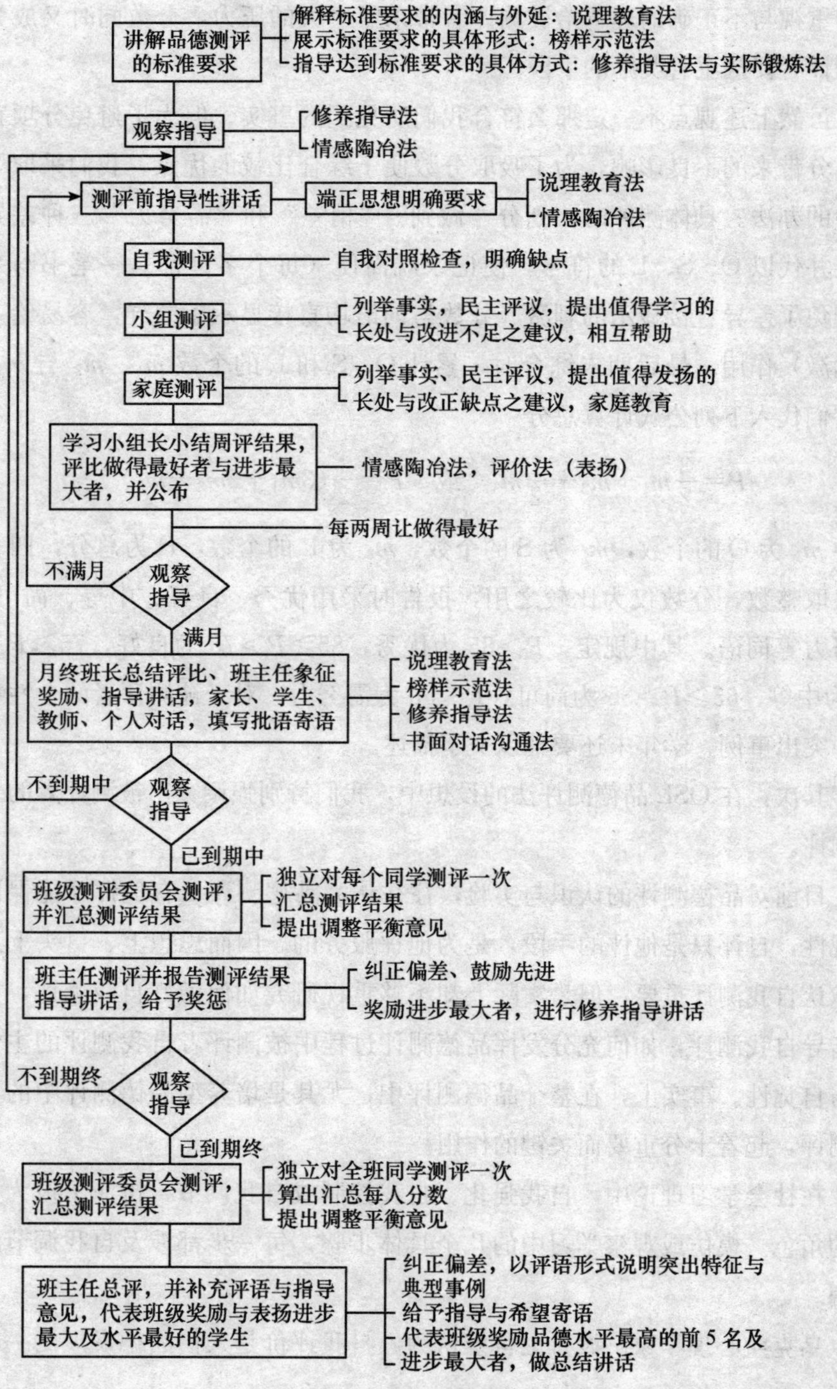

图 15—1　OSL 品德测评法操作程序示意图

努力了解并发展其个人自主意识和主体观念的“自律”水平，重视被测评者的自我测评。自我测评还有助于提高被测评者自我教育的自觉性与主动性。

最后，在建构OSL品德测评法的设想中，我们特别注意发挥与利用品德测评的“蝴蝶效应”作用。

被称为统领21世纪的科学理论中的紊乱学，有一条叫做“蝴蝶效应”的著名原理。据说，南半球一只蝴蝶偶尔扇动翅膀所带起的微弱气流，几星期后竟变成了席卷美国得克萨斯州的一场龙卷风！于是，紊乱学家把它称为“蝴蝶效应”并做了理论表述：一个极微小的起因，经过一定的时间及其他因素的参与作用，可以发展成极为巨大和复杂的影响力。为了在品德测评过程中突出地发挥开发作用，依据“蝴蝶效应”原理，我们把OSL品德测评法建构成以品德测评为主线，串联其他开发方法的系统模式，具体程序如图15—1所示。

第二节　实验结果（一）及其分析

OSL品德测评法分别在吉林省第二实验学校、东北师大附小、吉林工大子弟中学、江西赣州市四中和七中等学校进行了一年多三个阶段的实验，取得了良好的教育效果，较为明显的几点分析如下：

一、有利于品行的优化养成

OSL品德测评法对于小学生改正不良行为与养成良好的行为具有明显效果。

为了考察OSL品德测评法的效果，我们分别采取随机与等距抽样相结合的方式，从小学二年级、三年级与五年级抽取了部分学生，对其第一次与最后一次测评结果进行比较分析，见表15—1（注：1个O=2个S=4个L）。

上面分析结果表明，小学生低、中、高三个年级在OSL品德测评法的影响下，除个别学生外，绝大部分学生都保持或发展了自己良好的品德行为。

表 15—1

班级	姓氏	第一次测评结果	两个月后的测评结果	变化情况
二年级	赵	38L	38L	0
	张	15L	35L	20L
	杨	27L	24L	−3L
	宋	38L	40L	2L
三年级	于	27L	46L	19L
	潘	30L	54L	24L
	徐	46L	52L	6L
	毕	26L	34L	8L
	孙	23L	31L	8L
五年级	陈	29L	32L	3L
	雷	42L	42L	0
	康	25L	32L	7L
	李	31L	32L	1L
	马	36L	44L	8L

从二年级学生的情况来看，第一次测评结果只反映了学生的原有水平，而二个月后的测评结果则突出了 OSL 测评法的效用。结果表明第一次测评分数较高的学生（38L）进步不明显，而第一次测评分数较低（15L）的学生进步最大。我们认为这是合乎实际的。虽然这里所分析的学生较少，但由于他们是随机抽样来的，具有一定的代表性，揭示了分析全部学生所能揭示的问题。这就是说，OSL 品德测评法对后进学生的作用要优于对先进学生的作用。

为进一步揭示 OSL 测评法对小学生作用的规律，我们选择三年级学生为对象，分别抽取其第二次、中间一次的测评结果与第一次及最后（两个月后）的测评结果联合起来作整体分析。因为小学三年级学生处于小学的中间年段，与其他年级学生相比，他们较能代表小学生的情况。我们对前面分层随机抽取的 5 个学生，描绘了他们变化的曲线图，其结果如图 15—2 所示。

从上述行为养成变化曲线同位对比图中可以看出，OSL 品德测评法实施的头一周，极大地调动了所有学生积极主动修养行为的自觉性，效果十

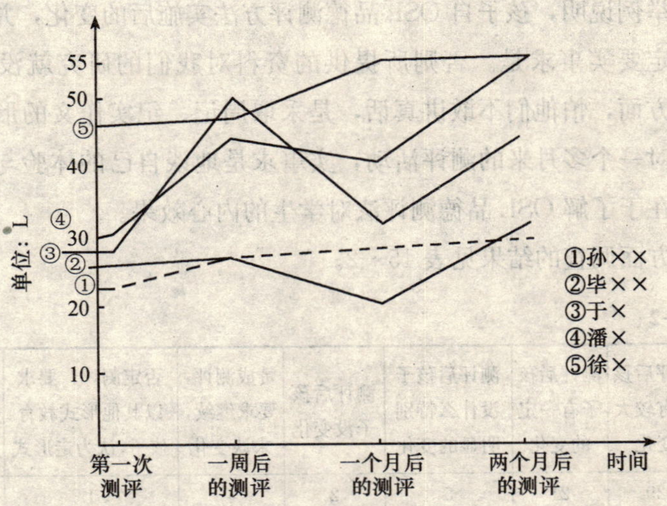

图 15—2

分显著。而在后来的一个月时间内，修养水平最好与最差的学生仍然保持上升或提高势头，而修养水平中等或一般的学生，则波动较大。一个月后所有学生的行为修养水平又明显上升，恢复正常。但值得注意的是，这段时间内，OSL 品德测评法的作用，对行为修养水平处于中等的学生最大。由此可知，OSL 品德测评法总体上看，在整个学期中对所有学生都发挥着明显的教育作用。但在实施第 2～3 周后的作用有一低谷时期，一个月后才恢复正常。分析结果启示我们在低谷时期特别要注意采取相应的其他德育方法辅助测评，这样才能最优地发挥 OSL 品德测评法的德育作用。

二、深层品德素质开发效果明显

如果说有些德育方法只是促使学生在学校内表现得很好，出了校门就不行，或者仅仅是对其行为的改变而没有触动思想，那么这种德育方法就缺乏深层次的德育效果。为了考察 OSL 品德测评法的深层次德育效果，我们一方面向家长与教师调查，另一方面对学生进行分析。

为了防止家长说好话、唱赞歌或发牢骚，我们向学生家长反复说明，我们的 OSL 品德测评是一种融德育于测评之中的品德养成教育新尝试，与其他方法相比，有利有弊。为了更好地完善对这种测评方法的研究，特请各位家长举例说明，孩子自 OSL 品德测评方法实施后的变化，并提出有关意见，一定要实事求是。否则所提供的资料对我们的研究就没有多大意义。学生方面，怕他们不敢讲真话，是采取周记、纪实作文的形式要求每个学生针对一个多月来的测评活动，实事求是地谈自己的体验与感受。其目的主要在于了解 OSL 品德测评法对学生的内心效果。

家长方面调查的结果见表 15—2。

表 15—2

年级	测评后孩子有较大变化	测评后孩子有一定的变化	测评后孩子没什么特别明显的变化	测评后孩子没变化	赞成测评，要求继续，未谈变化	否定测评，要求以其他形式教育孩子，认为走形式	对测评目标或方法提出修改意见
一年级	29	21	5	2	4	1	约 90%
三年级	27	20	3	0	1	1	约 15%
五年级	35	16	0	0	2	0	约 6%

从一年级家长的反馈情况来看，约 80% 的学生自 OSL 品德测评实施以来，其家庭行为表现发生了显著变化。特别突出的变化主要集中在学习、自我服务、个人卫生、生活习惯、体育锻炼、礼貌、帮助父母干活、听从父母的话等方面。

从三年级家长反馈的意见来看，约有 90% 的学是自 OSL 品德测评实验以来，其家庭行为表现发生了显著变化，特别突出的变化是在尊敬父母、自我服务、学习习惯、帮做家务、诚实、勇敢认错及良好习惯养成等方面。

从五年级家长所反馈的情况来看，OSL 品德测评活动开展后约有 96% 的学生发生了显著变化。特别突出的变化主要集中在尊敬父母、礼貌、学习自觉性、关心他人、生活习惯与家务劳动方面。

家长们不但反映了孩子自测评后变化的情况，而且大多数人谈了自己参加测评实验活动的感受与认识，许多见解都比较深刻。他们认为 OSL 品德测评法的实验，对孩子起了三种作用：一是激励作用。现在的小孩自尊心较强，不甘落后别人，既怕小组给他评“L”又想多得几[illegible]“O”，产生了积极进步的热情与决心。二是认识检查作用。平时家长一般不会对孩子进行全面系统的行为教育，有时也不知道该进行什么内容的行为养成教育，因此孩子在实际生活中，对自己的许多行为不知道是对还是错。通过测评，逐项对照检查，他们便知道自己错在哪里，对在哪里，消除了“小皇帝”在家庭中绝对正确的观念。三是督促约束作用。

关于OSL品德测评作用，学生方面调查的情况汇总见表15—3。

表15—3

年级	内心触动大，觉得比别人差，进步很大或决心要赶超别人	觉得自己测评后进步不小，但决心要做得更好些	认为测评促进了全班面貌的改变	只谈测评的教育作用并决心按测评要求做	能正确对待别人评O、评L，反思优缺点并决心扬优抑缺	提出对测评方案略加修改的意见	其他杂谈
三年级	17	13	5	11	2	0	0
四年级	4	22	32	0	0	3	0
六年级	52	1	26	4	0	4	2

注：六年级有的同学既谈全班变化又举自己变化的实例。故第一栏与第三栏有少量重复。

从上面结果分析中可以看到，三年级学生中有79%的学生反映，OSL品德测评法对他们个人或集体产生了实际作用。其余21%的学生也没有认为测评对他们没有产生实际作用，而只是谈体会的角度不同而已。对班级变化最大的是学习、纪律、卫生等方面。

四年级94%的学生反映，OSL品德测评法对他们班级或个人产生了实际作用，并列举了大量的实例。六年级约有96%的学生反映说，OSL品德测评法对他们个人或集体产生了明显效果。主要体现在卫生、纪律、家务劳动、体育锻炼、克服困难、尊敬父母、学习策略、形成良好习惯及改正不良行为等方面。

三、具有明显的智育效应

人们普遍认为，品德测评的主要作用仅是对学生品德的评定。前面我们通过事实分析，证明OSL品德测评法具有明显的德育作用，那么品德测评教育功能的发挥是否仅仅限于德育方面呢？它对学生有没有智育作用？带着这个问题，笔者对赣七中初二（2）班实验OSL品德测评法的智育效应做了专门分析。

分析方法是，对同一年级8个教学班的各科统考成绩，在做横向比较的基础上，再对同一学科考试成绩做测评实验前后的纵向比较，同一实验班同学的统考成绩在先做不同个体间的横向比较后，再对每个同学测评实验前后的变化做纵向比较。数据来源于赣州市七中教导处所提供的历次赣州市统考成绩统计表。为了分析方便，笔者把它们集中于表 15—4 中。

表 15—4　　江西省赣州市第七中学初二年级 8 个教学班四次统考成绩统计分析表

考试时间 / 班级 / 课程	初二上学期期中考试成绩								初二上学期期末考试成绩							
	(1)	(2)	(3)	(4)	(5)	(6)	(7)	(8)	(1)	(2)	(3)	(4)	(5)	(6)	(7)	(8)
政治	78.1	81.7	71.6	79.9	66.8	81.5	83	84.5	73.4	68.2	67.3	64	78.5	70.9	71.9	67.4
语文	71.9	69.5	62.3	60	68.2	68	71	70.3	73.5	68.5	69.4	65.2	64.8	68.8	71.1	76.2
数学	71.8	73	61.7	59.9	78.8	73.5	75.7	74.5	63.7	73.1	63.3	57.6	74.4	75.9	77.7	75.1
英语	64.5	76.9	49	61.1	60.1	77.2	70.5	72.5	66.8	75.7	58.6	71.8	57.1	75.3	70.4	74.1
物理	69.6	63.7	58.8	58	60.3	72.5	75.3	66.8	67.1	68	63.1	64.3	61.4	73	76.7	71.9
动植物	75.2	80.2	66.7	64.3	57.2	70.2	71.4	64	68	59.7	56.7	53	63.9	61.3	68.9	52.1
历史	71.5	63.8	55.9	55.5	61.6	54.5	73.7	69.9	68	61.9	65.6	61.4	63.1	69.3	81.4	75.9
地理	81.3	80.7	66.8	73.4	45.8	77.8	81.8	79.9	50.4	45.7	43.8	45.3	67	50.9	56.5	52
平均及格率（%）	82	92.4	48	58	53.7	85.1	91.7	84.6	64.7	61.5	50.7	46	70	77.6	84.3	67.6
平均高分率（%）	28	33.3	8	15	11.9	20.9	43	27.7	7.4	7.7	9.2	11	22	14.9	35.7	12
平均最高分	91.1	92.1	92	91.2	84.8	96.5	94.2	97.5	86.8	92.4	92.6	90	90.1	96.5	94.6	97
平均最低分	50	52.6	27	35.4	30.6	41.4	42.9	46	38	39.2	29.4	32.6	35.3	44	39.1	39
总平均分	73	73.7	61.8	64.1	62.6	71.9	75.3	72.8	66.2	65.4	60.8	60.3	66.5	68.2	71.8	68.1

考试时间 / 班级 / 课程	初二下学期期中考试成绩								初二下学期期末考试成绩							
	(1)	(2)	(3)	(4)	(5)	(6)	(7)	(8)	(1)	(2)	(3)	(4)	(5)	(6)	(7)	(8)
政治	74.6	81	78.5	76.7	83.6	78.8	86.3	81.7	78	81.8	78.5	81.5	84.4	83.5	89.6	88.3
语文	76.5	75.9	72.6	70.6	69.3	73.5	75.6	73.3	63.9	62.9	60.9	60.3	66.5	62.2	65.7	66.8
数学	56	64.7	61.3	50.7	67.5	69.3	70.8	67.7	69.4	73	65.4	61.8	76.8	76.5	76	77.5
英语	62.5	77	62.8	65.3	57.7	77	71.5	72.1	60.8	68.9	56.5	66.8	57.7	73.3	68.2	71.3
物理	62	68.2	65.2	61.6	62.8	72.3	70.5	67.7	56.5	58.2	58.7	59.3	60.2	65.3	66.7	64.4
动植物	78.9	70.1	62.2	62.6	64	68.9	72.6	74.2	77.6	71.3	61.2	64.7	65.1	70.3	67	70.3
历史	60.6	71.7	55.3	65.4	60.2	68.5	73.4	73.2	84.4	88.6	82.1	84.9	85.9	84.8	93.7	92.2
地理	69.4	76.8	65.4	70.4	69.9	76	77.5	76.7	85.5	86.3	85.8	84.8	89.7	87.1	94.4	90.4
平均及格率（%）	70	87.9	55.2	59.7	70	84.5	87.7	84.1	76	92.2	78.7	76	90.6	88.6	95.8	95.5
平均高分率（%）	29	36.4	16.4	26	25.7	28.2	43.1	33.3	15	29.7	21.2	23	32.7	37.1	43.7	46.2
平均最高分	92.1	92.6	94.6	93.7	90	97.9	94.6	98.3	90	91.1	91.4	93.4	89.6	96.1	94.6	96.1
平均最低分	32.9	54.8	27.4	25.3	29.8	43.4	44.2	39.5	34.8	54.3	41.5	39.1	47.2	52.3	45.1	55.5
总平均分	67.7	73.2	63.9	65.4	66.8	72.8	74.8	73.3	72.2	74	68.5	70.9	73.4	75.5	77.6	77.7

注：高分率指总平均分数在 80 分以上的人数比例（百分比）。

对于上述统计分析表内的有关数据，我们首先依据同一学科同一次统考成绩对8个教学班进行排序，做横向比较，求出实验班初二（2）的位置号，所求结果见表15—5（位置号以阿拉伯数字表示，①表示第1号，②表示第2号，以此类推）。

表15—5

比较项目	初二上中统考	初二上末统考	初二下中统考	初二下末统考
政治	③	⑤	④	⑤
语文	③	⑥	②	⑤
数学	⑤	⑤	⑤	⑤
英语	②	①	①	③
物理	⑤	④	①	⑦
动植物	①	⑤	④	⑦
历史	④	⑦	③	③
地理	③	⑥	①	③
平均及格率	①	⑥	①	③
平均高分率	②	⑦	②	⑤
总平均分	②	⑤	③	④

如果把上述分析结果采用动态变化图像表示，则可以清楚地看到OSL品德测评法实施前后的学习成绩变化（见图15—3）。

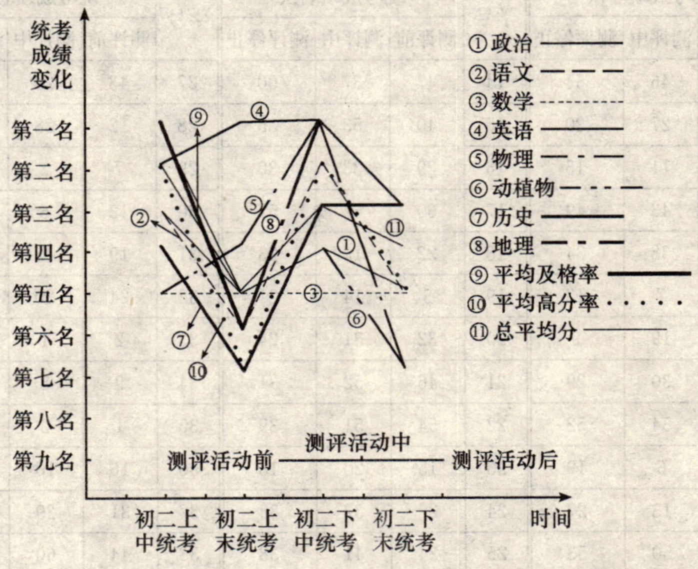

图15—3　OSL品德测评法实施前后的学习成绩变化坐标图

上述统考成绩变化图像以及统计分析表中所有统考成绩比较项目表明，OSL 品德测评活动稳定并促进了初二（2）班各项智育成绩的提高。测评活动开展前，初二（2）班 11 项统考成绩中有 9 项处于下滑，测评活动中均“起死回生”，呈上升趋势。然而测评活动停止后，又恢复下滑状况。第 3 根曲线数学一直保持不变，第 4、5 两根曲线，即英语与物理，虽然测评活动前呈上升趋势，测评活动中仍然保持上升，且上升的幅度有所增加，然而测评活动停止后却都出现下滑了。

对比 OSL 品德测评活动前后的统考成绩变化情况，我们不难看出，OSL 品德测评法对初二学生的智育产生了显著的效应。

当我们分析初二（2）班内部状况时，同样的证据表明，OSL 品德测评法具有显著的智育效应。

我们对初二（2）班学生初二上学期期末（测评活动前）、初二下学期期中（测评活动中）和初二下学期期末（测评活动停止后）三次统考成绩进行平均，以各科综合平均成绩为标准，对全班学生做了横向比较，求出了每个学生的名次，统计结果见表 15—6。

表 15—6

学号	统考成绩名次			学号	统考成绩名次			学号	统考成绩名次		
	测评前	测评中	测评停止		测评前	测评中	测评停止		测评前	测评中	测评停止
1	41	46	54	14	47	37	50	27	43	24	46
2	30	27	20	15	40	53	35	28	12	28	14
3	10	11	15	16	29	33	30	29	7	3	8
4	59	43	49	17	60	57	57	30	13	6	7
5	48	38	34	18	22	15	23	31	19	12	10
6	19	7	13	19	5	14	21	32	24	20	14
7	7	19	9	20	32	31	24	33	2	1	6
8	51	30	29	21	46	52	31	34	9	8	12
9	58	54	52	22	54	51	39	35	1	2	3
10	23	6	19	23	15	20	18	36	16	10	17
11	26	13	27	24	27	32	33	37	31	29	26
12	57	50	53	25	24	41	38	38	44	60	51
13	60	45	44	26	52	58	46	39	8	9	4

续表

学号	统考成绩名次			学号	统考成绩名次			学号	统考成绩名次		
	测评前	测评中	测评停止		测评前	测评中	测评停止		测评前	测评中	测评停止
40	41	56	37	47	15	13	2	54	35	39	41
41	20	24	32	48	11	4	1	55	49	42	41
42	50	44	45	49	60	56	42	56	55	53	55
43	33	40	47	50	28	21	18	57	53	25	19
44	37	35	28	51	42	50	58	58	39	34	40
45	4	10	11	52	38	22	48				
46	45	55	25	53	9	5	18				

当我们把上述三次统考成绩名次排列的结果（注意有一次以上缺考的人我们已删除）用图像表示并统计后得到表 15—7。

表 15—7

图形及特征	人次	比例（%）
∧ 效果明显型	19	32.8
/ 效果延续型	17	30
\ 效果不明显有效型	10	17.2
∨ 无效果型	12	20

所谓效果明显型，即随着 OSL 品德测评法的实施而成绩提高，随着 OSL 品德测评法的停止而成绩下降，这种类型的人最多，占 32.8%。所谓效果延续型，是指随着 OSL 品德测评法实施而提高，但停止 OSL 品德测评法后，仍然保持继续上升与提高趋势，这种类型的人占 30%。前 32.8% 的人另一方面也表明学习行为习惯尚未完全养成，而后 30%的人可以认为学习行为习惯已初步养成。所谓效果不明显有效型，是指 OSL 品德测评法实施时，由于其他因素的干扰破坏，其效果暂时未明显表现出来，但当停止 OSL 品德测评法时，成绩急剧下降，这种类型的人占 17.2%。所谓无效果型，即随着 OSL 品德测评法实施而不见成绩上升，而停止 OSL 品德测评法后成绩反而上升，这种类型的人占 20%。如果从另一角度来解释这类现象，即把无效果型看做效果压抑后发型解释，当 OSL 品德测评法实施

后，由于其他因素干扰破坏，或个体所做的行为养成正与其他对抗因素处于斗争较量之中，暂时未发挥作用，等到 OSL 品德测评法停止后，对抗因素消失，先前的行为养成因素才逐渐发挥作用。

如果我们以上所做的解释有可能成立的话，那么不但能够说明 OSL 品德测评法对于初二学生智育的效应作用，而且也说明 OSL 品德测评实施期间初二学生所养成行为巩固率达 50%。

此外，我们还分析了 OSL 品德测评法对学习成绩具体影响的程度，结果见表 15—8。

表 15—8

比较内容	上升幅度（名次）			下降幅度（名次）		
	超越 10 个名次以上	超越 15 个名次以上	超越 20 个名次以上	下降 10 个名次以上	下降 15 个名次以上	下降 20 个名次以上
由未测评到测评中	8	5	3	4	4	0
由测评到停止测评后	3	2	3	2	0	1

上述分析结果表明，OSL 品德测评法尚未实施到实施后这一期间，统考成绩上升幅度超越 20 个名次以上的有 3 人，而在这期间下降的一个也没有；上升幅度超越 10 个名次以上的有 8 人，而在这期间下降幅度为 10 个名次的仅有 4 人；从测评实施到停止测评这一期间，继续上升幅度超越 10 个名次以上的有 3 人，而这一期间下降幅度在 10 个名次以上的仅有 2 人。这些数据充分表明了 OSL 测评法对初二学生智育效应的显著性。

第三节　实验结果（二）及其分析

有的人认为 OSL 品德测评法对于小学乃至初中学生的实验效果是不容置疑，但对已接近成人的高中学生是否同样有效，就没有把握了。为了探讨这一问题，我们也在高中学生中进行了 OSL 品德测评法的实验。下面我们根据江西省赣州市第四中学高一、高二两个实验班的实验结果做些分析。

一、高一学生实验结果及其分析

所采用的分析方法，是要求班主任布置每个同学总结测评实验开展前后的变化。要求举出实例，并经过家长审查和班干部检查，然后班主任在此基础上再结合平时的观察了解，写出实验总结。下面是依据高一（2）班班主任肖××老师所提供的情况进行的效果分析。

高一（2）班是从1992年3月底开始实验，同年6月初告一段落。经过两个多月的实验后，该班主任报告说："绝大部分同学自我管理、自我教育的积极性充分激发出来了。班风、学风空前浓厚、良好，组织纪律性大大加强，觉得有一股无形的力量在鞭策、推动着学生前进。同学们无论是思想、学习、生活各方面，都会自觉不自觉地想到测评活动。整个班集体呈现出不甘落后、你追我赶的一派生机。"

"尤其是在一些大家看得见的集体活动中，例如集队升旗、做操劳动、课堂纪律、举手发言等方面，效果十分显著。自从实验开展以后，无故迟到、早退、缺席现象已基本消灭。我是英语教师，就我教的英语成绩来看，实验测评后有所上升，别的学科也反映良好。主要体现在课堂上积极思考的人多了，打瞌睡的人少了；求教、提问的人多了，欠交、不交作业的人少了；认真学习、要求进步的人多了，违反纪律的人少了；做好人好事、讲清洁卫生蔚然成风。如俞××同学拾到千余元钱及邮票完璧归赵，以前满足于一知半解的刘××同学由40余名跃居全班前10名。刘××同学一度与家人闹别扭，发展到不理睬父母的程度，经过这次实验测评及家访教育，现和好如初。保健卫生、体育锻炼已成为每个学生不可缺少的生活组成部分。我班被评为'先进文明班级'。"

从上述总结报告的引言中我们不难看出，OSL品德测评法对于高一学生的纪律行为、学习行为以及自我约束、自我教育的作用效果显著。因此，该班班主任最后总结认为，OSL品德测评法是一项"自我教育与督促鞭策的双轨工程"，对于学生德、智、体、美、劳全面发展有着极其重要的意义。

二、高二学生实验结果及其分析

分析方法与前面高一分析方法相同，该实验班班主任刘××老师说：“我们班是赣四中的高中普通班，人数较多，学生厌学现象较严重，遵守纪律情况也不够好，学生自觉性差。在这两个多月的测评实验中，学生的自觉性、班级的学风、纪律有所好转，没有出现大的违纪事件。其中在第一周（即第一次测评后的那一周）效果较为明显。班上有位同学，原来对自己要求不严，通过测评活动，各方面都有较大的进步，学习成绩由原来在班上一直较差，到期末考试跃居全班第10名。但是，作为一个高中普通班效果不是很理想，特别是后面几周，有些同学就无所谓了。”

从以上班主任报告的情况来看，OSL品德测评法对高二普通班的学生效果最明显的是第一次测评后的那一周，其作用主要体现在智育效应、自我教育、纪律及学风方面。由于我们把实验任务交给该校后一直没有通信指导，缺乏相应的教育改进措施，因此该实验班后来的实验效果缺乏后劲。如果他们能像赣州市七中温××老师那样采取一些相应的辅助教育措施，那么其后面几周的效果肯定会有所改变。

综上所述，我们认为OSL品德测评法对于高中学生的实验是有效的。其有效性不但体现在纪律与班风方面，而且也体现在学风与智育效果方面，不但体现在不良行为的改变上，而且也体现在自觉性及自我教育能力的提高上。

第四节　实验中的有关问题与讨论

一、OSL是一种特殊的隐性品德开发方法

OSL品德测评法是一种与现有诸德育方法（有所）不同的隐性品德开发方法，其效率效果可能胜于传统的德育方法。

对于现有的德育方法体系，王逢贤先生把它们分为对话沟通法、事实见闻法、事理讲解法、榜样示范法、行为训练法、情境陶冶法、修养指导法、咨询辅导法、角色移位法、潜能激励法和评价扬抑法11种。但也有人

分为说理教育法、情感陶冶法、实际锻炼法、榜样示范法、修养指导法和思想品德评价法 6 种。在现有的德育过程中，由于品德测评通常是划分为最后一个环节，品德测评在德育方法的体系中最多只是被收容到评价扬抑法或思想品德评价法中，为其中一个最小成员，认为无关紧要，可有可无。因此，我们称它为德育方法体系家庭中的“小媳妇”一点也不过分。然而我们的实验表明，品德测评可以成为一种主要的、独立的，并有显著效果与效率的德育方法。当我们从德育方法论的角度进行分析时，不难看出，OSL 品德测评法包括 8 个步骤：目标指向、内化、自我模拟、反馈、调节、反馈、巩固和品德形成。其流程如图 15—4 所示。

以上 OSL 品德测评法的流程与现有的德育流程是截然不同的。现有的德育流程一般如图 15—5 所示。

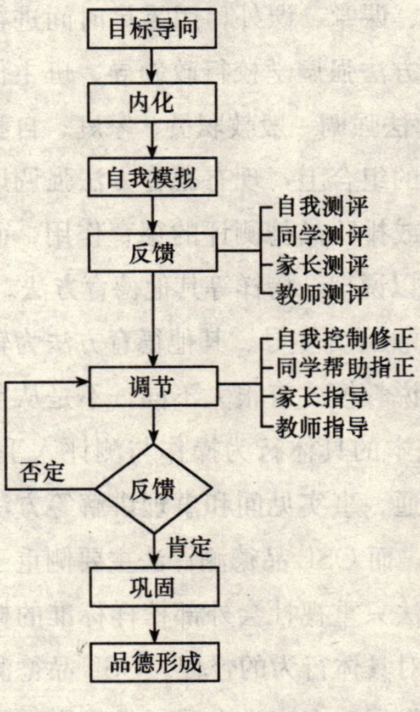

图 15—4

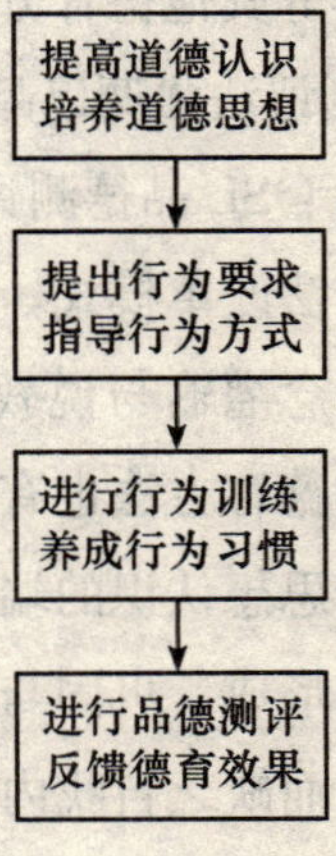

图 15—5

由此可以看出，在行为目标的导向上，现有的德育方法一般侧重于社会需要的服从，而 OSL 品德测评法侧重于自我需要的引发；在德育目标的内化过程中，现有的德育方法一般以目标要求讲解、学生抽象理解为手段，而 OSL 品德测评法侧重于以行为操作检查、自我具体认识为手段；在行为模拟上，现有德育方法大多以他律模仿为基础，而OSL品德测评法侧重以自我想象为基础；在信息反馈上，现有的德育一般以教师或权威终结性评定为主，缺乏及时性与经常性，而OSL品德测评侧重以学生集体或自我形成性测评为主，注重及时性与经常性；在行为调节上，现有德育方法强调德育者的训练与矫正，而OSL品德测评法强调自我操作与修正；在品德形成过程中，现有德育方法强调知到行的转化与统一，而OSL品德测评法强调行到知的转化与统一；在德育指导思想上（注这里指中小学教师的德育指导思想），现有德育方法一般以教师为主，不够重视学生的主体性，而OSL品德测评法强调以学生为主体，教师家长指导与督促为辅助；在德育的组织形式上，现有的德育方法一般以传统的集体教学形式为主，集中于学校用大块时间进行说理教育与行为训练，而OSL品德测评法是以个体自修与指导形式为主，分散于学校、家庭、课堂、课外，用零星时间进行测评与指导；在德育管理上，现有的德育方法强调学校行政领导、班主任与学生干部的控制作用，而OSL品德测评法强调一般教职员、家庭、自我及一般同学的控制作用；在德育方式方法的组合上，现有德育方法强调以说服、榜样等其他德育方法为主，不重视或排除品德测评的德育作用，而OSL品德测评法强调以品德测评为主，辅以说理、榜样等其他德育方法。

正因为OSL品德测评法是一种以品德测评为主导、其他德育方法为辅助的德育方法改革模式，它与传统的灌输说教模式有很大不同，不是从空洞抽象的观念灌输与说教入手，而是从基本的具体行为操作与测评入手。它与现有的德育方法也有所不同，对话沟通、事实见闻和事理讲解等方法主要侧重于思想认识的端正、形成与提高，而OSL品德测评法主要侧重于行为习惯的形成、巩固与矫正。榜样示范法只重视社会外部榜样标准的树立与效仿，而缺乏自我内部需要的引发及对具体行为的督促。OSL品德测评法则重视通过测评促进内部自我需要的发展，在产生自我寻求榜样需要的基础上，再适当指导与示范。实际锻炼法、行为训练法只重视德育者对行为的检查与督促，而OSL品德测评法特别重视学生自我对行为的检查与调节。修养指导法，过于依赖“内省”“躬行”和“反求诸己”等自我认识以及自觉自愿的作用，实际上许多中小学生还达不到“内省”“躬行”和“反求诸己”的成熟水平。他们往往需要适当的外部压力与自我认识、自我控制的可操作手段。修养指导法恰恰缺乏这一点，而 OSL 品德测评法却改进与加强了这一点。评价扬抑或思想品德评价法的主要方式是表扬与奖励、批评与惩罚以及操行评定。[①] 众所周知操行评定是一学期或一学年一次，它对学生的品德养成缺乏及时性与经常性，其德育作用受到时空限制，表扬与奖励、批评与惩罚等评价方式所涉及的行为也非常有限，只有那些比较突出或典型（相对群体或某个体来说）的行为，才有可能受到批评与惩罚，或者表扬与奖励。对于那些一般性的日常行为，当它们没有达到或没有超越表扬与奖励、批评与惩罚的阈限值时该怎么办呢？无论是表扬与批评、惩罚与奖励，还是操行评定，它们均不管或鞭长莫及。换句话说，思想品德评价法所评价的行为实际上是少量典型行为。只有这些典型行为或值得表扬与批评、奖励与惩罚的行为，或是值得教师注意、在头脑中留下了深刻印象的行为，期末才能写进评语中。不难看出，由此产生的德育作用是有限度的。然而 OSL 品德测评法是以大量的一般性的日常行为为对象，它对学生品德的养成具有及时性与经常性。

正因为 OSL 品德测评法与现有的德育方法及其组合模式不同，因此，在德育的效率与效果上，显得较为优越些。它在各实验学校中均取得了较为明显的德育效果与智育效应。

二、OSL 不同于一般的形成性评价方法

形成性教育评价，英文为 Formative Education Evaluation，它是著名的美国教育评价专家斯克里芬 1967 年首先提出，1971 年被布卢姆等人进一步发展的一种新型教育评价思想。斯克里芬本人 1980 年解释说，形成性教育评价，一般是指那种评价者为改进与发展自己教育工作而进行的评价。这种评价活动一般是在教育过程中，由教育者根据自己内部需要而进行的。[②]

对于这种形成性教育评价，布卢姆等人把它应用于教学各阶段中，目的是了解学生的学习进程，向师生提供反馈，强化正确的反应，指出需要

① 参见《德育原理》第 181～183 页。

② 参见 The International Encydlopedia of Education Evaluation by Herbev Walbery Pergamon Press，1990，p26。

改进的问题。

对于这种形成性教育评价的应用，北京市教科所普通教育评价课题组梅克等人在他们“七五”国家教委级重点研究项目《中小学教育质量综合评价研究报告》中，把它的作用概括为四个方面：第一，评价过程是肯定成绩、启动内部活力、激励奋发向上和继续前进的过程；第二，评价过程是不断发现问题、认清前进中的障碍、及时调控矫正、拨正航向的过程；第三，评价过程是充分调动被评价者的参与意识、主动积极、自我认识、自我调节、自我完善的过程；第四，评价过程是锻炼提高质量观念，是非观念，培养实事求是科学态度、形成正确评价能力的过程。

当我们把这种形成性的教育评价思想应用于品德测评时，显然同样能够发挥上述几个作用。然而，问题是如何应用。尽管品德测评不同于一般的教育评价，它显得更为复杂与更为特殊些，需要我们进行创造性的研究而不是简单地套用。但是，无论你怎么天才地运用，形成性品德测评在我国目前只是一种评价活动，只是对期末终结性品德评定次数过少、证据不足等缺点而进行的一种改革性评价，或者只是作为一种日常德育目标管理的手段而实施的。除了每周一次与形式上的相似之外，实质上并未见到真正进入到形成性品德测评角色中的实验。OSL 品德测评法冲破了一般形成性教育评价思想的束缚，不再把它禁锢于评价方法范围之内，而是把它作为一种主导性德育方法进行设计，让其他德育方法与它相配合。它被建构为实实在在的一种德育方法。因此，无论是在目的与性质上，还是在形式与操作上，都与一般的形成性品德评价有所不同。在测评目标体系建构上，OSL 品德测评法与一般的形成性品德评价有所不同，它不单是从社会要求或德育目标出发，还从个体完善和未来个体发展的需要方面进行考虑。它的目标分解与制定，不是先由权威提出，而是由学生们通过操作实践自己提出，并通过操作实践自己修改，由具体行为的直觉认识到理性思考，由模糊认识到正确认识，让学生本人以测评目标体系的“发明者”“提出者”的角色进行操作实践。这不但大大提高了内化的效率与效果，使其自动进入了学生自我调节的思想结构中，而且有助于克服过去外在要求与内在需要的不协调性，有助于克服目标要求与实际接受水平的不相适应性，同时也有助于促进他们保证对自己所创立测评目标体系执行与遵循的自觉性和责任感。

在测评过程中，教师与家长的任务不在于保证测评结果的准确性与客观性，而在于促使学生把自我行为的调节处于高水平状态，在于帮助学生有机会独立与正确地调整自己的行为。

在测评之后，对于测评的结果不再被认为是一成不变的。不再像一般测评中那样被学生认为是绝对神圣不可改变的东西，看成崇拜的偶像。班会上大家对公布的结果要进行民主讨论，包括被测评者本人在内，每个同学都可以对所公布的测评结果提出异议。每当要求更改时，各自都要求（实验表明小学生也能够）当众提出充分的理由，有时会相互争论一阵。只有最后获得大家的一致公认才算通过。这种民主式的测评方式，有力地促进了学生对测评目标的理解，同时也有助于学生辨别是非能力的提高以及自我评价能力的发展。

三、OSL 的指标体系有待进一步具体化，以适应不同对象

从小学一年级至高中二年级，我们所实验的品德测评操作指标体系都一个样，包括 14 大项测评目标 70 小条操作指标。经过实验，中学生一般需要 20 分钟、小学生需要 25 分钟左右。四人一组互评时，一节课的时间常常有点不够用。为此，每周测评一次，实验班的教师与家长觉得过于频繁，测评容易流于形式，若缺乏严肃、公正、认真的态度与气氛，教育效果会受到损害。实验中还发现，有些指标内容过于抽象，不好操作，有些条目虽适合家长测评但却不适合教师与小组测评，有些条目虽适合教师，小组测评但又不太适合家长测评。因此，下一步的研究应该根据各年级特点，对原品德测评方案进行修改。一是压缩指标，以学生自评 10 分钟左右能够完成为宜；二是家庭测评与学校班组测评的内容相互分开，测评每周进行一次，每月小结一次，小学低年级的操作性测评指标内容，要力求基本、具体、易懂。

四、操作中思想教育与行为指导有待加强

实验过程中发现吉林省第二实验学校有的班级，尤其是有些初中学生，对品德测评缺乏正确的认识，自评、组评时，抱着无所谓的态度，个

别学生甚至根本不看测评指标内容就胡乱给自己评定，2分钟即测评完了所有的70小项内容。还有的学生怕自己评差了吃亏，条条都评上个“O”。有些小组长也不负责任，竟让组员自己代评。有少部分学生根本不让家长测评，全部由自己包办。有的学生虽然测评较为实事求是，但进步不大，不知道如何才能有效地改变自己的不良习惯、进一步提高自己的品德修养水平。所有这一切都说明，在品德测评过程中，班主任必须加强对学生的思想教育与行为指导。那种独立地进行品德测评，甚至认为品德测评可以代替思想教育的简单做法必将大大削弱品德测评的实验效果。事实表明，那些实验工作比较负责的班主任，按要求进行实验，品德测评后能够及时地进行一些总结教育工作，有针对性地指导学生的行为方式，其班级各方面的进步就大一些。而那些认为品德测评实验是个负担，工作一直处于应付状态的班级，其变化就很小。

五、有待探讨的其他几个问题

东北师大附小四年级初试的结果表明，有87.5%的学生一致要求取消小组测评，认为小组测评不公正，容易引起矛盾与不和，要么走形式要么花时间。但吉林省第二实验学校的实验结果表明，学生们对于本组测评，没有提出任何反对意见。相反，初中学生讨论的结果是，应该进行小组测评。认为在小组测评中，大家讨论越充分、相互评议越热烈，则效果就越好。实验中，有的学校或班级认为以小组长个人负责对全组成员测评效果会比大家坐在一起互评好。有的学生或班级则认为不一定。我们建议作为一种德育方法，组测中民主式的互相评议不能取消，但要加强指导，增强其民主性与公正公平性，充分发挥测评的教育作用。

品德测评多长时间进行一次为宜？从发挥品德测评的激励作用与反馈作用来看，最好每周一次，及时指导。但实验中有的学生家长或教师（包括少数学生）认为每周一次次数过密，要求改为两周一次，有的建议每月一次。他们认为测评次数过密，既花费时间与精力，又反映不出学生品德的变化（认为学生在一周内品德不会有什么变化）。我们认为要把品德测评作为一种德育方法，不但每周要进行一次，而且必须以课程的形式固定下来，最好安排在周末。在这里，测评不是对品德水平的考核，而是促进行为的正确发展。目前之所以有些班级或教师认为每周测评一次过多，可能是因为大家对此还不习惯，是以传统的每学期一次的操行评定为标准，或仅从发挥测评考核功能来考虑的。此外，实验学校并未从实质上保证每周一次的测评时间，时常把测评时间挪作他用，服从其他工作，最后老师不得不另挤时间测评，这样也增加了教师不愿进行品德测评的顾虑。

实验过程中发现条件或生员较差的学校与班级，实验工作未能有效地坚持下去。有意见认为，OSL 品德测评法只对中等水平以上的学校或班级有效，对他们“差”班、“差”学校是没有什么约束力的。显然，这个问题值得进一步研究。但我们认为，关键在“差”班、“差”学校应建立起与 OSL 品德测评法相配套的机制。例如奖罚机制、激励机制与教育机制。只要有了这些相应的机制，我们认为 OSL 品德测评同样会有效。从前面有关实验班级或学校中差生的变化中发现，其进步往往超过一般学生，甚至“好”学生。实验告诉我们，以孤立或绝对的观点实验 OSL 品德测评法是不好的，其作用的发挥有一定的条件。我们不可能指望 OSL 品德测评法是灵丹妙药，能包治百病。

OSL 品德测评法是采取符号 O、S、L 好还是采取分数好呢？在吉林省第二实验学校的实验中，无论是小学还是中学，都有人提出应采用分数代替 O、S、L 标记的意见。认为按 O、S、L 三等似乎不易说明一些问题，也不好统计。有个小学一年级实验班，直接试用了分数。到底是 O、S、L 符号化测评好还是分数测评好，我们认为两者都可以，因为目的在于教育而不在于测评本身。

此外，OSL 品德测评法不能与传统的操行评语法做比较。前者主要是作为一种教育方法实施，而后者主要是作为评定方法实施。因此建议在 OSL 品德测评法中，每月班主任与家长各自在《品德测评手册》寄语栏内（设置一个）简单写出学生个人的突出表现及希望要求（可多可少，可长可短），期末再汇入“典型个性特征与突出事例”栏内。

第十六章　FRC品德测评法及其应用

第一节　思考与设想

一、问题

目前世界各国，在人才选拔过程中，或是对学生的品德不加考虑、只看智育考试成绩，或是以教师与学校的评语作为依据。由于每个人的价值观不同、评定的重点不同以及评定“尺度”的宽严不一，因而最后每个教师或每个学校所做的品德评定结果往往就缺乏客观性与可比性，不能为人才选拔提供可靠的依据。目前有些地方的实验表明，解决这种问题的可行办法之一是下比例，给每个学校每个班级各品德等级以一定数额的规定，进行宏观控制。然而实践表明（天津教育局），下比例的办法本身又产生了一些新问题。一是各类学校下多大比例才较为合适，没有把握。二是各类学校是一视同仁下比例还是有所区别下比例？若有所区别，区别应多大合适？三是下比例后学校内部、班级内部如何做到客观公正，为公众所信服？由于对这些问题尚未提出较好的解决办法，人们在升学或人才选拔中，一般均把品德考核排除在外。高考、招工、招干、公务员录用等统统都是以某些主要学科知识的考试作为选拔手段。从古至今虽然人们不断地指责与抨击这种以“八股文”与“诗赋录用官员”式的做法不适当，考非所欲考，考非所欲用。但是最后又有谁能摆脱掉呢？中国是如此，国外又何尝不是如此呢？是因为品德素质的测评不重要吗？不，在聘用人才的实践中，雇主或领导对雇员品德素质（例如忠诚、勤奋、求效、纪律等）的需求，往往大大超越他们对雇员才能的需求。这种需求会随着科技成为第一生产力、随着高科技的物化与应用越来越大。虽然对于那些制造“傻瓜”照相机的极少数人来说，需要他们具有较高的才能，但是对绝大部操作“傻瓜”照相机的人来说，需要的是他们按“说明”去行动的品德。这种对品德素质测评的需求也会随着人类智能素质差异的不断缩小、品德素质差异却不断扩大的趋势而愈加突出。在我国，人们已普遍感到，现代儿童的智能水平已远远超过了前几代儿童的水平。但是在品德素质的发展上，有些人只是感叹地说“一代不如一代”。造成这种反差现象并非偶然。智力开发，人们已从学前教育提前到胎教，甚至可以说已提前到胎前教育了。早在夫妻计划要孩子的前半年，男女双方便从生理、心理、营养及劳动工作方面早早做好准备，为能怀个聪明的孩子戒烟戒酒，避免伤害，保持身体健康与精神愉快，多吃促进智力发展的营养食物。更有甚者，还提前到找对象寻配偶的婚前期。孩子出生后，社会、家庭、幼儿园与学校的教育，几乎都把主要的人力、物力与财力集中在智能上。市场上到处是开发智力玩具而很少见到品德开发的玩具；到处是学前学后的特长或专业培训班、辅导班与提高班，却没有品德素质的养成班与提高班。根据达尔文的进化论及获得性遗传学说，个体间的智能差异将会越来越小，而品德素质的差异却可能会越来越大。如果以上所做的两种推断有一定道理的话，那么人才选拔或分流的测评重点就应该选择品德而不是智能。

那么，试问人们不重视品德测评的测评作用，是因为目前以主要学科的考试形式对人才选拔及其分流特别有效吗？不，目前的考试，人们普遍感到，与其说考查了能力与知识两种因素，还不如说是只考了知识一种。如果说高考以主要相关学科知识进行考试还有一点用途的话，那么招工招干中也考数学、语文、政治，能有多大用途呢？在人才选拔与分流培养过程中，考试实际是起着一种考核与预测的作用。事实表明许多考上与被录用的人，并非适应工作与学习，而未能考上与被录用的人，也并非不能适应学习与工作。

是人才选拔或分流过程中不需要进行品德测评吗？不，目前人才几乎要经历三次分流。第一次分流是小学毕业。部分学生上普通初中，部分学生上专业学校（例如长春市的外语学校），部分学生上职业初中。第二次分流是初中毕业。部分学生上普通高中，部分学生上职业高中，部分学生上中专或技工学校（例如师范学校）。第三次分流是高中毕业或高二、高三时专业分班。部分学生学人文科学，部分学生学理工医农，部分学生学其他专业。每一次分流与其说是学习内容的转换不如说是职业的定向，是对其职业素质的考核与预测。每次分流不但对其后继课程学习所需的基础知识进行考核，而且对有关的品德素质也进行考核，这对于日后的人才培养使用与分流，都是十分需要的。职业定向分流既要看他现有课程的学习成绩，但更重要的是看他现有的品德素质及潜在的发展。许多事实证明，个人日后的发展与事业上的成功，重要因素不是他以往的学习成绩而是他的品德素质。因此，品德素质的测评对学生的职业定向与分流具有十分重要的意义。

那么为什么人们要“丢车保卒”以知识考试代替全面的素质考核呢？其关键问题就是目前找不到一种可以与考试相媲美的品德测评方式。目前各学校比较一致的做法是操行评语法，或者是自评、集体评与教师评三结合的综合评定方式。

众所周知，目前我国中小学每个班级的人数均在50人左右。若是“重点”学校，则学生人数可达60～70人，甚至更多一些。平时班主任除完成12节课左右的教学工作量外，班务工作十分繁忙。如果挤不出时间有意识地去观察了解学生，一到期末的操行评定就感到十分棘手了。班上那些非常好的学生、主要班干部及很差的学生平时虽然注意较多，但要准确、客观、全面地评定他们也不太容易。常常想了半天也找不到合适的词句。免不了要为好学生写不出缺点、差学生写不出优点而苦恼。至于那些中间生更是模糊一片，不知如何来区分了。班主任若是认真一点，想恰如其分地评定每个学生的品德，那么就得写上十天半月，最后还不一定能令人满意。若是马虎一点，套话空话都写上，也许一两天能写完。但是这样写出的操行评语效果如何呢？大家也许早已不言自明了。

采取管理目标分解、自评、集体评及管理者评三方综合的分数等级评定法，是许多企事业组织新近改革推出的普遍做法。这种方法与传统的个人评定或操行评语法相比，不但内容比较规范，而且也显得民主、公正和客观一些。在某种程度上管理者也因此得到了解脱。但实践表明，这种方法作为考核目的加以实施时，往往被测评者自评过高，集体测评怕得罪人伤和气而流于形式，管理者测评结果因要与被测评者见面而怕惹麻烦，只好就高不就低评定。因此最后的评定结果还是无法做到公正与客观。

此外，无论个人操行评语法，还是自我、部门、主管三方综合评定法，评定结果一旦超出部门与单位的范围，作为衡量与比较被测评者品德的标准则往往就不能被人接受了。例如，我们发现学校甚至招生办为了多升上几个学生，有的会禁不住去修饰学生品德评定的结果。品德一般的学生可以评定成很好的学生，品德很差的学生可以评定为一般，或者只写优点不写缺点。这种作风以至给人们形成了一种心理新态，从希望中找缺点，从否定词中发现严重问题。1992 年江西省某地区考生成绩较好，因评语中写了“有时对教师有无礼行为”一句，结果录取人员不敢直接录取，专门打长途要求县招办进行调查。

有的部门招生，则干脆不相信品德评定情况。例如小学升初中及“小中专”录取，招生人员一般只看考试成绩不要操行评定。目前，升学、人才选拔与人员录用中智能评定的“刚”性，与品德评定的“软”性所形成的反差现象，已给学校教育及其管理带来了严重的干扰，给教育方针的贯彻落实与教育质量的全面提高，设置了严重障碍，给青少年儿童个性的全面和谐发展带来了恶劣影响。广大师生与社会仁人面对学校的这种畸形走向，是看在眼里怨在心里，爱莫能助。为此，我们针对当前品德测评中存在的上述问题及其实际情况，设计了一种适合于人才选拔与录取的 FRC 品德测评法。

二、设想

所谓 FRC 品德测评法，是事实报告计算机辅助分析的考核性品德测评方法。FRC 是事实报告计算机测评法的缩写或简称。这种品德测评方法的基本思想是，借助计算机分析技术从被测评者品德结构要素中确定一些基本要素，再从基本要素中选择一些表征行为或事实，然后要求被测评者自己就是否具备这些表征行为与事实予以报告。报告的方式既可以是个别的谈话，也可以是集体的问卷。每个被测评者所报告的表征行为事实，经过光电信息处理后，即储存于个人品行信息库中，然后计算机根据专家仿真测评系统对被测评者报告的表征行为进行分析，做出定性与定量评定。

设计这种方法的目的，一是想把中小学班主任从期末操行评语的困难中解脱出来，让他们只补充一些学生的突出个性特征与典型事例，而不要再去写那些套话空话或者做文字变换游戏。中小学班主任因为班级学生多，工作忙，除上课及参加有关班级活动外很少有时间专门观察学生。就是上课与班级活动中也时常忙于维持正常秩序，处理偶发事件或进行教学，不可能细心观察记录每位学生的行为表现，学生内心的活动就更无暇顾及了。即使平时注意到的一些行为表现，到期末时也早已淡化或遗忘了。何况一到期末班主任事务特别多。因此，在这个时候要静心写好几十个学生的评语确实不易。

设计 FRC 品德测评法的目的之二，是想提高品德测评的客观性并建构一种适合于大规模选拔中对人才品德的统测统评方法。现有的品德测评方法，其客观性与可比性都极其有限。我国大统一的传统与社会主义制度，经常使我们在人才质量评估与人才选拔考核方面，特别需要对人才品德进行大范围的比较与衡量。因此迫切需要有一种可行的品德测评方法，能够满足大规模或统一性品德测评的要求。FRC 品德测评法的步骤程序如图 16—1 所示。

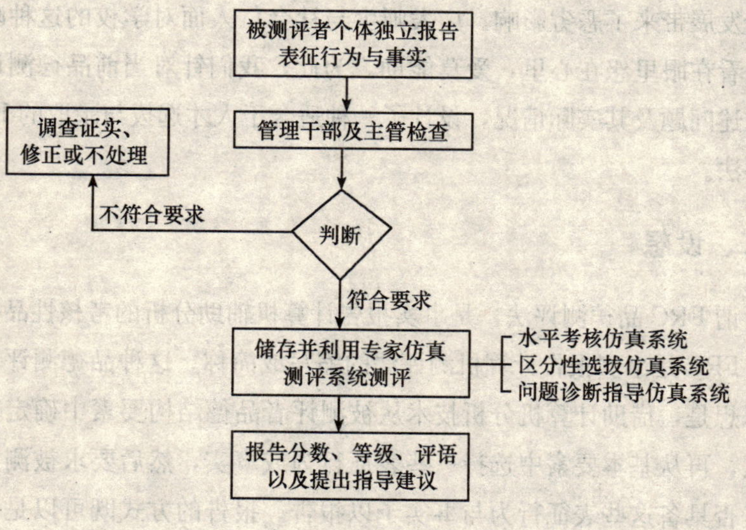

图 16—1

被测评者个体独立报告表征行为与事实，可以采取个体测评方式，直接通过计算机终端输入。也可以采取集体测评方式，在规定的时间与场合，统一（全体员工、全行业甚至全国统一）地对所问各种行为事实进行实事求是的报告。报告的方式是，先在问卷上做出选择，然后把所选择的结果用特定的2B铅笔标记在答卷卡上。逐张输入被测评者的答卷卡，进行光电阅读并储存。与此同时，要求管理干部及主管检查每个被测评者问卷上的选择，进行选择是否符合事实的判断。判断结果要求以2B铅笔标记在检查卡上，同样采用光电阅读输入并储存。

进行计算机比较判断。当检查卡与答卷卡的结果在误差允许范围（事先给定）之内时，则进行测评，否则退出，要求机外调查证实与修正。

测评后报告分数、等级与评语，并做出有关专家诊断与指导建议。

FRC品德测评法的特点，在于它想解决长期以来人才品德测评因缺乏同一标准、同一测评主体、同一测评系统、不客观公平的困难，使品德在人才选拔考核标准中由虚变实。

为了控制被测评者报告事实的虚假性，除设置管理干部及主管检查的监控系统外，还另外采取了五条措施：一是通过指导语予以说明（为了诊断或帮助咨询等），解除被测评者不必要的顾虑；二是所问之题，没有明显的价值取向与对错标准；三是设置了一系列监察问题量表，被测评者回答的虚假程度能由此看出一些；四是所问的问题大多数是一些别人可见到，或者可复检验证的事实与行为，管理干部与主管随时可以予以验证，且一旦发现不真实，则要扣除50分；五是与诊断指导式测评相结合。被测评者所报告的特征行为或表征行为，经判断符合要求后，被复制分别进入水平考核、区分选拔及诊断指导三个专家仿真系统中进行测评，但报告给被测评者只是其中的诊断指导结果。在这种情况下，可以引导被测评者努力去争取一个好的诊断与指导。因为想获得有针对性的指导与诊断的前提，是要求被测评者真实地回答所提的问题。这就好像病人为了医生能有效地诊断与治疗自己的疾病，而愿意把通常情况下难以启齿的事实告诉医生一样，由此我们就可以达到控制某些虚假性的目的。为了保证品德测评的准确性，所有的问题都是取自一些关键点与区分点上的行为事实。

第二节 实验过程

首先我们是寻找每项品德测评目标的关键点与区分点，并在此基础上拟定一些问题，同一个关键点与区分点尽可能多地提出一些问题，至少3～5个，然后选择被测评者样本进行开放式问卷。通过统计分析，从被测评者对每个问题回答的异同情况拟定出一些选择项。那些回答相同而又重复的问题可选做为关键点测评项目。而那些回答相异且较为重要的问题则可选做为区分点测评项目。我们针对49项品德测评目标分别拟定了500多个测评题目。每个题目都由一个问题与三个选择项构成。

拟定好测评题目后，我们本应该先进行试测然后修改，但我们来不及试测，只是依据自己的经验进行修改。

从所修改的题目中，我们组合了一个小型的FRC品德测量表分别在江西省赣州市七中与东北师大附中部分班级中进行实验。实验的人数及时间分配见表16—1。

表16—1　　FRC品德测评法实验安排情况表

班级 / 次数	江西省赣州市第七中学初二年级	东北师大附中初一年级
第一次	1991年9月67人接受测评	1991年12月5日55人接受测评
第二次	1991年12月57人接受测评	1991年12月19日58人接受测评

我们所具体实验的FRC品德测评量表一共60个题目，列举了校内外学生日常发生的一些关键行为事实，要求每个学生结合自己的实际情况，就其发生的频率、程度及其内容予以如实报告。报告的形式可以从现有的A、B、C三个选择项中选取适当的一个，也可以自己以文字报告形式另外补充。

实验是以班级为单位集体进行的，告诉被试学生答案没有对与错之分，每个学生要根据自己的情况独立地完成，实事求是地回答。向学生指明，不是根据思考结果回答而是回忆结果回答。时间是一节课，但实施结果表明，最快的学生20分钟就交卷，最慢的学生35分钟才交卷，平均需26分钟完成。

第三节　效果与分析

对于每个问题的三个选择项，我们按其所揭示相应品德的实际程度，分别赋予0分、1分或2分。所有的题目及选择项的排列都是随机的，毫无规律可循。我们根据实际观察结果及统计学的有关分布理论，确定了分项及总体的等级截分值（也可以先建立常模，由常模值决定），表16—2即为1991年9月江西省赣州市七中初二年级学生品德FRC量表测评报告单。

表16—2　江西省赣州市七中初二年级学生品德FRC量表测评报告单

编号	学习勤奋性		遵纪守法		关心爱护集体		礼貌待人，尊敬师长		诚实守信		总分	
	评语	得分	评语	得分	评语	得分	评语	得分	评语	得分	评语	得分
001	一般	11.00	一般	19.00	一般	13.00	很好	17.00	较好	20.00	较好	80.00
002	一般	11.00	一般	19.00	较好	15.00	较好	13.00	一般	19.00	一般	77.00
003	较好	14.00	较好	22.00	一般	13.00	较好	13.00	较好	20.00	较好	82.00
004	一般	12.00	很差	15.00	一般	12.00	一般	11.00	一般	19.00	一般	69.00
005	很差	7.00	很差	7.00	一般	14.00	一般	12.00	一般	19.00	很差	59.00
006	一般	13.00	一般	21.00	一般	14.00	一般	12.00	较差	15.00	一般	75.00
007	一般	12.00	一般	20.00	很差	9.00	一般	11.00	较好	20.00	一般	72.00
008	较好	14.00	一般	19.00	较好	16.00	较好	14.00	一般	17.00	较好	80.00
009	一般	12.00	较差	18.00	一般	14.00	较差	10.00	一般	17.00	一般	71.00
010	一般	12.00	一般	20.00	较好	16.00	较好	14.00	较好	21.00	较好	83.00
011	一般	12.00	较差	17.00	很差	5.00	较好	13.00	较差	16.00	较差	63.00
012	较好	14.00	较好	22.00	很好	18.00	很好	15.00	很差	14.00	较好	83.00
013	很好	17.00	很好	25.00	较好	16.00	一般	11.00	一般	17.00	很好	83.00
014	一般	13.00	较好	24.00	一般	12.00	较差	8.00	一般	19.00	一般	76.00
015	较好	14.00	一般	21.00	一般	13.00	较差	9.00	很差	11.00	较差	68.00
016	很好	16.00	一般	21.00	较差	10.00	很差	5.00	较差	16.00	较差	68.00
017	一般	13.00	较好	23.00	较差	10.00	较左	8.00	较好	22.00	一般	76.00
018	较差	10.00	一般	21.00	很差	9.00	较好	14.00	较好	20.00	一般	74.00
019	一般	11.00	一般	21.00	较好	15.00	较好	14.00	较好	20.00	一般	81.00

续表

编号	学习勤奋性		遵纪守法		关心爱护集体		礼貌待人，尊敬师长		诚实守信		总分	
	评语	得分	评语	得分	评语	得分	评语	得分	评语	得分	评语	得分
020	一般	12.00	一般	20.00	较差	10.00	较差	8.00	较好	20.00	一般	70.00
021	较好	14.00	一般	21.00	较好	16.00	较差	10.00	一般	19.00	较好	80.00
022	一般	11.00	较差	18.00	较差	11.00	较差	8.00	一般	18.00	较差	66.00
023	较差	9.00	一般	19.00	一般	12.00	一般	11.00	较差	16.00	较差	67.00
024	很差	8.00	一般	20.00	较好	15.00	一般	12.00	很好	24.00	较好	79.00
025	很差	6.00	很差	15.00	较差	10.00	较差	9.00	一般	17.00	很差	57.00
026	一般	11.00	一般	20.00	较好	15.00	较好	13.00	一般	18.00	一般	77.00
027	一般	12.00	较差	18.00	较好	15.00	较好	13.00	较好	21.00	较好	79.00
028	一般	11.00	一般	21.00	较好	15.00	较好	13.00	较差	15.00	一般	75.00
029	一般	13.00	较好	23.00	一般	13.00	较好	14.00	很差	14.00	一般	77.00
030	一般	13.00	很好	26.00	一般	13.00	一般	12.00	一般	17.00	较好	81.00
031	一般	13.00	较差	17.00	较差	11.00	一般	11.00	较好	22.00	一般	74.00
032	一般	12.00	较差	18.00	一般	13.00	较差	8.00	较好	20.00	一般	71.00
033	较好	15.00	一般	20.00	一般	12.00	较好	13.00	一般	18.00	较好	78.00
034	较好	15.00	较差	18.00	一般	14.00	一般	12.00	一般	17.00	一般	76.00
035	很差	6.00	一般	19.00	很差	9.00	较差	9.00	很差	11.00	很差	54.00
036	一般	11.00	一般	19.00	一般	14.00	较好	13.00	一般	19.00	一般	76.00
037	较好	9.00	较差	16.00	较差	10.00	一般	12.00	一般	17.00	较差	64.00
038	较差	9.00	一般	19.00	一般	12.00	一般	11.00	一般	19.00	一般	70.00
039	一般	12.00	较差	17.00	较好	17.00	较差	10.00	一般	17.00	一般	73.00
040	较差	9.00	一般	19.00	较好	15.00	较差	8.00	很好	24.00	一般	75.00
041	较好	14.00	较好	23.00	一般	14.00	较好	13.00	较好	20.00	较好	84.00
042	一般	12.00	较差	18.00	较好	15.00	一般	12.00	较好	21.00	较好	78.00
043	一般	12.00	一般	20.00	一般	13.00	一般	11.00	较好	20.00	一般	76.00
044	一般	13.00	一般	20.00	较好	17.00	较好	13.00	很好	23.00	很好	86.00
045	较差	10.00	一般	20.00	较好	16.00	一般	11.00	较好	20.00	一般	77.00
046	较好	15.00	较好	22.00	一般	13.00	较好	13.00	一般	17.00	较好	80.00
047	很好	16.00	很差	14.00	较好	16.00	较差	8.00	较差	16.00	一般	70.00
048	一般	11.00	较差	16.00	一般	12.00	一般	11.00	较差	16.00	较差	66.00
049	一般	13.00	一般	21.00	一般	12.00	较差	8.00	一般	19.00	一般	73.00

续表

编号	学习勤奋性		遵纪守法		关心爱护集体		礼貌待人，尊敬师长		诚实守信		总分	
	评语	得分	评语	得分	评语	得分	评语	得分	评语	得分	评语	得分
050	较好	15.00	较好	24.00	较好	17.00	较好	14.00	较差	16.00	很好	86.00
051	一般	11.00	较差	18.00	较差	10.00	一般	11.00	较好	20.00	一般	70.00
052	一般	11.00	一般	19.00	一般	13.00	一般	11.00	较好	22.00	一般	76.00
053	很好	16.00	一般	21.00	较差	11.00	较差	8.00	一般	18.00	一般	74.00
054	较差	9.00	较差	16.00	较差	11.00	一般	12.00	一般	18.00	较差	66.00
055	一般	11.00	较差	18.00	较好	15.00	一般	11.00	较好	20.00	一般	75.00
056	一般	13.00	一般	19.00	一般	14.00	较差	8.00	一般	18.00	一般	72.00
057	一般	11.00	较差	18.00	很差	7.00	一般	11.00	一般	17.00	较差	64.00
058	较好	15.00	较好	22.00	很好	18.00	一般	12.00	较好	22.00	很好	89.00
059	较差	10.00	一般	20.00	一般	13.00	很好	15.00	较差	15.00	一般	73.00
060	较好	15.00	很好	25.00	一般	12.00	较差	10.00	很差	13.00	一般	75.00
061	很差	7.00	较差	17.00	很差	9.00	很差	6.00	一般	17.00	很差	56.00
062	一般	11.00	很差	15.00	一般	14.00	很好	15.00	较好	22.00	一般	77.00
063	一般	13.00	一般	21.00	较好	16.00	一般	11.00	一般	17.00	较好	78.00
064	较差	9.00	较好	22.00	较好	15.00	较差	9.00	一般	19.00	一般	74.00
065	一般	11.00	一般	20.00	很好	18.00	一般	11.00	一般	18.00	较好	78.00
066	一般	11.00	较差	16.00	很差	9.00	一般	11.00	较差	15.00	很差	62.00
067	很好	16.00	较好	24.00	较好	16.00	较好	14.00	较好	20.00	很好	90.00

根据实验及其测评结果，我们对FRC品德测评量表的信度与效度进行了考察与检验。

一、FRC品德测评量表的信度及其分析

所谓信度，在这里是指FRC品德测评量表测评结果的一致性程度。对其最为直观而典型的检验方法是，采用FRC量表重复去测评同一对象，然后看其测评的结果相一致的程度。一致性越高，说明FRC品德测评量表的可信度越高。测评学研究表明，揭示这种一致性的最好指标，是重复测评结果之间的相关系数。为此，我们以同一个FRC品德测评量表（但题目安

排不同）对初一、初二学生前后进行了两次重复测试。第一次测试之后，我们既没有给学生任何信息反馈，也没有告诉他们会不会再来测试。初一是间隔半个月后对学生再次重复测评。重测的理由是，因为上次测试有些同学没有按要求配合答题且缺席人数较多，故需要重测一次。测评后随便抽查了几位学生，问他们这次测试的内容是否与上次一样，学生普遍回答说，有的题与上次一样，有的题与上次有所不同（实际完全一样，只不过次序安排有所不同）。再问他们这次答的结果是否与上次一样？哪一次答得更好些？都说不一样，这次答得更好些。初二学生是间隔近四个月后重复进行的。重测时没有做任何特别说明，只要求他们按说明配合测试，如实报告有关行为事实。两次重复测评结果的相关系数分析见表 16—3。

表 16—3

测评年级与次数		学习勤奋性		组织纪律性		关心爱护集体		礼貌待人，尊敬师长		…	诚实守信		总分		相关系数
		平均分	标准差	平均分	标准差	平均分	标准差	平均分	标准差	…	平均分	标准差	平均分	标准差	
初一	1	13.09	3.40	18.89	4.75	13.18	2.43	12.15	3.33	…	17.75	2.58	75.05	10.69	0.874 5
	2	13.57	3.91	20.02	4.60	13.47	2.73	12.67	3.03	…	17.28	2.69	77.00	11.28	
初二	1	11.94	2.43	19.51	2.99	13.16	2.73	11.25	2.34	…	18.27	2.70	74.13	7.53	0.669 7
	2	12.23	2.29	19.37	3.20	13.37	2.17	11.07	2.55	…	18.37	2.27	74.4	7.12	

由此可知，FRC 品德测评量表对初一学生的相关系数为 0.874 5，对初二学生的相关系数为 0.669 7，经统计检验表明，两次测评结果的一致性水平均远远强于 $\alpha=0.01$，达到极其显著水平。亦即 FRC 品德测评量表对初一、初二学生的品德测评结果具有较高的信度。

从上述表格中的数据可以看出，两次测评结果各分项的平均分与标准差相差不大，比较一致。这又一次说明了 FRC 品德测评量表的信度较高。

二、FRC 品德测评量表的效度及其分析

所谓效度，在这里是指 FRC 品德测评量表测评结果的正确性，或者说对所想测评的品德实际所测评到的程度。

首先，我们从前面各分项测评结果的平均分与标准差中可以看出，无论是南方的学生还是北方的学生，“组织纪律性”一项得分的平均数大大

高于“学习勤奋性”“关心爱护集体”与“礼貌待人，尊敬师长”三项，也高于“诚实守信”一项，这与我国学校德育及其班级管理工作中历来把组织纪律性置于突出地位的情况相吻合。事实表明各个学生的组织纪律性发展很不平衡，差异性较大。由此看来，FRC 品德测评量表测评的结果符合事实。

其次，我们把 FRC 品德测评量表测评的结果反馈给初一、初二两个班的班主任，要求他们根据自己对学生的长期了解结果对测评结果的分数提出修正意见。修正结果表明，初二 67 个人 335 个数据中只有 45 个有 4 分左右的误差，主要涉及 5 个学生的测评结果与平时观察的评定相比偏高，而 2 个学生的测评结果与平时观察评定相比偏低，其余 60 人基本符合实际情况，有效性达 90%左右。初一 58 个人 290 个测评数据中有 19 个有 4 分左右的偏差，涉及 7 人的测评结果中有 2～3 处有误。由此看来，绝大部分测评分数符合实际，其有效性也达到 90%左右。

最后，我们请初一学生用 4 天分别推选出班里学习最勤奋的 5 名标兵与最不勤奋的 5 名典型，组织纪律性最好的 5 名标兵与最差的 5 名典型，最关心爱护集体的 5 名标兵与最不关心爱护集体的 5 名典型，对老师同学最有礼貌的 5 名标兵与最没有礼貌的 5 名典型。推选结果直接交给班主任统计。我们发现推选的结果与 FRC 品德测评量表测评的结果几乎是一致的。

例如，学习最勤奋的 5 名标兵顺次是耿××、王×、宋×、杨××、陈××，而这 5 人学习勤奋性一项的测评得分分别是 18 分（最高）、18 分、17 分、16 分和 15 分，分数均较高，都位居班级前列。学习最不勤奋的 5 名典型顺次是杨×、周×、朱×、秦×、聂××，这 5 人在学习勤奋性一项的测评得分分别是 5 分（最低）、6 分、8 分、9 分和 10 分，都在班级最后。

三、FRC 品德测评法的特点分析

有人认为操行评语法操作最为简单方便，因此，它能经久不衰。其实不然，操行评语法看似简单，只要一个人、一支笔、几张纸，找个安静地方坐下来，闭上眼回想学生整个学期的行为表现，两三天内就能逐一写出全部学生的评语。显然，这是最简单不过的了。然而当我们要求写好而不是满足写完，每个学生的评语要求能使学生本人、教师、学校、家长几方面都较满意时，问题就不那么简单了。你可能会因找不到确切的评定词句而伤脑筋，也可能会为了寻找某方面的证据而不得不翻找记录或重新观察与调查，为了写出某一特点而思索半天。

实际上，要真正写好学生的评语，班主任必须具备细致的行为观察能力、高度的分析综合能力与较好的语言文字修养，并非我们想象的那么简单。个人、集体与教师综合评定方法，虽然比操行评语法规范与科学些，但普遍感到操作不便，耗费时间。有的学校虽然只是期中期末测评两次，但每次测评前前后后都要折腾一个星期的时间。我们所实验的 FRC 品德测评法，实测时间约 30 分钟，光电输入与计算机测评时间共约 10 分钟。也就是说，全班 60～70 人，只需要 40～50 分钟时间，就可以全部测评并打印出测评结果。如果必要的话班主任所要做的工作只是检查答卷，描写或记录每个学生的典型事例或特点。与操行评语等其他品德测评方法相比，不但省时省力，而且效率高、效果好。FRC 的测评分数还可以与其他能力分数、考试成绩相加计算，应用于大规模的人才选拔之中。

第四节　问题与讨论

一、诚实守信应单独计分并可作为答题信度监测量表

FRC 品德量表的设计并非用以对人才品德的全面测评，我们主要想用它来测评学生的学习勤奋性；组织纪律性；关心爱护集体及礼貌待人，尊敬师长等品德。我们认为平时教师对学生的操行评定，主要是看该学生在这几项品德上的行为表现。但是有少数同学可能不会实事求是回答，出于虚荣心会挑自认为好的回答。故在 FRC 品德量表中特别设置了一个监测量表，我们认为这个监测量表具有双重作用，既能监测回答是否实事求是，又能表明答题人诚实守信的品行，故取名诚实守信项。

从诚实守信项分数与其他各分项得分以及总分的相关系数中可以看出(见表 16—4)，诚实守信可独立计分以作为答题信度监测量表。

表 16—4　　各分项间及其与总分相关系数分析表

相关项目名称	相关系数
“学习勤奋性”与“组织纪律性”	0.83
“学习勤奋性”与“关心爱护集体”	0.36
“学习勤奋性”与“礼貌待人，尊敬师长”	0.35
“学习勤奋性”与“诚实守信”	−0.17
“学习勤奋性”与“总分”	0.83
“组织纪律性”与“关心爱护集体”	0.39
“组织纪律性”与“诚实守信”	−0.07
“组织纪律性”与“总分”	0.88
“关心爱护集体”与“礼貌待人，尊敬师长”	0.41
“关心爱护集体”与“诚实守信”	−0.08
“关心爱护集体”与“总分”	0.62
“礼貌待人，尊敬师长”与“诚实守信”	0.003
“礼貌待人，尊敬师长”与“总分”	0.65
“诚实守信”与“总分”	0.13

表 16—4 分析结果表明，“学习勤奋性”“组织纪律性”两项与总分关系十分密切（相关系数 0.83 以上）。这告诉我们，一个学生的学习勤奋性、组织纪律性越强，人们对他的品德表现评价就越好。但是“诚实守信”与“总分”的相关系数只有 0.13，非常低，这表明了“诚实守信”单独计分的必要性与可能性。

此外，我们发现“学习勤奋性”与“组织纪律性”相关系数为 0.83。这可能表明，这两个分量表的测试题目相互包容。或者说，组织纪律性与学习勤奋性密切关联。而“诚实守信”一项与其余四项相关系数极其低或呈负相关。这也可能表明，“诚实守信”分量表的题目与其他分量表的题目相互独立，或者说在内容上揭示了与它们不同甚至相反的行为特征。

二、FRC 的各分项量表之间具有一定的独立性

从表 16—4 中可以看出，除“学习勤奋性”与“组织纪律性”之间关系较为密切外，其余分项之间的相关系数均在 0.40 左右，呈低相关，这说明各分项量表之间具有一定的独立性，相互重叠部分少。

此外，FRC 量表内部结构一致性系数的分析结果也证明了这一点。

我们以公式（克伦巴赫系数公式）

$$\alpha = \frac{k}{k-1}\left(1-\frac{\sum S_i^2}{S_x^2}\right)$$

进行了 FRC 量表内部一致性分析［式中 $k=5$ 为 FRC 品德测评量表中分量表的个数，S_i^2 为其中第 i 个（i=1、2、3、4、5）分项量表测评分数的变异数，S_x^2 为 FRC 总和量表（即 FRC 品德测评量表）测评总分的变异数］，发现其内部结构一致性系数是 0.47，这表明了 FRC 量表中各分量表间的差异比较大，即它们相互间具有一定的独立性，结构合理。

三、同一试题可以测评多种品德行为特征

我们对 FRC 品德测评量表中的 60 个题目进行了聚类分析，分析结果如图 16—2 所示。

从图 16—2 中我们发现，本属于 FRC 品德测评量表中不同分项量表的题目被聚合在一起。例如，15 题“你因为其他事情而拖欠过作业吗?”与 26 题“父母或教师说过你学习不用心吗?”，我们在设计这两道题时，它们分别属于不同的纪律性与勤奋性分项量表，但在聚类分析中发现它们首先聚在一起。这说明 15 题与 26 题既能测评学习勤奋性，又能测评组织纪律性。又如第 9 题、第 23 题、第 13 题与第 53 题，本来它们顺次属于“集体性”“纪律性”“勤奋性”与“诚实性”四个分项量表，但聚类分析表明它们是同一类。这说明这四个试题中的任何一个，均能测评两种以上的品行特征。也就是说，同一行为表现揭示了多方面的品德特征。同一行为表现所揭示的品德特征越多，则说明这一品德行为越基本。故我们可以把它称为“基本行为点”。建构品德测评量表就是需要我们去寻找那些关键行为点、区分行为点与基本行为点。

四、采取不同的分数形式，评定的结果会有所不同

表 16—5、表 16—6 和表 16—7 分别是对应分项量表原始分数总和、Z 分数总和与 T 分数总和的排序表。

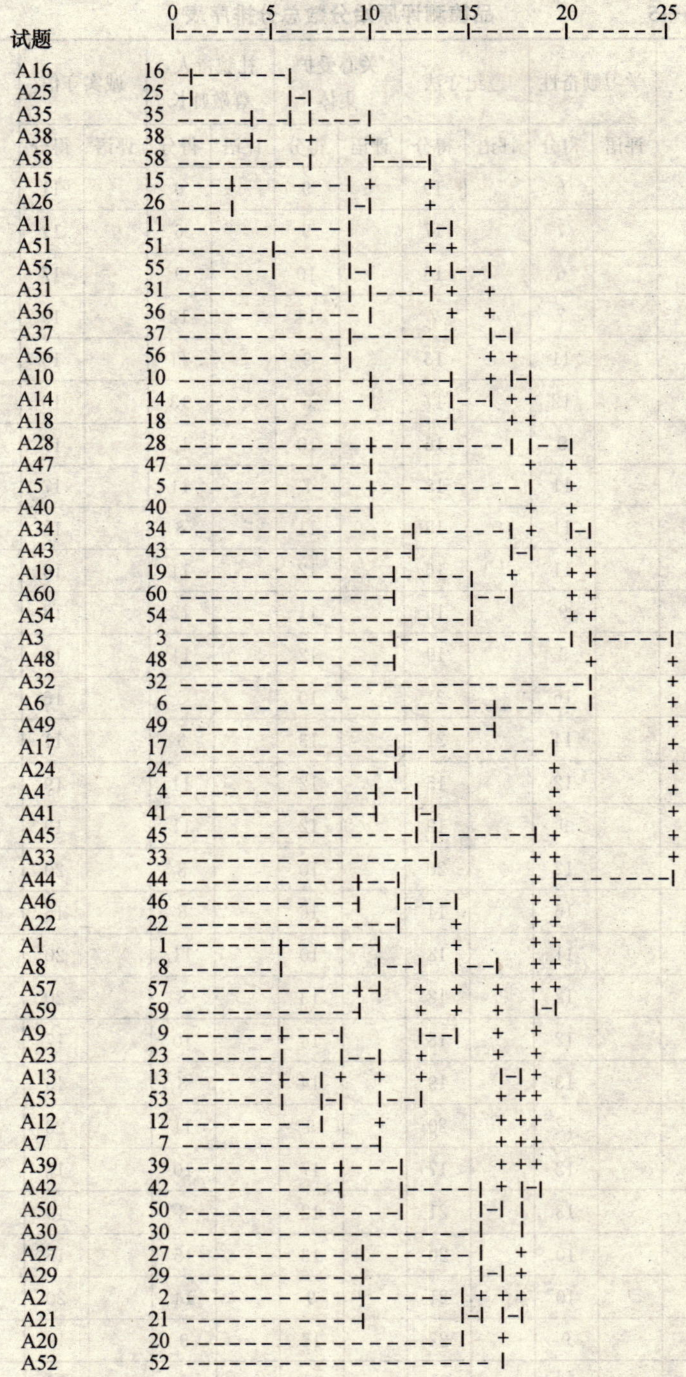

图 16—2 树形聚类分析谱系图（60 道测试题）

表 16—5　　　　品德测评原始分数总分排序表

编号	学习勤奋性		遵纪守法		关心爱护集体		礼貌待人，尊敬师长		诚实守信		总分
	评语	得分	评语	得分	评语	得分	评语	得分	评语	得分	
035		6		19		9		9		11	54
061		7		17		9		6		17	56
025		6		15		10		9		17	57
005		7		7		14		12		19	59
066		11		16		9		11		15	62
011		12		17		5		13		16	63
037		9		16		10		12		17	64
057		11		18		7		11		17	64
022		11		18		11		8		18	66
048		11		16		12		11		16	66
054		9		16		11		12		18	66
023		9		19		12		11		16	67
016		16		21		10		5		16	68
015		14		21		13		9		11	68
004		12		15		12		11		19	69
038		9		19		12		11		19	70
020		12		20		10		8		20	70
047		16		14		16		8		16	70
051		11		18		10		11		20	70
032		12		18		13		8		20	71
009		12		18		14		10		17	71
056		13		19		14		8		18	72
007		12		20		9		11		20	72
039		12		17		17		10		17	73
049		13		21		12		8		19	73
059		10		20		13		15		15	73
018		10		21		9		14		20	74
064		9		22		15		9		19	74
053		16		21		11		8		18	74
031		13		17		11		11		22	74

续表

编号	学习勤奋性		遵纪守法		关心爱护集体		礼貌待人，尊敬师长		诚实守信		总分
	评语	得分	评语	得分	评语	得分	评语	得分	评语	得分	
040		9		19		15		8		24	75
006		13		21		14		12		15	75
055		11		18		15		11		20	75
028		11		21		15		13		15	75
060		15		25		12		10		13	75
034		15		18		14		12		17	78
017		13		23		10		8		22	76
036		11		19		14		13		19	76
014		13		24		12		8		19	76
043		12		20		13		11		20	76
052		11		19		13		11		22	76
002		11		19		15		13		19	77
045		10		20		16		11		20	77
062		11		15		14		15		22	77
029		13		23		13		14		14	77
026		11		20		15		13		18	77
063		13		21		16		11		17	78
065		11		20		18		11		18	78
033		15		20		12		13		18	78
042		12		18		15		12		21	78
027		12		18		15		13		21	79
024		8		20		15		12		24	79
001		11		19		13		17		20	80
021		14		21		16		10		19	80
046		15		22		13		13		17	80
008		14		19		16		14		17	80
019		11		21		15		14		20	81
030		13		26		13		12		17	81
003		14		22		13		13		20	82
010		12		20		16		14		21	83

续表

编号	学习勤奋性		遵纪守法		关心爱护集体		礼貌待人，尊敬师长		诚实守信		总分
	评语	得分	评语	得分	评语	得分	评语	得分	评语	得分	
012		14		22		18		15		14	83
041		14		23		14		13		20	84
044		13		20		17		13		23	86
050		15		24		17		14		16	86
013		17		25		16		11		17	86
058		15		22		18		12		22	89
067		16		24		16		14		20	90

表 16—6　　　　　品德测评 Z 分数总分排序表

编号	学习勤奋性		遵纪守法		关心爱护集体		礼貌待人，尊敬师长		诚实守信		总分
	评语	得分	评语	得分	评语	得分	评语	得分	评语	得分	
035	很差	－2.44	一般	－0.17	很差	－1.52	较差	－0.96	很差	－2.70	－7.79
061	很差	－2.03	较差	－0.84	很差	－1.52	很差	－2.24	一般	－0.47	－7.10
025	很差	－2.44	很差	－1.51	较差	－1.16	较差	－0.96	一般	－0.47	－6.54
005	很差	－2.03	很差	－4.18	一般	0.31	一般	0.32	一般	0.27	－5.31
066	一般	0.39	较差	－1.17	很差	－1.52	一般	－0.11	较差	－1.21	－4.40
011	一般	0.02	较差	－0.84	很差	－2.99	较好	0.75	较差	－0.84	－3.90
057	一般	－0.39	一般	－0.50	很差	－2.26	一般	－0.11	一般	－0.47	－3.73
037	较差	－1.21	较差	－1.17	较差	－1.16	一般	0.32	一般	－0.47	－3.69
022	一般	－0.39	一般	－0.50	较差	－0.79	较差	－1.39	一般	－0.10	－3.17
054	较差	－1.21	较差	－1.17	较差	－0.79	一般	0.32	一般	－0.10	－2.95
048	一般	－0.39	较差	－1.17	一般	－0.42	一般	－0.11	较差	－0.84	－2.93
023	较差	－1.21	一般	－0.17	一般	－0.42	一般	－0.11	较差	－0.84	－2.75
016	很好	1.67	较好	0.50	较差	－1.16	很差	－2.67	较差	－0.84	－2.50
015	较好	0.85	较好	0.50	一般	－0.06	较差	－0.96	很差	－2.70	－2.37
004	一般	0.02	很差	－1.51	一般	－0.42	一般	－0.11	一般	0.27	－1.75
020	一般	0.02	一般	0.16	较差	－1.16	较差	－1.39	较好	0.64	－1.73
038	较差	－1.21	一般	－0.17	一般	－0.42	一般	－0.11	一般	0.27	－1.64

续表

编号	学习勤奋性		遵纪守法		关心爱护集体		礼貌待人，尊敬师长		诚实守信		总分
	评语	得分	评语	得分	评语	得分	评语	得分	评语	得分	
051	一般	−0.39	一般	−0.50	较差	−1.16	一般	−0.11	较好	0.64	−1.52
047	很好	1.67	很差	−1.84	较好	1.04	较差	−1.39	较差	−0.84	−1.36
032	一般	0.02	一般	−0.50	一般	−0.06	较差	−1.39	较好	0.64	−1.29
009	一般	0.02	一般	−0.50	一般	0.31	较差	−0.53	一般	−0.47	−1.17
056	一般	0.44	一般	−0.17	一般	0.31	较差	1.39	一般	−0.10	−0.91
007	一般	0.02	一般	0.16	很差	−1.52	一般	−0.11	较好	0.64	−0.81
049	一般	0.44	较好	0.50	一般	−0.42	较差	−1.39	一般	0.27	−0.60
039	一般	0.02	较差	−0.84	较好	1.41	较差	−0.53	一般	−0.47	−0.41
064	较差	−1.21	较好	0.83	较好	0.67	较差	−0.96	一般	−0.27	−0.40
059	较差	−0.80	一般	0.16	一般	−0.06	很好	1.60	较差	−1.21	−0.31
053	很好	1.67	较好	0.50	较差	−0.79	较差	−1.39	一般	−0.10	−0.11
018	较差	−0.80	较好	0.50	很差	−1.52	较好	1.18	较好	0.64	0.00
040	较差	−1.21	一般	−0.17	较好	0.67	较差	−1.39	很好	2.12	0.02
031	一般	0.44	较差	−0.84	较差	−0.79	一般	−0.11	较好	1.38	0.08
060	较好	1.26	很好	1.83	一般	−0.42	较差	−0.53	很差	−1.95	0.19
055	一般	−0.39	一般	−0.50	较好	0.67	一般	−0.11	较好	0.64	0.31
028	一般	−0.39	较好	0.50	较好	0.67	较好	0.75	较差	−1.21	0.32
006	一般	0.44	较好	0.50	一般	0.31	一般	0.32	较差	−1.21	0.36
014	一般	0.44	很好	1.50	一般	−0.42	较差	−1.39	一般	0.27	0.40
017	一般	0.44	较好	1.17	较差	−1.16	较差	−1.39	较好	1.38	0.44
043	一般	0.02	一般	0.16	一般	−0.06	一般	0.11	较好	0.64	0.65
052	一般	−0.39	一般	−0.17	一般	−0.06	一般	−0.11	较好	1.38	0.65
036	一般	−0.39	一般	−0.17	一般	0.31	较好	0.75	一般	0.27	0.77
034	较好	1.26	一般	−0.50	一般	0.31	一般	0.32	一般	−0.47	0.92
045	较差	−0.80	一般	0.16	较好	1.04	一般	−0.11	较好	0.64	0.93
026	一般	−0.39	一般	0.16	较好	0.67	较好	0.75	一般	−0.10	1.09
002	一般	−0.39	一般	−0.17	较好	0.67	较好	0.75	一般	0.27	1.13
029	一般	0.44	较好	1.17	一般	−0.06	较好	1.18	很差	−1.58	1.15
065	一般	−0.39	一般	0.16	很好	1.77	一般	−0.11	一般	−0.10	1.33
063	一般	0.44	较好	0.50	较好	1.04	一般	−0.11	一般	−0.47	1.40

续表

编号	学习勤奋性		遵纪守法		关心爱护集体		礼貌待人，尊敬师长		诚实守信		总分
	评语	得分	评语	得分	评语	得分	评语	得分	评语	得分	
062	一般	−0.39	很差	−1.51	一般	0.31	很好	1.60	较好	1.38	1.39
042	一般	0.02	一般	−0.50	较好	0.67	一般	0.32	较好	1.01	1.52
033	较好	1.26	一般	0.16	一般	−0.42	较好	0.75	一般	−0.10	1.65
024	很差	−1.62	一般	0.16	较好	0.67	一般	0.32	很好	2.12	1.65
027	一般	0.02	一般	−0.50	较好	0.67	较好	0.75	较好	1.01	1.95
021	较好	0.85	较好	0.50	较好	1.04	较差	−0.53	一般	0.27	2.13
046	较好	1.26	较好	0.83	一般	−0.06	较好	0.75	一般	−0.47	2.31
030	一般	0.44	很好	2.17	一般	−0.06	一般	0.32	一般	−0.47	2.40
008	较好	0.85	一般	−0.17	较好	1.04	较好	1.18	一般	−0.47	2.43
001	一般	−0.39	一般	−0.17	一般	−0.06	很好	2.46	较好	0.64	2.48
019	一般	−0.39	较好	0.50	较好	0.67	较好	1.18	较好	0.64	2.60
003	较好	0.85	较好	0.83	一般	−0.06	较好	0.75	较好	0.64	3.01
010	一般	0.02	一般	0.16	较好	1.04	较好	1.18	较好	1.01	3.41
012	较好	0.85	较好	0.83	很好	1.77	很好	1.60	很差	−1.58	3.47
041	较好	0.85	较好	1.17	一般	0.31	较好	0.75	较好	0.64	3.72
013	很好	2.08	很好	1.83	较好	1.04	一般	−0.11	一般	−0.47	4.37
050	较好	1.26	很好	1.50	较好	1.41	较好	1.18	较差	−0.84	4.51
044	一般	0.44	一般	0.16	较好	1.41	较好	0.75	很好	1.75	4.51
058	较好	1.26	较好	0.83	很好	1.77	一般	0.32	较好	1.38	5.56
067	很好	1.67	很好	1.50	较好	1.04	较好	1.18	较好	0.64	6.03

表 16—7　品德测评 T 分数总分排序表

编号	学习勤奋性		遵纪守法		关心爱护集体		礼貌待人，尊敬师长		诚实守信		总分
	评语	得分	评语	得分	评语	得分	评语	得分	评语	得分	
035		25.56		59.83		34.76		40.38		23.04	183.57
061		29.67		59.16		34.76		27.56		45.29	196.44
025		25.56		58.49		38.42		40.38		45.29	208.14
066		46.13		58.83		34.76		48.93		37.87	226.52

续表

编号	学习勤奋性		遵纪守法		关心爱护集体		礼貌待人，尊敬师长		诚实守信		总分
	评语	得分	评语	得分	评语	得分	评语	得分	评语	得分	
057		46.13		59.50		27.43		48.93		45.29	227.28
011		50.25		59.16		20.11		57.48		41.58	228.58
016		66.71		60.50		38.42		23.28		41.58	230.49
015		58.48		60.50		49.41		40.38		23.04	231.81
022		46.13		59.50		42.09		36.11		49.00	232.83
037		37.90		58.83		38.42		53.21		45.29	233.65
023		37.90		59.83		45.75		48.93		41.58	233.99
054		37.90		58.83		42.09		53.21		49.00	241.03
048		46.13		58.83		45.75		48.93		41.58	241.22
020		50.25		60.16		38.42		36.11		56.42	241.36
005		29.67		55.82		53.08		53.21		52.71	244.49
038		37.90		59.83		45.75		48.93		52.71	245.12
060		62.59		61.83		45.75		44.66		30.46	245.29
064		37.90		60.83		56.74		40.38		52.71	248.56
051		46.13		59.50		38.42		48.93		56.42	249.40
049		54.36		60.50		45.75		36.11		52.71	249.43
014		54.36		61.50		45.75		36.11		52.71	250.43
007		50.25		60.16		34.76		48.93		56.42	250.52
032		50.25		59.50		49.41		36.11		56.42	251.69
056		54.36		59.83		53.08		36.11		49.00	252.38
009		50.25		59.50		53.08		44.66		45.29	252.78
017		54.36		61.17		38.42		36.11		63.83	253.89
053		66.71		60.50		42.09		36.11		49.00	254.41
018		42.02		60.50		34.76		61.76		56.42	255.46
059		42.02		60.16		49.41		66.03		37.87	255.49
004		50.25		58.49		45.75		48.93		52.71	256.13
028		46.13		60.50		56.74		57.48		37.87	258.72
006		54.36		60.50		53.08		53.21		37.87	259.02

续表

编号	学习勤奋性		遵纪守法		关心爱护集体		礼貌待人，尊敬师长		诚实守信		总分
	评语	得分	评语	得分	评语	得分	评语	得分	评语	得分	
029		54.36		61.17		49.41		61.76		34.16	260.86
040		37.90		59.83		56.74		36.11		71.25	261.83
047		66.71		59.16		64.40		36.11		41.58	262.96
039		50.25		59.16		64.07		44.66		45.29	263.43
030		54.36		62.17		49.41		53.21		45.29	264.44
043		50.25		60.16		49.41		48.93		56.42	265.17
055		46.13		59.50		56.74		48.93		56.42	267.72
045		42.02		60.16		60.40		48.93		56.42	267.93
052		46.13		59.83		49.41		48.93		63.83	368.13
031		54.36		59.16		42.09		48.93		63.83	268.37
036		46.13		59.83		53.08		57.48		52.71	269.23
063		54.36		60.50		60.40		48.93		45.29	269.48
026		46.13		60.16		56.74		57.48		49.00	269.51
065		46.13		60.16		67.73		48.93		49.00	271.95
002		46.13		59.83		56.74		57.48		52.71	272.89
034		62.59		59.50		53.08		53.21		45.29	273.67
033		52.59		60.16		45.75		57.48		49.00	274.98
024		33.79		60.16		56.74		53.21		71.25	275.15
046		62.59		60.83		49.41		57.48		45.29	275.60
021		58.48		60.50		60.40		44.66		52.71	276.75
042		50.25		59.50		56.74		53.21		60.12	279.82
019		46.13		60.50		56.74		61.76		56.42	281.55
003		58.48		60.83		49.41		57.48		56.42	282.62
027		50.25		59.50		56.74		57.48		60.12	284.09
008		58.48		59.83		60.40		61.76		45.29	285.76
001		46.13		59.83		49.41		74.58		56.42	286.37
041		58.48		61.17		53.08		57.48		56.42	286.63
012		58.48		60.83		67.73		66.03		34.16	287.23

续表

编号	学习勤奋性		遵纪守法		关心爱护集体		礼貌待人，尊敬师长		诚实守信		总分
	评语	得分	评语	得分	评语	得分	评语	得分	评语	得分	
013		70.82		61.83		60.40		48.93		45.29	287.27
062		46.13		58.49		53.08		66.03		63.83	287.56
050		62.59		61.50		64.07		61.76		41.58	291.50
010		50.25		60.16		60.40		61.76		60.12	292.69
044		54.36		60.16		64.07		57.48		67.54	303.61
067		66.71		61.50		60.40		61.76		56.42	306.79
058		62.59		60.83		67.73		53.21		63.83	308.19

比较上述原始分数、Z分数与T分数三个总分排序表，你就会发现，有些被测评者的排序位置始终不变，例如编号为035、061两位被测评者，在三种排序表中都是位于最后两名（从低到高排序）。有些被测评者的排序位置则有所变动。例如005号与013号两位被测评者，原始分数总分排序表中005号位于倒数第4名，013号位于第3名，在Z分数总分排序表中，005号位于倒数第4名，013号位于第5名，在T分数总分排序表中，005位于倒数第15名，013号位于第7名了。显然，这种分数形式不同，则排序位置也不同的现象给我们最后的报告所提出的问题是：采取哪一种方式更好些？

我们认为采取Z分数（标准分数）或T分数更好些。因为 $Z=\frac{x-\bar{x}}{s}$（这里 x、$\bar{x}$ 和 s 分别为原始分数、原始分数平均数及其标准差）。也就是说，Z分数以常模为基础，消除了各分项量表分数之间的不等值现象，故以其总和排序更合理。但是Z分数带有小数或负数[①]不如T分数方便，故以T分数排序最好。不过也可以直接把Z分数的总分代入公式 $T=10Z+50$ 转换。这样最后的总分就比较小了，不会像上面T分数总分排序表显示的那么大。

从理论上来说，T分数总分排序与Z分数总分排序的结果是相同的。

① 参见肖鸣政《试卷编制的方法与技巧》，江西教育出版社1989年出版。

因为

$$
\begin{aligned}
T &= T_1 + T_2 + T_3 + T_4 + T_5 \\
&= (10Z_1 + 50) + (10Z_2 + 50) + \cdots + (10Z_5 + 50) \\
&= 10(Z_1 + Z_2 + Z_3 + Z_4 + Z_5) + 250 \\
&= 10Z + 250
\end{aligned}
$$

假设 $Z_1 \geqslant Z_2$，则 $10Z_1 \geqslant 10Z_2$。

$$10Z_1 + 250 \geqslant 10Z_2 + 250$$

即 $T_1 \geqslant T_2$，反之亦然。

$Z_1 < Z_2$，同样可以说明 $T_1 < T_2$。

但为什么我们这里不一样呢？我们认为这是由于小数点计算误差引起的。因此可取的方法是，各分项量表分数转换为 Z 分数后再总和，然后把总和转换为 T 分数进行评定与报告。

五、等级截入值的确定问题

当我们对“很好”“较好”“一般”“较差”“很差”予以不同的截入值时，就会做出不同的评语。因此如何确定截入值是一个值得讨论的问题。

对于截入值的确定，可以采取次数分布理论确定法。例如按正态分布理论确定 5%的人为“很好”规定比例截入法，某单位规定品德“优秀”等级的人数为 30%。样本观察确定法首先确立几个等级代表，然后以这几个等级代表的分数作为截入值，模拟调试确定法，即根据自己的设想，利用计算机试调几种不同的截入值，观察各等级人数分配的比例，并分别抽查检验各等级中的几个代表，看是否符合实际，从诸多方案中优选一个。在我们的实验中，主要是采取最后一种方法。我们确定的截入值如下：

分项量表分数截入值：

一般：$\bar{x} - 0.5\sigma < x \leqslant \bar{x} + 0.5\sigma$

较好：$x > \bar{x} + 0.5\sigma$

很好：$x \geqslant \bar{x} + 1.5\sigma$

较差：$x \leqslant \bar{x} - 0.5\sigma$

很差：$x \leqslant \bar{x} - 0.5\sigma$

总分截入值：

一般：$\bar{x}-0.8\sigma<x\leqslant\bar{x}+0.4\sigma$

较好：$x>\bar{x}+0.4\sigma$

很好：$x\geqslant\bar{x}+1.3\sigma$

较差：$x\leqslant\bar{x}-0.8\sigma$

很差：$x\leqslant\bar{x}-1.5\sigma$

六、FRC品德测评法实验中其他一些值得探讨的问题

任何事物都应一分为二地分析，有利必有弊。利在这头，弊可能就在对立的另一头。FRC品德测评法也不例外。由于其外部操作方便，不受测评者个体经验与主观性的过多影响，测评过程条件平等，评定客观公正，时间也非常经济。然而，其内部消耗却较大。FRC品德测评量表需要花费大量的人力物力研制，要求专业工作者会同多方面的人共同协作完成，并非一般测评者所能完成。然而一旦编制成功，则可以长期变换使用，可以在大范围、全地区甚至全国使用。而且也可以免除每位主管人员写操行评语的烦恼，如果把由此节省的精力与时间汇总起来，抵消到FRC品德测评量表的制作上，那么FRC品德测评法还是可取的。因此从总体上看，FRC品德测评法还是比较经济方便的。

此外，采用光电输入计算机评定，虽然需要耗费一定的资金，但是随着标准化考试与计算机的普及，这个问题的解决并不困难。一个乡镇只要有一台光电输入计算机，问题就完全可以得到解决。

值得注意的是，FRC品德测评量表对于被测评者的掩饰行为、误解行为应有切实可行的控制措施与鉴别手段。如何保证测评结果的真实性，这是一个值得继续研究的问题。

FRC品德测评法怎样适用于成年人及小学生也需要进一步实验。我们建议FRC品德测评的行为事实，要力求以8小时内或主管能经常观察到的为主，在此基础上再参加8小时外可以检查的行为事实。只要我们精心设计与选择，限于8小时内的行为事实，同样可以折射其全部品德，折射其内部的思想品德。常言道，一滴水也能折射出整个太阳的光辉。因此，我们下一步的任务是力求设计出以8小时内单位行为事实为主的FRC品德测评量表。

此外，因为所实验的 FRC 量表对于品德的涵盖面有限，下一步的任务，还要同时研究分项品德测评量表与多项综合品德测评量表，以适应不同品德测评对象的需要。我们下一步将要对上述实验的 FRC 品德测评量表进行扩充与修订。

第十七章 总结与展望

品德测评是一个既平常又重要、既简单又复杂、既容易又困难、既广泛又专门的事情，每当我们欲与某个人交朋友或打交道时，总想了解与打听其品行如何，做一番德性考察。姑娘、小伙子找对象、谈恋爱之前，首先关心的就是向介绍人了解对方的人品与德性，恋爱期间甚至还会采取种种方式“考验”对方的德性。当公司欲调入某个（重要）职员时，雇主或老板非常重视的也是了解与评价其德性本质如何。甚至在吵嘴打架时人们也少不了骂一句，瞧你这德性！由此可见在日常生活中，人们无时无刻不在进行品德测评。人们各自通过自己接触、交往、观察与了解，凭着往日的经验与眼前的直觉，可以随时随地对周围熟悉的人的品德做出“好”与“坏”的评价。这种品德评定结论的得出，只靠平常自自然然的交往，并未做什么专门的注意，有时甚至是一眼看过去，便有了“好”或“坏”的结论，毫不费力，十分简单。显然由此得出品德测评结论不一定科学，不一定客观准确。但现实生活中人们却一直在运用它们。然而，品德测评一旦进入升学录用、选拔提升以及评比奖励工作中，就变得非常重要、复杂与困难了。人们要求品德测评全面、客观与公正，要求测评方法科学而可靠。虽然伦理学、心理学、人才学、素质测评及德育过程中均涉及品德测评问题，但是目前任何一个学科与领域中，都没有也难以承担对品德测评做深入仔细研究的任务。品德测评需要专门的人员进行跨学科的专门研究，本书正是这种专门研究的一种尝试。

第一节 本书企图解决的问题及其解决的程度

本书企图回答的问题主要有三个：（1）品德可不可测评；（2）品德要

不要测评；（3）品德如何测评。

一、品德可不可测评

对于品德可不可以测评这一问题，本书从品德本身特征、测评概念及其正反两方面进行了理论上的论证。但更多的是从古今中外的历史现实中去寻求这一问题的答案，总结与概括了大量的品德测评思想与方法。最后还亲身进行了品德测评的实验探索，表明了品德测评的可能性。

人的品德是否有可能被正确地了解与客观地区分呢？辩证唯物主义观认为，人的品德及其各种行为特征是在社会活动与交往中形成和发展的，同时它也要通过社会活动与交往表现出来。“学生作为现实社会的一个成员，他每事每时都必须与社会交往，要交往就不以他们主观意志为转移了，要适应和触及社会各方面的行为规范，表现自己的思想品德。”[①] 一个人如何认识与处理自己的生活，如何对待他人与处理自己与周围人的关系，如何对待外界各种事物及处理这些事物，在此过程中所表现出的一切言行及其形成的特定方式本身，就会把各个人相互区别开来。因此，我们通过一个人的言语、行为及其特定方式是可以了解与区分每个人的品德及其行为特征的。当我们采取一定的科学手段，有目的、有计划、有组织地按照一定的标准与依据，去了解与区分各个人的品德及其行为特征的质与量时，便是品德测评了。因此，品德测评从实质上来说，并非什么神秘的东西，它只是人们对品德行为特征的一种特殊认识。品德虽然并非客观上存在的物质实体，但却是客观上存在的精神实体，它或者通过语言和行为表现出来，或者是物化在活动产品上，因此我们就有可能通过语言、行为与活动产品去测评它。

品德作为世界 2 与世界 3 中的存在物，它与世界 1 中的存在物一样，同样存在着质与量上的差异。当这种差异程度达到或超过人们的感觉与认识阈限时，人们就立即可以对它们进行识别与区分。当人们在识别与区分的过程中标记以适当的数字时，品德测评这种特殊的认识就变成了更为特

① 参见王逢贤《中小学生爱国主义共产主义教育引论》第 49 页，教育科学出版社 1987 年出版。

殊的认识——量化测评。量化作为品德测评的一种手段，不但对于有明确数量意义的品德现象（如违反纪律次数等）有意义，而且对于任何存在质与量差异的品德现象都有意义。它可以简化与方便人们对品德现象认识的表达与记忆，也可以方便人们对品德现象认识的综合与比较。换句话说，对于品德的了解与认识存在多种途径多种形式，品德测评是其中较为科学和简便的一种形式，而量化则是品德测评中的一种重要手段。

值得注意的是，品德可以测评并不等于现实中每个人的品德都可以被准确无误地测定。这就好比拍 X 光片可以测定肺结核，但并不等于说世界上任何患有肺结核病的人都可以毫无例外地通过拍 X 光片进行确诊。这涉及病人病症特征表现的典型程度、拍 X 光片的人的技术、X 光拍片机的性能，以及看 X 光片的医生的经验等诸多因素，其中任何一个因素都将影响 X 光透视方法对肺结核病的确诊结果。品德测评也一样，同样的品德测评方法，不同的人去操作、去应用，其效果是不尽相同的。这既取决于操作者的经验与水平，也取决于被测评者品德的表现特征。然而在较为科学、客观和有效的品德测评方法中，这种对测评者经验及测评对象特征的依赖性大大减小。

对于品德的测评，自古以来已积累了许多宝贵的经验，上下五千年的中国文明史中蕴藏着极为丰富的品德测评思想与方法，因此我们从大量的古文献中发掘了许多有关这方面的史料，由于人力、时间、资料及水平的限制，只是做了一些拓荒工作，大量的古文献资料收集及其开发应用还有待下一步的努力。

二、品德要不要测评

关于要不要进行品德测评与研究的问题，本书从品德测评的功能及社会现实对品德测评的需求进行了论证，表明了品德测评实施与研究的必要性。

国内和国外有些人认为品德测评没有必要或有害，他们的普遍理由大致是：(1) 品德测评容易造成双重人格，使被测评者在测评者面前表现一个样而在非测评者面前表现一个样。(2) 品德测评束缚了被测评者的行为发展，把他们拴捆在测评标准上。(3) 道德本身就无正确标准。反对者认为要决定道德水平升降，必先定出一个量度的准则，说明怎样才算上升下降。然而每个人的道德价值观不尽相同，要定出一套经验为本的准则，用来量度道德水平升降，根本是不可能的事。道德水平上升了还是下降了，完全视各人心目中认为怎样做才合乎道德而定。1980 年调查发现学生粗言秽语较多，考试出错较少。谁认为出错比讲粗话不道德，自然会说 1980 年学生的道德水平提高了。相反，若认为粗言秽语比出错不道德，则会觉得 1980 年学生道德水平下降了。[①]（4）品德测评把本来十分复杂的教育现象归结为简单机械的数学求解。（5）一分耕耘，一分收获，只要你按教育要求培养人才的品德，人才的品德就会得到提高与发展，测评不测评是无关紧要的。进行品德测评不会使品德增长与发展，不进行品德测评也不会使既成之品德减少与萎缩。这就好比收割完的稻谷，你去称量它不会多出谷子，不去称量它也不会少掉一粒。（6）人的品行下有法律、纪律的审判与处罚，上有群众的评比与选举、领导或组织的奖励与表扬，中有社会的舆论与伦理标准的评价与控制，用不着品德测评。这些观点无疑有其合理之处，但合理的背后又不尽合理。

第一，那些认为品德测评实施引起少数被测评者产生双重人格的人，证据并不一定确切。因为双重人格的产生即使在未实施品德测评的组织同样存在。即使是品德测评实施导致个别被测评者产生双重人格现象，也不完全是品德测评实施方法所引起的。在广泛民主，家庭、学校、社会与个人、集体、家长、教师一体化的测评实验中，并未见到双重人格的学生。第二，在品德测评标准中，一方面规定一些基本而统一的要求是必要，促使学生迅速地养成这些行为习惯正是德育目的所在。另一方面教师必须指导其灵活辩证地掌握标准，并设置一些灵活性的标准加以导向，实验表明学生并非人们所想象的那样死板。第三，品德测评通常是以德育目标与规范为标准的，品德测评并非公民表决，它是建立在明确的德育价值标准之上。第四，教育现象本身虽然复杂，但支配教育现象的规律却并不复杂，品德的测评是抓住其中最为本质的基本规律进行的。这就好像十分复杂的社会劳动一样，最后都能通过其产品的价格评估转化为货币的数量。第

① 参见英国斯特罗根著、周北祥译《学校德育探究》，台湾出版。

五，品德测评在培养开发过程中虽然是最后一个环节的活动，但它却是一个对前对后都产生影响的活动。这种影响是通过测评者与被测评者双方的能动性产生的，是不可避免的。因此，它并不像一般物质生产过程中的测评。第六，法律审判、纪律处罚、群众的评比与选举、领导组织的表扬与奖励、社会舆论的贬褒与伦理标准的评价，它们既满足不了教育测评人才选拔与管理活动的需要，也控制不了被测评者行为养成的过程。然而品德测评的功用正是在于对被测评者品德养成的优化控制。

本书的实验研究表明，品德测评具有多方面效应，与晋升、招聘、考核挂钩，与其他管理方法相结合，能大大强化这种效应。在这些效应中，有德育的也有非德育的，有正的也有负的，有评定性的也有开发性的。

三、品德如何测评

关于品德如何测评的第三个问题，本书从理论与实践两方面做了回答。主要从以下四方面进行了研究：一是从中国古代的诸子百家、教育史、选拔史、考课史中，总结与概括了一些有参考价值的品德测评思想与方法；二是从国外有关资料中分析与总结了有关品德测评的思想与方法；三是从我国当前品德测评现状的调查与分析中，归纳与总结了有关的品德测评方法；四是针对品德测评中所存在的主要问题进行了理论上的思考与实践上的探索，对品德测评指标体系的制定、测评方法等进行了多方面的实验研究，提出并实验了品德仿真测评系统、品德测评指标体系库、评语库，以及德育、测评、管理、诊断、反馈、选拔一体化的设想与方法，改变了传统品德测评方法及其研究的局限性，把品德测评的研究推上了一个新台阶。但是，对其中的 OSL 品德测评法与 FRC 品德测评法还只是在一定的范围内进行了实验，品德测评目标体系库、评语库以及品德仿真测评系统的建构与探索还是刚开了个头，大量工作还有待下一步去完成。

第二节　有待进一步研究的问题及其难度

品德测评的某些问题，经过本书的研究虽然已有所收获，但是许多问题还有待进一步研究。

一、品德测评能否做到全面、客观和准确

品德是世界2与世界3中的“物质”。这种“物质”的客观形态是散存于世界1中的言语、行动及物化产品。任何一句具体的言语，一个具体的行为和一种具体的活动产品，其品德的“物质”含量都是潜在的，与金矿石中金的含量一样，要经过多道工序，才能最后从金矿石中淘出一点金子来。品德也是这样，它蕴藏于众多的言语、行动及活动产品之中，需测评者对众多的言语、行动及活动产品进行反复观察、分析与归纳。

如果探明某矿藏含有5千克的金子，我们要想最后淘到这5千克金子，那么必须淘洗所有的矿石。同样地，要测评某个人的品德，就应该观察分析与归纳他所有的言行和活动产品。我们不能仅仅注意他某些事例与行为。“罗列一般例子是毫不费劲的，但这是没有任何意义的或者完全起相反的作用，因为在具体的历史情况下，一切事情都有它个别的情况。如果从事实的全部总和、从事实的联系去掌握事实，那么，事实不仅是‘胜于雄辩的东西’，而且是证据确凿的东西。如果不是从全部总和、不是从联系中去掌握事实，而是片断的和随便挑出来的，那么事实就只能是种儿戏，或者甚至连儿戏也不如。”[①]

由此我们不难明白为什么同样一个被测评者的品德，不同的人都可以列举属实的事例并给他以不同的评价。其问题就在于任何一个人也不能直接观察到每个被测评者的所有行为，听到他的所有言语以及分析他的所有活动产品。因此，仅凭自己的所见所闻去测评被测评者的品德并非全面可靠。要对一个被测评者的品德做出全面可靠的测评，必须从其全部言行、活动产品总和以及它们相互的联系中，进行深入细致的综合与分析。由于任何一个具体的人都不可能观察分析到其他人的所有言行及活动产品，因此品德测评不可能做到绝对全面。从某种程度来说，都带有一定的片面性。如何解决这种个体观察测评的片面性与品德测评全面性要求的矛盾，仍是有待进一步研究的第一个问题。从理论上来说，无限多个的片面可以趋近于最终的全面，但现实中有限的测评主体只能达到有限的“片面”。

① 参见“统计学和社会学”，载《列宁全集》卷23第278～280页。

品德测评与世界 1 中的物质测量不同。物质方面的东西是具体的，可以直接去测量，品德并非世界 1 中的物质，它是抽象的。在世界 1 中它无法直接去测评，只能间接测评。这就要求通过每个测评主体的主观反映，把所有的言行及活动产品转化为世界 2 或世界 3 中的“物质”，才能实现直接测评。因此，如何解决个体测评主观性与品德测评客观性要求的矛盾，是有待进一步研究的第二个问题。品德测评在世界 1 中难以直接测评，给这个问题的研究留下了极大的困难。任何品德测评都不可能完全客观。

虽然已探明某矿藏有 5 千克金子，但实际上人们最后不可能准确无误地淘到所有的 5 千克的金子。因为这取决于两点：一是所有的金子能否都从矿石中析离出来；二是淘金的工艺是否绝对科学，毫无耗损。实际上，这两点都不可能成立。品德测评也完全一样。我们要将人的品德准确无误地测评出来，一是取决于是否所有的品德都毫不掩饰地表露于言行及活动产品之中，二是取决于测评方法的高精度。常言道，若要人不知，除非己莫为。在人的一生中，尽管人的思想品德或迟或早都会通过外显行为表现出来，可是人类历史和个体史也告诉我们，有大量的隐私和伪装存在。这说明人的内隐品德，对于每个具体的观察者来说并非会全部外显。换句话说，可能会有那么一小部分思想动机不能被人发觉。此外，有的人心里所想干的与他实际所做的不一致或相反，有的人的行为表现并非事实，有的人的思想行为表现是呈动态变化的。所有这些特殊性均给品德测评带来极大的难度，使品德测评无法做到绝对准确。

我们的品德测评对于个体的品德反映，难以像 X 光透视或照相机那样全息拍摄，只可能类似显微镜下的少量行为样本检验，与画图者笔下的近似速描；难以像秤和仪表的度量衡那样精确计算，而只可能是对个体品德状况及其发展的一种模糊推断与评估。因此，如何提高品德测评的准确性，是有待研究的第三个问题。

二、品德测评能否做到化繁为简

常言道，日久见人心。如果与被测评者长期生活在一起，时时刻刻都观察，一般情况下是能对其品德做出较为全面、客观与准确的测评的。传统的操行评语法正是建立在花费大量时间与精力进行观察与了解的基础上进行评定。品德测评研究的目的就是要化繁为简。然而化繁为简取决于关键点行为与区分点行为的寻找及其库的建构，取决于内在思想品德标志与表征的揭示及其库的建构，取决于行为内在联系与总和机制的仿真测评系统的建构。这三方面的工作，目前仅仅是刚提出有关的设想，只做了一些开拓性尝试，艰巨而浩繁的工作还在后头。以上两“库”一“系统”的建构不但需要人力资源管理部门的大力支持，需要测评专家、统计接受品德测评专家、计算机软件开发与应用专家等多方面的协作，而且需要大量实验的志愿者及人事干部、基层干部的精心配合。这就需要一定数量的人力、物力与财力。虽然本书建议分地区、分组织、分行业联网建构，但仍需要我们的长期努力。这是有待进一步研究的第四个问题。

三、品德测评的量化问题

目前关于品德测评的量化问题，虽然广大测评者乐于接受，被测评者也乐于接受，但是，理论界对品德测评能否量化的问题，仍存在意见分歧。焦点是政治思想或情感动机如何量化。有人认为，世界事物总的来说虽然都有量的问题，但具体事物也有不能量化的。如“他有多少爱岗精神、集体主义”，这是一个不能成立的伪命题。

表层的行为量化大家意见比较趋于一致。类似“他有多少违纪行为？有多少次好人好事？”等问题，量化是自然成立且有意义的问题。因为类似“违纪行为”“好人好事”等测评对象本身存在着次数的外延形式，因此其量化有明显的数学意义。然而对于类似“爱岗精神”“集体主义”等测评对象，其本身却并不存在次数或个数的外延形式，因此问“他有多少爱岗精神、集体主义？”显然是不成立的。“爱岗精神”与“集体主义”作为一种思想、信念与情感的融合物，其表现行为的外延是无边无际的，是看不见、数不清的。它所存在的只是内涵中的程度差异。“爱岗精神”与“集体主义”有坚定强弱之分。因此要改问“他对爱岗精神与集体主义的信念程度如何？”才有一定意义。对这种程度上的差异，我们可以采用数量形式予以区分。像“爱岗敬业”，部门主管就往往对不同的职员打不同的分数，这种分数已被人们所接受。

值得注意的是，前面的“违纪行为”“好人好事”本身有客观的次数差异作为评分的标准或依据，而后面的“爱岗精神”“集体主义”程度上的差异，却缺乏客观的标准与依据，达到什么程度算是对“爱岗精神”“集体主义”非常坚定、比较坚定或不坚定呢？都是依据每个人各自对“爱岗精神”“集体主义”的理解而论。由此可见，对涉及深层的思想信念、情感动机较多的测评目标制定一个较为合理而正确的标准与依据，仍然是一个十分艰巨的任务。这即是有待进一步研究的第五个问题。

四、品德测评的难度怪圈

品德测评是人才测评研究领域中最为困难的一个难题。深度上触及灵魂深处，广度上涉及心理学、管理学、测量与评价、伦理学、人才学、人力资源开发与管理、数学与计算机技术等广泛的领域。由于品德测评课题研究难度大，因此限制了从事这方面研究人员的数量及热情，限制了这一课题研究的进展。品德测评方法研究的不成熟性与落后性，使人们对品德测评兴趣大减。品德因缺乏客观的测评方法也就永远靠边站，晋升考核、选拔录用一切都由能力与业绩分数说了算。常言道，品德是虚的，业绩是实的，分数是铁的。这导致了人们对品德及其品德测评的轻视。

正因为领导、组织、被测评者及整个社会对品德及品德测评的不重视、失望或观望态度，反过来又相对地减退了人们对品德测评研究的信心与决心，增加了进行品德测评研究的阻碍与困难。因此，长期以来形成了这样一个怪圈：人们越是忽视品德测评问题的研究，品德测评方法越是落后；品德测评方法越落后，测评结果就越主观不可靠、越靠边站；品德测评结果越靠边站，品德测评工作就越架空；品德测评工作越架空不被重视，品德测评研究就越困难。美国著名教育家、哈佛大学校长D·布克说，人们轻视道德教育与道德价值，首先是因为人们认为只有纯客观的和纯科学的探索才是值得尊敬的，道德价值却是主观随意的。其次是人们总是倾向于追求明确和肯定的答案，但在许多道德问题上并没有绝对的、超越时间条件的真理。品德测评不完善，则这一缺陷就会越来越明显，怪圈就会越多。如何走出这一怪圈，这即是有待研究的第六个问题。

第三节　对待品德测评及其研究的态度

品德测评研究的重点与难点在于如何测评品德，这包括品德测评理论与品德测评技术两方面的研究。

一、关于品德测评的方法问题

品德测评方法的研究，应该由现在操行评定的改良转变到改善与指导能力优化发展、培养与开发健全的品德素质和提高绩效水平的品德测评上来。只有这样品德测评才会有自己的发展市场，才会被广大的测评者与被测评者所接受。这也正是社会主义市场经济对我们品德测评研究提出的新要求。

品德测评方法的研究，笔者主张向两个方向分化。一是基本素质测评，二是行为特征测评。前者将越来越倾向于寻找到尽可能少的几种品德素质或关键指标，例如关心、同情、尊敬、礼貌、正直、诚实等极为少数的几种品质。其他品德因素或行为特征均为这些基本素质的衍生物，或者是与这些关键指标密切相关。这种研究倾向，一是可以化繁为简，二是便于比较考核。但是这种品德测评的结果不适宜分项报告，只适合以综合的分数或等级报告。其目的是为人才选拔与分流、人力资源开发与管理质量评价服务。

行为特征的测评宜采取分项测评、多次综合的方法。测评结果的报告，一般宜分项打分、综合给等，再辅以评语的个性特征描述，为个性优化发展与人才管理服务。

具体地说，笔者将倾向于行为特征测评向两个方面发展，一是追求个性化，二是追求全面地概括或描述。所谓个性化，即要求测评能尽量反映不同被测评者品德的不同之处。个性适应性品德测评的模式设想如下：首先让每个被测评者理解有关的品德特征行为，然后自述自测，接着由部门集体检测，做些适当调整与补充，最后由部门主管审核评定。这种模式的依据是，品德测评是内在思想动机与信念的发现与报告，被测评者本人最清楚，外人只能去验证、调整（过高或过低时）和补充其本人的测评结论。其优点是适合于各人有不同的品德面貌的实际，避免千篇一律按同一个标准测评和限制个性特征发展的缺陷，有利于各个被测评者按各自适应的人格生动活泼地发展，防止品德培养的标准件化与同一模式化。但是这种测评模式对于那些故意谎测的人应该设置相应的监控办法。

所谓全面概括或描述，是指品德测评事先并无条条框框，不是从固定的测评目标或内容出发，去“套”去“量”每个被测评者的行为表现，而是首先从每个被测评者实际行为表现的现状出发，去概括去总结所具有的行为特征；然后再让其本人、同事、主管及上级领导或专家验证、调整或补充。

这种品德测评模式的依据是，当局者迷，旁观者清，品德面貌如何，只有那些十分熟悉他的同事、富有测评经验的主管去概括总结最为合适。测评应以主管为主、其他人为辅。其优点与个性自适应品德测评相同。但是它要求主管富有一定的观察评定经验。

对于个性自适应与全面概括性品德测评的报告，主张采取分项报告分数或等级并写出评语的形式。除上述品德测评方法的倾向之外，笔者还有一个介于它们之间的标志表征测评倾向。它在当前乃至将来很长时间，会有很大的开发与应用价值。这种品德测评模式的依据是，那种全方位、立体式对任何行为表现都包罗无遗的全息式的品德测评，也许只有那些极为少数的优秀主管可以掌握，一般人是无法掌握的，要使品德测评的研究有广阔的前景，很有开发与应用价值的，是尽快去研究行为抽样、显微镜检验式的表征测评法，力求从外显、客观和简单的标志与表征检测去评定被测评者的品德。例如，从服饰表征中寻找不良品德的标志，从被测评者随身携带的物品、房间摆设、座位周围、工作情况及笔迹等诸多可检测的客观行为表征与标志中，我们都可以寻找到某些与品德密切相关的内在关系。通过这些关系我们就有可能使复杂的品德测评变得简单，使主观的品德测评变得客观，使困难的品德测评变得容易。

此外，对社会、组织或部门品德水平的测评还可以采取两种方法：一是采取不记名问卷调查的形式；二是采取资料档案考察分析测评法。测评者根据自己测评的经验和别人提供的有效经验，可设计一些测评项目，要求被测评者提供有关原始资料，也可以亲自收集有关原始资料，然后对被测评者的品德水平做出适当的评判。其关键在于原始资料的真实性分析以及结论推断的科学性。

二、关于社会主义市场经济对品德测评的影响问题

社会主义市场经济的确定，给品德测评带来了重大影响，提出了新的要求。社会主义市场经济对品德测评的影响与要求是通过人才市场对人才的调配与流动而发生作用的。

前已指出，人才素质中的品德因素是一种非常重要的因素。随着当前社会化大生产与科学技术在生产中的广泛应用，品德因素在生产劳动中的作用日趋重要。

因此，现代社会人才市场亟须科学的品德测评方法对劳动者的品德素质进行全面、客观的鉴别与挑选，实现人才的优化调剂与组合，使整个集体的生产劳动达到最佳效果。

目前社会主义市场经济的繁荣促进了人才与劳动者的大分化、大组合，促进了劳务交流、人才交流市场的勃发，促进了公务员制度的推行，但是这一切的发展与完善最终都离不开科学的品德测评。目前国内的劳务市场、人才交流中心比比皆是，但都缺乏对人才品德素质测评的科学化机制，还仍然是老一套的调查、了解、试用与长期观察。这种传统式的人事考察存在许多不足，一是“手工式”的“个体经营”，效率低；二是由个别人考察容易主观片面，眼高手低，已满足不了当前社会主义市场经济对大批人才交流、引进与组合的需要。

社会主义市场经济的确立对品德测评的目标内容也提出了新的要求，例如竞争性、合作性、开拓进取、务实求效等，都将成为重要的测评目标。

社会主义市场经济的发展促进了高科技向生产力的迅速转化。事实表明，高科技物化为生产力后，生产劳动过程中对人才的体力与智力的素质需求相对降低，而对人才的品德素质要求却相对提高了。例如，过去商店招聘售货员，首要一条是心算、速算、记忆能力超众，而现在均采用计算机计价，对心算、速算和记忆能力要求显然低了，而对细心、认真的品德要求却高了，因为不小心键错数目，则更容易发生收付错误。

因此，随着社会主义市场经济的发展，随着科技向生产力的广泛转化，随着目前我国人才交流、人事调配及公务员制度的改革与加强，品德测评研究的开发与应用已显得非常紧迫而重要，其前景是十分广阔的。

三、关于品德测评的其他问题

1. 品德测评并非内心思想活动的透视。它不可能对人脑中的任何意念，包括那些瞬间即逝的邪念、妄念一一进行测定。只有当这些意念、思想持久存在于人脑并作用于行为外显出来时才能被我们测评，因此品德测评并非内心思想活动测评。品德测评虽然以行为为依据，但是品德测评并非行为测评，并非伦理学中的行为评价。品德高尚的人有时也会犯错，有不良之行为，我们的品德测评既不会因此而说其品德水平低下，也不能以其品德水平高而恕之过。相反品德水平低劣的人有时也会有良好的行为，我们品德测评也不会因此改变其评定结果，更不能因其品德水平低劣而否定其善。品德测评是以系统外显行为群或者少数突出的基本行为和关键行为为主要测评对象，并由此去评估内心思想倾向及信念动机，去判断德性、德能以及实际的行为习惯与德效。

2. 非总结评定型的品德测评以分块分项测评为宜。由于品德外延行为表现的广泛性以及人才管理目标内容的丰富性，要一下对全部品德内容进行全面性的测评，常常十分困难，以分块分项多次测评为宜。即使是总结评定型品德测评，也可以采取过程中分块分项多次螺旋式测评与期终毕业的关键行为抽样式测评相结合的方式进行。

3. 形成性或培养性品德测评结果应完全公开。考核性品德测评结果可半公开。即自评、集体评结果可公开，但最后的评定结果允许不公开，尤其是在公开容易造成不良影响的情况下。

4. 当品德测评可行性与科学性发生矛盾时，培养性品德测评在不损害教育效果的前提下应以可行性为主。而考核性品德测评在许可范围内应以科学性为主，提高测评的效果。

5. 品德测评结果的有效性是相对的，它主要在于反映既往及现在的品德发展状况，但对于未来的品德预测也有一定的参考作用。人的行为表现是内部品德与外部情境相互作用的函数，或者说是品德、行为与情境三者相互作用的结果。因此，对于品德测评结果的有效性的认识与应用，首先应注意品德测评结果有效的具体性。我们是从每个人的言语、行为与活动产品中去概括、评判他是否具有某种品德行为特征，这种品德特征总是和那些具体的情境或事物相关的。因此不可以把结论推广到与那些具体情境或事物不相关的其他方面去。其次，同一种品德特征或同样的评语，具体在不同的被测评者身上可能会有某种不同的表现或差别。因此品德测评结果具有相对性，我们不能按自己的想象从测评结果去推断被测评者的日后表现。最后，影响品行表现的主客观因素很多。因而，具有某种品德特征的人，在某些情况下可能由于某种因素的影响，并不会表现出相应的品德行为，也就是说品德测评结果，存在个别意外的“失效”现象。因此当发现被测评者偶尔出现与测评结果不相符的行为时，不要立即去否认品德测评结果的有效性。

总之，在使用品德测评结果时，要注意测评结论的有效性是概率性的、具体的与相对的。

6. 品德测评是人类了解自身的科学方法。在人类了解自身的活动中，最困难的就是了解灵魂深处的思想品德，而品德测评，则是人们了解自身思想品德的科学方法。虽然它是最为困难的一项软科学工程，但正如马克思所预言的那样，历史的结果就是：最复杂的真理、一切真理的精华（人们）最终会自己了解自己。

附　　录

一、49个品德测评指标

1. 节俭朴素
2. 好强争胜
3. 学习勤奋
4. 关心爱护集体
5. 谦虚谨慎
6. 诚实守信
7. 遵纪守法
8. 知恩必报
9. 真诚友爱
10. 尊敬师长
11. 孝敬父母
12. 民主平等
13. 扶弱爱幼
14. 正直正义
15. 合作共事
16. 礼貌待人
17. 乐于助人
18. 热爱祖国
19. 拥护中国共产党
20. 言行一致
21. 自强不息
22. 自尊自信
23. 爱护公物
24. 求知究底

25. 自省自律
26. 勇敢刚毅
27. 是非分明
28. 劳动肯干
29. 务实求效
30. 尊重他人
31. 尽情尽义
32. 庄重随和
33. 开拓进取
34. 体谅宽厚
35. 爱参与他人或集体活动
36. 适应灵活
37. 清洁卫生
38. 举止文明
39. 生活学习有计划、有规律
40. 乐于为公众服务
41. 乐于接受他人批评
42. 意志坚强
43. 原则性强
44. 责任心强
45. 独立自主
46. 注重身体
47. 兴趣广泛
48. 情操高尚
49. 有理想

二、品德测评指标基本含义

1. 敬孝性：尊敬与孝顺。指对父母、师长等有一种发自内心的尊敬感。表现为听从父母、师长的好言相劝，不随便惹父母生气，积极完成父母、师长委托的事情，对父母、师长有意见细语和说，人前人后都能自觉尊敬师长。

2. 礼貌性：显得很有教养。表现为态度和蔼，言语温和，谦虚，举止端正，做事、说话有分寸，待人热情殷勤。

3. 勤奋性：有一种奋发向上的内在追求。在工作、学习与生活方面表现出经常做、不断做和尽量多做各种各样的有关事情，讲求效率与时间。

4. 朴实性：给人一种实实在在的感觉。表现为生活朴素，学习工作踏实，讲求效率与效果。

5. 爱国性：认为自己是中国人并不比外国人差，喜爱自己的祖国。表现为爱护国家的财物，敬仰祖国的伟人，尊敬国徽、国旗、国歌，响应党和国家的号召，积极参加各项利国利民活动，对有损国格或党的言行会表明应有的正确态度。

6. 集体性：时时处处坚持以集体利益为重，承认集体利益的优先地位。表现为自觉关心集体利益，维护集体荣誉，爱护集体财物，自觉认真地为部门与组织做好事，有意见也能服从组织与集体的要求。

7. 原则性：指对人对己忠实地、始终如一地贯彻执行同一标准要求，不为其他人为、主观或情感因素所干扰。表现为是非分明，敢于同坏人坏事及不良倾向作斗争，遵守纪律，办事公正。

8. 求知性：对学习知识、发展智能有一种执著的追求。表现为好奇究底，爱思考，学习认真努力。

9. 卫生性：指身体保健意识强，重视生理、心理保护与体育锻炼。表现为有良好的卫生习惯，劳逸结合，注意保持心境平和、心情愉快，积极参加体育活动。

10. 自尊性：指有一种需要别人承认自己、尊重自己的内在要求，自我爱护与保护意识较强。在公众场合下表现为要求别人尊重自己的人格，同等地对待自己。

11. 有恒性：有一种不畏艰难困苦的气概。表现为做事有始有终，勇于克服困难，把要做的事坚持到底，直至实现自己追求的目标。

12. 进取性：指内心有一种理想与追求。表现为思想与行为上的积极性、奋发性与坚持性，勇于创新，勇于开拓。

三、最初统计表

变量	公共因子方差	因子	特征值	方差贡献率	累积方差贡献率
X1	.667 37	1	9.124 43	18.6	18.6
X2	.422 64	2	4.700 69	9.6	28.2
X3	.475 09	3	3.374 86	6.9	35.1
X4	.641 79	4	2.528 96	5.2	40.3
X5	.558 46	5	2.246 16	4.6	44.8
X6	.706 72	6	1.792 80	3.7	48.5
X7	.457 86	7	1.592 35	3.2	51.8
X8	.557 06	8	1.484 69	3.0	54.8
X9	.775 81	9	1.431 80	2.9	57.7
X10	.667 84	10	1.364 48	2.8	60.5
X11	.717 39	11	1.195 33	2.4	62.9
X12	.600 71	12	1.148 44	2.3	65.3
X13	.637 80	13	1.075 17	2.2	67.5
X14	.576 12	14	1.046 66	2.1	69.6
X15	.653 59	15	.970 59	2.0	71.6
X16	.728 97	16	.911 83	1.9	73.4
X17	.671 36	17	.871 75	1.8	75.2
X18	.711 29	18	.825 91	1.7	76.9
X19	.709 67	19	.812 32	1.7	78.6
X20	.625 40	20	.771 82	1.6	80.1
X21	.602 20	21	.712 46	1.5	81.6
X22	.669 10	22	.670 03	1.4	83.0
X23	.648 95	23	.617 47	1.3	84.2
X24	.583 98	24	.579 33	1.2	85.4
X25	.648 79	25	.550 62	1.1	86.5
X26	.667 73	26	.494 12	1.0	87.5
X27	.667 79	27	.480 38	1.0	88.5
X28	.656 11	28	.448 42	.9	89.4
X29	.520 97	29	.447 46	.9	90.3
X30	.718 31	30	.423 20	.9	91.2
X31	.645 56	31	.393 37	.8	92.0
X32	.569 13	32	.379 99	.8	92.8
X33	.659 21	33	.354 70	.7	93.5
X34	.579 39	34	.321 67	.7	94.2

X35	.601 45	35	.300 24	.6	94.8
X36	.559 96	36	.286 01	.6	95.4
X37	.676 19	37	.269 35	.5	95.9
X38	.691 88	38	.255 50	.5	96.4
X39	.635 98	39	.231 97	.5	96.9
X40	.598 93	40	.216 15	.4	97.4
X41	.550 54	41	.202 64	.4	97.8
X42	.703 22	42	.189 81	.4	98.2
X43	.623 74	43	.163 87	.3	98.5
X44	.684 74	44	.159 28	.3	98.8
X45	.685 31	45	.144 17	.3	99.1
X46	.698 56	46	.129 74	.3	99.4
X47	.579 20	47	.121 67	.2	99.6
X48	.681 95	48	.118 78	.2	99.9
X49	.554 40	49	.066 52	.1	100.0

四、行为养成品德测评指标体系

尊敬师长	1. 自觉主动向师长问好
	2. 认真听从师长的教导
	3. 积极完成师长委托的事情
	4. 时时处处自觉维护师长的尊严
孝敬父母	1. 听从父母劝告，不惹父母生气
	2. 父母有错好言相劝，与父母有争议细语和说
	3. 外出或有事及时向父母禀告，不让父母担心与不知
	4. 尽量减轻父母负担，为家里做一些力所能及的事
互助友爱 关心他人	1. 当他人告诉有关喜事或困难时即刻感到高兴或为人排难
	2. 热情接受同学委托并努力完成
	3. 敏感于周围的变化，留心于同学的喜怒哀乐
	4. 常把别人的事放在心上，主动给予自己力所能及的帮助
	5. 与他人发生矛盾时能严于律己，宽以待人
礼貌待人	1. 待人接物态度温和热情
	2. 不说使人难堪的话，不做使人难堪的事
	3. 主动向人问好，谦让有礼节
	4. 平等地对待所有同学，尊重每个同学各自的学习生活习惯

续表

诚实守信	1. 不搬弄是非，不争功诿过
	2. 不说谎，不弄虚作假
	3. 勇敢承认错误，揭发坏人坏事
	4. 许诺答应的事情认真去办
	5. 借他人东西要按时归还，损坏要原样修好或赔偿
	6. 一旦违约，主动道歉，及时并尽力挽回信誉
遵规守纪	1. 课堂上没有违纪现象
	2. 自习课及老师不在时照样认真学习
	3. 在公共场所、家里都能自觉地恪守规则，奉公守法
热爱祖国 关心集体	1. 升国旗、奏国歌时，自觉地肃然起敬
	2. 响应党和国家的号召，积极参加各项活动
	3. 对有损国格或党的言行立即会有正确的态度
	4. 自愿参加班集体活动，对集体事业尽职尽责
	5. 自觉关心集体利益，维护集体荣誉
	6. 爱护公共财物
	7. 有意见也能服从集体决定
学习勤奋 求知进取	1. 上课时全神贯注，按时并认真完成课外作业
	2. 对一切新事物都感兴趣，喜爱观察与思考
	3. 不因循守旧，勇于探索新办法
	4. 不骄傲自满，追求更好
勤劳俭朴 务实求效	1. 闲不住，乐于为自己家里或别人做一些有益的事情
	2. 不比吃穿，爱惜钱粮物品和时间
	3. 积极参加各项劳动，能吃苦耐劳
	4. 做事细心、踏实，很少出错
	5. 学习办事前都会想想怎么能做快做好一点
	6. 干什么事都要求自己既讲速度又求效果
有志成才 勇敢坚毅	1. 有坚定而远大的学习生活目标
	2. 能够克服学习生活上的困难与惧怕心理
	3. 干什么事有恒心、有韧劲，不达目的决不罢休
	4. 能够克制与控制自己不受诱惑和干扰的影响
	5. 敢于表明自己不同的看法，敢于同坏人坏事作斗争

续表

文明卫生 保健身体	1. 不说脏话、粗话，不看违禁书刊录像，不参与违法犯罪活动
	2. 待人处事有分寸，吃喝玩乐有节制
	3. 不挑吃穿，保持营养平衡，穿着整洁舒适
	4. 不参加刺激过强烈及具危险性的活动，安全意识强
	5. 有良好的卫生习惯与合理的作息习惯
	6. 注意精神愉快，坚持体育锻炼
自尊自信 独立自主	1. 穿戴整洁，打扮装饰得体雅观
	2. 注意坐立、行走言谈风度，读书写字姿势端正
	3. 相信自己不比别人差，乐观向上
	4. 有独立的学习生活习惯，办事很少要求他人帮助
	5. 爱思考，学习工作有一定成就
	6. 自己能做的事，不愿他人干预或替代
明辨是非 敏捷机灵	1. 能正确辨别班级与社会上一些学习生活现象的是非
	2. 在是非纠纷面前能坚持原则，主持公道
	3. 对一些歪风邪气和不良倾向敢于抵制与反对
	4. 对一些涉及人、物安全的破坏行为的反应比较迅速，或躲开或制止
	5. 能从多个角度进行思考与分析
	6. 对一些道德原则的遵守能因地、因时、因人、因事适当地变通，正确实行
自我教育	1. 学习用品文具放置井然有序，学习生活能保持一定规律
	2. 能够倾听别人的批评，自觉改正自身缺点
	3. 对待自己的长处与成绩总持批评态度
	4. 能够适时地调整自己的行为以符合教师要求

五、最后统计表

变量	公共因子方差	因子	特征值	方差贡献率	累积方差贡献率
X1	.780 32	1	9.037 97	18.8	18.8
X2	.779 33	2	4.658 07	9.7	28.5
X3	.820 46	3	3.342 51	7.0	35.5
X4	.792 10	4	2.505 39	5.2	40.7
X5	.627 35	5	2.204 41	4.6	45.3
X6	.779 41	6	1.737 20	3.6	48.9
X7	.646 43	7	1.485 61	3.1	52.0
X8	.684 55	8	1.449 55	3.0	55.0

X9	.772 94	9	1.413 16	2.9	58.0
X10	.698 61	10	1.323 16	2.8	60.7
X11	.794 83	11	1.194 59	2.5	63.2
X12	.651 49	12	1.131 88	2.4	65.6
X13	.730 98	13	1.074 67	2.2	67.8
X14	.658 98	14	1.045 10	2.2	70.0
X15	.683 18	15	.925 55	1.9	71.9
X16	.723 23	16	.911 72	1.9	73.8
X17	.694 29				
X18	.798 87				
X19	.884 62				
X20	.737 19				
X21	.672 32				
X22	.773 51				
X23	.712 84				
X24	.712 78				
X25	.683 34				
X26	.763 10				
X27	.767 95				
X28	.844 62				
X29	.664 91				
X30	.722 17				
X31	.767 00				
X32	.754 19				
X33	.738 24				
X34	.764 77				
X35	.766 14				
X36	.701 29				
X37	.739 62				
X38	.705 07				
X39	.744 02				
X40	.786 06				
X41	.731 75				
X42	.801 39				
X43	.711 35				
X44	.665 92				
X45	.740 38				

X46	.743 50
X47	.796 96
X48	.726 17

六、因素荷重矩阵

测评目标	因子 1	因子 2	因子 3	因子 4	因子 5	因子 6
X4	.715 01	—.136 14	—.205 82	.255 62	.601 24	—.004 72
X28	.683 84	—.092 18	—.422 58	.234 86	—.537 70	—.002 19
X23	.527 60	—.186 03	.020 09	.077 79	—.096 00	.263 57
X18	.501 56	—.090 45	—.088 64	—.444 59	—.024 85	.028 46
X17	.499 76	—.081 41	.066 29	.085 07	—.246 88	.414 38
X46	.390 96	.042 05	.317 04	—.006 79	—.069 67	.060 78
X7	.378 07	—.015 29	—.089 26	—.041 52	.057 88	.121 40
X48	.028 25	.922 94	—.351 82	—.129 93	.075 53	—.001 93
X42	.265 45	.432 17	—.039 97	.139 89	—.022 52	.103 46
X49	.250 12	.422 83	—.157 05	—.196 56	.020 38	.001 07
X44	.234 27	.421 27	.064 57	.226 54	.144 89	.047 69
X2	—.069 92	.287 12	.028 44	—.028 67	—.084 57	.213 91
X45	.509 52	.379 65	.710 65	.281 23	—.105 41	—.004 34
X19	.656 43	—.093 35	.127 58	—.736 78	—.016 32	—.001 59
X11	.122 92	.018 33	.020 60	—.005 53	.198 48	.703 58
X9	.325 52	—.014 09	.125 88	.034 06	.227 38	.676 51
X6	.178 41	.129 97	.096 80	.018 78	.160 06	.559 99
X13	.232 45	.070 86	—.006 19	.100 34	.088 70	.553 88
X20	.259 03	.042 91	.002 97	.069 50	.071 74	.543 34
X16	.395 38	—.121 73	—.061 41	.037 29	—.133 49	.520 23
X38	.278 04	—.008 54	.030 93	.208 85	—.183 71	.517 34
X30	.352 69	.093 58	—.038 99	.064 39	—.207 99	.479 68
X8	.001 40	—.056 32	.018 39	.026 86	.070 67	.438 97
X10	.409 03	—.135 98	—.015 32	.071 31	.054 22	.424 90
X12	.190 72	.168 84	.195 47	.005 55	.122 03	.413 92
X31	.076 15	.303 53	—.072 07	.094 49	.052 84	.387 26
X1	.264 62	—.153 75	.078 82	.035 64	.092 64	.381 94
X25	.139 06	.331 52	.038 93	—.008 85	.127 57	.368 47
X37	.232 32	—.026 11	.103 65	—.025 27	—.104 76	.412 13
X26	.265 53	.096 60	—.014 81	.120 07	.125 77	.312 07

X15	.163 55	.257 43	—.060 59	—.047 81	.275 38	.250 31
X14	.170 39	.203 66	.045 92	.077 39	.236 13	.220 04
X43	.292 31	.357 16	.040 44	.072 12	.007 59	.161 28
X21	.210 91	.367 89	.073 97	.039 84	.111 32	.128 03
X29	.219 02	.161 41	.111 63	.077 62	.034 20	.248 95
X22	.230 24	.257 20	.005 82	.060 97	.270 83	.120 60
X5	.214 70	.245 42	—.006 94	.090 48	.250 09	.145 85
X33	.286 48	.271 50	—.050 03	.087 75	—.027 74	—.024 60
X39	.280 28	—.044 54	.005 44	.083 54	—.172 16	.078 50
X35	.246 99	.026 40	—.144 40	.152 73	.008 49	.166 48
X41	.268 86	—.035 06	—.046 10	.011 30	—.034 83	.224 00
X36	—.061 05	.219 24	.041 61	.182 30	—.014 46	.287 15
X24	.207 80	.068 18	.017 14	—.068 83	—.016 73	.263 33
X3	.091 22	—.149 02	.098 84	.055 64	—.199 21	.083 70
X40	.351 13	.083 94	—.001 14	.024 94	—.032 69	.284 73
X47	.183 87	.190 74	.050 61	.160 72	—.093 25	.067 14
X32	.118 57	.190 85	—.010 35	—.021 81	—.000 83	.319 14
X34	.166 73	.260 05	—.121 57	—.030 44	.025 43	.349 99
X27	.196 76	.281 97	—.267 97	—.081 57	.029 63	.263 60

测评目标	因子 7	因子 8	因子 9	因子 10	因子 11	因子 12
X4	—.001 89	—.000 29	.000 77	—.000 10	.000 13	.000 06
X28	.001 67	—.002 50	.000 73	.000 06	—.000 39	.000 09
X23	—.238 00	.081 69	—.194 27	.026 68	—.108 31	—.166 00
X18	—.032 83	—.101 56	—.195 93	.139 29	.258 40	—.081 57
X17	—.118 47	.034 46	—.182 66	.056 70	—.052 64	—.145 96
X46	.087 28	.140 43	.291 41	.138 59	—.182 48	.026 09
X7	—.147 42	.097 37	—.290 38	—.048 05	—.150 17	.226 92
X48	—.003 60	—.000 73	—.000 07	.000 82	—.000 90	—.000 27
X42	.392 52	.099 34	.013 48	.255 31	.191 67	.034 63
X49	.002 11	.137 61	—.070 51	.185 24	.198 06	.045 73
X44	.297 87	.333 94	—.192 99	—.109 61	.117 76	.161 16
X2	.058 85	.111 79	.125 33	—.040 82	.055 29	.094 58
X45	—.001 33	—.001 68	—.000 35	—.000 51	—.000 01	—.000 24
X19	.001 00	.000 16	.000 69	—.000 52	—.000 30	—.000 23
X11	—.145 93	—.188 96	—.079 38	.217 94	—.154 66	—.114 59
X9	—.124 30	—.183 44	.047 65	.036 38	—.186 67	—.105 93

X6	.153 02	—.380 54	—.092 16	.250 04	.144 97	.084 58
X13	.167 76	—.202 08	—.127 44	—.059 25	—.163 82	.142 25
X20	—.012 05	.007 73	—.022 39	—.067 18	—.016 55	.053 51
X16	—.294 69	.191 10	—.127 66	.030 88	.177 67	—.137 00
X38	—.310 87	.167 98	.061 82	—.682 10	.263 86	—.025 24
X30	—.293 51	—.041 16	—.003 73	—.022 16	.119 92	.073 73
X8	.268 19	—.179 00	.085 41	.096 65	—.305 58	.014 53
X10	—.217 04	.141 04	—.215 18	.170 69	—.026 61	—.039 82
X12	.288 67	—.269 81	—.029 99	.009 51	.006 82	—.136 23
X31	.154 21	—.329 43	.264 78	—.285 41	—.067 10	.051 94
X1	.172 50	.029 94	.200 03	.175 85	—.168 31	.135 28
X25	.295 55	.005 31	.098 60	—.067 16	.143 28	—.072 81
X37	—.497 06	.267 55	.272 37	—.080 68	.210 53	.210 31
X26	.485 63	.065 81	.084 96	.104 24	.301 78	—.005 10
X15	.422 19	—.161 83	.038 30	—.302 98	.088 59	—.036 45
X14	.394 18	—.149 66	—.161 46	—.112 02	.035 67	.127 24
X43	.379 20	.136 03	—.284 65	.020 73	.007 62	.113 21
X21	.371 62	.232 64	.080 10	.212 01	.015 43	.190 42
X29	.350 73	—.100 67	.041 96	.002 73	.077 47	.128 58
X22	.327 69	.186 00	.278 81	.047 30	—.123 15	—.004 77
X5	.326 49	.140 67	—.037 13	.133 06	.240 04	.053 40
X33	.395 42	.512 87	—.085 08	.031 90	—.108 35	—.158 41
X39	—.109 74	.480 81	.239 03	.166 03	—.124 68	.306 78
X35	.010 73	.392 49	—.284 14	—.293 47	.039 67	—.358 09
X41	.135 20	.358 02	.274 03	.088 10	—.295 81	.195 02
X36	.257 44	.339 77	.271 48	—.112 78	.078 92	—.284 52
X24	—.284 33	.308 47	.040 13	.259 33	.002 97	—.155 83
X3	—.008 12	.290 42	.081 36	.256 34	—.021 66	.111 83
X40	—.120 45	.276 84	—.381 45	—.252 80	—.199 26	.251 21
X47	—.136 22	.322 49	.377 79	.252 21	—.064 80	—.293 95
X32	.141 79	.034 57	.359 28	—.351 96	—.147 76	—.021 70
X34	.182 29	.114 03	.206 85	—.420 58	—.116 69	—.050 44
X27	.046 66	—.037 75	—.041 86	—.304 26	.351 60	.184 63

测评目标	因子 13	因子 14	因子 15	因子 16
X4	—.000 26	—.000 00	—.000 29	—.000 40
X28	—.000 03	—.000 32	—.000 18	.000 15

X23	—.069 43	—.176 27	.098 20	.046 25
X18	.004 98	.304 04	—.025 10	.100 67
X17	—.183 51	—.034 15	—.021 62	—.116 67
X46	.279 39	.203 67	.127 05	.021 82
X7	.038 67	—.024 32	.207 89	.192 96
X48	.000 03	—.000 45	.000 14	.000 03
X42	.147 74	.090 23	—.097 54	—.114 27
X49	.187 82	.159 56	.035 30	.132 11
X44	—.008 55	.094 46	.010 12	.055 75
X2	—.119 67	—.074 80	—.176 97	.125 26
X45	.000 07	.000 09	—.000 44	.000 11
X19	.000 02	—.000 59	—.000 16	—.000 30
X11	.014 93	.054 15	—.186 04	—.096 48
X9	.050 30	—.041 55	.130 32	.080 89
X6	.157 46	—.076 12	—.063 79	—.135 72
X13	—.037 72	—.113 73	—.067 42	.209 69
X20	.088 54	—.076 24	.059 54	.305 68
X16	—.213 43	.019 77	—.028 72	.065 62
X38	—.032 23	.034 16	.021 22	—.060 87
X30	.171 97	.128 58	.223 80	—.030 10
X8	—.071 33	.061 70	—.017 97	.049 22
X10	.002 18	.187 44	—.060 67	.079 84
X12	—.168 18	—.037 25	.057 40	.069 95
X31	—.103 03	.257 55	.077 15	—.092 82
X1	.272 07	—.231 78	.115 43	—.102 11
X25	—.249 22	.017 71	—.148 64	—.247 58
X37	—.130 63	—.146 06	.105 48	—.011 89
X26	.140 38	—.154 07	—.003 92	—.009 20
X15	—.069 76	.036 12	.061 21	.131 50
X14	.058 76	—.119 54	—.085 52	.242 46
X43	—.074 06	—.030 89	.282 32	—.150 91
X21	—.028 51	—.037 22	—.052 33	.245 48
X29	—.168 94	.105 79	.253 59	—.060 99
X22	—.298 25	.185 16	.033 08	.160 22
X5	.196 10	—.167 54	.147 86	—.121 13
X33	—.174 85	—.167 09	.080 66	—.061 67
X39	.076 13	.176 00	—.135 80	—.057 83

X35	.336 26	.070 52	.063 56	.039 54
X41	—.052 25	.237 18	.117 72	—.137 43
X36	.035 22	.066 87	—.094 47	—.018 98
X24	—.172 53	.092 58	—.004 34	.024 37
X3	.086 31	—.016 01	.240 17	.235 80
X40	.014 51	—.049 49	—.225 46	—.136 12
X47	.039 92	—.122 07	—.025 70	.050 34
X32	.167 27	.148 27	.080 10	—.075 67
X34	.183 89	—.075 87	—.234 12	—.016 48
X27	—.004 59	.051 79	—.147 24	.032 97

七、旋转因素荷重矩阵

测评目标	因子 1	因子 2	因子 3	因子 4	因子 5
X16	.776 30	.209 20	.069 66	.000 26	.063 96
X38	.749 37	.187 48	—.045 18	—.049 65	—.033 26
X10	.709 38	.190 50	—.006 07	.105 68	.253 31
X23	.695 68	.042 90	.261 57	—.060 70	—.099 59
X28	.530 66	—.174 68	.270 41	.326 99	—.053 85
X41	.368 37	.069 57	.255 28	.161 81	.361 68
X11	.255 80	.866 12	.073 41	—.001 43	.077 99
X6	.005 08	.780 01	.206 59	.174 51	.042 12
X9	.307 33	.717 62	.157 99	—.145 91	.135 99
X1	.043 11	.323 08	.708 00	—.131 19	.049 78
X5	.107 65	.158 09	.688 15	.152 41	.168 74
X26	—.096 44	.383 93	.604 73	.061 64	.090 00
X4	.300 03	.032 04	.555 87	—.094 39	.498 00
X33	.061 82	—.313 27	.527 94	.186 93	.188 42
X44	.207 66	—.105 51	.495 40	.346 31	.049 39
X49	.085 58	—.094 44	.065 94	.860 77	.080 26
X48	—.011 67	.074 83	—.033 65	.845 63	.111 87
X42	—.071 09	.190 04	.352 48	.573 89	.166 82
X30	.372 10	.195 96	.041 36	.430 68	—.041 24
X22	.032 95	.034 58	.051 56	.040 85	.787 14
X21	.031 60	.027 43	.235 49	.298 19	.739 70
X29	.006 78	.308 39	.144 55	.044 90	.580 06
X27	.145 27	.047 48	.155 87	.209 98	.127 37

X20	.167 79	.376 90	.190 75	-.110 93	-.033 12
X7	.338 65	.048 51	-.051 23	-.032 81	.091 72
X14	.027 37	.455 55	.236 55	-.007 33	.106 92
X19	.030 36	.024 86	.145 24	.070 98	.065 82
X18	.234 55	.106 39	-.101 73	.357 09	.066 48
X45	.182 86	.076 08	.035 79	.052 51	.196 90
X17	.445 95	.426 42	.009 32	.174 12	.087 47
X24	.122 51	.130 24	.088 13	.108 98	.209 14
X46	.016 71	-.126 32	.068 48	.112 67	.193 32
X39	.073 31	-.202 35	.076 53	.136 60	.030 35
X40	.417 15	.280 84	.062 74	-.045 65	-.034 33
X3	.012 36	-.080 31	.001 65	.023 81	.055 66

测评目标	因子 6	因子 7	因子 8	因子 9	因子 10
X16	.049 93	.174 56	.218 38	.215 98	-.066 98
X38	.327 62	-.021 60	.132 40	.096 18	.211 74
X10	.097 88	.030 49	-.073 89	-.110 08	-.126 84
X23	.037 60	.210 82	.152 68	.119 74	.044 72
X28	.206 60	.027 44	.108 56	-.170 08	.006 65
X41	-.011 95	-.132 30	-.272 13	.347 82	-.125 39
X11	.015 07	.030 64	-.045 24	.054 42	-.051 55
X6	.158 40	.030 02	.131 15	-.037 69	-.220 62
X9	.133 13	.085 32	.210 49	.081 61	.289 39
X1	.056 27	.034 35	-.086 81	.018 56	.293 25
X5	.045 68	.031 06	.063 75	.007 80	-.084 83
X26	.318 04	-.034 57	-.132 30	.317 84	.081 05
X4	.218 12	.286 91	.036 13	-.171 85	-.070 27
X33	-.032 29	.145 45	.260 66	.446 36	-.264 32
X44	.216 81	-.236 56	.300 43	.292 15	-.163 01
X49	.029 43	.264 27	-.076 84	.010 97	-.019 44
X48	.098 65	.136 59	.102 58	.147 96	.057 28
X42	-.098 49	-.173 24	.156 21	.072 77	.077 14
X30	.430 56	-.196 00	.199 66	-.174 59	.369 80
X22	.050 31	.111 51	.175 77	.319 35	.111 37
X21	.018 69	.041 29	.006 98	.046 81	.030 72
X29	.127 88	-.034 69	.129 34	.011 01	.067 36
X27	.786 25	-.098 44	.113 23	-.129 79	-.013 12

X20	.605 99	.048 01	.213 61	.192 47	.074 13
X7	.605 74	.339 42	—.078 02	.108 90	.019 16
X14	.459 96	.022 79	.048 98	.101 30	—.395 47
X19	—.020 04	.869 21	.180 07	.005 26	.117 64
X18	.059 80	.724 36	—.107 13	.007 83	.060 52
X45	.143 76	.063 45	.813 54	—.092 66	.135 79
X17	.069 90	.088 07	.569 12	.146 34	—.081 66
X24	.011 12	.007 96	—.044 87	.820 23	.104 96
X46	.035 51	.264 68	.126 87	.140 79	.760 09
X39	.035 64	.025 57	—.017 95	—.038 81	.190 35
X40	.058 17	.023 54	.351 14	.163 63	—.359 90
X3	—.044 51	—.057 86	.041 57	.095 67	—.066 97

测评目标	因子 11	因子 12
X16	.074 13	.095 86
X38	.092 03	.131 33
X10	.101 93	—.231 49
X23	—.449 04	—.004 32
X28	.126 16	.120 17
X41	.356 59	—.164 76
X11	—.046 51	—.000 79
X6	—.061 14	—.017 56
X9	—.117 75	—.093 40
X1	.103 13	—.105 33
X5	.038 98	.098 49
X26	—.088 65	.127 81
X4	—.014 98	—.068 79
X33	.112 56	.114 62
X44	.159 96	—.069 53
X49	.032 91	.058 79
X48	.101 89	—.104 08
X42	.069 13	.355 39
X30	—.060 88	—.110 65
X22	.014 81	.031 39
X21	—.116 04	.298 26
X29	.288 61	—.213 09
X27	—.036 64	—.088 23

X20	—. 036 07	. 249 55
X7	. 241 00	—. 096 08
X14	. 018 50	—. 179 78
X19	. 036 30	—. 116 65
X18	—. 080 23	. 066 96
X45	—. 028 19	. 104 75
X17	. 006 53	—. 062 32
X24	—. 010 58	. 153 05
X46	. 204 14	—. 115 59
X39	. 798 01	. 182 22
X40	. 428 99	—. 153 50
X3	. 106 94	. 88 845

参考文献

1. 孔子《论语》《道德经》等

2. 王逢贤. 中小学生爱国主义共产主义教育引论. 北京：教育科学出版社，1987

3. 王逢贤. 学校德育过程特点初探. 教育研究. 1979，3

4. 王逢贤. 爱的教育、陶冶教育新探. 东北师范大学学报. 1980，2

5. 王逢贤. 少年期的本质特征与教育的几个问题. 教育研究. 1983，9

6. 王逢贤. 贯彻“三个面向”中的几个德育问题. 教育研究. 1985，1

7. 王逢贤. 试论德育观念的更新. 教育研究. 1986，1

8. 王逢贤. 关于提高德育效率与效果的几个问题. 见：胡克英主编. 教育学问题讲座. 北京：教育科学出版社，1989

9. 王逢贤. 学校德育的主导作用与社会环境的优化问题. 教育研究. 1989，8

10. 王逢贤. 学校德育的独立实体性不容否定. 中国教育学刊. 1990，1

11. 王逢贤. 榜样·示范与模仿的作用. 吉林教育科学. 1991，4

12. 王逢贤. 德育实体建设问题研究的构想（提纲）. 见：教育科研的理论与实践. 北京：教育科学出版社，1992

13. 鲁洁. 教育社会学. 北京：人民教育出版社，1991

14. 鲁洁. 关于思想教育作用的断想. 教育研究. 1985，9

15. 鲁洁. 德育过程初探. 教育研究. 1981，2

16. 鲁洁. 试析德育影响与德育效果. 教育研究. 1991，1

17. 胡守棻. 德育原理. 北京师范大学出版社，1991

18. 瞿葆奎主编，陈玉琨、赵永年选编. 教育评价（文集）. 北京：人民教育出版社，1989

19. ［美］布卢姆等．教育评价．邱渊等译．上海：华东师范大学出版社，1987

20. 张玉田等．学校教育评价．北京：中央民族学院出版社，1987

21. ［美］桑代克等著．心理与教育的测量和评价．叶佩华等译．北京：人民教育出版社，1985

22. 叶佩华等．教育统计学．北京：人民教育出版社，1983

23. 曹延亭．教育统计学基础（修订）．沈阳：辽宁人民出版社，1988

24. 张厚粲等．教育评价与教育测量．教育研究．1987，3

25. 张厚粲等．心理测验理论及其发展．教育研究．1989

26. 李聪明．教育评价的理论和方法．台北：台湾幼狮文化事业公司，1985

27. 龚宝善．德育原理．台北：台湾国立编译馆，1976

28. ［苏］伊·斯·马里延科著．德育过程原理．牟正秋等译．北京：人民教育出版社，1985

29. 戴忠恒．教育统计、测量与评价．北京：中国科学技术出版社，1990

30. 班华．品德测量．见：王汉澜．教育测量学．郑州：河南大学出版社，1988

31. 班华．思想品德结构与新时期德育任务．华东师范大学学报（教育版）．1986，2

32. 班华．略论暗示在德育中的应用．教育研究．1988，4

33. 吴也显．潜在课程初探．教育研究．1987，11

34. 陆有铨．皮亚杰理论与道德教育．济南：山东教育出版社，1984

35. 陆有铨．皮亚杰关于儿童道德判断的研究．教育研究．1984，10

36. 罗国杰．伦理学教程．北京：中国人民大学出版社，1985

37. 王育殊．科学伦理学．南京工学院出版社，1985

38. 李德顺．价值论．北京：中国人民大学出版社，1987

39. 刁培萼等．马克思主义教育哲学．上海：华东师范大学出版社，1987

40. 林崇德．品德发展心理学．上海教育出版社，1989

41. 陈仲庚等. 人格心理学. 沈阳：辽宁人民出版社，1986

42. 左其沛著. 中学德育心理学. 长春：吉林教育出版社，1990

43. 李伯黍. 品德心理研究. 上海：华东化工学院出版社，1992

44. 潘菽，高觉敷. 中国古代心理学思想研究. 南昌：江西人民出版社，1983

45. 燕国材，杨鑫辉等. 中国心理学史资料选编. 北京：人民教育出版社，1986—1990

46. 毛礼锐等. 中国教育通史. 济南：山东教育出版社，1985

47. 王天一等. 外国教育史. 北京师范大学出版社，1985

48. 罗镇康. 建立科学的德育考核制度. 华南师范大学学报. 1984，4

49. 席家焕. 中学生品德考查量化问题初探. 教育科学研究通讯. 1986，5

50. 袁真泉. 关于德育评价的几个问题. 江西教育科学. 1988，1

51. 林昌华. 中小学德育考核的量化问题. 教育研究. 1987，8

52. 郭柏春. 对学生思想品德评定量化的思考. 中国教育报，1990-10-30

53. 上海德育评价研究组. 学生品德评定指标体系研究. 上海教育科研. 1986，3

54. 肖鸣政. 思想品德可测量性之探讨. 华南师范大学教育论丛. 1987，1

55. 肖鸣政. 思想品德测评目标制订初探. 华南师范大学教育论丛. 1988，2

56. 肖鸣政. 品德行为测评对象. 中国教育报，1990-10-06

57. 肖鸣政. 品德测评方法研究中亟待解决的几个理论问题. 吉林教育科学（普教研究）. 1990，9

58. 肖鸣政. 品德结构模式的测评学分析. 吉林教育科学. 1991，2

59. 肖鸣政. 现行品德测评方法的利弊分析. 中学教师培训. 1991，5

60. 肖鸣政. 品德测评指标体系制定难点及其解决途径. 中国教育报，1991-09-28

61. 肖鸣政. 德育测评及其科学化研究的意义. 中学教师培训.

1992，4

62. 肖鸣政．品德测评量化的“功”与“过”．中国教育报，1992-06-25

63. 肖鸣政．品德测评量化的调查与思考．中国教育报，1993-01-30

64. 肖鸣政．FRC 品德测评方法试探．赣南师范学院学报（哲社版）．1993，2

65. ［苏］丘德诺夫斯基等著．苏联德育心理研究．陈会昌译．太原：山西省教科所，1982

66. ［美］阿伯特·班杜拉著．社会学习心理学．郭占基，周国韬等译．长春：吉林教育出版社，1988

67. ［日］户川行男等．性格诊断的技术．株式会社金子书房，1986

68. ［日］辰野干寿．测定与评价的心理．教育出版社，1981

69. ［日］桥本重治．新教育评价法概论．金子书房，1985

70. ［日］辰见敏夫．教育评价方法．协同出版社，1986

71. Mark Easterby-Smith (1987). *Evaluation of Management Education, Training and Development*. Gower Publishing Company.

72. Ronald A. Berk (1981). *Educational Evaluation Methodology: The State of the Art*. The Johns Hopkins University Press.

73. Howard Wainer and Samuel Messick (1983). *Principals of Modern Psychological Measurement*. Lawrence Erlbaum Associates, Inc.

74. Kathleen D. Paget (1983). *The Psychoeducational Assessment of Preschool Children*. Grune & Stratton.

75. Robert L. Ebel (1986). *Essentials of Educational Measurement*. Prentice-Hall, Inc. Englewood Cliffs, New Jersey.

76. Alexandra K. Wigdor (1986). *Ability Testing*. National Academy Press.

77. Mary Warnock (1978). *Ethics* since 1900. Oxford University Press.

78. Andree Liddell (1987). *Methods of Changing Behaviour*. Longman Group Limited.